Wanderparadies Schweiz

100 Top Touren

in der ganzen Schweiz

Wolfgang Heitzmann, Iris Kürschner,
Peter Mertz, Raphaela Moczynski und
Franz Wille

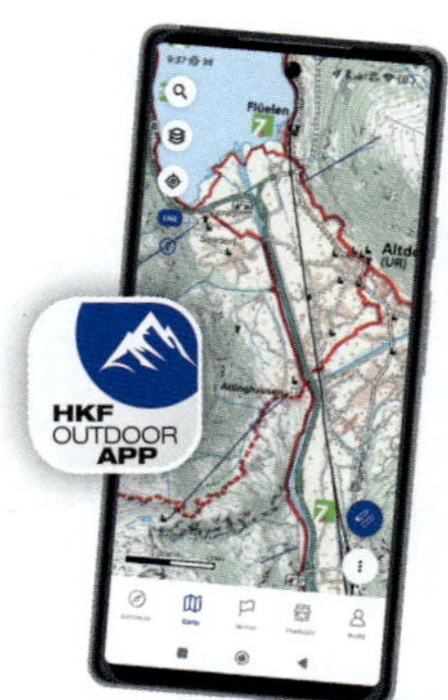

Alle Touren finden Sie mit Karte, Höhenprofil und Wegbeschreibung auch in unserer App „HKF Outdoor"!

Informationen zur App unter:
www.swisstravelcenter.ch/digital

GPX-Daten zum Download

www.swisstravelcenter.ch/gpx

Kostenloser Download der GPX-Daten der im Wanderführer enthaltenen Wandertouren.

UNSERE AUTORINNEN UND AUTOREN

Wolfgang Heitzmann
Iris Kürschner
Peter Mertz
Raphaela Moczynski
Franz Wille

Das vorliegende Buch zeigt mit seinen 100 Wanderungen die ganze Vielfalt der Schweiz – eine Auswahl zu treffen fällt angesichts des schier unendlich grossen Angebotes an Touren nicht leicht.

Die Bergwelt bietet jedem Bergfreund das passende Ziel: Eine leichte Wanderung am Ufer eines der grossen Seen in der Zentralschweiz, eine Seilbahnfahrt hinauf zu einem der berühmten Aussichtsberge, eine einsame Wanderung zu einem malerisch gelegenen Bergsee. Für ambitionierte Bergsteiger bieten das Berner Oberland und das Wallis unvergessliche Bergerlebnisse.

Der vorligende Wanderführer mit einigen der schönsten Bergwanderungen und Bergtouren in der Schweiz ist nur im Teamwork möglich. Verlag und Redaktion danken daher all jenen Autorinnen und Autoren, die ihren Beitrag zum Gelingen dieses Buches geleistet haben. Ohne ihr Wissen und ihre über Jahre gesammelte Erfahrung wäre die Realisierung des vorliegenden Werkes nicht möglich gewesen!

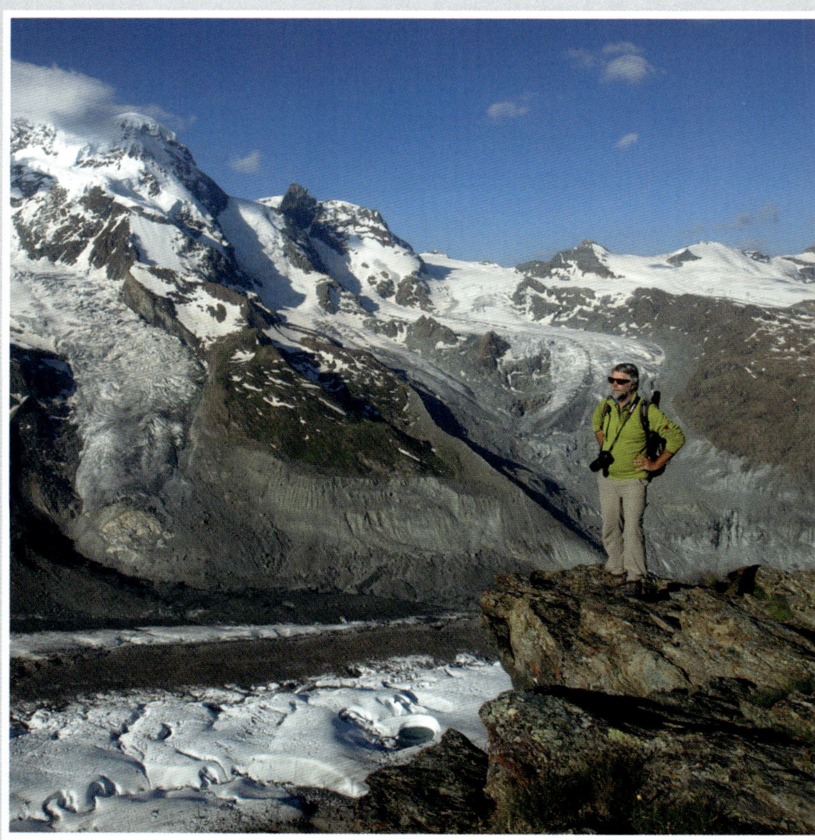

Blick über den Gornergletscher zum Breithorn und zum Kleinen Matterhorn.

Die Schweizer Bergwelt – Sehnsuchtsort aller Wanderer und Bergsteiger!

Unglaubliche 65.000 km hervorragend markierter Wanderwege, davon ein Drittel Bergwege, warten darauf, entdeckt zu werden. Sie führen zu einsamen Bergseen, rauschenden Wasserfällen, in den einzigen Nationalpark des Landes, zu teilweise immer noch kilometerlangen Gletscherströmen, über blühende Bergwiesen, vorbei an von der Sonne verwitterten Alphütten und in Bergdörfer mit uralten Steinhäusern. Historische Verbindungen über die Alpen wie die Saumpfade der Walser, historische Passstrassen und ehemalige Schmugglerwege erschliessen die unzugängliche Bergwelt.

Mit seinen drei Grosslandschaften – dem Jura, dem Mittelland und den Alpen (die rund 60 % des Landes einnehmen) – bietet die Schweiz jedem die Möglichkeit für unvergessliche Erlebnisse.

Der **Schweizer Jura** hat viele Gesichter: Hochebenen, Hochmoore, eindrucksvolle Schluchten, imposante Felswände und Höhlen. Höchste Erhebung ist der Mont Tendre (1.679 m). Das junge Kalkgebirge begeistert nicht nur mit seiner speziellen Geologie, sondern auch mit dem Blick auf die Jurarandseen und den Alpenhauptkamm.

Rund 30 % der Landesfläche entfallen auf das **Mittelland**, das sich vom Genfersee bis zum Bodensee erstreckt und vor allem durch die Gletschervorstösse in den Eiszeiten sein heutiges Aussehen erhalten hat. Zahlreiche Seen und Höhenzüge prägen diesen Teil des Landes. Höchste Erhebung ist der Napf (1.406m) im Napfbergland.

60 % der Landesfläche nehmen die **Alpen** ein, eine alpine Landschaft mit 48 Viertausendern und dem flächenmässig grössten und längsten Gletscher der Alpen, dem Aletschgletscher. Landschaftlich und kulturell ganz anders präsentiert sich die Südseite der Alpen. Wer im Tessin unterwegs ist, trifft auf eine mediterran angehauchte Landschaft, Kultur und Vegetation.

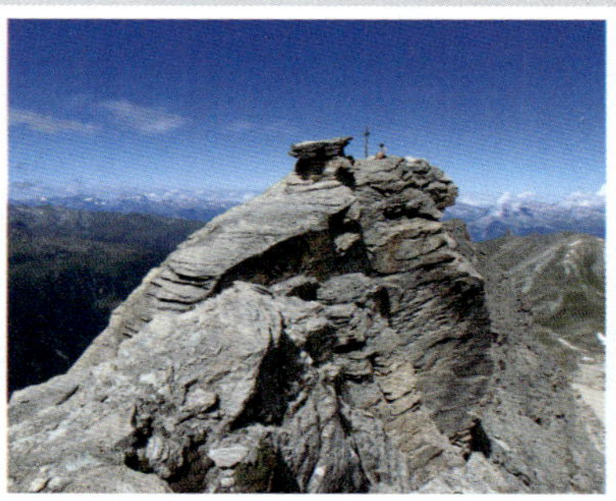

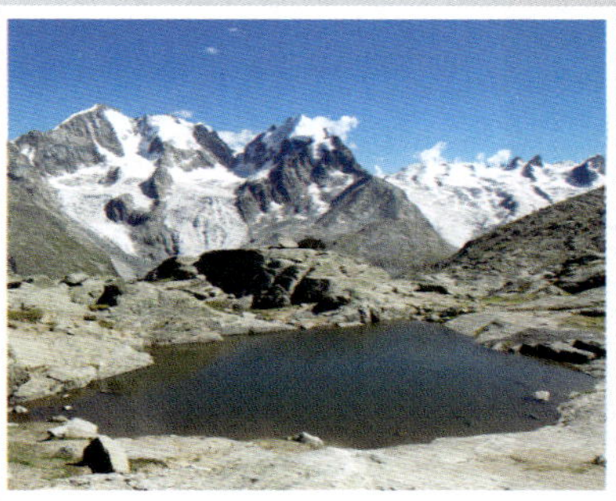

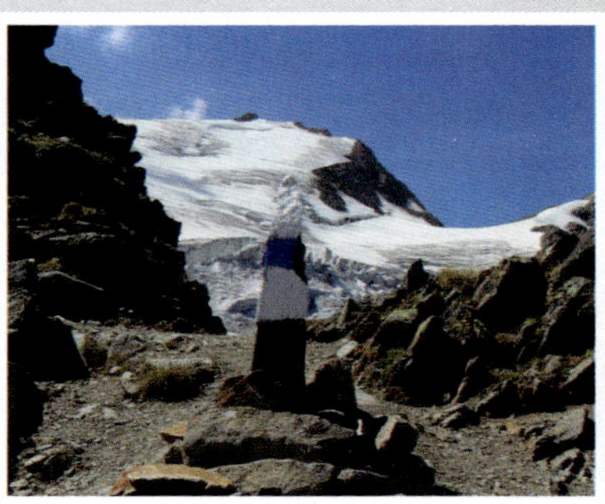

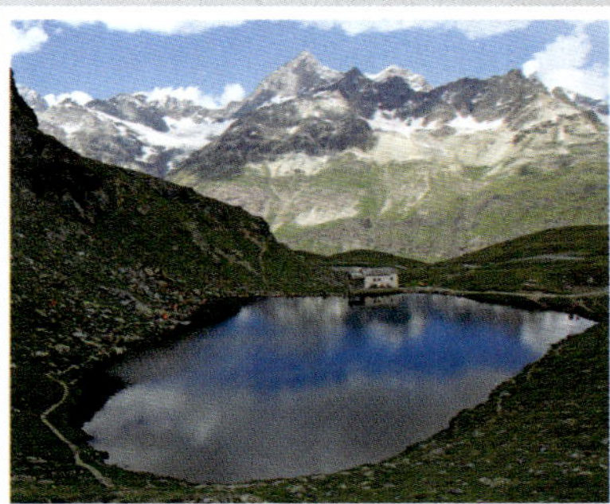

Wanderziele: Aussichtsberge mit tollem Panorama, idyllische Bergseen, erhabene Gletscher und einladende Schutzhütten.

INHALT UND TOURENÜBERSICHT

AUFTAKT

ANHANG

km	h	hm	hm	P							Karte
8,6	2:45	18	0		✓		✓			✓	1
9	3:05	500	140		✓	✓	✓	✓			13
12,2	4:00	669	678	✓	✓		✓	✓			13
13,5	3:40	498	617	✓	✓		✓	✓			14
10,5	3:35	378	337		✓		✓	✓			8
11	3:15	215	215	✓	✓		✓		✓	✓	11/1
6	2:30	400	400	✓	✓		✓	✓	✓		11/2
7,3	2:20	202	381	✓	✓		✓		✓	✓	11/2
7,5	2:25	275	275	✓	✓		✓	✓	✓	✓	11/2
15,5	5:15	450	450	✓	✓	✓	✓		✓		9
18,2	5:00	398	659		✓		✓	✓			19
4,9	3:00	881	214	✓	✓	✓		✓			20
13,4	4:20	203	464		✓	✓	✓				20
10,3	3:10	148	252		✓	✓	✓	✓			20
9,3	2:30	422	422		✓		✓				20
7,8	3:45	797	797	✓	✓	✓	✓	✓			21
11	3:15	259	259	✓							21
4,9	2:40	242	223	✓	✓	✓		✓			20
11,4	3:30	101	1049		✓		✓				21
12,2	3:20	311	311		✓		✓				20
11,7	3:15	281	568		✓	✓	✓				20
8,8	3:15	329	329	✓	✓						32
13,5	4:40	435	1042		✓		✓				33

INHALT UND TOURENÜBERSICHT

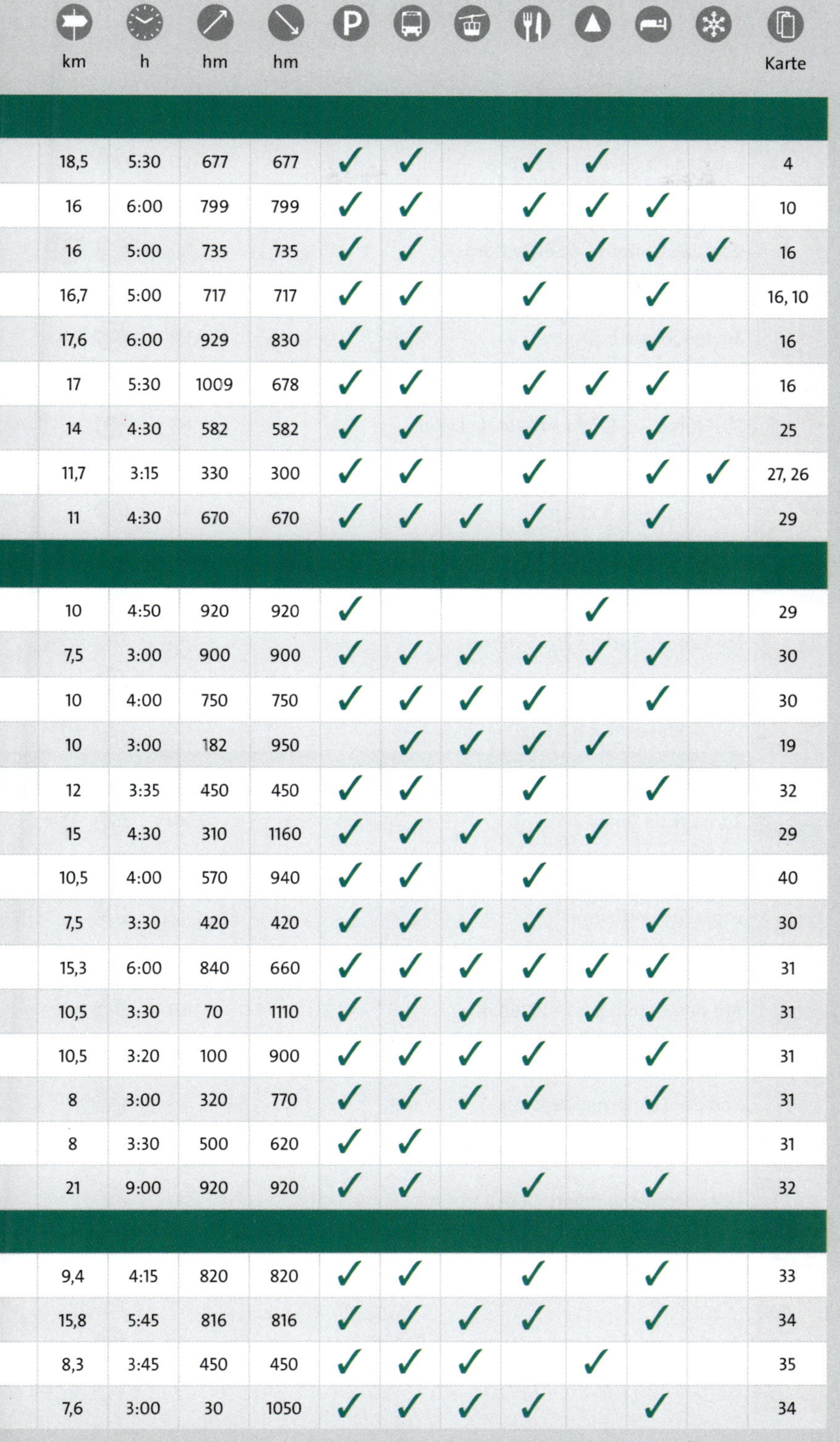

	km	h	hm	hm								Karte
	18,5	5:30	677	677	✓	✓		✓	✓			4
	16	6:00	799	799	✓	✓		✓	✓	✓		10
	16	5:00	735	735	✓	✓		✓	✓	✓	✓	16
	16,7	5:00	717	717	✓	✓		✓		✓		16, 10
	17,6	6:00	929	830	✓	✓		✓		✓		16
	17	5:30	1009	678	✓	✓		✓	✓	✓		16
	14	4:30	582	582	✓	✓		✓	✓	✓		25
	11,7	3:15	330	300	✓	✓		✓		✓	✓	27, 26
	11	4:30	670	670	✓	✓	✓	✓		✓		29
	10	4:50	920	920	✓				✓			29
	7,5	3:00	900	900	✓	✓	✓	✓	✓	✓		30
	10	4:00	750	750	✓	✓	✓	✓		✓		30
	10	3:00	182	950		✓	✓	✓	✓			19
	12	3:35	450	450	✓	✓		✓		✓		32
	15	4:30	310	1160	✓	✓	✓	✓	✓			29
	10,5	4:00	570	940	✓	✓		✓				40
	7,5	3:30	420	420	✓	✓	✓	✓		✓		30
	15,3	6:00	840	660	✓	✓	✓	✓	✓	✓		31
	10,5	3:30	70	1110	✓	✓	✓	✓	✓	✓		31
	10,5	3:20	100	900	✓	✓	✓	✓		✓		31
	8	3:00	320	770	✓	✓	✓	✓		✓		31
	8	3:30	500	620	✓	✓						31
	21	9:00	920	920	✓	✓		✓		✓		32
	9,4	4:15	820	820	✓	✓		✓		✓		33
	15,8	5:45	816	816	✓	✓	✓	✓		✓		34
	8,3	3:45	450	450	✓	✓	✓		✓			35
	7,6	3:00	30	1050	✓	✓	✓	✓		✓		34

INHALT UND TOURENÜBERSICHT

km	h	hm	hm								Karte
9,2	5:00	950	950	✓	✓		✓		✓		24
8,6	5:00	1080	1080	✓	✓			✓			34
12,2	4:45	780	530	✓	✓		✓				37
8,4	2:45	100	930	✓	✓	✓	✓	✓			36
6,8	4:15	820	820	✓	✓			✓			36
10,2	4:30	820	820	✓	✓						36
17,6	7:30	1250	1250	✓	✓						37
10,5	4:30	750	750	✓	✓	✓	✓	✓			24
13,5	4:45	1000	1000	✓	✓			✓			37
7,2	4:45	950	950	✓	✓	✓	✓	✓	✓		36
14,2	5:00	650	650	✓	✓		✓		✓		47
13,3	4:00	240	1180	✓	✓	✓	✓	✓	✓		47
10,6	3:15	100	900	✓	✓	✓	✓		✓		46
11	4:45	750	750	✓	✓						46
6,6	3:00	430	430	✓	✓		✓		✓		46
5,7	2:30	440	440	✓	✓		✓		✓		39
14,2	5:50	980	980	✓	✓	✓	✓		✓		39
11	3:35	600	600	✓	✓	✓	✓	✓	✓		40
9,9	3:40	600	50	✓	✓						40
8,2	4:00	950	950	✓	✓	✓			✓		41
10,7	4:00	620	620	✓	✓		✓		✓		31
10,3	4:45	700	880	✓	✓	✓	✓		✓		41
15	4:30	420	1050	✓	✓	✓	✓	✓			42
7	3:45	200	880	✓	✓	✓	✓	✓			42
11,4	5:25	960	960	✓	✓				✓		48
11,4	6:20	1020	1370	✓	✓		✓		✓		48
12,9	6:30	940	940	✓	✓		✓		✓		48
5,1	2:45	430	430	✓	✓		✓		✓		49

INHALT UND TOURENÜBERSICHT

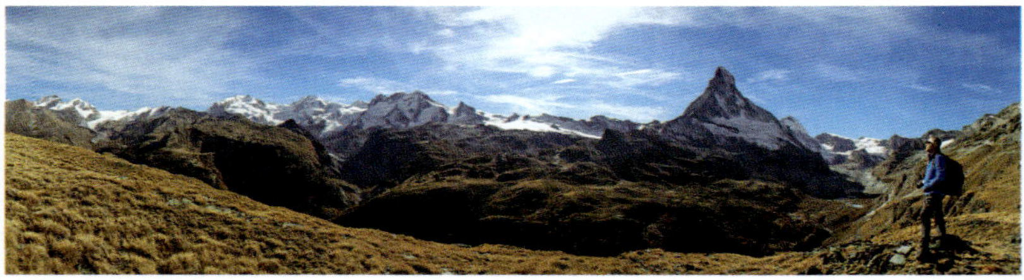

Hochgefühle am Höhbalmen-Weg – Blick auf Monte Rosa, Liskamm und Matterhorn.

km	h	hm	hm	P							Karte
10,4	3:30	630	630	✓	✓		✓		✓		49
9,7	4:00	400	310	✓	✓	✓			✓		41
10,2	5:00	450	1150	✓	✓	✓	✓		✓		49
17,7	8:00	1300	1300	✓	✓	✓	✓				49
12,8	5:20	880	370	✓	✓	✓	✓				41,49
8,5	3:30	480	1030	✓	✓				✓		49
11	4:50	665	665	✓	✓		✓		✓		32
12,8	4:15	600	600	✓	✓		✓		✓		43
13	4:45	500	500		✓	✓	✓				43
25,3	7:00	1100	1100	✓	✓		✓		✓		43
25,8	8:15	1350	1350	✓	✓		✓		✓		43
14,5	5:30	820	820	✓	✓	✓	✓		✓		43
12	6:00	588	1000	✓	✓		✓				44
17	6:30	1322	1322	✓	✓						44
13	3:45	139	534	✓	✓		✓				44
15,5	8:00	1554	1554	✓	✓				✓		110
11,5	3:30	40	1300	✓	✓	✓	✓	✓	✓		110
13	6:00	500	1200		✓	✓	✓	✓	✓		90
12,8	6:40	1150	1150	✓			✓	✓	✓		90
8	4:00	500	500	✓	✓		✓	✓			50
12,1	5:30	1150	1150		✓	✓	✓	✓			50
4	2:30	650	0	✓	✓	✓	✓	✓			50

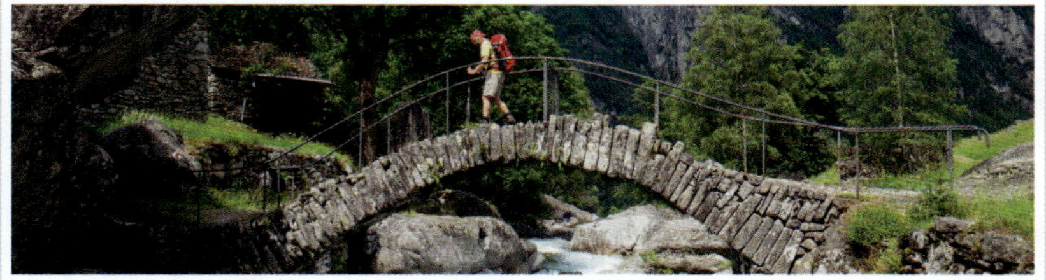

Die fotogene Bogenbrücke bei Puntid im Val Calnègia.

LEGENDE UND ALLGEMEINE TOURENHINWEISE

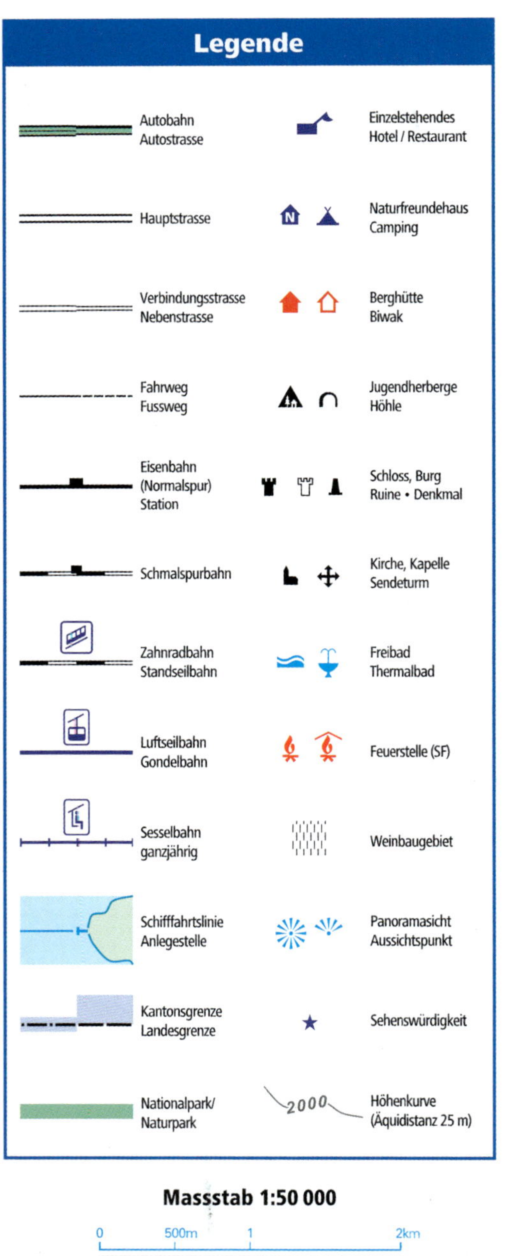

Um Ihnen die Tourenauswahl zu erleichtern, erscheint jede Routenbeschreibung in einer eigenen Farbe:

■ LEICHT
Hier handelt es sich um gut angelegte Wege ohne echte Gefahrenstellen, die auch für „Einsteiger" gut geeignet sind. Das schliesst allerdings kräftige Steigungen nicht aus. Die meisten dieser Routen sind ausreichend beschildert und markiert.

■ MITTEL
Diese Wege und Pfade führen schon durch anspruchsvolleres Gelände, können also steil, steinig und nach Regen sehr rutschig sein. Kurze abschüssige und ausgesetzte Passagen erfordern Trittsicherheit und Schwindelfreiheit; einige davon können auch mit Stahlseilen bzw. Leitern gesichert sein.

■ SCHWER
Hier finden Sie lange und anspruchsvolle Bergtouren, die z. T. in hochalpines Gelände führen. Rechnen Sie mit ausgesetzten, gesicherten und – je nach den herrschenden Verhältnissen – gefährlichen Passagen. Gute Kondition, Schwindelfreiheit und alpine Erfahrung werden vorausgesetzt.

Die angegebenen **Gehzeiten** sind nur Richtwerte – manche werden sie problemlos unterbieten, andere lassen sich unterwegs vielleicht mehr Zeit.

Ausrüstung

Für die hier vorgestellten Touren benötigen Sie feste, aber nicht zu schwere Wanderschuhe mit griffiger Gummiprofilsohle sowie wind- und regendichte Kleidung.

Was sonst noch in den Rucksack gehört: Reservewäsche, eine leichte Kopfbedeckung als Sonnenschutz, die entsprechende Verpflegung und vor allem genug Getränke, eine Trillerpfeife fürs alpine Notsignal sowie eine kleine Rucksackapotheke mit federleichter Alu-Rettungsdecke, natürlich das Handy. Hilfreich sind auch Teleskopstöcke. Im Gebirge benötigt man entsprechend wärmere Kleidung, Mütze und Handschuhe – bei einem Wettersturz kann es hier auch mitten im Sommer empfindlich kühl werden. Wer in Almhütten oder Schutzhäusern übernachtet, sollte einen leichten Hüttenschlafsack mitnehmen.

Alpines Notsignal

In einer Minute wird sechsmal in regelmässigen Abständen – also alle zehn Sekunden – ein hörbares oder sichtbares Zeichen (Rufen, Pfeifen, Blinken, Winken) gegeben.

Dazwischen folgt jeweils eine Minute Pause.
Die Antwort kommt mit drei Zeichen pro Minute.

Alpine Notrufnummern:

Europaweit 112
Rega (Schw. Rettungsflugwacht) 1414
mit ausländischer SIM-Karte +41 333 333 333

Touren

Leicht

Fahrweg	Fussweg	
Start	Ziel	Start = Ziel
Wegverlauf	Wegverlauf, Hin - Zurück	V Variante

Mittel

Fahrweg	Fussweg	Wegspur
Start	Ziel	Start = Ziel
Wegverlauf	Wegverlauf, Hin - Zurück	V Variante

Schwierig

Fahrweg	Fussweg	Wegspur
Start	Ziel	Start = Ziel
Wegverlauf	Wegverlauf, Hin - Zurück	V Variante

Kilometerangabe	Einkehrmöglichkeit
Höhenmeter (Auf- und Abstieg)	Bergbahn / Gondel
Gehzeit	Parkplatz
Für Kinder geeignet	Übernachtung
Rund-Tour	Kümmerly + Frey Wanderkarte 1:40'000
Strecken-Tour	öffentliche Verkehrsmittel
Gipfel	Baden
Natur	radtauglich
Sehenswürdigkeit	wintertauglich

GEBIETSÜBERSICHTSKARTE

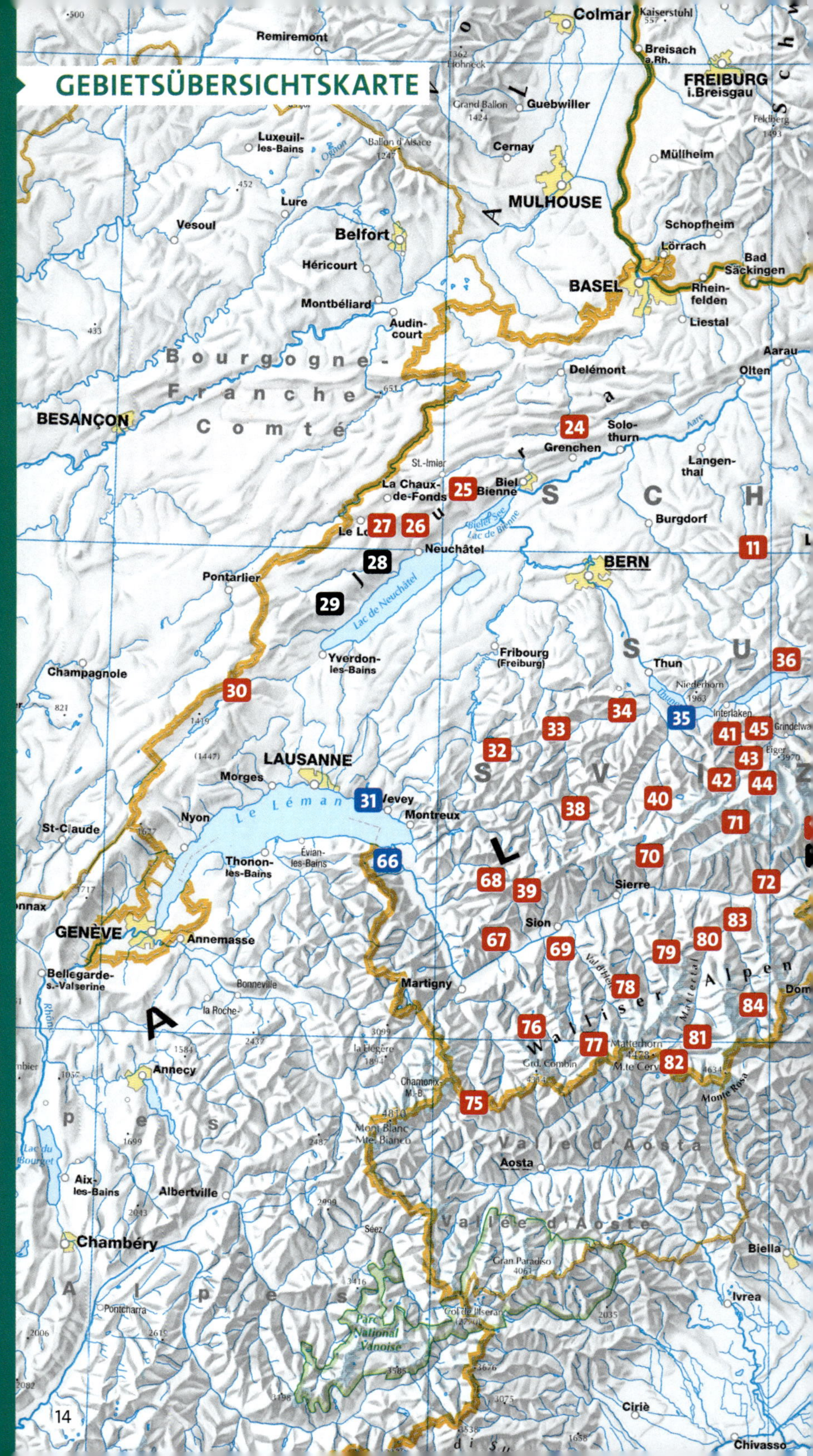

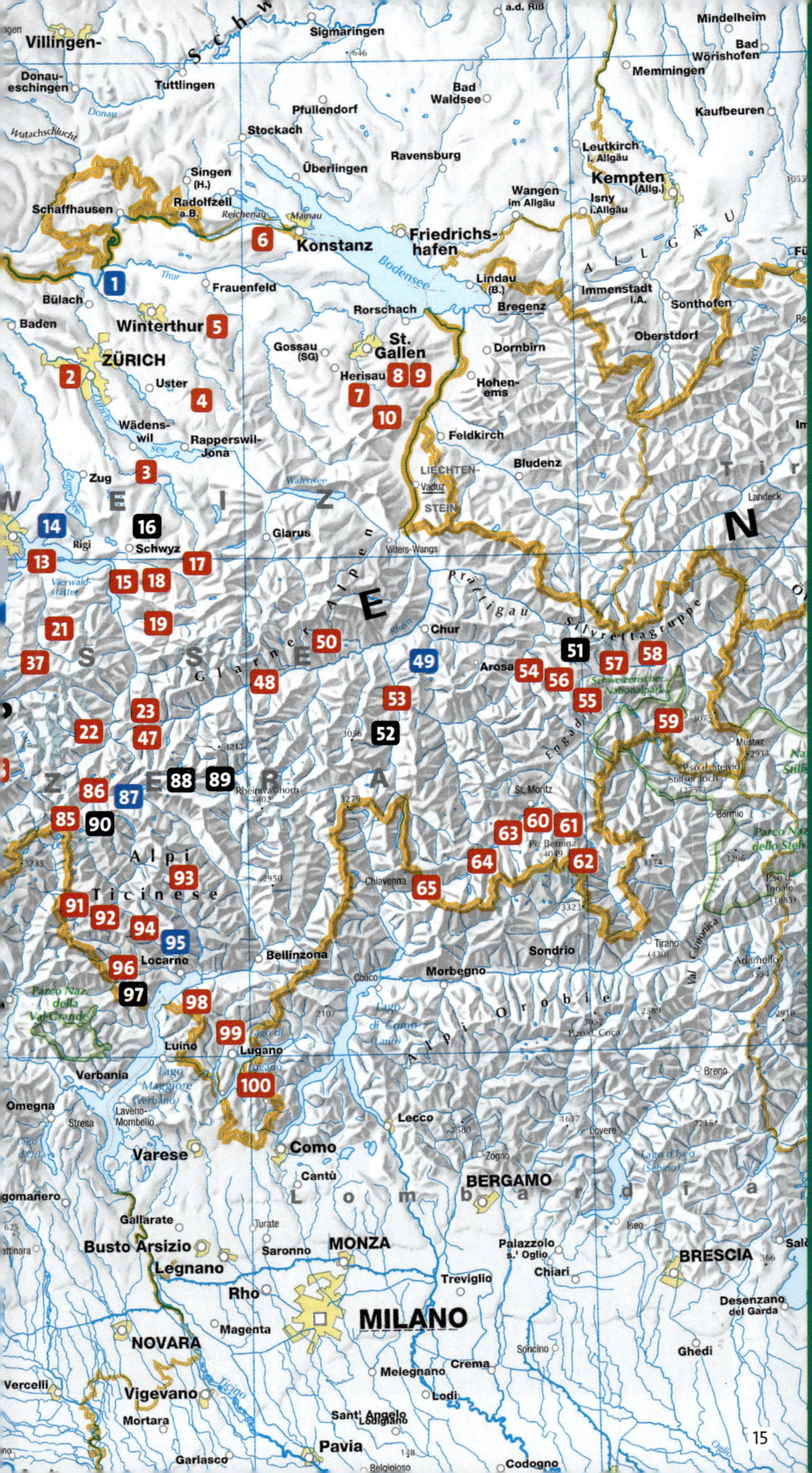
Villingen-
Donau-eschingen
Tuttlingen
Sigmaringen
Bad Waldsee
Pfullendorf
Stockach
Überlingen
Ravensburg
Singen (H.)
Radolfzell a.B.
Schaffhausen
Konstanz
Friedrichs-hafen
Bodensee
Lindau (B.)
Bregenz
Wangen im Allgäu
Leutkirch i. Allgäu
Kempten (Allg.)
Isny i. Allgäu
Memmingen
Mindelheim
Bad Wörishofen
Kaufbeuren
Immenstadt i.A.
Sonthofen
Oberstdorf
ALLGÄU
Frauenfeld
Bülach
Baden
Winterthur
ZÜRICH
Uster
Wädenswil
Rapperswil-Jona
Zug
Rigi
Schwyz
Rorschach
Gossau (SG)
St. Gallen
Herisau
Dornbirn
Hohenems
Feldkirch
LIECHTENSTEIN
Vaduz
Bludenz
Landeck
Glarus
Vilters-Wangs
Prättigau
Chur
Arosa
Silvrettagruppe
Schweizerischer Nationalpark
Engadin
Müstair
Pso d. Stelvio
St. Moritz
Piz Bernina 4049
Bormio
Chiavenna
Tirano
Sondrio
Morbegno
Bellinzona
Locarno
Alpi Ticinese
Glarner Alpen
SCHWEIZ
Parco Naz. della Val Grande
Colico
Lago di Como
Alpi Orobie
Adamello
Luino
Lugano
Verbania
Lago Maggiore
Omegna
Varese
Como
Cantù
Lecco
Lovere
Lago d'Iseo
BERGAMO
Lombardia
Gallarate
Busto Arsizio
Legnano
Saronno
MONZA
Rho
Magenta
MILANO
Treviglio
Palazzolo s.' Oglio
Chiari
BRESCIA
Desenzano del Garda
Ghedi
NOVARA
Vercelli
Vigevano
Mortara
Melegnano
Crema
Lodi
Sant' Angelo Lodigiano
Pavia
Garlasco
Codogno
Soncino
Breno
Val Camonica
Parco Naz. dello Stelvio
Pso d. Tonale

1

RÜDLINGEN – RHEINAU

Dem Rhein entlang zum barocken Kloster

 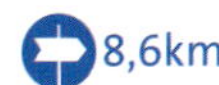 8,6km  2:45 h  18 hm 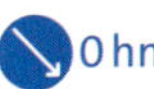 0 hm  1

START | Rüdlingen (340 m). Anfahrt: Bus 675 vom Bahnhof Henggart (S 12, S 33). [GPS: UTM Zone 32 x: 467.800 m y: 5.269.563 m]
CHARAKTER | Wunderbare Flusswanderung durch Naturschutzgebiete zum sehenswerten Kloster Rheinau. Gelbe Markierung, schattig.

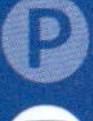

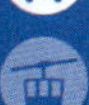

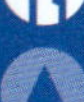

Die Wanderung verläuft am Rhein, Höhepunkte sind die geschützten Auen am Alten Rhein, der lichte Wald am Strickboden und am Ende die barocke Klosterkirche Rheinau, die zu den schönsten ihrer Art in der Schweiz gehört.

▶ In **Rüdlingen** 01 (340 m) leiten Sie die Wegweiser zum Uferweg am Rhein, nach dem Schützenhaus führt der Weg hinunter zum Auengebiet Alter Rhein. 1897 wurde zur Stabilisierung des Prallhangs im Rahmen der Rheinkorrektion ein Längsdamm errichtet, der bei Hochwasser überflutet wird. In den geschützten Altläufen hat sich mit der Zeit eine vielfältige dynamische Auenlandschaft entwickelt. Viele Vogelarten lassen sich hier beobachten, immer wieder begegnen einem auch Biberfrassspuren. Der Weg führt hart dem Fluss entlang und ist bei Hochwasser nicht begehbar, dann muss man auf dem Feldweg oben bleiben.

Nach **Ellikon am Rhein** 02 (347 m) bringt Sie eine traditionelle kleine Fähre, die an einer Seilrolle befestigt ist. Sie fährt von Freitag bis Sonntag und an Feiertagen von April bis Oktober und wird bei Bedarf mit einer Glocke gerufen. Das idyllische kleine Fischerdorf Ellikon hatte einst grössere Bedeutung durch die Umgehung des Schaffhausener Zolls, als die Zürcher hier Salz vom Schiff auf Fuhrwerke umluden. Zur Einkehr laden das Restaurant „Rhygarte" und der aus dem Jahr 1541 stammende Gasthof „Zum Schiff", beide mit Rheinterrasse. Im Gasthof sind die grossen Hochwasserstände vergangener Zeiten markiert.

Der Weg führt nun rheinabwärts weiter zum Strickboden, einem geschützten lichten Wald oberhalb des Prallhanges, eine der letzten freien Fliessstrecken des Rheins. Eichen und Föhren dominieren den lichten Wald, die Kraut- und Strauchschicht wird regelmässig geschnitten, hier finden sich viele botanische Raritäten wie Weisses Fingerkraut, Purpurklee oder die Astlose Graslilie. Danach geht's wieder nahe dem Ufer

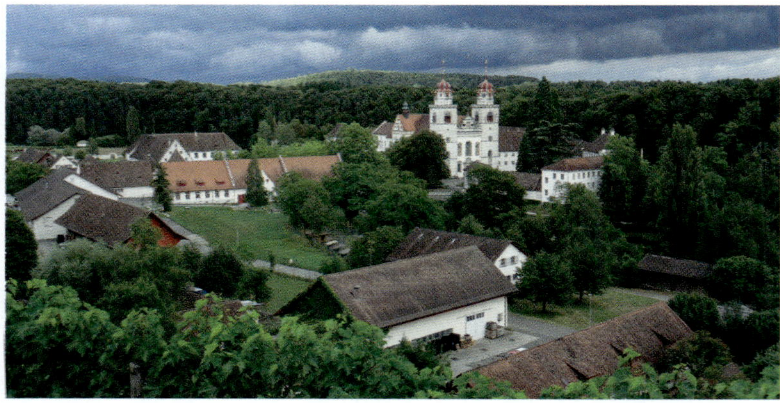

Blick auf den Klosterbezirk Rheinau von der Terrasse der Bergkirche St. Nikolaus.

entlang, gegen Ende auf asphaltiertem Weg zum Kraftwerk Rheinau. Davor passieren Sie die Rheinstellung Balm-Süd, die Bunker wurden 1995 aufgegeben.

Die Wegweiser Rheinau-Bad führen Sie über die Halbinsel, Anstieg auf Treppenweg, zum Stauwehr, von dort geht's mit schönem Blick auf die Klosteranlage zu, über die Brücke mit der Christophorus-Statue gelangen Sie dann zum **Klosterbezirk Rheinau** 03 (358 m). Das Kloster wurde erstmals 844 urkundlich erwähnt. Errichtet wurde es auf der strategisch hervorragend geschützten Rheininsel, die von einer Rheinschlaufe umflossen wird. Das Prunkstück ist heute die 1704–1711 anstelle der romanischen Basilika in feierlichem Hochbarock erbaute Stiftskirche St. Maria.

Einkehren können Sie im „Klostergarten Rheinau" oder auf dem Weg zur Bushaltestelle (nahe der Kirche St. Nikolaus) im „Augarten" oder im „Wirtshaus zum Buck" nahe der Busstation.

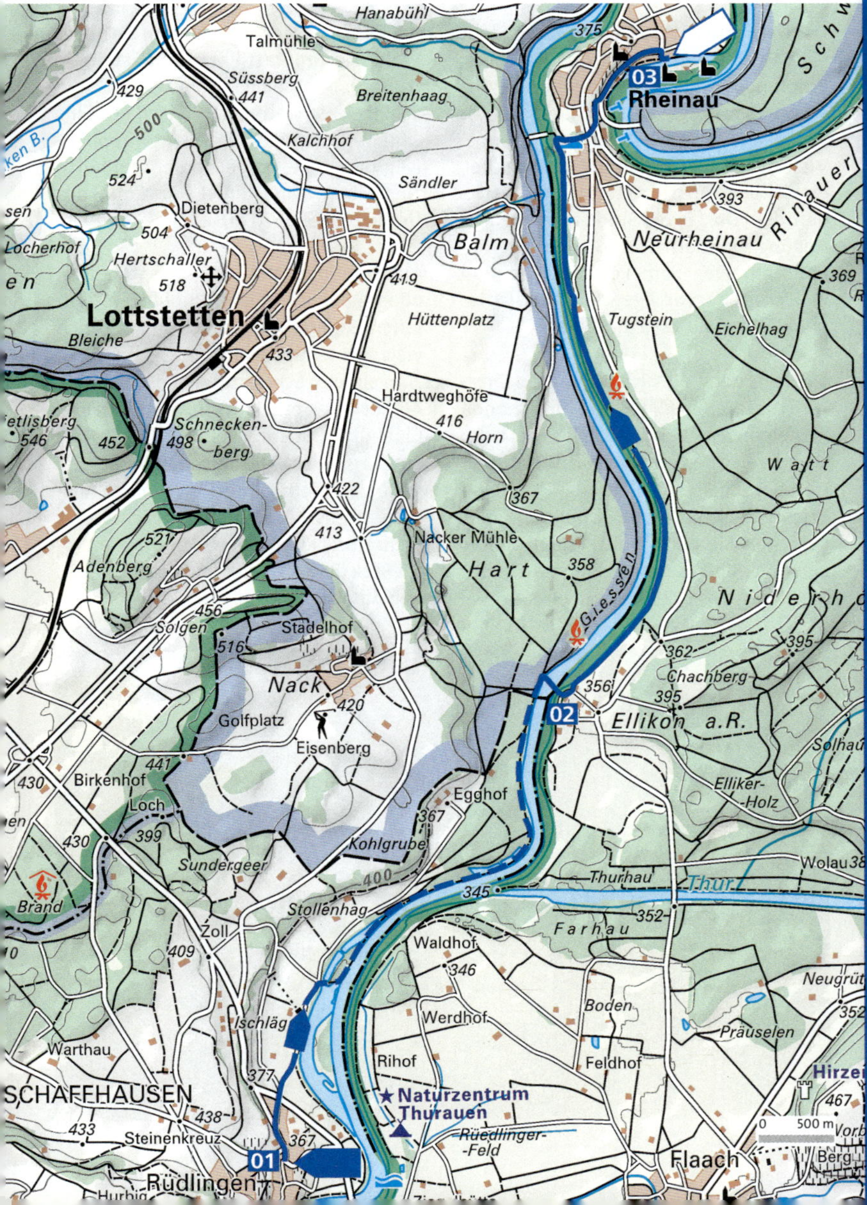

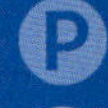

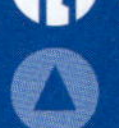

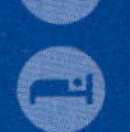

UETLIBERG • 870 m – FELSENEGG • 790 m

Auf dem Panoramaweg der Albiskette

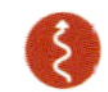 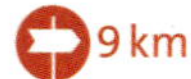 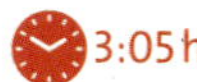 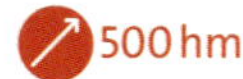  

9 km 3:05 h 500 hm 140 hm 13

START | Albisrieden (430 m). Anfahrt: Endstation der Tram 3. Rückfahrt: Luftseilbahn Felsenegg – Adliswil, S 4 nach Zürich. [GPS: UTM Zone 32 x: 461.218 m y: 5.247.036 m]
CHARAKTER | Aussichtsreiche Wanderung über den Uetliberg, den Hausberg Zürichs, zum Felsenegg. Gelbe Markierung, im Anstieg schattig.

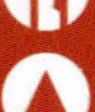
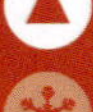
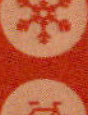

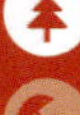

Der Uetliberg hat als Hausberg der Stadt viele Funktionen – er ist Aussichtsberg, Erholungs-, Natur-, Bildungs- und Wirtschaftsraum zugleich, sein Name kommt von der Hutform der obersten Kuppe. Viele Wege führen zum Aussichtsgipfel, ein schöner Anstieg startet in Albisrieden, dem Dorf in der Stadt. Nach steilem Anstieg wandern Sie auf dem breiten Panoramaweg zum Felsenegg, einem weiteren hervorragenden Aussichtspunkt oberhalb des Zürichsees.

▶ Vom noch dörflich geprägten Ortskern **Albisrieden** 01 (430 m) mit schönen Riegelhäusern bei der Kirche führt der Wanderweg den Hang hinauf, Wegweiser Uetliberg, gelbe Markierung. Über eine Wiese, beim gekiesten Querweg links, gelangen Sie zum Wald. Knapp hinter einem Grillplatz treffen Sie auf die Hohensteinstrasse, der Sie nach links folgen. Auf dem Schlittelweg wandern Sie durch Wald bis zum **Rastplatz Hohenstein** 02 (709 m). Noch einige Minuten auf dem Schlittelweg weiter, dann nach links ins Gratwegli; der gut ausgebaute Treppenweg bringt Sie, vorbei an der Clubhütte zur Gelben Wand, direkt zum Gipfel des **Uetlibergs** 03 (870 m).

An den Hängen des Uetlibergs stehen im oberen Bereich etliche Clubhütten. Zwischen 1900 bis 1914 entstanden in Zürich viele kleine Alpenclubs als Gegenstücke zum elitären Schweizer Alpen-Club, SAC. Als Rückzugsrefugium errichteten sie ihre Clubhütten, Stammlokale zur Geselligkeit am Berg in der Nähe der Stadt. Mondäner geht's auf dem Gipfel zu: Von der Aussichtsterrasse oder dem Aussichtsturm beim Hotel Kulm bietet sich ein grandioser Blick über die Stadt und den See bis zu den Alpenketten.

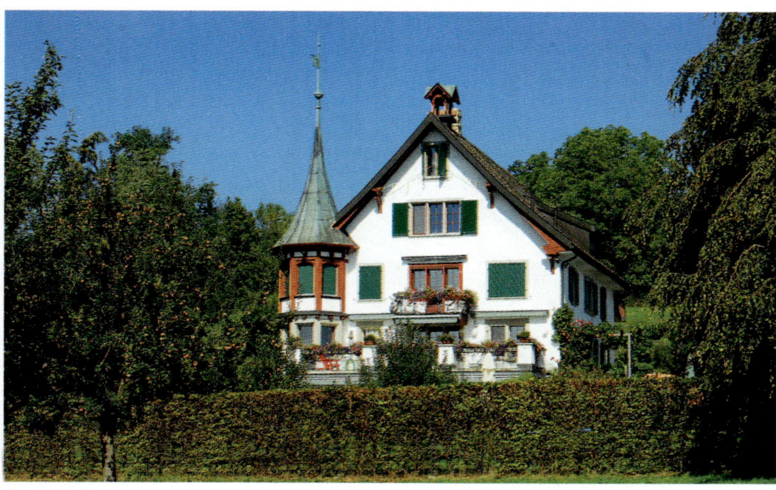

Gut Mädikon.

Auf dem Treppenweg wandern Sie anschliessend an Nagelfluhfelsen vorbei hinunter zum Berggasthaus „Uto Staffel". Auf dem Panoramaweg, Waldstrasse, geht's in leichtem Auf und Ab dem Grat entlang durch Wald und Wiesen weiter, immer wieder gibt es schöne Aussichtsplätze. Der Hofladen des Gutes Mädikon verkauft u. a. auch Wurst und Alpkäse. Von Leimbach führt seit 1928 eine private Seilbahn zum Gut Mädikon, sie ist eine der ältesten der Schweiz. Beim ehemaligen **Gasthaus Balderen** 04 (730 m) folgen Sie dem Gratweg halblinks über den Hügel, auf dem im 11. Jh. die Burg Balderen stand, nach **Felsenegg** 05 (790 m). Von der Aussichtsterrasse des Restaurants ist der Blick auf die Stadt und den See besonders eindrücklich, ins Tal bringt Sie dann die Luftseilbahn.

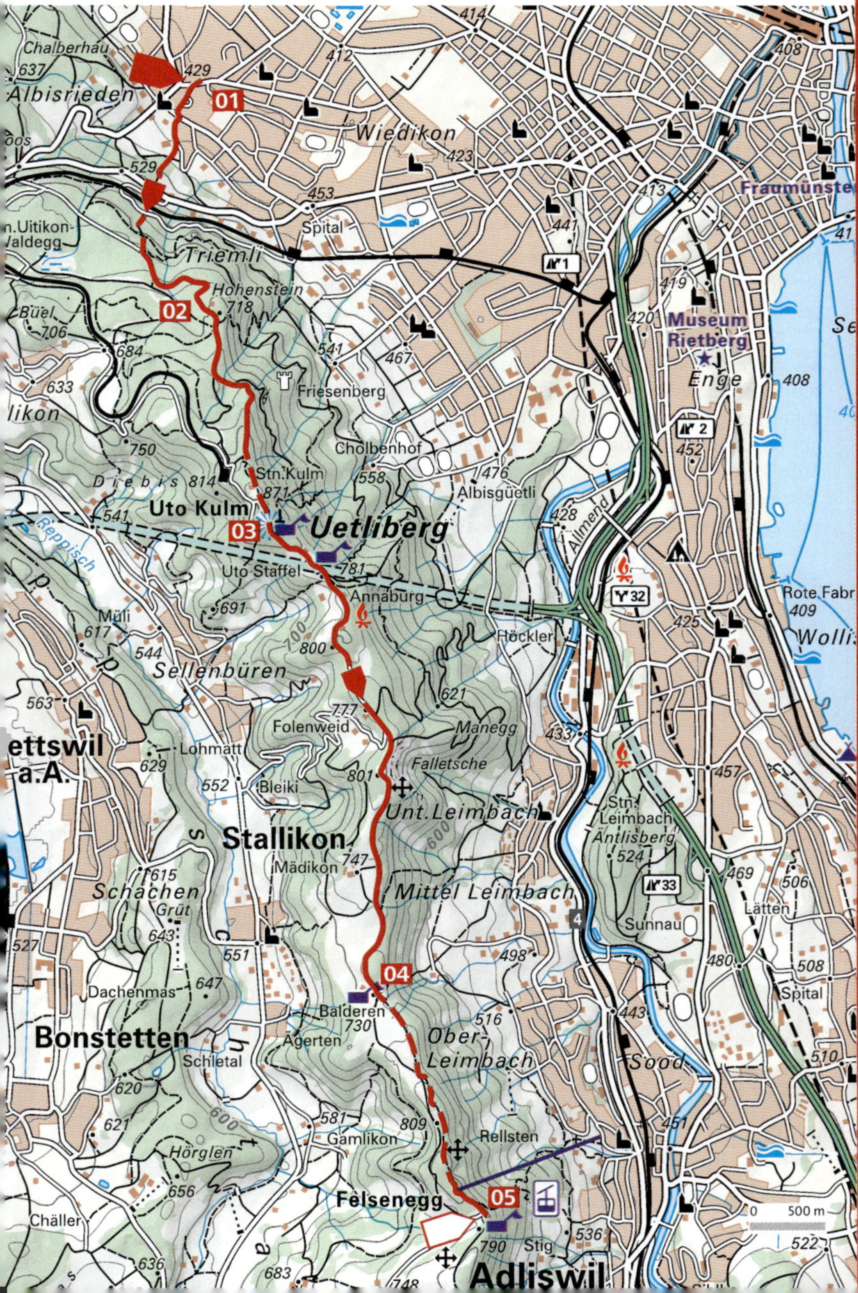

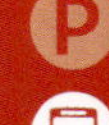

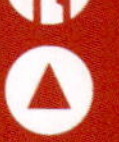

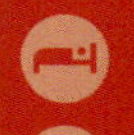

3

HÖHRONEN

Über den Rossberg zum Dreiländerstein

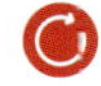 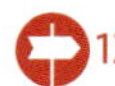 12,2 km  4:00 h 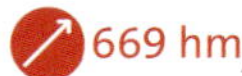 669 hm 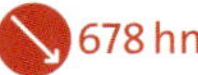 678 hm  13

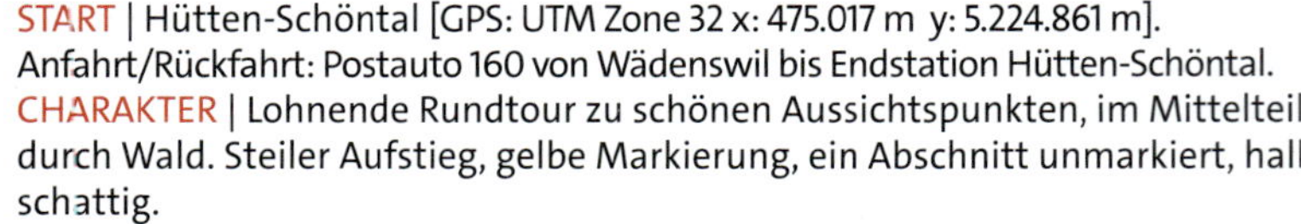

START | Hütten-Schöntal [GPS: UTM Zone 32 x: 475.017 m y: 5.224.861 m]. Anfahrt/Rückfahrt: Postauto 160 von Wädenswil bis Endstation Hütten-Schöntal.
CHARAKTER | Lohnende Rundtour zu schönen Aussichtspunkten, im Mittelteil durch Wald. Steiler Aufstieg, gelbe Markierung, ein Abschnitt unmarkiert, halb schattig.

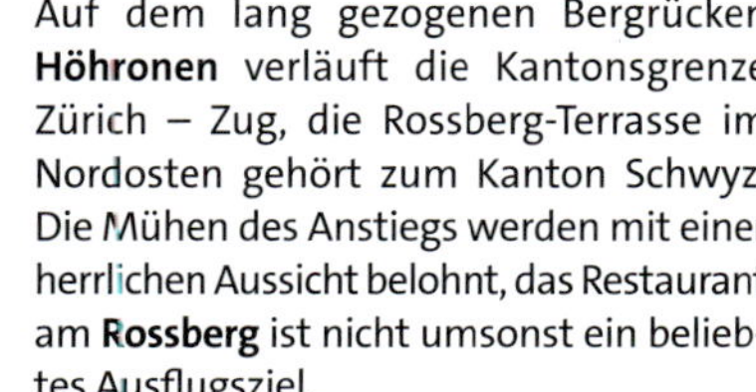

Auf dem lang gezogenen Bergrücken **Höhronen** verläuft die Kantonsgrenze Zürich – Zug, die Rossberg-Terrasse im Nordosten gehört zum Kanton Schwyz. Die Mühen des Anstiegs werden mit einer herrlichen Aussicht belohnt, das Restaurant am **Rossberg** ist nicht umsonst ein beliebtes Ausflugsziel.

▶ Von der **Postauto-Endstation** in **Hütten-Schöntal** 01 beim Gasthaus Schöntal gehen Sie die Nebenstrasse hinein und hinunter zur **Hüttner Brugg** 02 über die Sihl, Autofahrer können hier parken und die Tour beginnen. Sie folgen nun den Wegweisern zum Dreiländerstein, die Route führt auf Fahrwegen und Zufahrtssträsschen durch einen Taleinschnitt teilweise steil hinauf nach **Orischwand** 03 und dann durch Wiesen zum **Rossberg** 04.Vom Gasthaus Rossberg (Mi bis So) geniessen Sie ebenso wie vom nahen Grillplatz eine weite Sicht über den Zürichsee, Schautafeln erklären die Gipfel. Auf schattigem Waldpfad steigen Sie dann hinauf zum **Dreiländerstein** 05, wo die Kantone Zürich, Zug und Schwyz zusammenstossen. Nun wandern Sie auf breitem Weg dem bewaldeten Grat entlang und erreichen nach wenigen Minuten die **Abzweigung** 06 nach Hütten. Hier lohnt sich wegen einiger schöner Aussichtspunkte ein Abste-

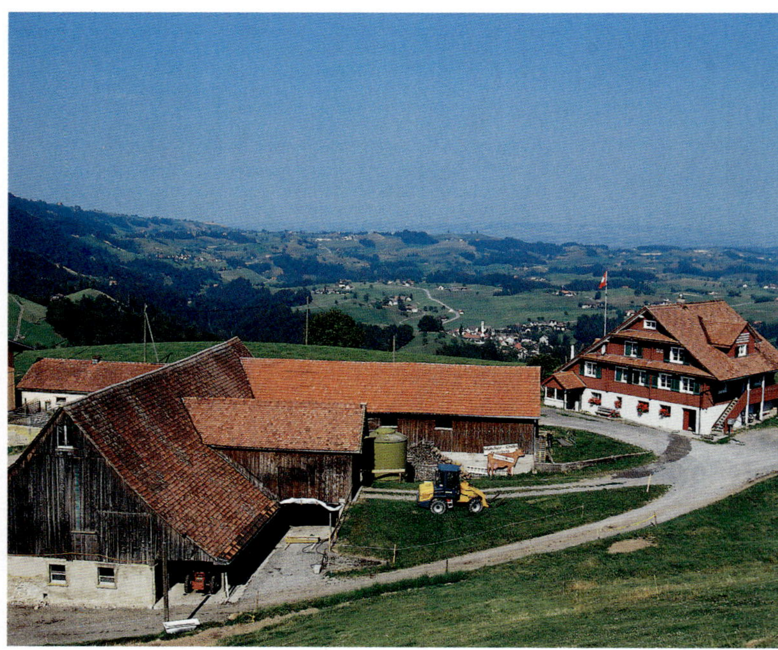

Bauernhof beim Rossberg.

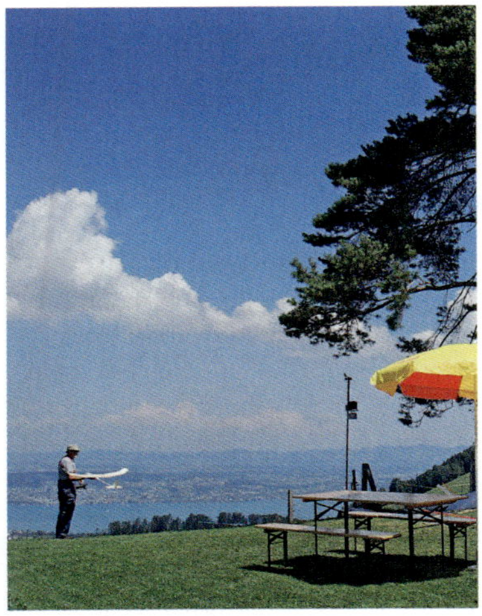

Aussichtspunkt Mistlibüel – Startplatz für Modellflieger.

cher (je 15 Min hin und retour) weiter dem Grat entlang bis zum Wegpunkt **Höhboden** 07. Zurück zur **Abzweigung** 06, folgen Sie nun den Wegweisern links hinunter Richtung Hütten. Auf einem Forstweg und dann Waldstrasse gelangen Sie zum Ferienhaus auf der Terrasse **Mistlibüel** 08. Der Aussichtsplatz mit herrlichem Seeblick dient auch als Startplatz für Modellflieger.

Mit weiter Sicht steigen Sie nun ab nach **Orischwand** 03 und auf dem Herweg hinunter zur **Hüttner Brugg** 02. Nach **Hütten** 01 nehmen Sie nun den ausgeschilderten Weg kurz dem Ufer der Sihl entlang, durch den Wald hinauf und mit schöner Sicht auf das Dorf gelangen Sie zur Kirche und zur Busstation beim Friedhof.

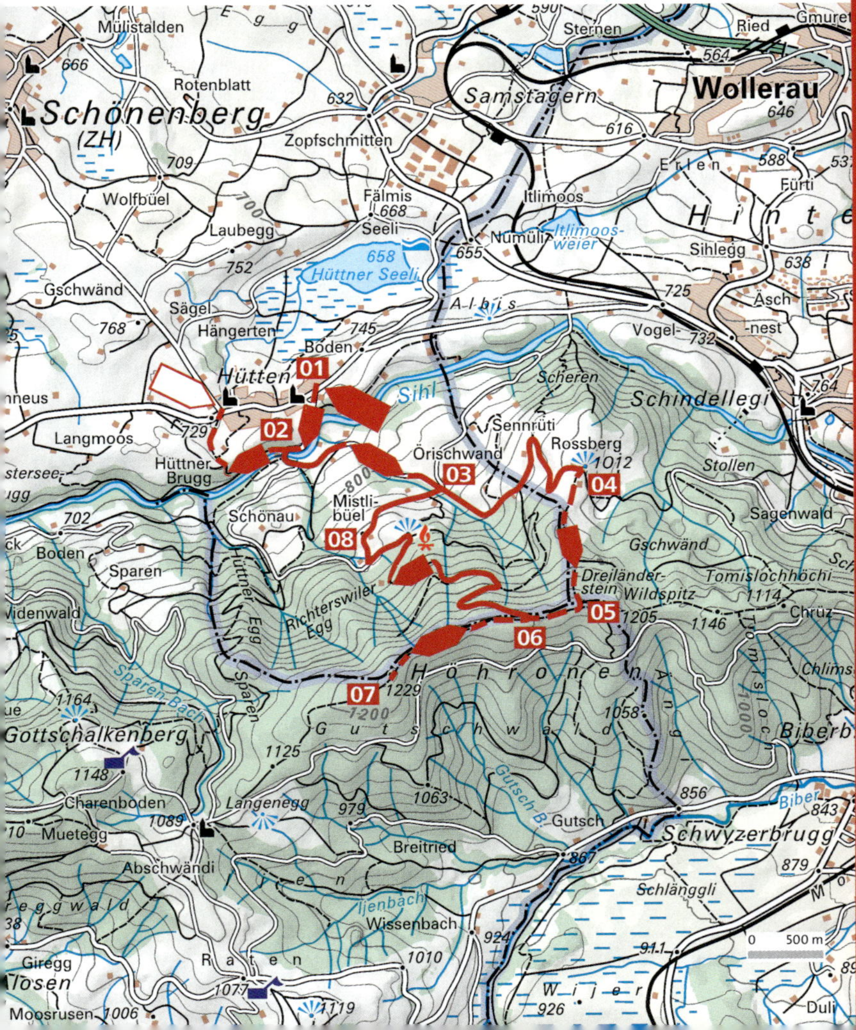

SCHEIDEGG • 1.200 m

Flache Ufer, steile Flanken

  13,5 km  3:40 h 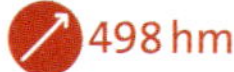 498 hm 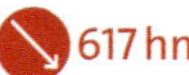 617 hm  14

 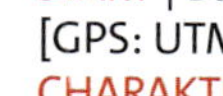      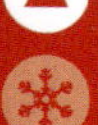 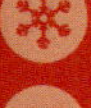   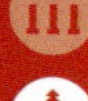

START | Bahnhof Fischenthal (734 m). Anfahrt: S 26, Rückfahrt von Wald: S 26. [GPS: UTM Zone 32 x: 494.145 m y: 5.242.255 m].
CHARAKTER | Bergwanderung zu hervorragenden Aussichtspunkten mit Berggasthaus. Gelbe Markierung, steiler Aufstieg, überwiegend schattig.

Die Alp Scheidegg ist wegen der herrlichen Aussicht ein zu allen Jahreszeiten gern besuchtes Wander- und Ausflugsziel. Der Alpgasthof ist von Weiden umgeben, daneben liegt der Startplatz für Gleitschirmflieger. Ein besonderes Erlebnis ist der gemütliche Rückweg durch den romantischen Sagenraintobel.

▶ Folgen Sie vom **Bahnhof Fischenthal** 01 (734 m) den Wegweisern Tannen, Hüttchopf, Scheidegg. Kurz auf der Strasse beginnt nach dem Ortsteil Fischtel der Anstieg. Pfade und Wege kürzen die Serpentinen des Strässchens ab, über Wiesen und durch Wald geht's hinauf zu den Höfen von **Tannen** 02 (959 m).

Weiter geht es durch das Wild- und Pflanzenschutzrevier Tössstock. Nach einem weiteren Anstieg erreichen Sie einen ersten hervorragenden Aussichtspunkt bei einem Egg (1.098 m) mit weitem Blick zu den Alpen, dem Bachtel und der Allmenkette auf der anderen Talseite. Auf dem Gratweg wandern Sie weiter durch Alpweiden, Infos zu den Mutterkühen bei den allgemeinen Tourenhinweisen beachten. Die Hauptroute führt auf einem Pfad über den grasbewachsenen **Hüttchopf** 03 (1.232 m), ein breiter Weg unten vorbei zur Alp Überzütt. Der Hüttchopf am Westrand des Wild- und Pflanzenschutzgebietes bietet neben der umfassenden Aussicht in die Bergwelt des Zürcher Oberlandes auch den besten Überblick über das Quellgebiet der Töss.

Von der Alp Überzütt geht es auf einem Fahrweg durch lichten Wald zum **Alpgasthof Scheidegg** 04 (1.200 m) mit Panoramablick zum Alpenkranz – eine ideale

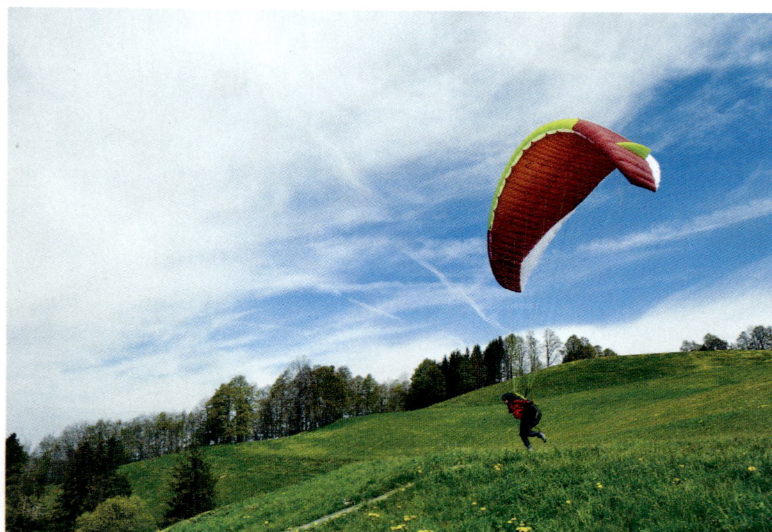

Scheidegg – ein beliebter Startplatz für Gleitschirmflieger.

Einkehrmöglichkeit. Nach der Einkehr folgen Sie vom Parkplatz hinter dem Gasthaus dem Wegweiser Wolfsgrueb. Auf einem Waldpfad im Zickzack durch Wald und Weiden den Steilhang hinunter und dann auf dem Fahrweg und Strässchen zum **Wegpunkt Wolfsgrueb** **05** (972 m). Vom Strässchen abwärts führt nach etwa 50 m links der Pfad mit schönem Blick talauswärts hinunter zum **Hof Ger**. Dort beginnt die romantische Schlussetappe durch den Sagenraintobel immer dem Schmittenbach mit seinen vielen kleinen Kaskaden entlang, gegen Ende tief eingeschnitten ein schöner Wasserfall. Durch das Dorf mit mehreren Einkehrmöglichkeiten gelangen Sie von der Kirche links zum **Bahnhof Wald** **06** (615 m).

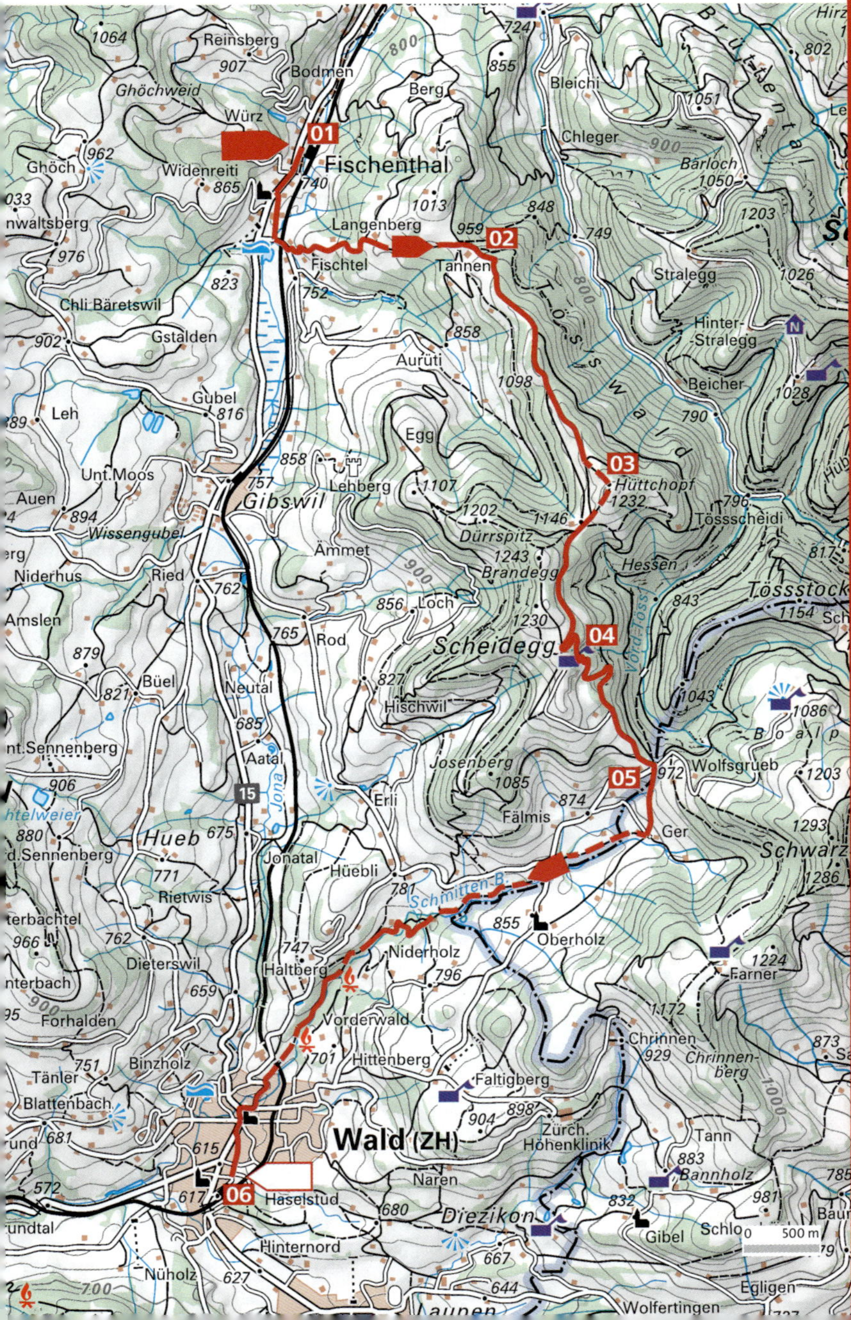

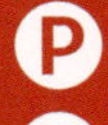

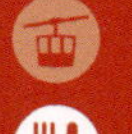

SCHAUENBERG • 887 m

Von Elgg über den Aussichtsgipfel nach Turbenthal

  10,5 km  3:35 h  378 hm 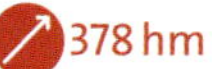 337 m  8 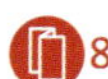

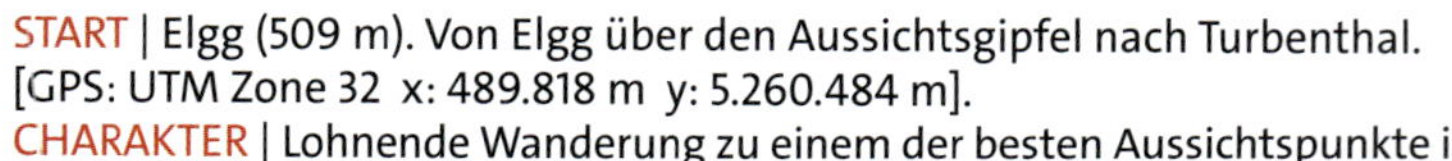

START | Elgg (509 m). Von Elgg über den Aussichtsgipfel nach Turbenthal. [GPS: UTM Zone 32 x: 489.818 m y: 5.260.484 m].
CHARAKTER | Lohnende Wanderung zu einem der besten Aussichtspunkte im Zürcher Oberland. Gelbe Markierung, überwiegend schattig, teils steiler Aufstieg.

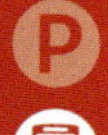

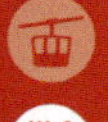

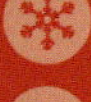

Die herrliche Aussicht vom Gipfel des Schauenbergs lohnt die Mühen des Anstiegs. Die Etappen durch den Farenbachtobel und Hutziker Tobel geben der Tour einen zusätzlichen Reiz, ebenso die Einkehrgasthäuser Guhwilmühle und Schnurrberg.

▶ Vom **Bahnhof Elgg** 01 (509 m) folgen Sie dem Wegweiser Farenbachtobel Richtung Dorfzentrum. Nach dem COOP rechts und dann nach links dem Bach entlang, die Wegweiser leiten Sie zum Eingang des **Farenbachtobels** 02 (538 m).

Auf einem schönen Weg geht es über Brücken und Stege im Tobel dem Bach entlang aufwärts, vor der **Guwilmühle** 03 (616 m) an einem grossen Wasserfall vorbei. In der idyllischen Gartenwirtschaft lohnt sich eine Einkehr. Durch Wiesen und Wald steigen Sie anschliessend zum Teil auf Treppenwegen auf, vorbei an den Höfen Scheunberg gelangen Sie schliesslich zum Gipfel des **Schauenbergs** 04 (887 m) mit Triangulationspunkt. Hier geniessen Sie eine fantastische Rundsicht. Einst stand die mächtige Burg der Beringer auf dem Gipfel, heute zeugen nur noch die Grundmauern von der Dynastie der Hochlandenberger.

Der Abstieg führt zunächst auf dem Züri-Oberland-Höhenweg 69 Richtung Süden auf dem bewaldeten Grat entlang und dann zum Parkplatz **Tannenweid** 05 (792 m). Wer einkehren will, hat hier die Wahl: Einen Abstecher 15 Minuten geradeaus weiter führt zum Restaurant. Wer in der Bergwirtschaft Schnurrberg einkehren möchte, folgt halbrechts dem

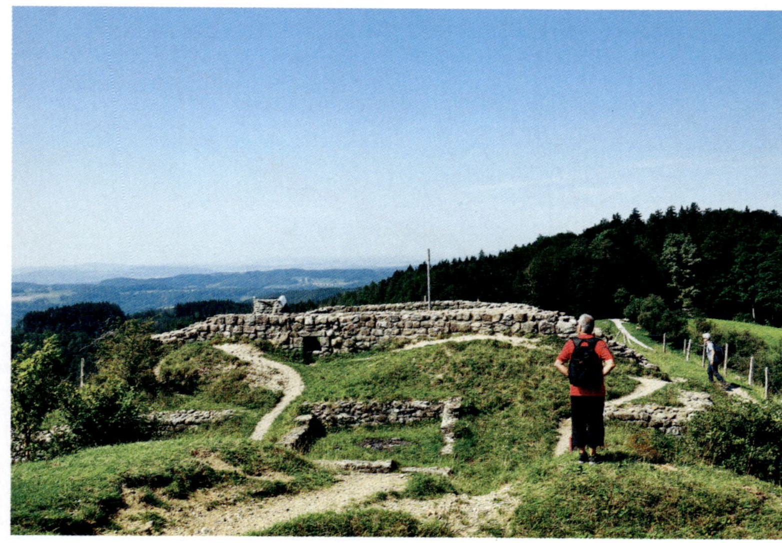

Am Schauenberg finden sich die Reste einer Burg.

Fahrweg und geht dann vom Gasthaus rechts zum **Hutziker Tobel** **06**.

Der direkte Weg führt vom Wegpunkt **Tannenweid** **05** rechts, anfangs asphaltiert, durch schönen Laubmischwald zum **Hutziker Tobel** **06** (611 m), wo der Abstieg dem Bach entlang beginnt. Nach dem romantischen Tobelweg leiten Sie die Wegweiser durch Hutzikon zur nahen **Station Turbenthal** **07** (550 m) mit Café und Restaurant beim Bahnhof.

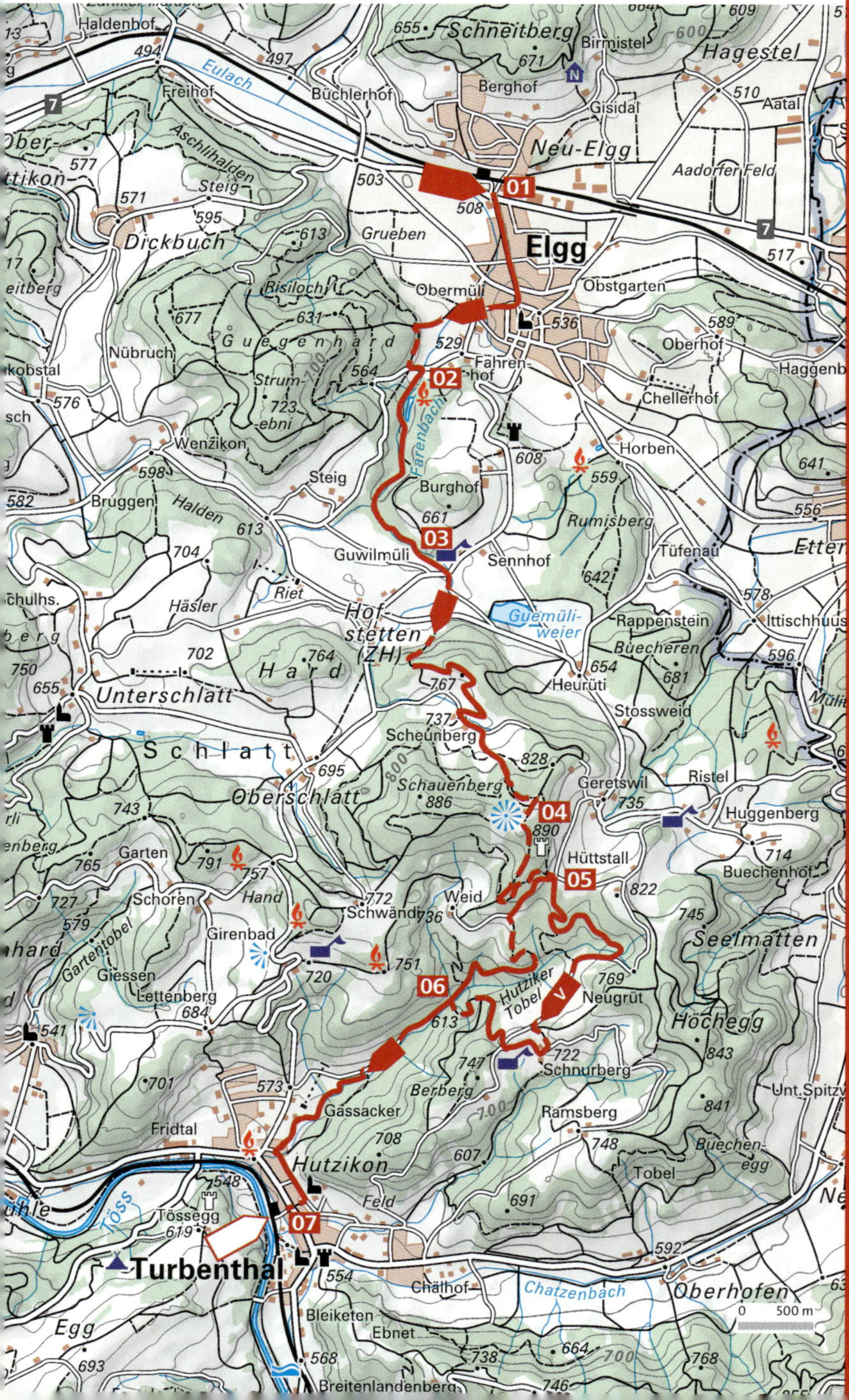

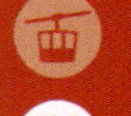
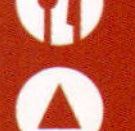
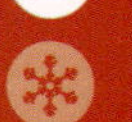

6

VON STECKBORN NACH BERLINGEN

Beglückender Schweizer Seerücken

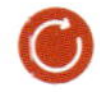 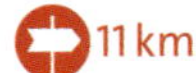 11 km  3:15 h 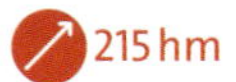 215 hm 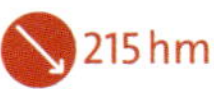 215 hm  11/1

START | Steckborn, Bahnhof (400 m), gebührenpflichtiger Parkplatz. [GPS: UTM Zone 32 x: 498.630 m y: 5.279.021 m]
CHARAKTER | Längere leichte Anstiege. Gut beschilderte Wirtschafts- und Forstwege, kurze Wanderwege und Pfade.

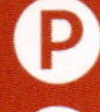

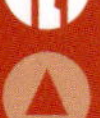

Eine mit märchenhaften Ausblicken verwöhnende Höhenwanderung am Thurgauer Seerücken, hoch über der Öffnung des Untersees.

Startpunkt ist der **Bahnhof** in **Steckborn** 01 (400 m), der Hauptort am Schweizer Unterseeufer. Der Wegweiser „Höhenweg Ober-Fruthwilen" und die Wanderwegschilder leiten zielsicher durchs Dorf mit seinem teilweise noch mittelalterlichen Erscheinungsbild in den Ortsteil Seehalde. Vom Ortsende steigt ein Wirtschaftsweg leicht bergan über Obstwiesen. Dabei liegt uns der gesamte Untersee zu Füssen. Am Nordufer ragt über der malerischen Halbinsel Höri der Waldrücken des Schiener Bergs auf. Eine fantastische Traumlandschaft breitet sich bereits hier vom unteren Bereich des Seerückens vor uns aus.

Berlingen am Untersee.

Auf dem Höhenzug über dem Heeristobel, dem **höchsten Punkt** 02 (540 m) der Tour, wechselt die Ober-Fruthwiler-Route zwischendurch in einen Wiesenpfad. Nach kleinem Strassenabschnitt, der den Wildbach überquert, schwenken wir in einen Forstweg ein. Auf der sogenannten **Burst** 03 (540 m) weist uns das Wanderwegtäfelchen den Weg aus dem Wald hinaus. Auf der folgenden Lichtung lenkt die Beschilderung bergab nach Berlingen mit weithin sichtbarem Kirchturm.

Im uralten Ort, einer ehemaligen Schenkung Karls des Grossen an das Kloster Reichenau, geht man hinunter zur Seestrasse und folgt dieser links, bis der Zugang zum **Landungssteg** 04 (397 m) möglich ist. Auf der Strandpromenade erliegt man wieder dem eigenen Charme des in sattes Türkis getauchten Untersees.

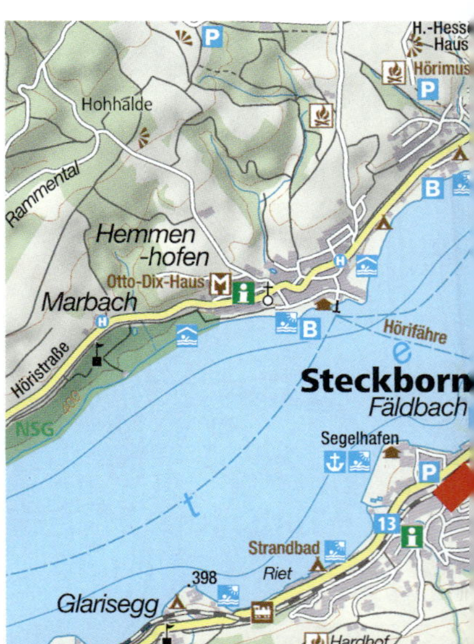

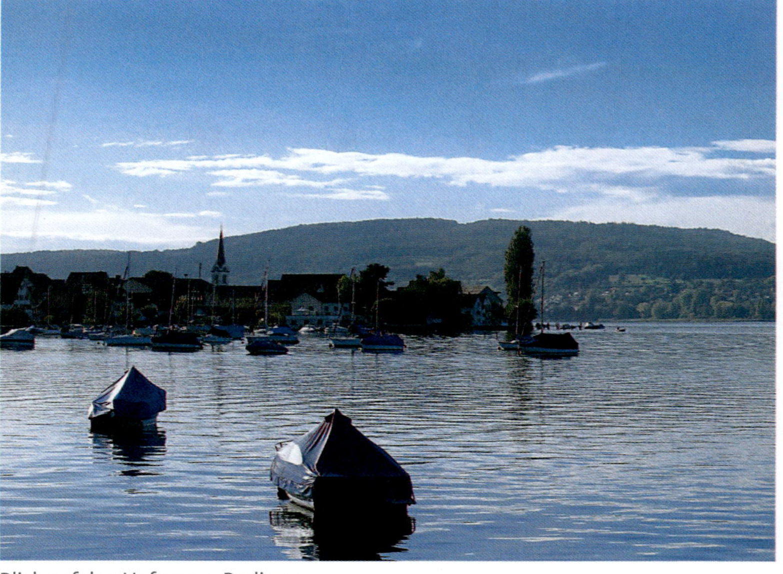

Blick auf den Hafen von Berlingen.

Am Restaurant Adler kreuzt man erneut die Seestrasse und wandert vom Ortsende auf einem anfangs asphaltierten Wirtschaftsweg, zuletzt auf einem Wanderweg, leicht bergan. Die höchste Stelle auf dem Rückweg heisst **Weisser Felsen** 05 (470 m). Der eher vergraute Sandsteinfelsen mit sehenswerten Auswaschungen horizontal gelagerter härterer Schichten macht seinem Namen keine besondere Ehre. Doch zum Schwärmen sind nochmals die Ausblicke nach Horn – sie erinnern fast an mediterrane Landschaften.

Nach kleinem Abstieg zur **Wirtschaft Jochental** 06 (440 m) schliesst sich wenig später auf einem Wirtschaftsweg in **Steckborn** 01 der Kreis.

Bei einem Bummel durch die kleine, aber schöne historische Altstadt von Steckborn begeistern die vielen Fachwerkhäuser, der Turmhof aus dem 14. Jh. (Heimatmuseum), der Wacht- und Pulverturm, das Alte Schloss (1451), das Alte Schulhaus (1457) und die Obere Mühle sowie weitere Gebäude wie das Neue Schloss (16 Jh.) und der Kehlhof aus dem 18. Jh.

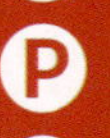
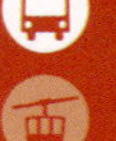

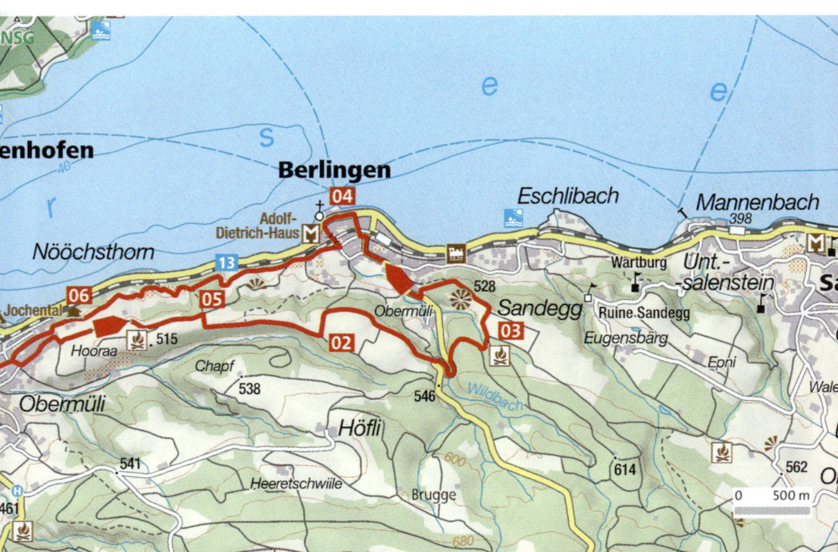

7

HUNDWILER HÖHI • 1.305 m

Weiter Blick über das Appenzellerland

  6 km 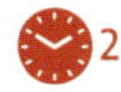 2:30 h 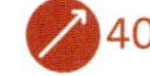 400 hm 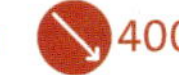 400 hm  11/2

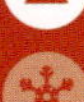

START | Bahnhof Gonten (898 m) mit gebührenpflichtigem Parkplatz. [GPS: UTM Zone 32 x: 526.257 m y: 5.241.719 m].
CHARAKTER | Zum Teil sehr steile Wiesenwege (vor allem bergab), sonst Forst- und Wirtschaftswege.

Vom Gipfel des herrlichen Aussichtsbergs über Gonten bietet sich dem Wanderer ein 360-Grad-Blick vom Bodensee über das hügelige Appenzellerland bis zum Alpsteinmassiv, dazu noch kulinarische Genüsse im Bergrestaurant. Der Weg führt zum grossen Teil durch bäuerliche Kulturlandschaft, vorbei an vereinzelt stehenden Höfen und grasenden Kühen.

▶ Vom **Bahnhof Gonten** 01 (898 m) gehen wir zur Hauptstrasse und dort nach links. Gleich hinter dem Hotel Bären nehmen wir den so bezeichneten „Feldweg" hinauf zur Alpe Göbsi, er beginnt direkt neben dem Haus. Der Weg scheint an der Hangkante entlang geradewegs gen Himmel zu führen. Ein Strommast auf einem Hügel gibt die Richtung vor. Immer weiter geht es steil über Wiesen bergauf, bis die **Alpe Göbsi** 02 (1.103 m) in Sicht kommt. Weiter bergauf führt der gut markierte Weg über Wiesen. Eine rote Bank weist zwischendurch einmal den Weg, dann geht es gleich darauf in ein Wäldchen unterhalb des Gipfels. Durchs Drehkreuz durch und man verlässt das Weidegebiet.

Nun geht es erneut auf einem baumlosen Rücken weiter, vorbei an einem Wohnhaus und geradeaus weiter zum Ziel, der **Hundwiler Höhi** 03 (1.305 m). Oben wird man mit einer fantastischen Rundumsicht über das Appenzellerland belohnt. In der Ferne sind Pilatus, die Glarner Alpen und die Hügel des Zürcher Oberlandes zu sehen. In südlicher Richtung

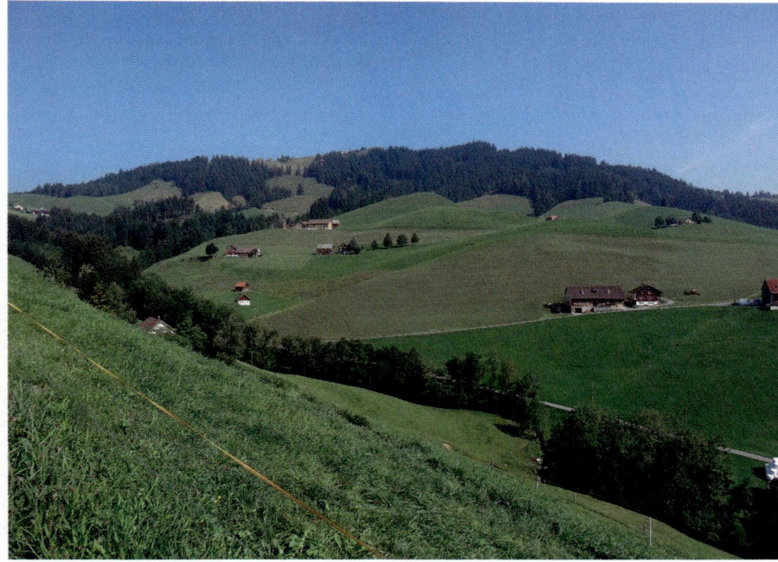

Der Weg hinauf zur Hundwiler Höhi führt rechts vom Hof am linken Bildrand vorbei durch den Wald hinauf zum Bergrestaurant.

schaut man auf Kronberg und Alpstein, im Norden in den Kanton Thurgau und zum Bodensee.

Wer keine eigene Brotzeit dabei hat, kann im Bergrestaurant Hundwilerhöhe einkehren. Nach einem kurzen Besuch des Windrads beginnt der Abstieg in östlicher Richtung. Kurz zwischen Bäumen hindurch, meist aber aussichtsreich am Waldrand entlang geht es über einen Wiesenrücken steil zur einsamen **Hofstelle Ochsenhöhi** 04 (1.209 m) hinunter. Hier ändert sich nun die Himmelsrichtung; statt weiter nach Osten wandern wir nun nach Süden Richtung Gonten.

Zunächst folgt man dem Zufahrtsweg zur Hofstelle talwärts bis zu einem Schuppen. Dort verlassen wir die Fahrstrasse und wechseln auf den **Wiesenweg** 05 (1.109 m) rechts vom Schuppen und steigen nun bis Gonten die meiste Zeit über (zum Teil steile) Bergwiesen hinunter. So geht es zügig von Hof zu Hof ins Tal. Die Knie sind nicht begeistert, die Augen über den herrlichen Blick Richtung Berge umso mehr. Wem der Wiesenweg zu anstrengend ist, kann alternativ dem Fahrweg mit seinen vielen Schleifen folgen.

Im Ortsteil **Loos** 06 (920 m) hat man die meisten Höhenmeter geschafft, zum

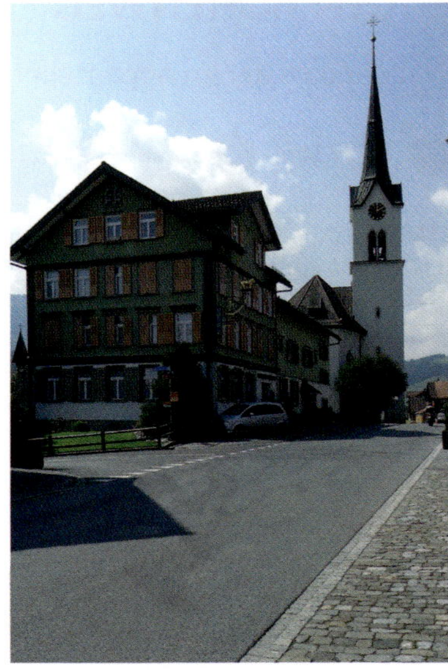
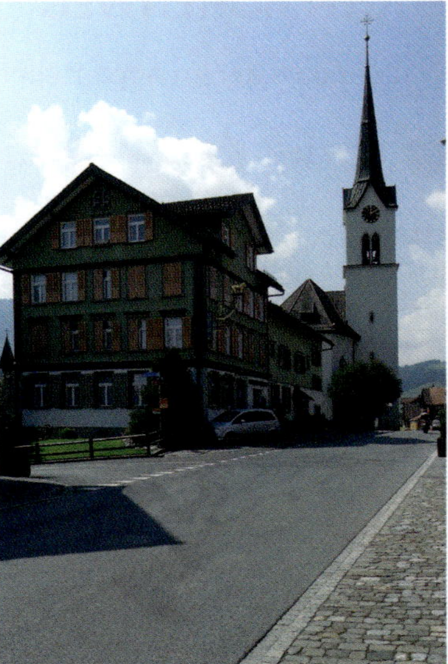

Gonten mit dem Hotel Bären.

Bahnhof sind es nur noch wenige Minuten. Der Wanderweg führt unterhalb der Terrasse eines Wohnhauses vorbei und dann parallel zur Hauptstrasse zu den ersten Häusern von **Gonten**. Auf der Nordseite der Wohnhäuser läuft man vor zur Ortsmitte, die man bei der Bäckerei Motzer erreicht. Wenige Schritte Richtung Kirche, dann zweigt links auch schon der Stichweg zum **Bahnhof** 01 ab.

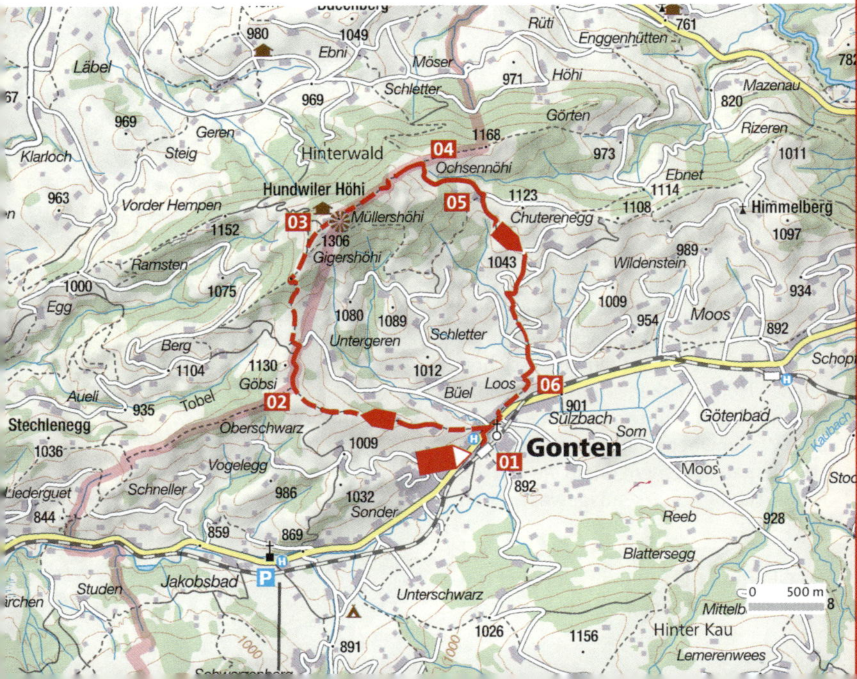

8 EGGEN HÖHENWEG

Wanderklassiker im Appenzeller Mittelland

  7,3 km 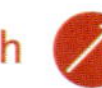 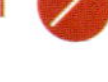 2:20 h  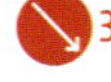 202 hm   381 hm 11/2

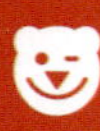

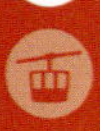

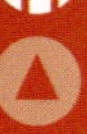

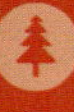

START | Bahnstation Vögelinsegg (944 m), Parkplatz in der Nähe.
[GPS: UTM Zone 32 x: 532.897 m y: 5.251.486 m]
CHARAKTER | Anfangs Teerstrassen, dann Forst- und Wirtschaftswege.

Der Höhenweg besticht nicht nur durch seine herrliche Fernsicht, sondern auch durch die gute Erreichbarkeit mit öffentlichen Verkehrsmitteln. Die Trogener Bahn fährt ab dem Hauptbahnhof St. Gallen bis zur Station Vögelinsegg, die Gaiserbahn bringt Wanderer von Lustmühle aus wieder zurück zum Hauptbahnhof. An schönen Wochenenden kann es auf dem Höhenweg und in der Wirtschaft Waldegg (einzige Einkehrmöglichkeit) schon mal voll werden.

▶ Unweit der **Bahnstation Vögelinsegg** 01 (944 m) weisen gelbe Wegweiser neben einer neu entstehenden Wohnanlage eine Treppe hinauf zum Höhenweg, zu dem hin man die erste Viertelstunde auf einem Teersträsschen läuft. Für den harten Belag entschädigen dafür der weite Blick über den Bodensee bzw. das hübsche Dorf Trogen und das Appenzeller Mittelland.

Beim Anstieg zwischen Bergwiesen wandert man auf zwei Gebäude zu. Links steht ein stattliches Wohnhaus, rechts hinter einem Baum das Restaurant Besenbeiz in traumhafter Lage. Kurz vorher nehmen wir jedoch die **Abzweigung** 02 (1.010 m) nach links und gehen am Wohnhaus vorbei auf den Wald zu. Ein Fahrweg führt nun durch den Steineggerwald, der Höhenweg verläuft im steten Auf und Ab auf einem aussichtsreichen Höhenrücken. Immer wieder laden bunte Bänke unterwegs zur Rast ein. Zum Weiler Oberhorst geht es zunächst steil bergab auf einem durch die starken Niederschläge stark ausgewaschenen Waldweg.

Ab **Oberhorst** 03 (987 m) verläuft der Höhenweg auf einem breiten Wiesengrat – mit grandioser Aussicht auf die Alpsteinkette. Wer die Aussicht länger geniessen will, kann nun im **Höhenrestaurant Waldegg** 04 (986 m) einkehren, das letzte von einst sieben Gasthäusern entlang des Eggen Höhenwegs. Im Waldegg befinden sich inzwischen mehrere gastronomische Erlebnisbetriebe unter einem Dach, dazu viele Attraktionen für Familien mit Kindern.

Auf dem weiteren Weg säumen Lehrtafeln zu heimischen Pflanzen den Weg, auch dies eine von vielen Initiativen der Waldegg-Wirtsleute. Durch Wald und über Wiesen und Weiden wandert man weiter (mit mal mehr, mal weniger Aussicht) zum **Moosbänkli** 05 (1.000 m) und zur Siedlung **Schäflisegg** 06 (963 m).

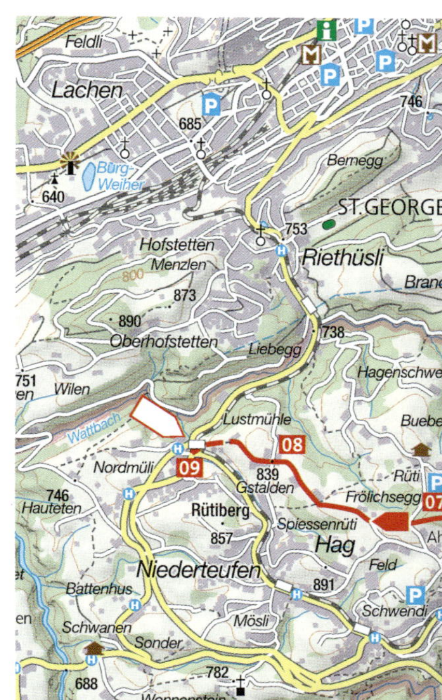

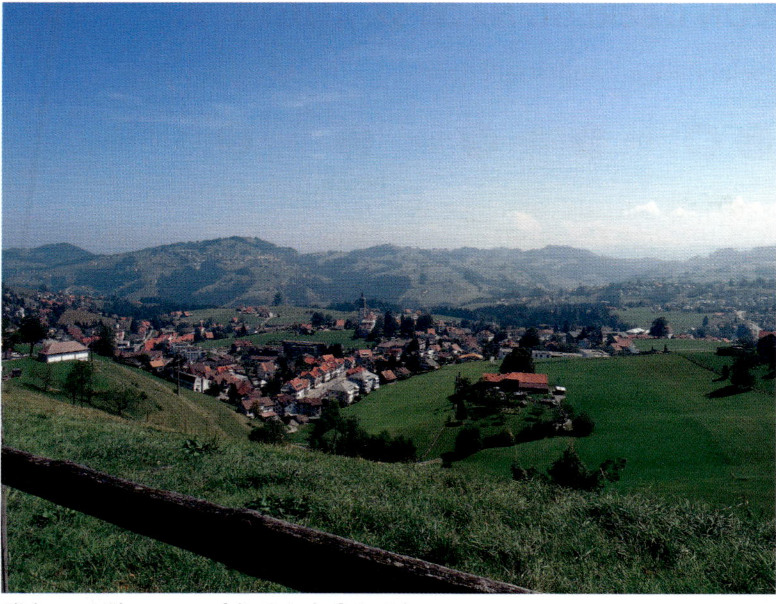

Blick vom Höhenweg auf die Ortschaft Speicher.

Durch den Wald ist bald auch **Fröhlichsegg** 07 (981 m) erreicht, wo ein grosser Picknickplatz mit Tischen, Bänken und einer Feuerstelle zur Pause einladen. Der Wegweiser „Ahorn" weist anschliessend den Weg zur Bahnstation Lustmühle, die nur noch eine knappe halbe Stunde entfernt liegt. Über Wiesenpfade geht es aussichtsreich talwärts, an den schön gelegenen Häusern von Spiessenrüti vorbei und dann auf einem gekiesten Fahrweg relativ steil hinunter zu den Häusern von **Gstalden** 08 (839 m) – mit einem schönen Bauerngarten am Wegrand. Auf den letzten 10 Minuten zur Bahnstation geht es über steile Wiesen bergab, dann ist die **Bahnstation Lustmühle** 09 (781 m) erreicht.

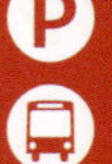

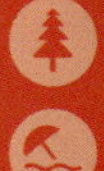

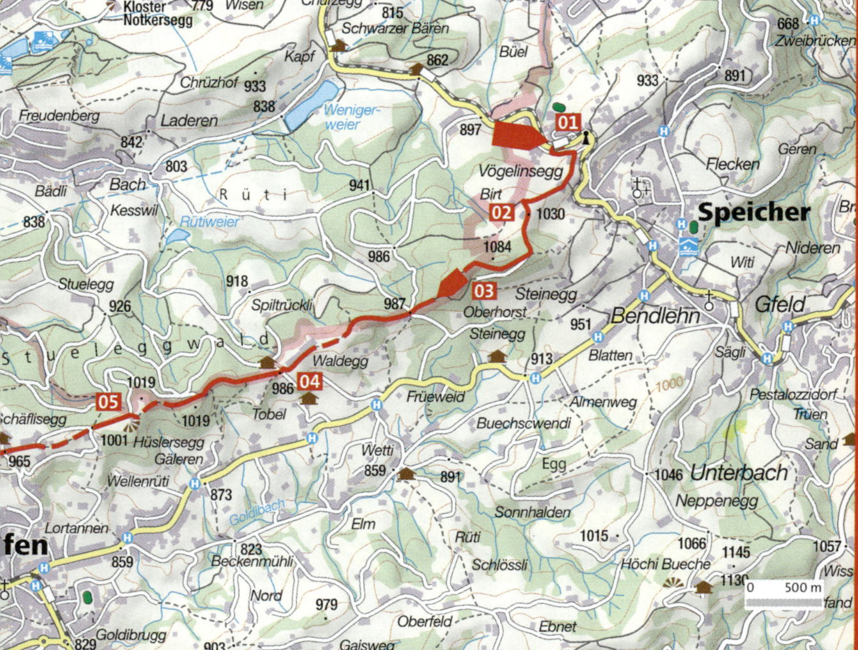

9

VON OBEREGG NACH ST. ANTON

Freier Blick ins Appenzellerland

 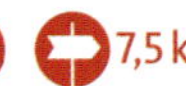 7,5 km 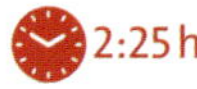 2:25 h 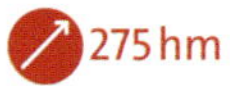 275 hm 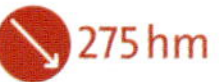 275 hm 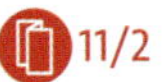 11/2

START | Bushaltestelle „Oberegg AI, Post“ (874 m).
[GPS: UTM Zone 32 x: 541.677 m y: 5.252.224 m]
CHARAKTER | Aussichtsreiche Wanderung auf vorwiegend Forst- und Wirtschaftswegen, teils auch auf Asphaltstrassen.

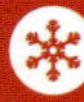

St. Anton thront auf einem Hügel, von dem aus man eine grandiose Sicht ins Appenzellerland, zum Bodensee, ins Rheintal und den Bregenzerwald geniesst. Der Rundweg folgt über weite Teile einem markierten Gesundheitsweg, der über Heilmethoden und Heilpflanzen informiert.

▶ Von der **Bushaltestelle** 01 (874 m) gehen wir wenige Schritte nach Westen und biegen dann links ab. In der folgenden Linkskurve zweigt ein Kiesweg zum Falbach ab. Von diesem führt der Weg am Waldrand entlang bergauf zum Hof Acker, an einer militärischen Schiessanlage vorbei, durch ein Wäldchen hindurch und weiter über Wiesen bergauf zu den Masten einer Skipiste, die man quert. Vom **Skilift** 02 (988 m) aus geniesst man einen schönen Blick zurück auf Oberegg. Nochmals kurz durch ein Wäldchen und erneut über Wiesen bergauf, an einem Hof vorbei und die letzten Meter hinauf zum lang gezogenen Bergrücken, auf dem St. Anton liegt. Oben angekommen schlagen wir am **Wegweiser zum Naturfreundehaus** 03 (1.050 m) die entgegengesetzte Richtung ein, erreichen eine Fahrstrasse und wandern auf dieser aussichtsreich Richtung Westen zum **Gasthaus St. Anton** 04 (1.102 m) und weiter zur **Kapelle in St. Anton** 05 (1.110 m).

Für den **Rückweg** folgen wir zunächst der Beschilderung „Tanne/Heiden“ an der Kapelle vorbei bergab. Vorbei an mehreren Höfen geht es talwärts zur **Verzweigung „Büelen“** 06 (1.068 m). Ab hier ist auch Oberegg ausgeschildert. Weiterhin auf dem Gesundheitsweg wandern wir zur **Wirtschaft Rütegg** 07 (1.059 m). Südlich der Gastwirtschaft folgen wir einem Pfad über einen Höhenrücken leicht abfallend zu einer **Hofstelle** 08 (1.005 m). Von dort auf der Zubringerstrasse in den Wald hi-

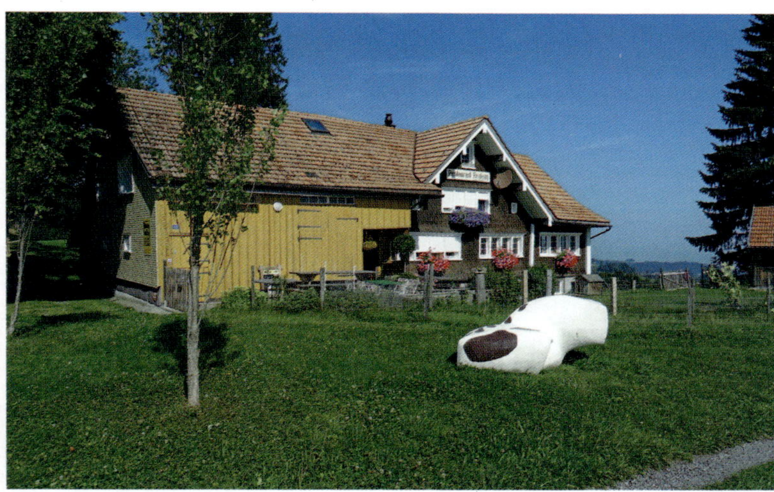

Vor uns liegt die Wirtschaft Rütegg.

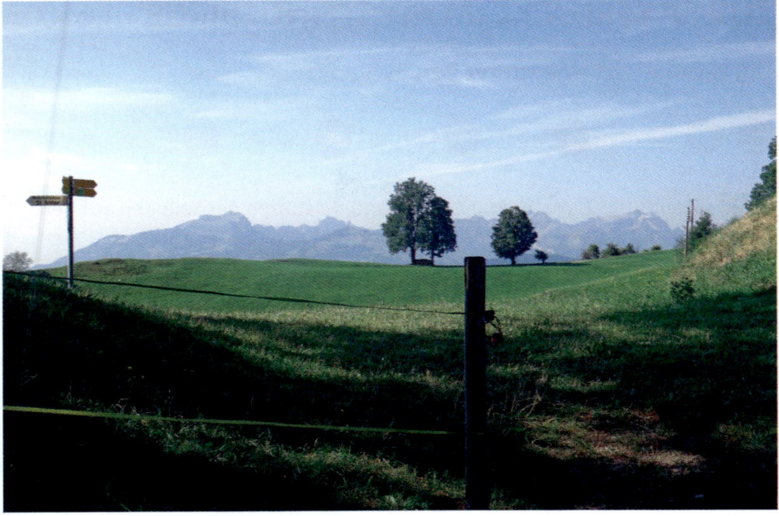

Endlich auf dem Kamm mit traumhaftem Blick zum Alpstein.

nein und weiter bis zu den Häusern von Ebenau. Hier queren wir die Fahrstrasse und wandern nochmals leicht ansteigend zum **Hügel Laderen** 09 (952 m). Vor einem Wäldchen (links ein weisses Wohnhaus) halten wir uns rechts und folgen einem kleinen Pfad am Waldrand entlang. Wegspuren führen hinunter zu den nördlichsten Häusern von Oberegg.

Bei der Tankstelle Rutlen erreichen wir die Rutlenstrasse. Auf dieser hinunter zur Dorfstrasse und links zurück zur **Bushaltestelle** 01 in **Oberegg.**

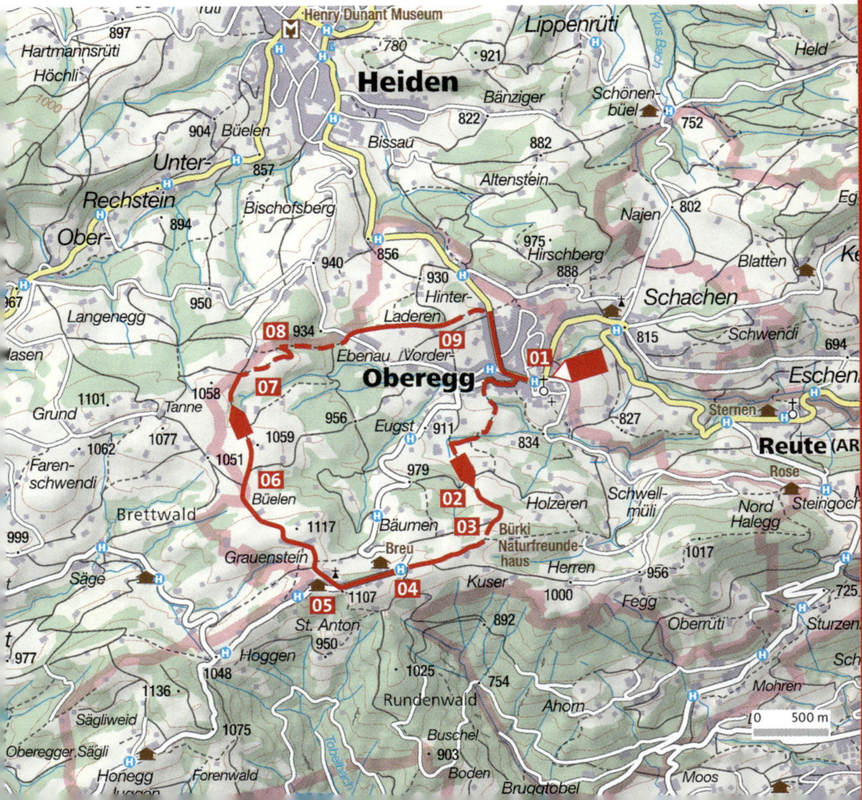

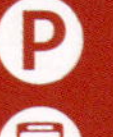
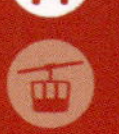

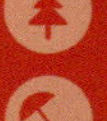

ZUR SAXERLÜCKE IM ALPSTEINGEBIRGE • 1.650 m

Die Himmelsstürmer unter den Bergen

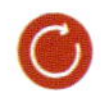  15,5 km 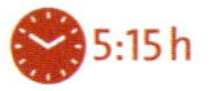 5:15 h 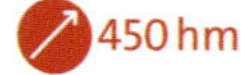 450 hm 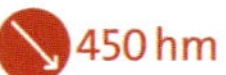 450 hm 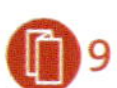 9

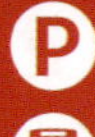

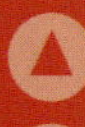

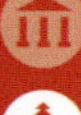

START | Brülisau (921 m) im Appenzellerland. Talstation der Seilbahn auf den Hohen Kasten; Auffahrt zur Bergstation Hoher Kasten, 1.790 m (www.hoherkasten.ch). [GPS: UTM Zone 32 x: 534.523 m y: 5.238.228 m]
CHARAKTER | Landschaftlich sehr eindrucksvolle Bergwanderung auf guten, stellenweise aber schmalen und steilen Pfaden. Vorsicht bei Altschneefeldern (temporäre Wegsperren sind möglich)!

Klein, aber (sehr) fein – das ist der Alpstein, jene schroffe Berggruppe, die das Tal des Alpenrheins im Westen begrenzt. Die hier beschriebene Rundwanderung führt durch ein besonders schönes Gebiet dieser Gebirgsregion, durch das ein prachtvoller Höhenweg im stetigen Auf und Ab zur Saxerlücke führt. Von dort zeigt sich mit den senkrecht stehenden Kalkschichten des Chrüzbergs ein wahres Highlight der Alpen. Dazu kommen grandiose Ausblicke auf das Rheintal und westseitig ins grüne Hochtal des Fählen- und des Sämtisersees, durch das der gemütliche Rückweg erfolgt.

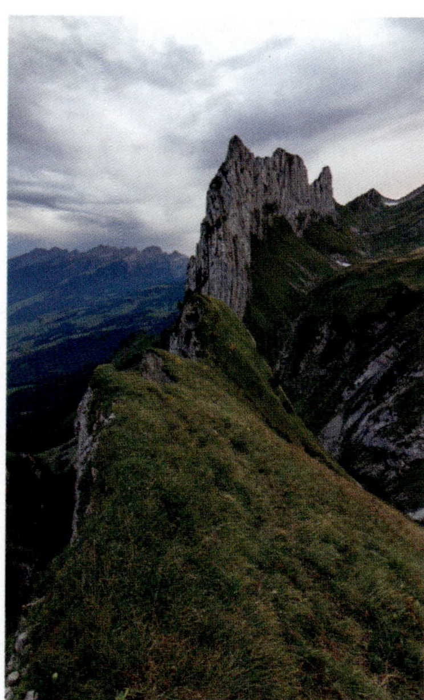

Oberhalb der Saxerlücke geniesst man einen tollen Blick zum Chrüzberg.

Von der Bergstation am Gipfel des **Hohen Kasten** 01 (1.790 m) folgen wir dem ostseitig hinabführenden Wanderweg zum **Kastensattel** 02 (1.678 m). Von dort geht's links auf dem Geologischen Wanderweg Alpstein (Nr. 988) – stellenweise über Stufen – durch die Westseite des Berges und unter der Seilbahn durch; in der Ferne ist bereits der Sämtisersee unter dem Säntis zu sehen. Über die Wegkreuzung am **Baritsch** (1.590 m) wandern wir geradeaus durch die Westflanke weiter – im stellenweise recht steilen Auf und Ab. Dann führt der Pfad direkt über den aussichtsreichen Stauberenfirst zur Bergstation der Seilbahn unter der 1.860 m hohen, keck und felsig aufragenden **Stauberenkanzel** 03 (1.678 m).

Diese wird westseitig durch steile, teils auch schroffe Hänge und einem kleinen Felsdurchlass umgangen; abschüssige Passagen sind mit Seilen gesichert. Unter dem Furgglenfirst und dem Hochhus hat man wieder etwas mehr Musse für die schönen Talblicke, bis wir erneut knapp neben der Gratschneide die Grashänge des Bollenweeser Schafbergs erreichen. Dort ist nochmals ein sicherer Tritt gefragt, wenn wir im Zickzack durch steiles Gelände zur **Saxerlücke** 04 (1.650 m) absteigen. Ein wahrer Traumplatz im

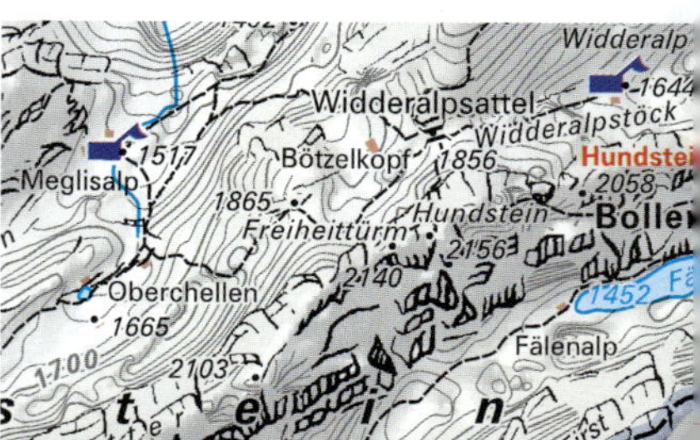

Angesicht der schier himmelstürmenden Chrüzberg-Felsen!

Der weitere Abstieg erfolgt nach rechts durch ein steiles, grünes Hochtal, hinter dem die Spitzen bald verschwinden. Durch eine Mulde erreichen wir schliesslich nach 30 Minuten das **Berggasthaus Bollenwees** 05 (1.472 m) über dem Ufer des Fählensees, hinter dem der felsige Altmann aufragt. Für die Rückkehr nach Brülisau können wir die stetig absinkende Schotterstrasse mit der Markierung Nr. 988 und damit einen weiteren Abschnitt des Geologischen Wanderweges Alpstein nehmen.

Es stehen aber auch zwei Pfad-Alternativen bis zum **Sämtisersee** (1.207 m) zur Wahl – beide sind sie etwas länger, aber landschaftlich auch interessanter. Vom Westufer des Gewässers, das keinen oberflächlichen Abfluss besitzt und unterirdisch entwässert, steigt der Güterweg rund 70 Höhenmeter bis zum **Gasthaus Plattenbödeli** 06 (1.279 m) an. Von dort geht's abschnittsweise recht steil durch das romantische Brüeltobel in den Weiler Pfannenstiel (940 m) hinaus und weiter auf der Strasse nach **Brülisau** 07.

Variante: Man kann auch von Frümsen im Rheintal mit der Staubernbahn zum Höhenweg hinauffahren. Man muss dann jedoch von der Saxerlücke auf demselben Weg zum Staubern zurückkehren oder man wandert links in 2 Stunden ins Rheintal nach Sax hinab. In diesem Fall muss man dort das Postauto nehmen oder auf dem Rheintaler Höhenweg (Nr. 86) noch ein Stück oberhalb des Talbodens zurückmarschieren.

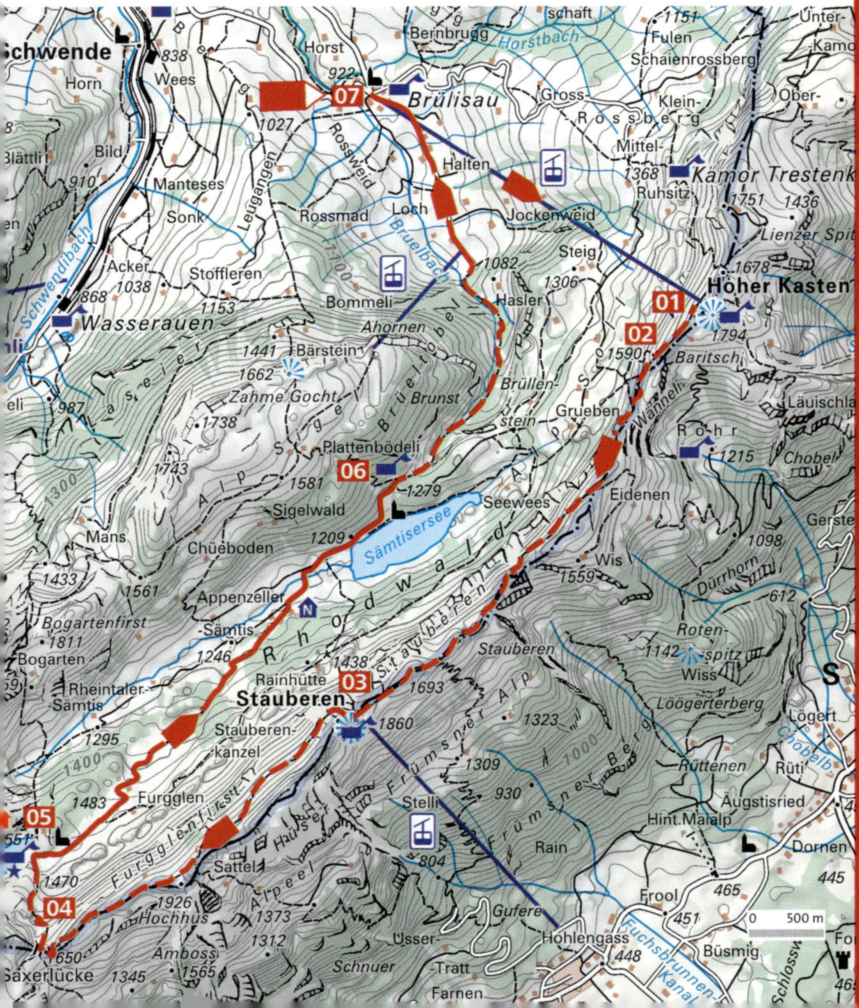

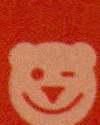
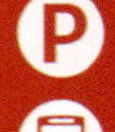

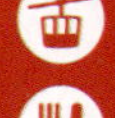
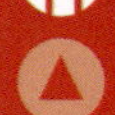
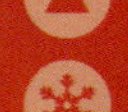

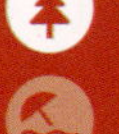

NAPF • 1.406 m

Bergpanorama und Alp-Beizlis

  18,2 km 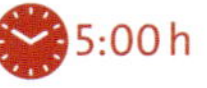 5:00 h 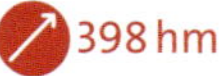 398 hm  659 hm 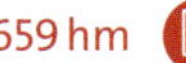  19

START | Bramboden (1.053 m). Anfahrt: Postauto von Hasle Post oder Bahnhof. Die meisten Kurse sind reservierungspflichtig, das heisst, man muss sich vorher anmelden (Tel. +41 7960 91249). Rückfahrt: Postauto von Romoos nach Wolhusen. [GPS: UTM Zone 32 x: 422.788 m y: 5.204.997 m]
CHARAKTER | Aussichtsreiche Bergwanderung mit vielen Einkehrmöglichkeiten. Markierung: Gelb, steiler Abstieg am Ende, teils schattig.

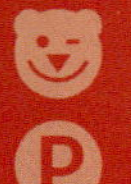
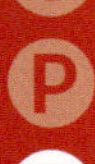

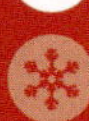

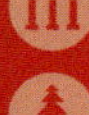

Die Tour auf den Napf ist eine Panoramawanderung: Beim Auf- und Abstieg auf guten Wegen geniessen Sie unterschiedliche Panoramen, vom Gipfelplateau eine fantastische Rundumsicht. Auch beim Einkehren haben Sie die Qual der Wahl – Beizlis oder Gipfelrestaurant.

▶ Sie starten die Tour an der Busendstation in **Bramboden** 01 (1.053 m) beim Pilgerstübli, Einkehrmöglichkeit auch im Seminar-Hotel neben der Kirche. Sie folgen dem Wegweiser Napf, nach 10 Minuten auf dem aussichtreichen Strässchen Richtung Norden biegen Sie beim Weiderost in den Fahrweg nach links. Er geht bald in einem Waldweg über, der über Lichtungen, Wiesen und Wald langsam ansteigt. Die Hänge des Napfs sind teils landwirtschaftlich genutzt, verstreut stehen stattliche Einzelhöfe. Oberhalb von Hofarni vorbei gelangen Sie zur **Wegkreuzung Hängeleflue** 02 (1.165 m).

In leichtem Auf und Ab, auf einem Grat im Mischwald und dann mit herrlichem Panorama zum Pilatus erreichen Sie den **Wegpunkt Trimle** 03 (1.288 m). Nach einer Waldpassage auf breitem Weg, vorbei an Nagelfluhfelsen, gelangen Sie zum **Hof Stächelegg** 04 (1.393 m); bei schönem Wetter werden Getränke ausgeschenkt, Ziegenkäse und Trockenfleisch verkauft. Auf breitem Weg wandern Sie weiter aufwärts, rechter Hand bietet sich ein Blick in die Stächeleggflue, nach 20 Minuen haben Sie dann das Gipfelplateau des **Napf** 05 (1.406 m) erreicht und geniessen einen herrlichen Rundumblick vom Schweizer Mittelland bis zu den hohen Alpenketten.

Das erste Gasthaus auf dem Napf wurde 1878 errichtet, brannte jedoch kurz darauf nach einem Blitzschlag nieder. Das heutige Berghotel/Selbstbedienungsrestaurant hatte mehr Glück – seit 1882 steht es auf dem Napf.

Zurück zum **Stächelegg** 04 (1.393 m) und auf dem Herweg noch 150 m weiter. Dann biegen Sie bei der Wegverzweigung links zum Hügel hinauf, Sie folgen nun dem Wegweiser Romoos.

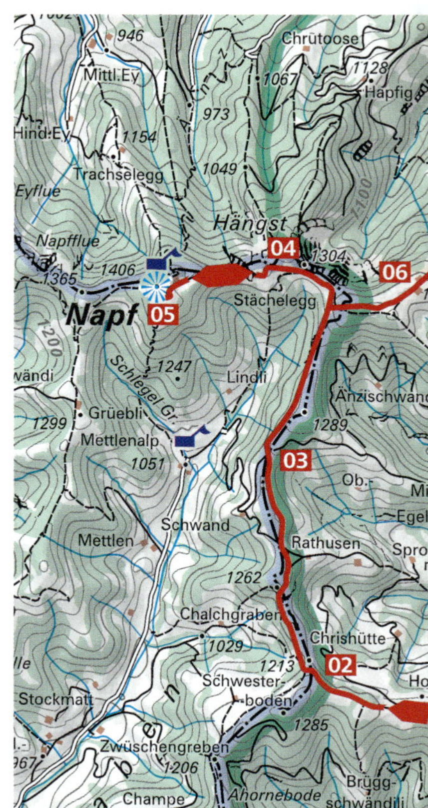

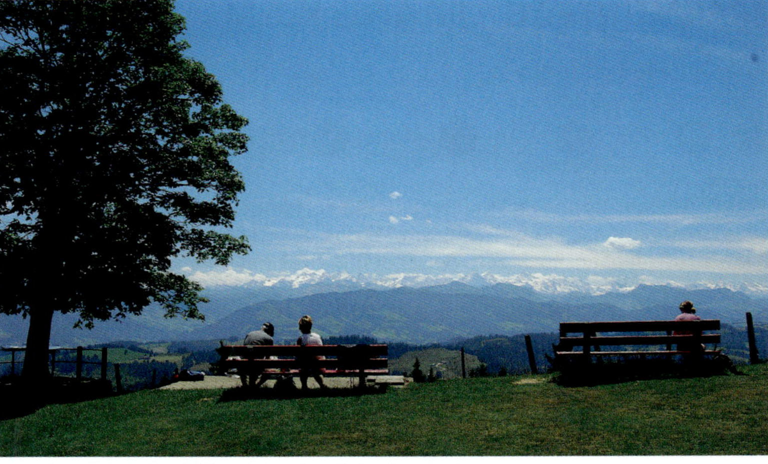

Das Plateau am Napf bietet eine herrliche Aussicht.

Der aussichtsreiche Weg führt über einen Wiesenkamm zum **Alp-Beizli Ober Änzi** 06 (1.348 m). Auf einem Strässchen durch Bauernland, dann wieder auf einem Panoramapfad und danach im Wald steil hinunter zur Strasse gelangen Sie nach **Holzwegen** 07 (1.080 m), einer weiteren Einkehrmöglichkeit auf einer Landschaftsterrasse.

Über Wiesen führt der Weg fast eben weiter bis **Grämsen** 08 (844 m), danach geht's auf steilem Pfad durch den Wald und über Wiesen hinunter zur Strasse und auf dieser in 20 Minuten direkt ins Zentrum von **Romoos** 09 (792 m) bei der Kirche mit Bushaltestelle, Geschäft und Gasthof „Kreuz" mit Gastgarten.

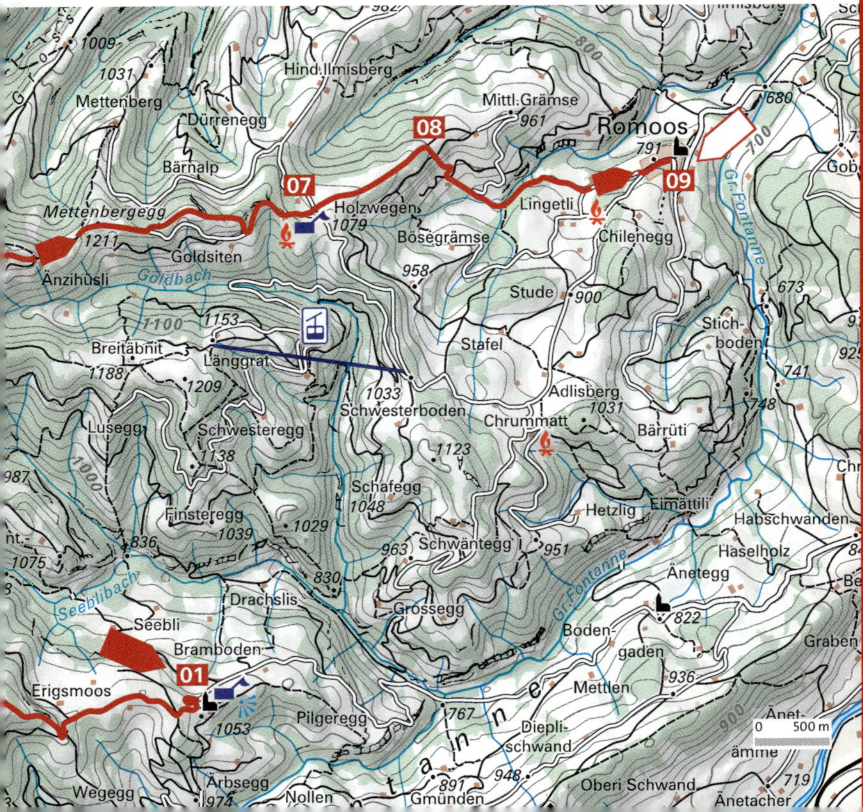

FRÄKMÜNTEGG – PILATUS KULM

Auf dem Heitertannliweg

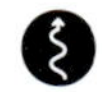 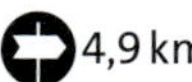 4,9 km 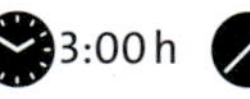 3:00 h 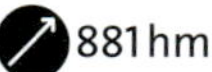 881 hm 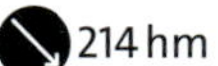 214 hm 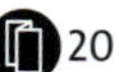 20

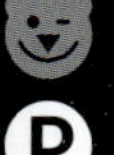
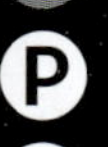

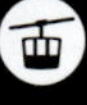
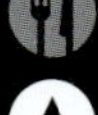
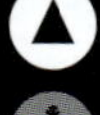
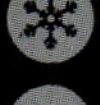

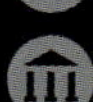

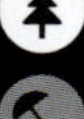

START | Seilbahnstation Fräkmüntegg (1.400 m), Parkplatz. Anfahrt: Bus 1 ab Luzern/Bahnhof nach Kriens-Zentrum/Pilatus, dann 5 Minuten Fussmarsch zur Pilatus-Luftseilbahn. Rückfahrt: Bei einer Rundtour mit der Luftseilbahn nach Kriens oder mit der Zahnradbahn nach Alpnachstad, Zug oder Schiff nach Luzern. [GPS: UTM Zone 32 x: 443.081 m y: 5.204.357 m]
CHARAKTER | Bergtour mit steilem Aufstieg zum Pilatus, den die meisten Besucher mit der Luftseilbahn oder Zahnradbahn „erklimmen". Markierung rot, vormittags schattig.

Der Anstieg erfolgt zunächst durch sanfte Alplandschaft, dann durch wilde Berglandschaft über den **Klimsensattel** mit schöner Aussicht. Kleine, aussichtsreiche Gipfelrundgänge runden die Tour ab.

▶ Von der Luftseilbahnstation **Fräkmüntegg** 01 (1.400 m) leiten uns die Wegweiser des Heitertannliweges nach rechts. Nach 5 Minuten Anstieg passieren wir die Bergstation der Sommerrodelbahn, danach schwenkt der Weg auf die Westseite und führt abwärts durch Wald und Alpweiden zum **Lauelenegg** 02 (1.442 m) und weiter am Fusse des schroffen Gipfelstocks hinunter zur Alphütte **Ober Lauelen** 03 (1.332 m). Hier biegen wir links ab, nach den Alpweiden beginnt der Anstieg auf dem steilen, zum Teil steinigen Pfad, immer mit prächtigem Blick hinüber zum Mittaggüpfi. Neben den Felsen, über die ein kleiner Bach hinunterplätschert, schraubt sich der Pfad nach oben. Wir queren den Bach und danach eine Bergwiese. Durch felsiges Terrain, ausgesetzte Stellen sind durch Ketten gesichert, steigen wir weiter auf.

Ab der Kante grüsst die **Klimsenkapelle** 04 (1.866 m) vom gleichnamigen Sattel herunter, ein grosser Rastplatz mit herrlicher Aussicht auf den Kreuztrichter des Vierwaldstättersees; lohnend ist auch der kurze Aufstieg zum Gipfel des **Klimsenhorns** 05 (1.970 m).

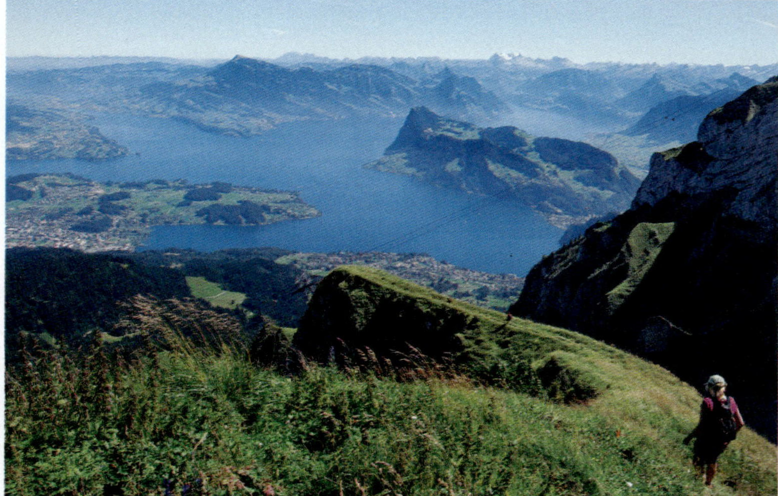

Blick vom Klimsensattel zum Vierwaldstättersee.

Die Goldene Rundfahrt über den Pilatus

Früher hiess der Berg wegen seines zackigen, an einen Drachen erinnernden Kammes **„Frakmont“,** der geborstene Berg, viele Sagen erzählen von den Pilatusdrachen. Der heutige Name geht auf die Sage vom Pilatus zurück. Bei schönem Wetter herrscht oben viel Betrieb. Die Erschliessung von zwei Seiten ermöglicht die beliebte **Goldene Rundfahrt:** Mit der Luftseilbahn von Kriens herauf, Spaziergänge durch die Felsengalerie auf dem **Drachenweg** und zu den drei Gipfeln **Esel**, **Oberhaupt** und **Tomlishorn**, und nach der Einkehr auf der Aussichtsterrasse des Bergrestaurants „Pilatus-Kulm“ mit der Zahnradbahn hinunter nach Alpnachstad und mit dem Schiff zurück nach Luzern.

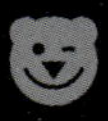
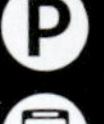
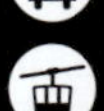
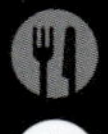
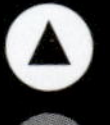
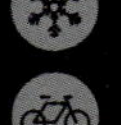
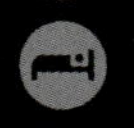

Der Weiterweg zum Pilatus zieht sich in vielen kleinen Serpentinen den steilen Hang hinauf, oben gelangen wir rechts über Treppen durch das „Chriesliloch“ von der West- auf die Ostseite zum Restaurant **Pilatus Kulm 06** (2.067 m), daneben ist die Bergstation der Zahnrad- und Luftseilbahn. Auf kleinen Spaziergängen auf dem Drachenweg, zu den Gipfeln Oberhaupt und Esel oder von der Terrasse des Bergrestaurants geniessen wir die fantastischen Aussichten von diesem beliebten Ausflugsziel.

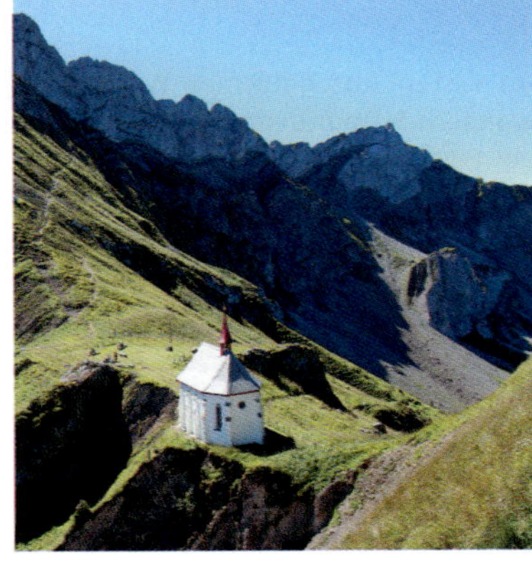

Die Klimsenkapelle.

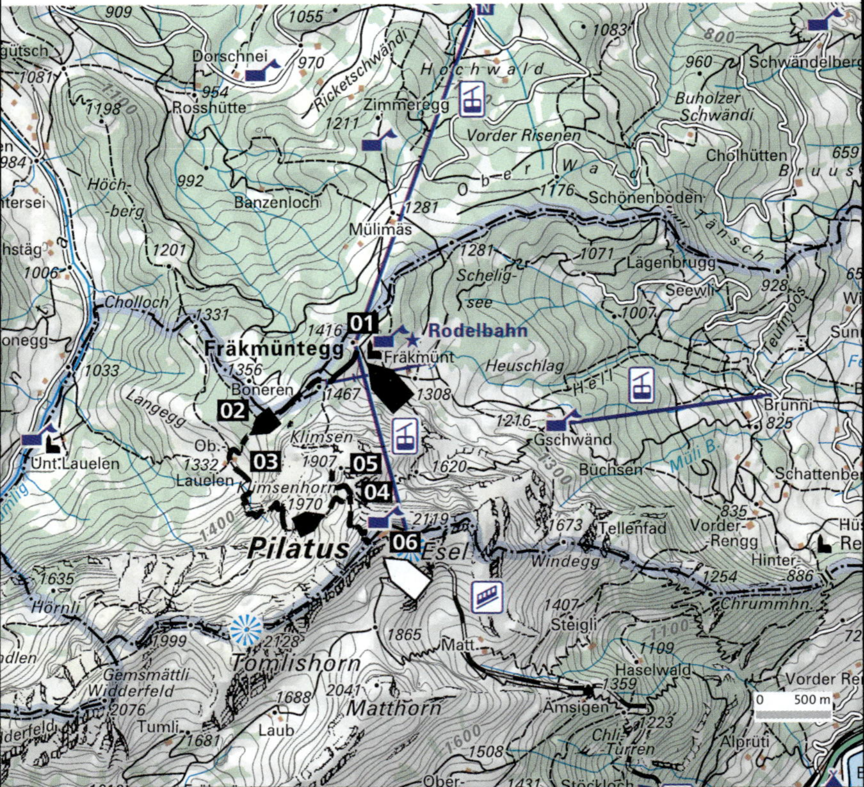

BÜRGENSTOCK – ENNETBÜRGEN – BECKENRIED

Auf dem Felsenweg und dem See entlang

 13,4 km 4:20 h 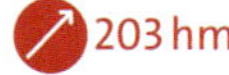203 hm 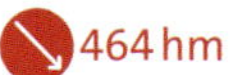464 hm 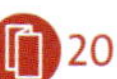20

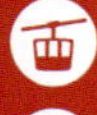

START | Bürgenstock, Zentrum (875 m). Anfahrt: Postauto 321 von Stansstad; mit Schiff von Luzern nach Kehrsiten und mit der Bergbahn nach Bürgenstock. Rückfahrt: Postauto Beckenried – Stans.
[GPS: UTM Zone 32 x: 452.995 m y: 5.205.032 m]
CHARAKTER | Aussichtsreiche Bergetappe mit steilem Abstieg, flache Uferetappe am See. Markierung: Bis Chänzeli gelb, dann rot, ab Ennetbürgen wieder gelb.

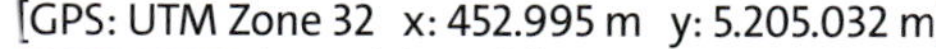

Im ersten Abschnitt der Wanderung wandern Sie auf dem promenadenartigen **Felsenweg** mit herrlichen Seeblicken durch die steile Nordflanke des Bürgenstocks und dann durch den Wald steil hinunter zur schön gelegenen Kapelle St. Jost. Durch Bauernland geht es weiter nach **Ennetbürgen** und dann flach dem See entlang nach **Beckenried**.

▶ Die Wanderung beginnt bei der **Bürgenstock-Kapelle** 01 (875 m) gegenüber der Taverne, hier werden seit 1879 Gäste bewirtet.

Der **Felsenweg** biegt links hinauf in den Wald, bald passieren Sie den Grenzstein Luzern/Nidwalden. Ein Teil der Nordflanke des Bürgenbergs gehört seit einem Schiedsgerichtsurteil von 1378 der Stadt Luzern, sie deckte in dieser Exklave ihren Bedarf an Bauholz. Kurz vor dem Hammetschwandlift bietet eine Aussichtplattform ein Panorama vom Pilatus über Luzern, den Küssnachter Seearm, die Rigi bis zum Vitznauer Stock. Nach dem **Hammetschwandlift** 02 (955 m) führt der Weg an gut gesicherten Felswänden vorbei und durch mehrere Tunnels bis zum nächsten Aussichtspunkt, dem **Chänzeli** 03 (1.025 m), wo sich der Blick auf ein weiteres Seebecken öffnet. Hier wechselt die Markierung auf Rot. Es folgt ein steiler Abstieg auf teils stufigem Weg, bei Nässe Rutschgefahr, dem Grat entlang nach **Mattgrat** 04 (790 m) und dann weniger steil hinunter zur **Kapelle St. Jost** 05 (690 m).

Durch Bauernland an der lieblicheren Südflanke des Bürgenbergs wandern Sie mit freiem Blick auf See und Berge nach **Ennetbürgen/Post** 06 (438 m), die letzten 15 Minuten der Strasse entlang; danach führt der Weg zum See. Wenn Sie einkehren möchten: Beim Wegpunkt Seeplätzli gibt es einen schönen Rastplatz, nach links sind es 200 m zum Seerestaurant „Schlüssel“ mit Terrasse.

Auf dem Weg nach Buochs gehen Sie durch die nach Aufschüttung des Seeufers in den 1930er bis 1950er Jahren errichtete Chalet-Siedlung zum Strandbad,

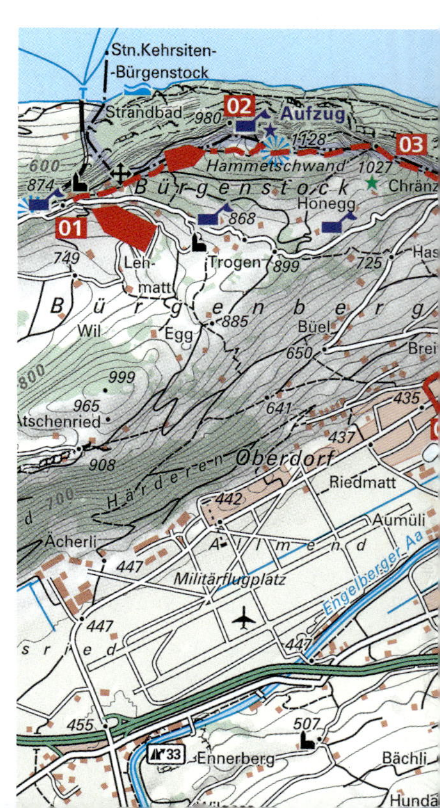

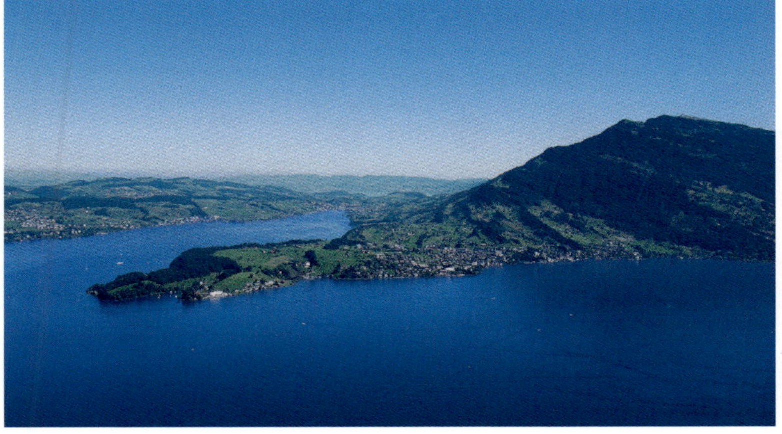

Grandiose Aussicht vom Felsenweg.

Bade-Beizli, auf der Strandpromenade durch den Hafen, über die Engelberger Aa und den Quai zur **Schiffsanlegestelle Buochs** **07** (435 m). Der heutige Seeplatz und der Quai sind erst durch Aufschüttungen 1887–89 entstanden, das repräsentative Hotel und Restaurant Rigiblick am See mit seinen Jugendstilelementen wurde 1912 errichtet. Am folgenden Abschnitt ist das Ufer streckenweise verbaut, der Weg führt daher kurz der Hauptstrasse entlang, dann auf der ruhigen Seestrasse bis **Unter Feld** **08** (435 m) und dort hinauf zur Ridlikapelle aus dem Jahr 1700 mit reicher barocker Innenausstattung.

Über **Oberdorf** **09** (491 m) gelangen Sie anschliessend zur **Schiffsanlegestelle Beckenried** **10** (435 m), daneben bietet sich das Restaurant Rössli mit seiner Seeterrasse zur Einkehr an.

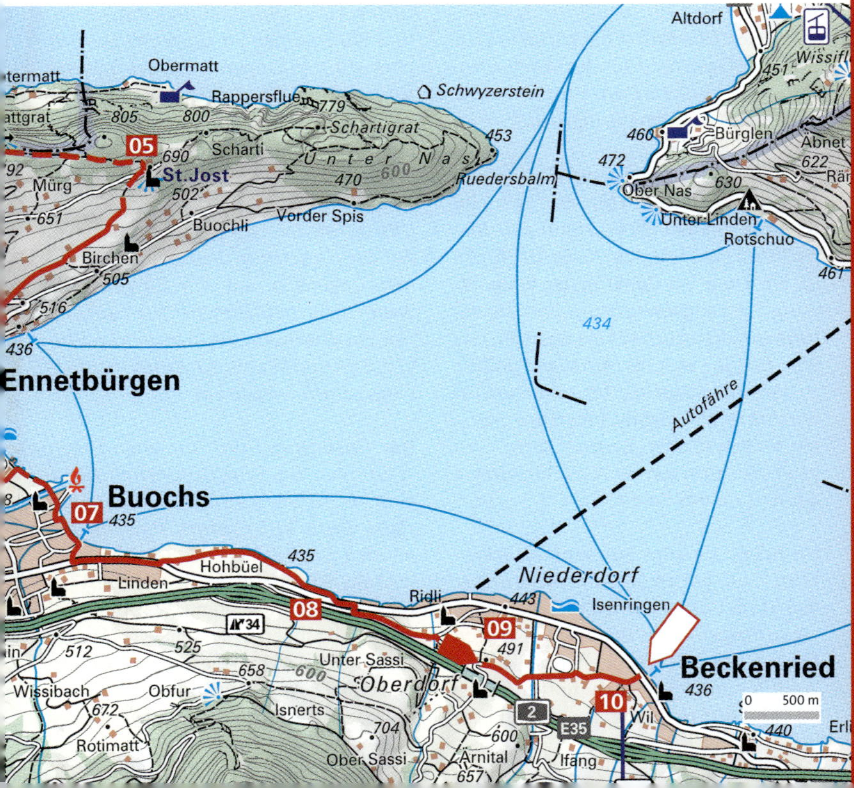

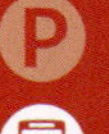

RIGI KULM – RIGI SCHEIDEGG

Die Königin der Berge

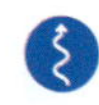 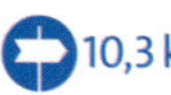 10,3 km 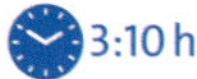 3:10 h 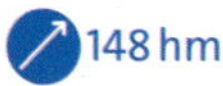 148 hm 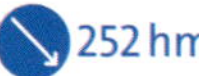 252 hm 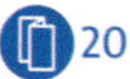 20

START | Rigi Kulm (1.760 m). Anfahrt: Zahnradbahn von Arth-Goldau oder von Vitznau nach Rigi Kulm. Rückfahrt: Seilbahn von Rigi Scheidegg nach Krübel, Zahnradbahn nach Arth-Goldau. [GPS: UTM Zone 32 x: 460.871 m y: 5.211.415 m]
CHARAKTER | Klassische, aussichtsreiche Höhenwanderung auf breiten Wegen mit mehreren Einkehrmöglichkeiten. Markierung: Gelb, wenig Schatten.

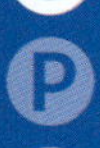

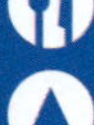

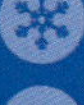

Eine Genusswanderung über den beliebten Aussichtsberg. Auf guten Wegen wandern Sie vom Gipfel Rigi Kulm über Staffel und First nach Rigi Scheidegg. Im Zentrum steht der Felsenweg mit seinem herrlichen See- und Alpenpanorama.

Für viele war und ist die Rigi die Königin der Berge. Der Name wird touristisch denn auch von „Mons Regina" abgeleitet, tatsächlich stammt er jedoch von den Rigenen, den deutlich sichtbaren Nagelfluh-Felsbändern auf der Nord- und Westseite der Rigi. Der Begriff „Nagelfluh" stammt aus dem Schweizer Dialekt und bezeichnet ein Konglomeratgestein, an dessen Oberfläche die härteren Geröllе wie Nägelköpfe aus dem kahlen Felsen, Flue, hervortreten. Umstritten ist auch, ob es der oder die Rigi heisst.

▶ Vom **Bahnhof Rigi-Kulm** 01 (1.760 m) steigen Sie in wenigen Minuten zum Gipfel des **Rigi Kulm** 02 (1.798 m) auf, dem höchsten Punkt der Rigi-Kette. Der Gipfel ist nicht nur ein Punkt erster Rangordnung für Landvermessung und Sendeturm, sondern auch für die Aussicht. Das über den See weit ins Mittelland und bis zu den hohen Alpenketten reichende Panorama rechtfertigt die Beinamen „Königin der Berge" oder „Berg der Berge" – zu geniessen auch von der Aussichtsterrasse des Restaurants Kulm.

Nachdem Sie zum Bahnhof zurückgekehrt sind, gehen Sie links, Wegweiser Rigi Staffel. Dieser weniger begangene, etwas längere Weg zieht sich in weiten Kehren über Bergweiden und lichten Wald hinunter zum **Bahnhof Rigi Staffel** 03 (1.603 m); nahe der Station liegt rechts das Hotel Fechlin mit schönem Gastgarten.

Anschliessend folgen Sie den Wegweisern First, Rigi Scheidegg. Hinter dem Restaurant Bärg-Genuss sehen Sie den Schwingplatz, das Schwingen ist die schweizerische Spielart des Ringens. Schwingerfeste sind wahre Volksfeste, zu den alten Kraftspielen gehören auch das Armdrücken, Fingerhakeln und Fauststossen.

Auf der Anhöhe **Rotstock** 04 (1.580 m) passieren Sie ein neues „Gruobi", einen soliden Unterstand zum Ausruhen und Grillen. Nach dem Jahrhundertsturm Lothar 1999 wurden im Rigigebiet aus den umgestürzten Tannen ein halbes Dutzend solcher Gruobi-Rastplätze errichtet. Einkehren mit Bedienung können Sie bald danach unten am **First** 05 (1.453 m), drei Lokale stehen zur Auswahl.

Das nächste Teilstück ist besonders schön. Auf dem Felsenweg, dem Pendant zu seinem Gegenüber auf dem Bürgenstock, wandern Sie mit herrlicher Sicht auf den See, das Buochserhorn, Stanserhorn, Bürgenstock und Pilatus, Bänke laden unterwegs zum Verweilen ein.

Der Felsenweg führt zur ehemaligen Trasse der Rigi-Scheidegg-Bahn. Diese einst höchst gelegene Adhäsionsbahn Europas wurde 1875 eröffnet, kam aber nie aus den roten Zahlen, der Betrieb wurde deshalb 1931 eingestellt. Geblieben ist ein für Wanderer angenehmer Weg mit mässigen Steigungen, auf dem Sie bei **Unterstetten** 06 (1.452 m) die alte Bahnbrücke und danach den 70 m langen Dossentunnel passieren. Beim Wegpunkt **Hinder**

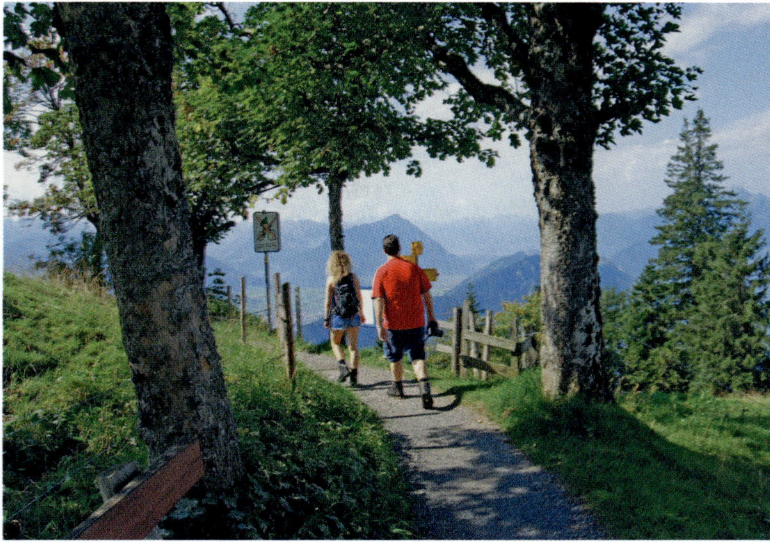

Zum Felsenweg.

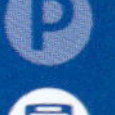

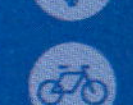

Dossen 07 (1.546 m) bleiben Sie auf dem Fahrweg, bei der folgenden **Gabelung** 08 (1.595 m) gehen Sie geradeaus weiter, in 15 Minuten haben Sie die Seilbahn und das **Bergrestaurant „Rigi-Scheidegg“** 09 (1.656 m) erreicht.

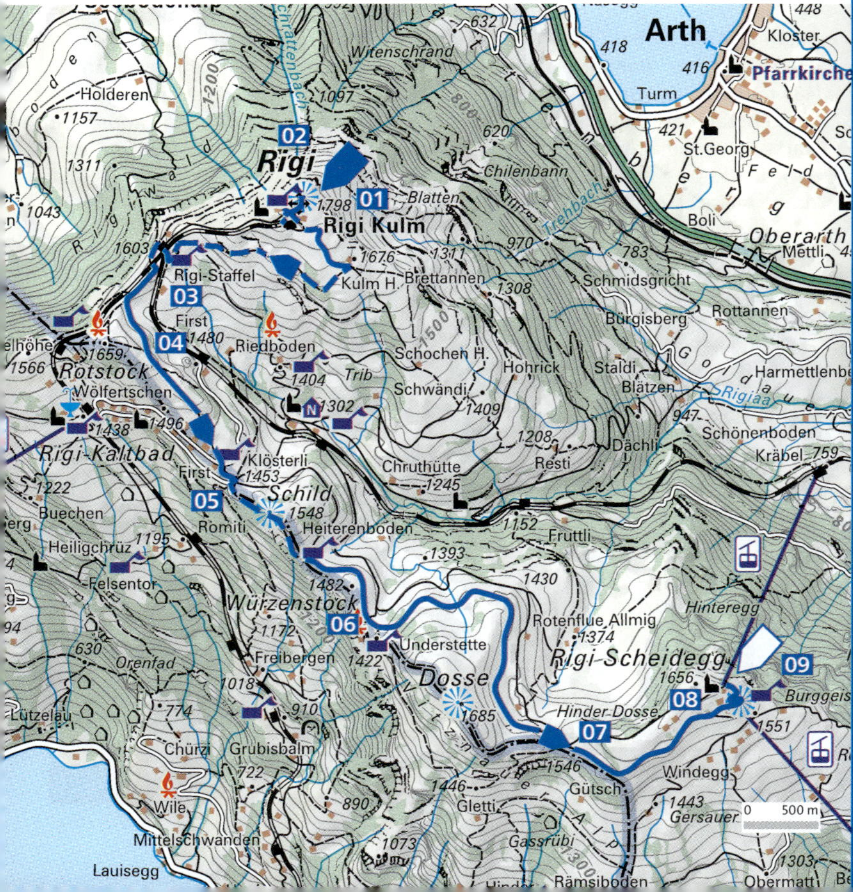

SISIKON – BRUNNEN

Einsame Bergbauernhöfe und Tourismus im Wandel der Zeit

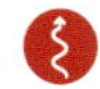  9,3 km  2:30 h 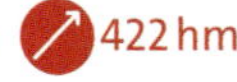 422 hm 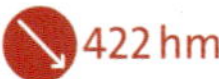 422 hm 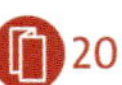 20

START | Sisikon (435 m). Anfahrt: Mit Zug oder Schiff. Rückfahrt: Zug oder Schiff. [GPS: UTM Zone 32 x: 471.243 m y: 5.199.577 m].
CHARAKTER | Aussichtsreiche Tour mit steilem Aufstieg und gemütlicherem Abstieg zu klassischen Orten des Vierwaldstättersee-Tourismus. Markierung: gelb, überwiegend schattig.

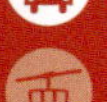

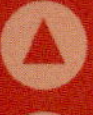

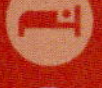

Nach dem kräftigen Aufstieg zu den einsamen Höfen von Tannen hoch über dem See an der Steilflanke des Fronalpstocks geht's hinunter nach Morschach, dem bereits in der Belle Époque beliebten Erholungsort auf einer weiten Terrasse. Durch Wald steigen Sie dann weiter ab nach Brunnen, das sich bereits früh vom Fischerdorf zum Tourismusort gewandelt hat.

▶ Die Etappe beginnt mit kräftigem Anstieg: Die gelben Markierungen leiten vor dem **Bahnhof Sisikon** 01 (435 m) durch das Dorf und dann dem Riemenstaldner Bach entlang aufwärts. Nach der Brücke führt der gut ausgebaute Weg den Hang hinauf, bei einem Aussichtspunkt mit Rastbänken geniessen Sie einen herrlichen Blick auf Sisikon, den See, Ober- und Niederbauenstock. Durch Wald und steile Bergwiesen steigen Sie über Binzenegg hinauf zu den Höfen von **Tannen** 02 (803 m) in Panoramalage auf einer Terrasse hoch über dem See. Auf einem Fahrweg über eine Kuppe mit Grillplatz und Brunnen wandern Sie dann auf dem Zufahrtssträsschen hinunter nach Morschach.

Im Weiler Laui passieren Sie die **Franz-Xaver-Kapelle**, danach lohnt sich ein kurzer Abstecher nach links zur Marienkapelle in schöner Aussichtslage. Die Kapelle im Stil des Historismus und Jugendstilelementen liessen die Pallotiner, eine weltweite Priester- und Brüdergemeinschaft für eine offene

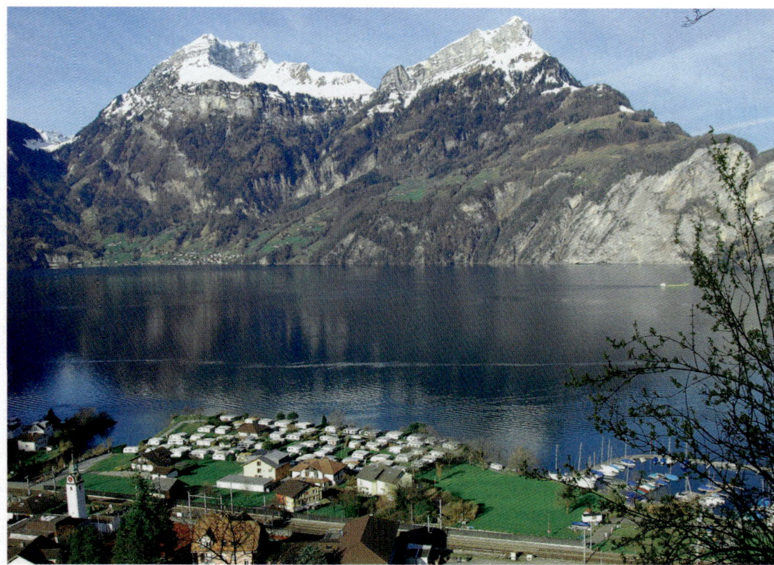

Sisikon – Nieder- und Oberbauenstock.

und zeitgemässe Kirche, errichten und 1939 Maria, der „Königin der Apostel", weihen.

Morschach 03 (646 m) hat sich aufgrund seiner bevorzugten Lage bereits früh zum Tourismusort entwickelt, in der Zeit der Belle Époque waren in den grossen Hotels Axenstein und Axenfels gekrönte Häupter aus ganz Europa zu Gast. Von Brunnen führte eine 2 km lange Zahnradbahn herauf, die von 1905 bis 1969 in Betrieb war. Kriege und Krisen im 20. Jahrhundert brachten auch das Ende der Nobelhotels, anstelle des 1947 abgebrochenen Hotels Axenfels steht heute das Ferien- und Freizeitzentrum Swiss Holiday Park.

Im Park des ehemaligen Grand Hotels „Axenstein" soll ein neues Natur-Hotel errichtet werden mit Freiluft-Café zwischen den zwei Riesenmammutbäumen direkt am Weg der Schweiz.

Von Morschach führt der Weg auf der Trasse der einstigen Hotelbahn hinauf zum **Axenstein** 04 (700 m) beim ehemaligen Grand Hotel. Auf schattigem Waldweg mit etlichen Stufen steigen Sie anschliessend ab, nach dem Aussichtspunkt Chänzeli dann wieder auf der ehemaligen Bahntrasse in einigen Windungen hinunter nach **Brunnen** 05 (435 m), wo man entweder mit dem Zug oder dem Schiff nach Sisikon zurückfährt.

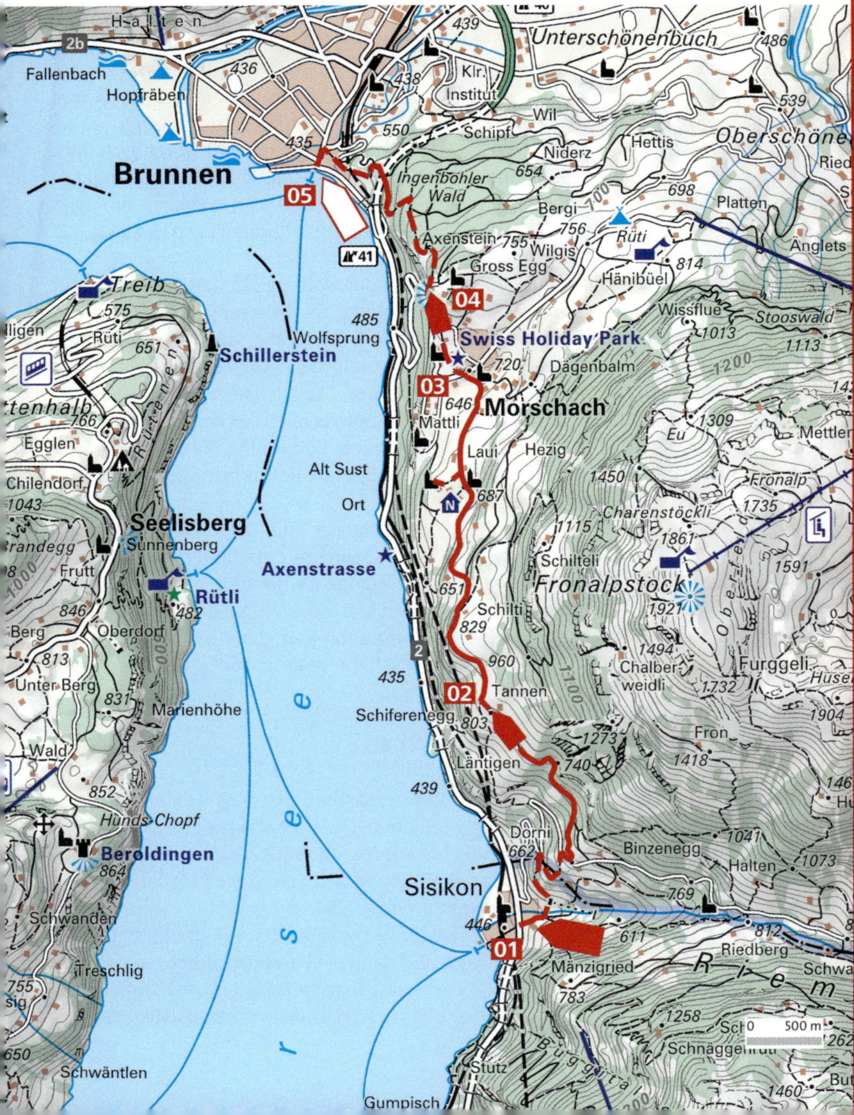

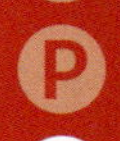

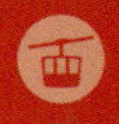

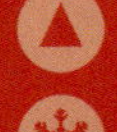

GROSSER MYTHEN • 1.899 m

Auf das Matterhorn der Bergwanderer

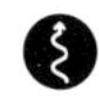  7,8 km 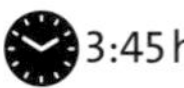 3:45 h 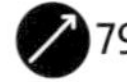 797 hm  797 hm 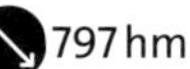 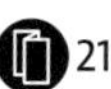 21

START | Brunni (1.102 m) oder Rickenbach. Anfahrt Brunni: Mit Postauto 554 oder Auto von Einsiedeln durchs Alptal zur Luftseilbahn-Talstation Brunni – Holzegg, gebührenpflichtiger Parkplatz. Anfahrt Rickenbach: Mit Postauto Linie 3 vom Bahnhof Schwyz zur Talstation der Luftseilbahn Rickenbach – Rotenflue, Parkplatz. [GPS: UTM Zone 32 x: 477.466 m y: 5.209.965 m]
CHARAKTER | Aussichtsreiche Gipfeltour auf gut gesichertem Weg, Trittsicherheit und Schwindelfreiheit notwendig, Vorsicht bei Nässe. Rote Markierung.

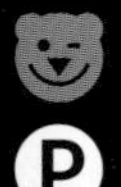
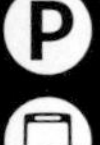
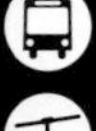

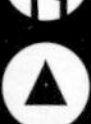
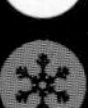

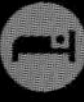
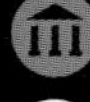

Die Gipfelbesteigung des Grossen Mythen gehört neben der Rigi und dem Pilatus zu den klassischen Gipfeltouren der Zentralschweiz. Die beiden Kalkblöcke des Kleinen und Grossen Mythen ragen aus dem Flyschgestein zwischen Schwyz und Alpthal heraus. Die kleine Region weist eine erstaunliche Vielfalt an Lebensräumen auf, die schon lange unter Schutz steht – bereits 1487 hat man mit der Einrichtung eines Jagdbanngebietes Säugetiere und Vögel und deren Lebensräume geschützt. Die wertvollen Ökosysteme sollen heute auch vor zu grossen Beeinträchtigungen und Störungen durch Freizeitaktivitäten des Menschen geschützt werden, beachten Sie bitte die Infotafeln mit Verhaltensregeln. Da der Anstieg schattenlos über die Südostflanke erfolgt, empfiehlt es sich, an heissen Tagen möglichst früh loszugehen!

▶ Der Aufstieg zum Gipfel beginnt in **Holzegg 02** (1.405 m), Bergrestaurant, Bergstation der Seilbahn Brunni – Holzegg.

Für den **Zustieg** gibt es zwei Alternativen:

- Am schnellsten mit der Seilbahn von **Brunni 01** (1.102 m).
- Oder zu Fuss von der Talstation auf mässig steilem, gutem Weg durch Weiden in 50 Minuten zur Holzegg.
- Mit der Seilbahn von Rickenbach nach Rotenflue und in 30 Min. zur Holzegg oder zu Fuss von Rickenbach via Rätigs in knapp 2 Stunden nach Holzegg.

Von der **Holzegg 02** (1.405 m) führt der Bergweg zur Felswand und dann in 47 Kehren durch die steile Flanke hinauf. Oberhalb der „Rot Felsbarriere" bietet sich das „Steinig Bänkli" für eine Rast an, der Gipfelbereich des Kalkberges hat eine markante Rotfärbung, die von fein verteiltem Eisenoxid stammt.

Geologisch sind am Grossen Mythen drei Schichten zu finden – unten der zu Hangrutschungen neigende Flysch (Schiefertone, Mergel und Kalke), darauf aufgesetzt Kalk, der die Hauptmasse des Mythenmassivs bildet, und im oberen

Die Erschliessung des Grossen Mythen

Ende des 18. Jahrhunderts wurde der Grosse Mythen erstmals von Alpinisten bestiegen, die Erschliessung für Bergwanderer fiel in die Pionierzeit des Bergtourismus. 1863 wurde neben dem Schweizer Alpenclub (SAC) auch die Mythengesellschaft gegründet, die einen Weg mit 47 Kehren durch die steile Bergflanke und eine Hütte auf dem Gipfel errichten liess, eröffnet 1864. In den 1980er Jahren wurde die gefährlichste Passage des Bergweges vom oberen Teil von der abschüssigen Totenplangg weg und neu angelegt, 1991 dann die Berghütte durch ein neues Bergrestaurant ersetzt. Seit 1967 wird das Restaurant per Helikopter versorgt, vorher mussten Träger und Saumtiere die Lebensmittel mühsam hinaufschleppen.

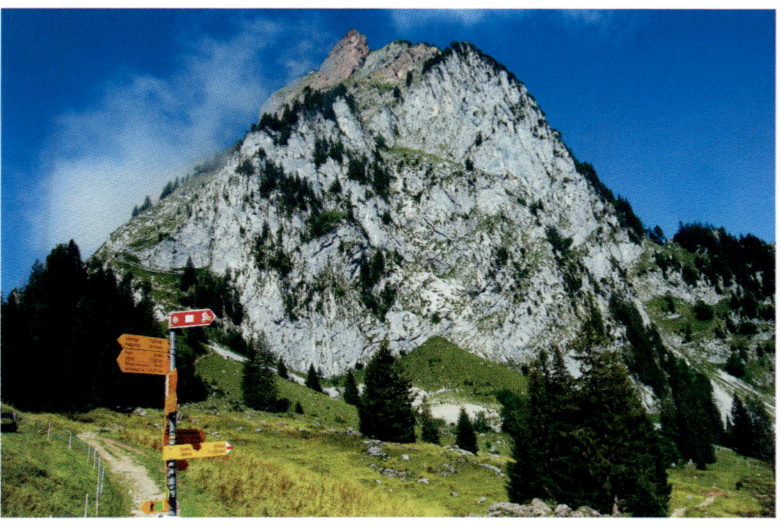

Eindrucksvoller Gipfel – Grosser Mythen.

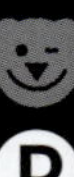

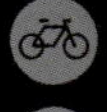
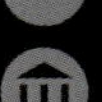

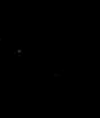

Bereich der rötliche Mergelkalk. Bei Kurve 37 wechselt der Weg für einige Kehren auf die schattige Nordseite, über den Ostgrat erreichen Sie dann endgültig den Gipfel des **Grossen Mythen 03** (1.899 m) mit Kiosk und fantastischem Rund- und Tiefblick. Vierwaldstätter-, Urner-, Lauerzer- und Zugersee mit den umgebenden Bergen wie Rigi, Pilatus, Schwalmis und Klewenstock bilden ein herrliches Panorama. Nach einer ausgiebigen Pause kehren Sie auf demselben Weg zurück zur **Holzegg 02** (1.405 m).

Für den Weiterweg zurück gibt es verschiedene Möglichkeiten:

- per Luftseilbahn oder zu Fuss nach **Brunni 01** zurück,
- in einer Schleife von Holzegg über Stäglerenegg zum Müsliegg und auf rot markiertem Bergweg hinunter nach **Brunni 01** (1½ Std.)
- zur Bergstation Rotenflue und mit der Luftseilbahn nach Rickenbach,
- auf steilem Weg (viele Stufen) von Holzegg via Rätigs-Huserenberg in 1½ Stunden bergab nach Rickenbach.

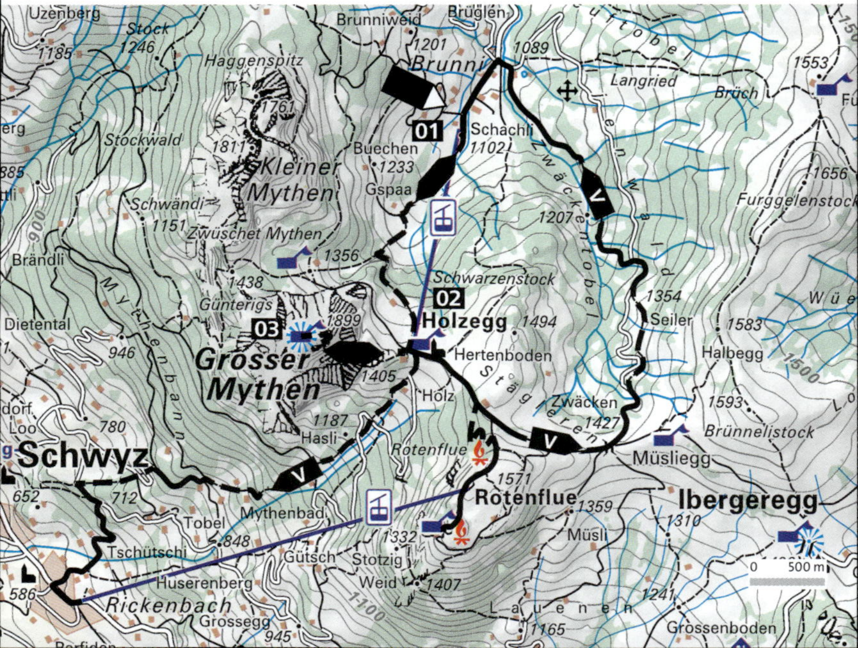

URWALDWEG BÖDMEREN

Urtümlicher Bergwald im Karstgebiet

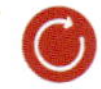  11 km  3:15 h 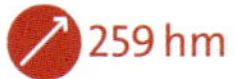 259 hm 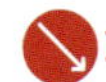 259 hm  21

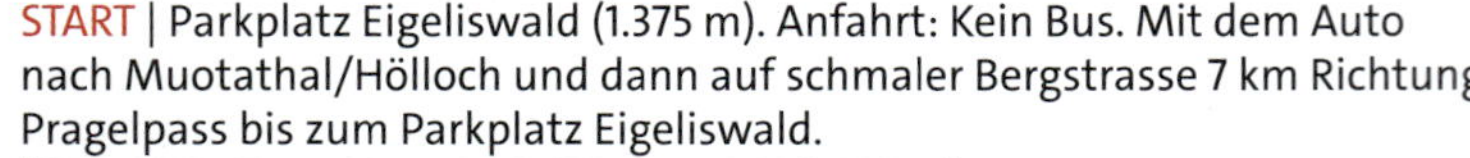

START | Parkplatz Eigeliswald (1.375 m). Anfahrt: Kein Bus. Mit dem Auto nach Muotathal/Hölloch und dann auf schmaler Bergstrasse 7 km Richtung Pragelpass bis zum Parkplatz Eigeliswald.
[GPS: UTM Zone 32 x: 486.635 m y: 5.202.875 m].
CHARAKTER | Interessante, ruhige Rundwanderung durch einen der urtümlichsten Wälder der Alpen und über Alpweiden. Rote Markierung, teilweise schattig, keine Einkehr.

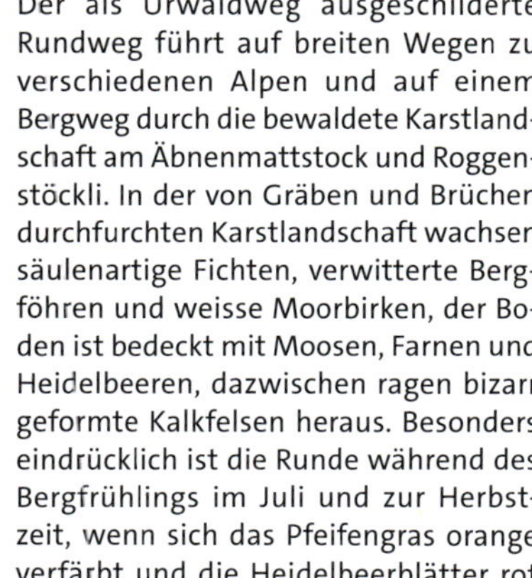

Der als Urwaldweg ausgeschilderte Rundweg führt auf breiten Wegen zu verschiedenen Alpen und auf einem Bergweg durch die bewaldete Karstlandschaft am Äbnenmattstock und Roggenstöckli. In der von Gräben und Brüchen durchfurchten Karstlandschaft wachsen säulenartige Fichten, verwitterte Bergföhren und weisse Moorbirken, der Boden ist bedeckt mit Moosen, Farnen und Heidelbeeren, dazwischen ragen bizarr geformte Kalkfelsen heraus. Besonders eindrücklich ist die Runde während des Bergfrühlings im Juli und zur Herbstzeit, wenn sich das Pfeifengras orange verfärbt und die Heidelbeerblätter rot leuchten.

▶ Wir starten unsere Tour beim **Parkplatz Eigeliswald** 01 (1.375 m) an der Strasse zum Pragelpass, eine Informationstafel zeigt den ausgeschilderten **Urwaldweg,** wir folgen diesen Wegweisern. Auf dem Fahrweg gelangen wir zur **Rasishütte** 02 (1.399 m), bei der Abzweigung dahinter gehen wir geradeaus die Runde gegen den Uhrzeigersinn. Wir passieren die **Alp Gschwänd,** danach eröffnet sich bald ein herrlicher Blick ins Muotatal. Vom Aussichtspunkt bei der **Alp Ober Saum** 03 (1.510 m) geniessen wir den Blick in die Bergwelt um das Bisistal. Jetzt beginnt der Bergweg – über moorige Weiden, in den Senken sind etliche Tümpel, bewach-

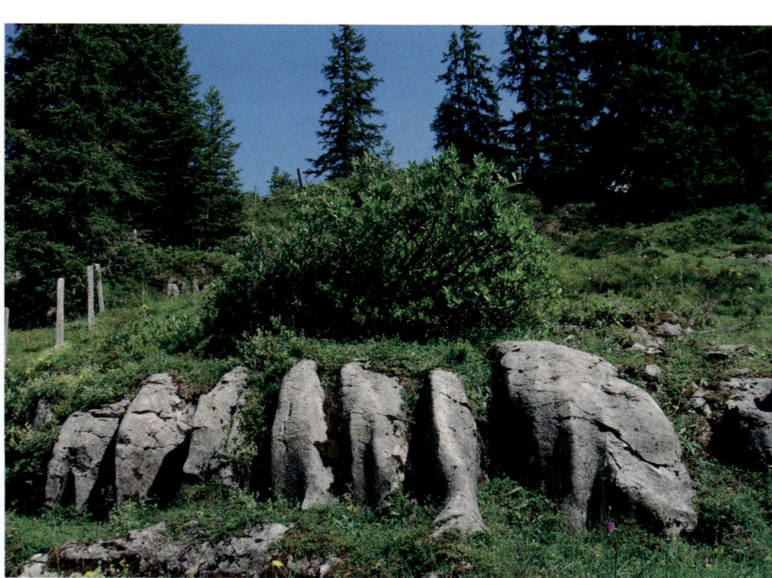

Karst am Urwaldweg.

Variante

Es gibt als Kurzvariante den Themenweg **Urwaldspur** mit Start beim Urwaldpavillon, Einkehr vis-à-vis in der Alpwirtschaft Unter Roggenloch an der Passstrasse. Bergwanderweg, rund eine Stunde Wanderzeit, 3,5 km, 170 Höhenmeter, Broschüre im Urwaldpavillon.

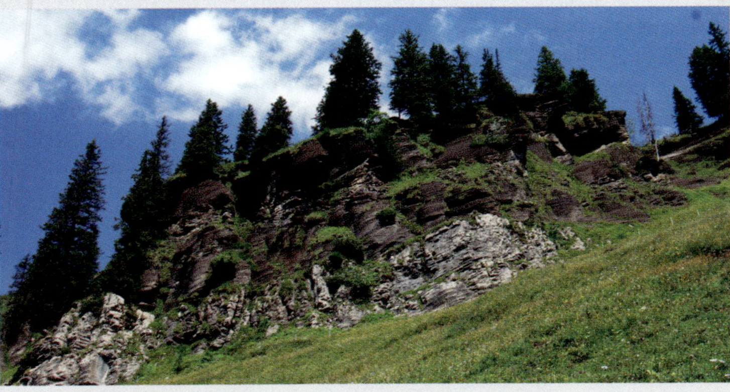

Beim Roggenstöckli.

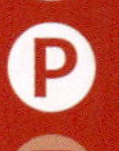
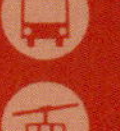
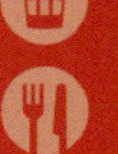
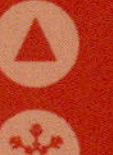

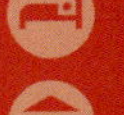

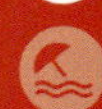

sene Karsthügel und durch Dolinen gelangen wir zur **Alp Äbnenmatt** 04 (1.599 m). Auf dem nun folgenden Abschnitt durchqueren wir eine typische von Gräben und Löchern durchfurchte Karstlandschaft, bewachsen mit Moosen, Birken und Fichten. Über den Wegpunkt **Flöschen** erreichen wir die **Alp Bödmeren** 05 (1.634 m). Der Weg führt nun unterhalb des markanten Roggenstöckli entlang hinunter zum Wegpunkt **Stägen** und dann wieder zur **Rasishütte** 02 (1.399 m) und zum **Parkplatz Eigeliswald** 01 zurück.

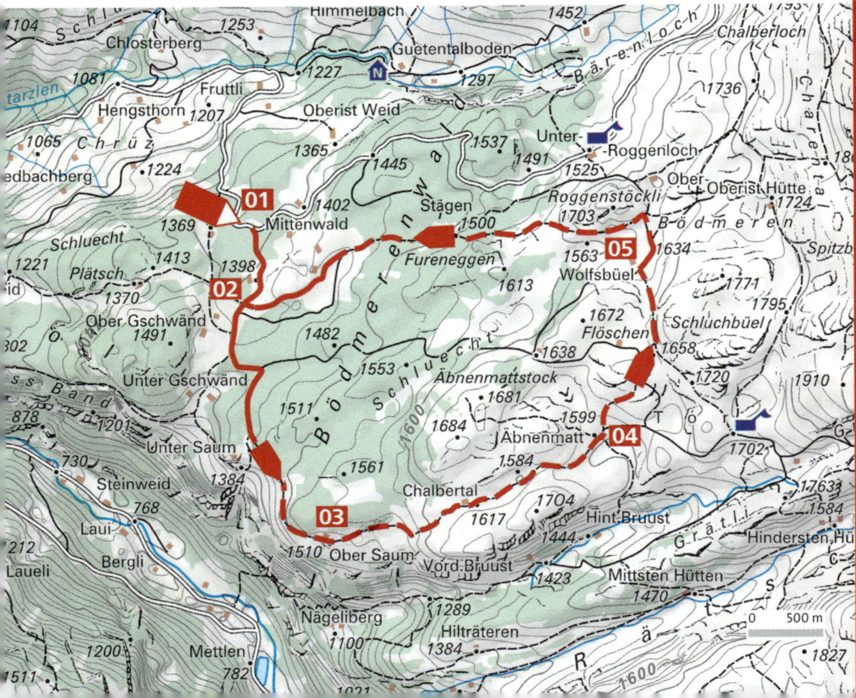

18

STOOS: GRATWANDERWEG

Vom Klingenstock zum Fronalpstock

 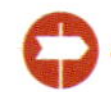 4,9 km 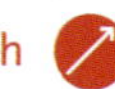 2:40 h 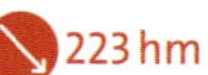 242 hm 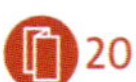 223 hm 20

START | Klingenstock, Bergstation (1.903 m). Anfahrt: Mit der Stoosbahn. Postauto vom Bahnhof Schwyz zur Talstation der Standseilbahn. Mit der Luftseilbahn: Postauto von Brunnen nach Morschach, Talstation.
[GPS: UTM Zone 32 x: 475.237 m y: 5.200.472 m]
CHARAKTER | Spektakuläre Gratwanderung mit herrlicher Aussicht, rote Markierung, Trittsicherheit notwendig, kein Schatten, unterwegs keine Einkehr.

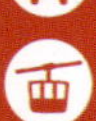

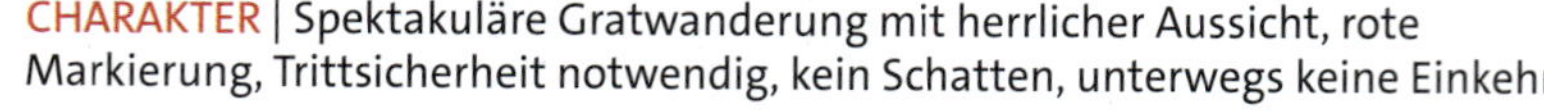

Ein viel begangener **Gratweg** verbindet die Bergstationen der Sessellifte Klingenstock und Fronalpstock. Er ist gut ausgebaut, gefährliche Stellen sind durch Ketten gesichert, an steilen Passagen wurden Stufen angelegt, insgesamt sind es über 1.000. Zahlreiche Sitzbänke laden zum Verweilen ein, das Bergrestaurant Fronalpstock mit seiner grossen Aussichtsterrasse zur Einkehr.

Sie starten an der **Bergstation Klingenstock** 01 (1.903 m) und gehen die paar Meter zum Gipfel hinauf und geniessen den ersten weiten Rundblick, auch der Verlauf der weiteren Tour ist zu sehen. Über viele Stufen geht's dann hinunter zum Sattel und in stetem Auf und Ab weiter. In **Gstelli** 02 (1.852 m) informiert eine Schautafel in der Schutzhütte über die Vegetation und das Wildheuen. Der Weg führt unterhalb des **Huser Stocks** 03 (1.904 m) vorbei, den Rundblick gibt's bei einem kurzen Abstecher auf den Gipfel.

Die **Alp Furggeli** 04 (1.732 m) ist der tiefste Punkt der Wanderung, danach steigen Sie auf altem Weg aus Steinplatten wieder an zum **Fronalpstock** 05 (1.922 m) mit herrlichem Blick auf den Vierwaldstättersee und die umliegenden Berge von Aussichtsplattformen und der Terrasse des Bergrestaurants.

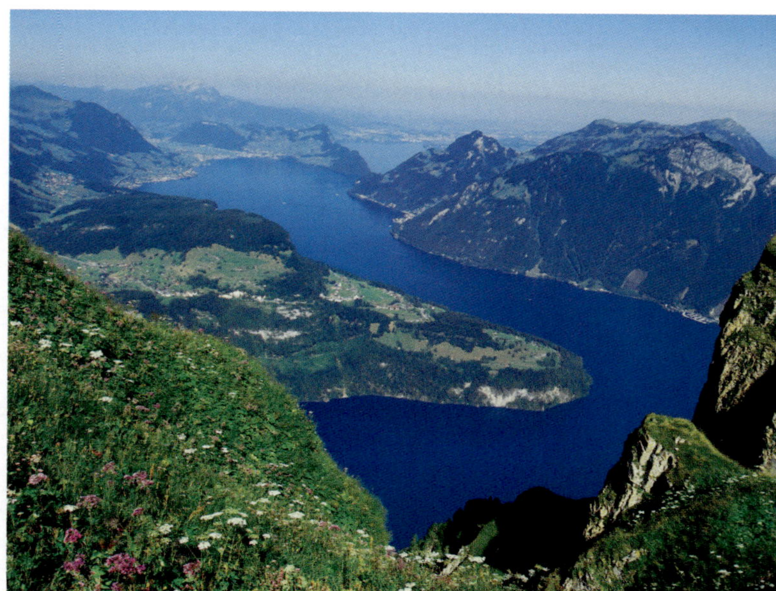

Imposanter Tiefblick vom Fronalpstock.

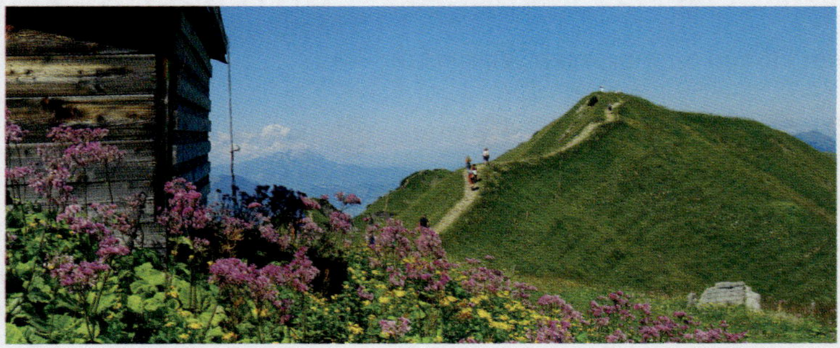

Unterwegs auf dem Gratweg.

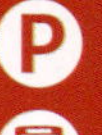

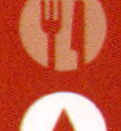

Wildheuen

Auf steilen Berghängen, Planggen, die von Tieren nicht mehr abgeweidet werden können, gewinnen Wildheuer das Heu. Diese „Wildi" sind meist gemeinschaftlich organisiert, die Regeln werden von der Genossenschaft festgelegt. So ist das Wildheuen erst ab einem festgelegten Zeitpunkt erlaubt und damit der Ertrag gerecht verteilt wird, darf jede Familie nur zwei Familienmitglieder heuen lassen. Das Heu wird zum Trocknen ausgelegt und dann mit einem Heuseil, einer temporären Seilbahn, in Bündeln ins Tal transportiert. Wirtschaftlich gesehen ist der Ertrag so gering, dass sich die mühsame und gefährliche Arbeit nicht mehr lohnt. Da das Wildheuen jedoch ein wichtiger Betrag zum Lawinenschutz ist, unterstützen die Kantone diese traditionelle Form der Heugewinnung. Auch viele Freiwillige helfen mit, die alte Kulturlandschaft zu erhalten. An ungemähten Hanglagen wird nämlich das Gras im Herbst durch Regen, später durch den Schnee in Fallrichtung zu Boden gedrückt und bildet eine gefährliche Gleitebene für Lawinen. Ausserdem ist die Artenvielfalt der gemähten Flächen deutlich höher, die Inhaltsstoffe des Heus ergeben eine andere Milch, die Basis für die regionalen Käsespezialitäten.

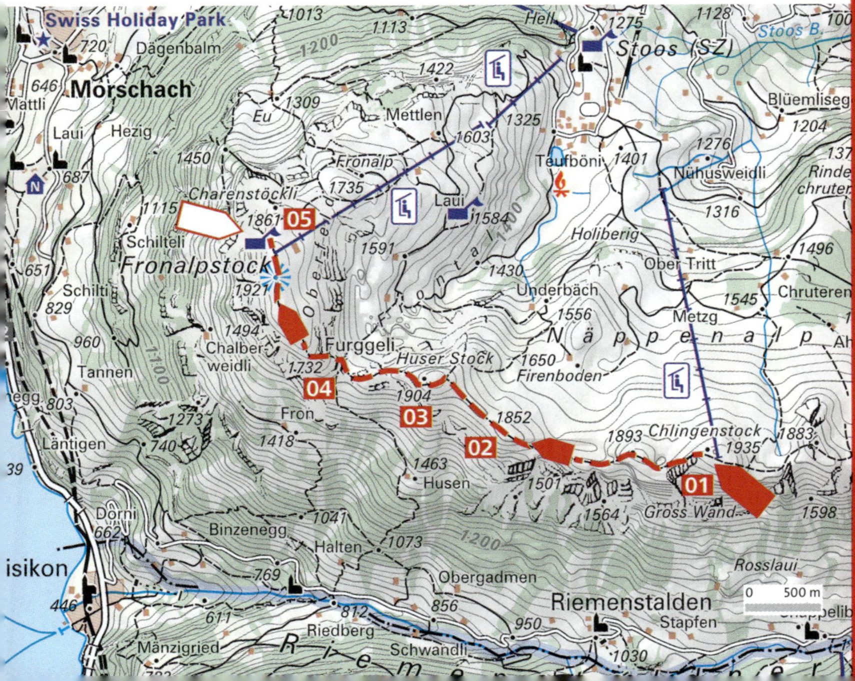

19

KLAUSENPASS – OBERALP – UNTERSCHÄCHEN

Über Höhen zum grossen Wasserfall

 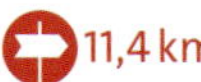

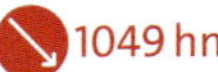

START | Klausenpass (1.948 m), Busstation, Kiosk. Anfahrt: Postauto 408 von Flüelen-Bahnhof, Seeseite, über Altdorf zum Klausenpass. Rückfahrt: Postauto von Unterschächen nach Flüelen. [GPS: UTM Zone 32 x: 488.911 m y: 5.190.501 m]
CHARAKTER | Eindrückliche Tour über Höhen und entlang von Wildbächen, rote Markierung. Kaum Schatten, zur Alpsaison mehrere Einkehrmöglichkeiten, begehbar ab Ende Juni.

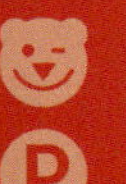
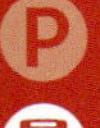

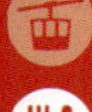

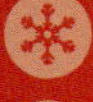

Im ersten Abschnitt wandern wir auf dem Höhenweg vom **Klausenpass** über die Chammlialp zur **Oberalp**, eine Panoramastrecke. Ein attraktiver Abstieg entlang von Wildbächen führt uns hinunter nach **Äsch**, einer Alpsiedlung umgeben von Felswänden am Fuss des grossen Wasserfalles. Ein Spaziergang entlang der Vorderschächen beschliesst die abwechslungsreiche Tour.

▶ Die Wanderung beginnt bei der Kapelle am **Klausenpass** 01 (1.948 m) Auf dem linksseitigen Höhenweg wandern wir talauswärts und folgen den Wegweisern Oberalp, Äsch, Unterschächen. Über interessante Karrenfelder gelangen wir zur **Alp Chammli** 02 (2.049 m) mit Alpbeizli im Sommer. Grossartig ist der weite Ausblick auf das Balmer Grätli und Schächentaler Windgällen auf der gegenüberliegenden Talseite sowie den Chammliberg und das Schärhorn oberhalb der Alp. Auch die vielen Alpenblumen entlang des Weges verdienen Beachtung: Blauer und Gelber Enzian, Johanniskraut, Glockenblumen, Alpenrosen, heimische Goldrute, Flockenblumen, Nieswurz, Schafgarbe, Steinbrech, Taubenkropf, Scabiosen, Pipau – die Vielfalt ist beeindruckend.

Durch Alpweiden und über die Moräne des Griess-Firns, der Gletscherbach stürzt weiter unten als grosser Wasserfall über die Steilstufe, gelangen wir zur Kante der Balmwand mit Sicht auf die Oberalp oberhalb des kleinen Alpsees. Auf der anderen Talseite sieht man, wie steil die Wände unterhalb der Klausenpassstrasse ins Tal abfallen. Über den Chammlitritt, teilweise etwas ausgesetzt, steigen wir ab zur **Oberalp** 03 (1.834 m) wieder mit Alpbeizli und Seilbahn nach Äsch.

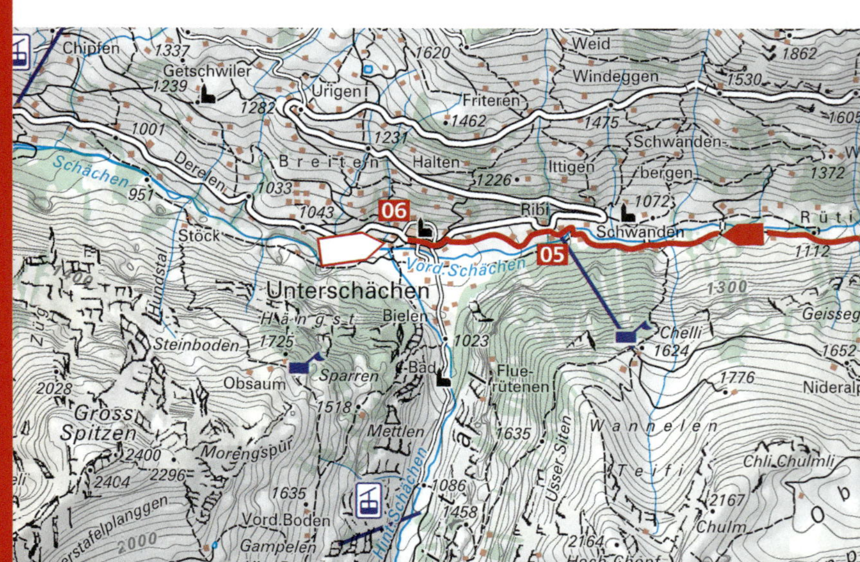

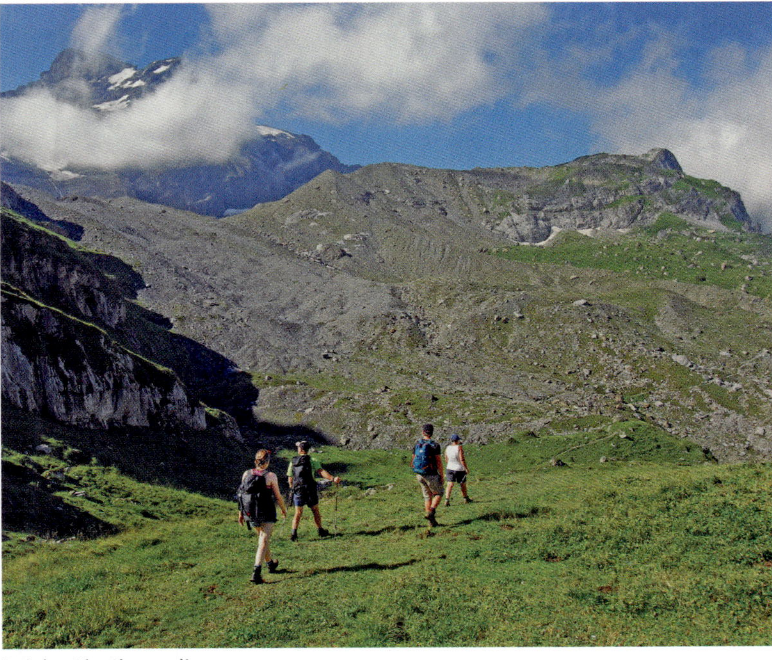

Bei der Alp Chammli.

Zurück zum Wegpunkt beim kleinen See führt der Pfad nun dem Wildbach entlang am Fuss der Balmwand durch Alpweiden und Waldlichtungen hinunter ins Tal. Hier sind oft Gämsen zu sehen, das Gebiet ist Jagdbanngebiet, die Grenze ist erkenntlich an der gelb-roten Markierung. Der Pfad dreht dann talauswärts, mit schönem Blick ins Schächental steigen wir weiter ab bis nach **Äsch** 04 (1.234 m), Alpbeizli im Sommer Samstag und Sonntag. Die Alpsiedlung liegt in einem besonders schönen Talschluss umgeben von hohen Wänden, über eine Steilstufe stürzt der grosse Stäubifall 100 m in die Tiefe.

Die Schlussetappe ist ein angenehmer Spaziergang auf dem Fahrweg entlang des Vorderschächen zunächst nach **Ribi** 05 (1.058 m; Busstation) und dann auf einem Feldweg nach **Unterschächen** 06 (1.000 m), dort Busstation und mehrere Restaurants.

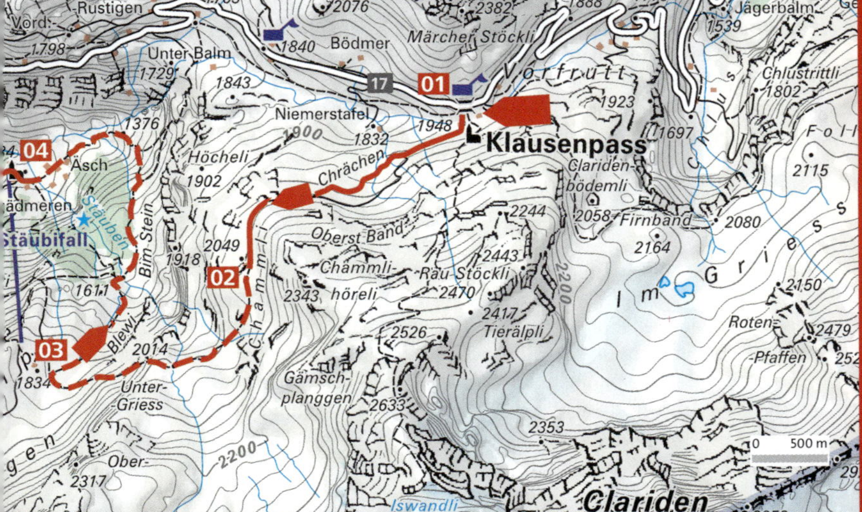

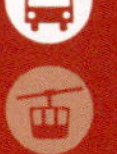

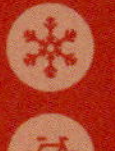

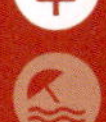

SARNEN – FLÜELI-RANFT

Zum Bruder Klaus

  12,2 km 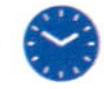 3:20 h 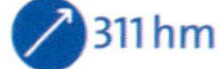 311 hm 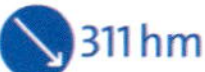 311 hm  20

START | Sarnen, Bahnhof (475 m). Parkplätze im Ort. Anfahrt/Rückfahrt: Zug Luzern – Sarnen. [GPS: UTM Zone 32 x: 442.613 m y: 5.193.858 m].
CHARAKTER | Landschaftlich und kulturell interessante Rundwanderung, Einkehr- und Besichtigungsmöglichkeiten. Markierung: Gelb, teils schattig.

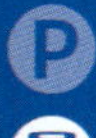

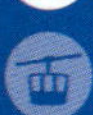

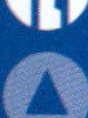
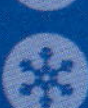

Die Tour führt von Sarnen hinauf zum Sattel von **Flüeli**, zusammen mit der **Ranftschlucht** die Wirkungsstätten des heiligen **Niklaus von Flüe**, Wohnhaus und Kapellen können besichtigt werden. Nach dem Abstieg nach **Sachseln** auf dem Bruder-Klaus-Weg zum Grab des Heiligen geht's am Ende auf dem Seeweg zurück nach **Sarnen** mit seinem schönen, alten Dorfkern.

▶ Die Wanderung beginnt am **Bahnhof** von **Sarnen** 01 (475 m). Der Bezirkshauptort von Obwalden besitzt einige Sehenswürdigkeiten und eine anziehende Umgebung, besonders zu erwähnen ist der Dorfplatz mit Rathaus und interessanten Bürgerhäusern. Vom Bahnhofsvorplatz folgen Sie dem Wegweiser Füeli-Ranft nach links. Sie überqueren die Bahn und bald danach auch die Autobahn. Nun beginnt der Wanderweg, bereits im Wald liegt die **Lourdesgrotte** 02 (512). Nach 5 Min. steilem Anstieg, etwas lärmbelastet durch die Autobahn, wird es ab der Terrasse **Hohflue** 03 (560 m) ruhig. Nach dem Haus führt der Pfad links abwechselnd durch Wiesen und Wald am Rande der Melchaa-Schlucht hinauf zur **Hohen Brücke** 04 (626 m). Sie nimmt als höchste gedeckte Holzbrücke Europas eine besondere Stellung unter den mehr als 200 gedeckten Holzbrücken der Schweiz ein. In 100 m Höhe überspannt sie die **Grosse Melchaa-Schlucht**, die Spannweite beträgt 30 m. Die heutige Brücke wurde im Zweiten Weltkrieg vom Schweizer Militär anstelle eines älteren Vorgängerbaus in nur 36 Tagen errichtet.

Nach einem kurzen Stück auf der Strasse biegen Sie links ab und erreichen bald das 1886 erbaute und 2009 renovierte Jugendstilhotel Paxmontana in schöner Aussichtslage. Durch die Hotel-Pergola sind Sie in wenigen Schritten in **Flüeli-Ranft** 05 (723 m), der Heimat des heiligen Niklaus von Flüe.

Das Flüeli besteht aus einer Hochebene, die in die Steilhänge der Sachsler Berge übergeht. Im Osten ist sie begrenzt durch die Ranftschlucht, im Norden durch eine bewaldete Kuppe und den markanten Felsen (Fluo), von dem Ort und Familie ihre Namen herleiten. Auf dem Felsen steht die 1618 dem heiligen Borromäus geweihte Kapelle, sie enthält eine wertvolle bemalte Walmdecke und prächtige Holz-Einlegearbeiten im Chor.

Nach dem Besuch des Wohnhauses (beim Rastplatz), des Geburtshauses und der

Niklaus von Flüe

Schon zu seinen Lebzeiten, 1417–1487, galt Niklaus von Flüe seinen Zeitgenossen als „lebendiger Heiliger“. Der angesehene Bauer, Richter und Offizier war auch ein geschätzter Ratgeber und Friedensstifter. So bewahrte er beim Streit um die Aufnahme von Freiburg und Solothurn durch seinen Rat zum Kompromiss 1481 die Eidgenossenschaft vor einem Bürgerkrieg. Das **Geburtshaus**, heute im Besitz der Bruder-Klaus-Kapellenstiftung, ist, ebenso wie sein **Wohnhaus**, ein schönes Beispiel für die spätmittelalterliche Wohnkultur, 1925 wurde es umfassend renoviert.

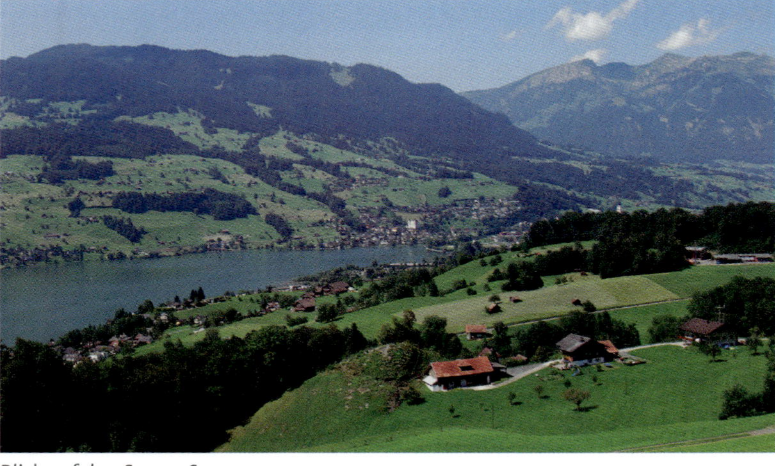

Blick auf den Sarner See.

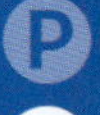
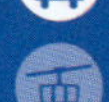
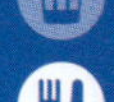
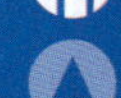
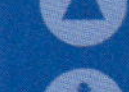
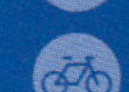
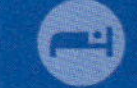

Flüeli-Kapelle gehen Sie hinunter in den Ranft zur **Oberen und Unteren Ranftkapelle** **06** (660 m), ein Ort mit besonderer Ruhe und Ausstrahlung. Auf demselben Weg steigen Sie wieder nach Flüeli hinauf, von den vielen Wegen hinunter nach Sachseln ist der Bruder-Klaus-Weg Nr. 571, auf diesem Abschnitt auch Weg 2 und 4, der schönste. Sie gehen links, nahe dem Geburtshaus von Bruder Klaus führt der Weg in den Wald. Auf Wald- und Wiesenpfad, im Mittelteil kurz auf einem Strässchen, wandern Sie mit Seeblicken hinunter bis zur Kirche Sachseln. Nach dem Besuch der Kirche mit dem Grab von Bruder Klaus gehen Sie weiter hinunter zum **Bahnhof Sachseln** **07** (475 m). Hier kann man im schönen Gastgarten des Gasthauses Bahnhof die Wanderung gemütlich ausklingen lassen oder anschliessend auf dem ebenen Seeweg nach **Sarnen** **01** (475 m) zurückspazieren.

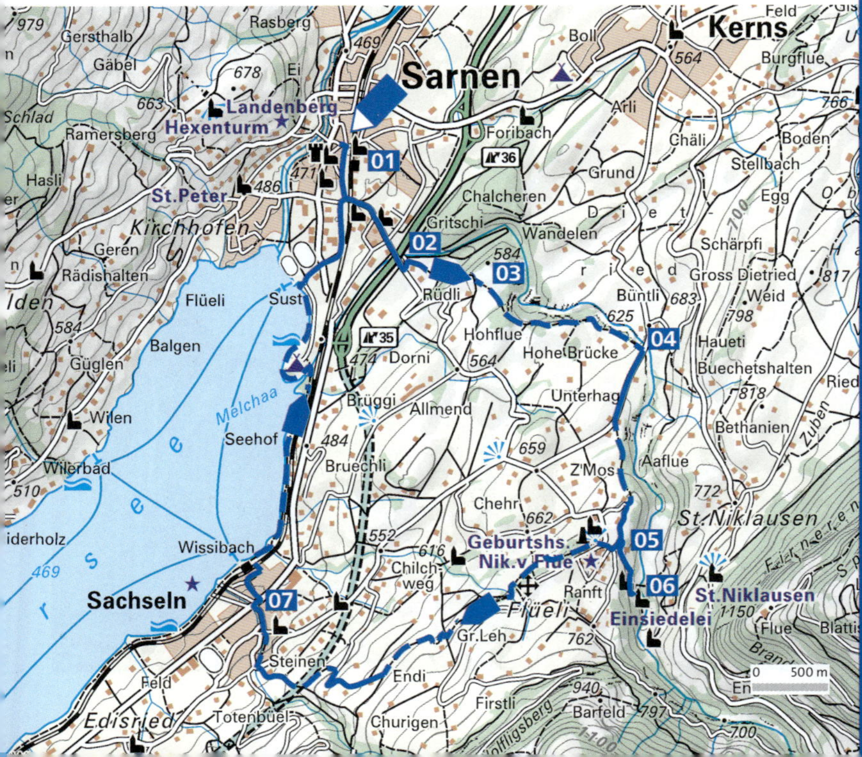

WALENPFAD

Auf dem Höhenweg über dem Engelbergertal zur Bannalp

 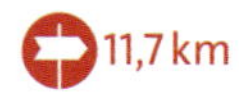 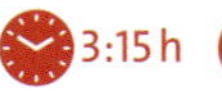 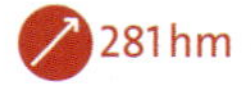 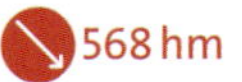 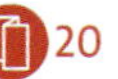

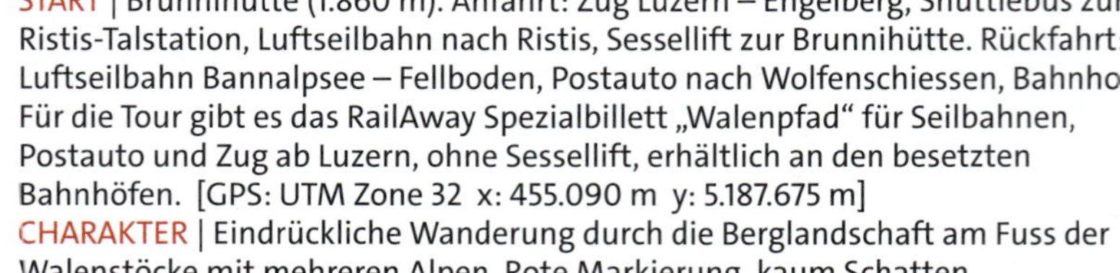

START | Brunnihütte (1.860 m). Anfahrt: Zug Luzern – Engelberg, Shuttlebus zur Ristis-Talstation, Luftseilbahn nach Ristis, Sessellift zur Brunnihütte. Rückfahrt: Luftseilbahn Bannalpsee – Fellboden, Postauto nach Wolfenschiessen, Bahnhof. Für die Tour gibt es das RailAway Spezialbillett „Walenpfad" für Seilbahnen, Postauto und Zug ab Luzern, ohne Sessellift, erhältlich an den besetzten Bahnhöfen. [GPS: UTM Zone 32 x: 455.090 m y: 5.187.675 m]
CHARAKTER | Eindrückliche Wanderung durch die Berglandschaft am Fuss der Walenstöcke mit mehreren Alpen. Rote Markierung, kaum Schatten.

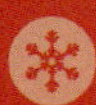

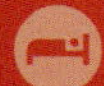

Der **Walenpfad** von Brunni über die Walenalp zum Bannalpsee gehört zu Recht zur Gruppe der schönsten Höhenwanderungen der Schweiz. Die herrliche Bergwelt, mehrere Aussichtspunkte und Einkehrmöglichkeiten machen die Tour zu einem besonderen Erlebnis.

▶ Man kann die Wanderung auch bereits in Ristis beginnen und in 40 Minuten zur Brunnihütte aufsteigen oder von Ristis auf dem Weg 569 gleich nach Rosenbold gehen. Wir starten die Tour an der **Brunnihütte** 01 (1.860 m), Bergstation des Sessellifts neben dem Härzlisee, dessen Wasser im Winter für die Pistenbeschneiung gebraucht wird.

Nach einem Kaffee auf der Aussichtsterrasse mit herrlichem Titlis-Panorama wandern wir auf dem Weg 573, Wegweiser Bannalp, der Höhenlinie entlang zum Aussichtspunkt unweit der **Alp Rosenbold** 02 (1.863 m). Eine Panoramatafel benennt die Gipfel, Infotafeln informieren über die Entstehung des Gebirges und die Tierwelt im Wildschutzgebiet. Während sich die scheuen Gämsen, Rehe, Schneehasen oder das Birkhuhn besonders an heissen Tagen versteckt halten, sind im Frühling und Frühsommer zahlreiche Alpenblumen am Weg zu bewundern – je nach Standort blühen Alpenrosen, Anemonen, Sumpfdotterblumen, Wollgras, Lichtnelken, Teufelskralle, Orchideen,

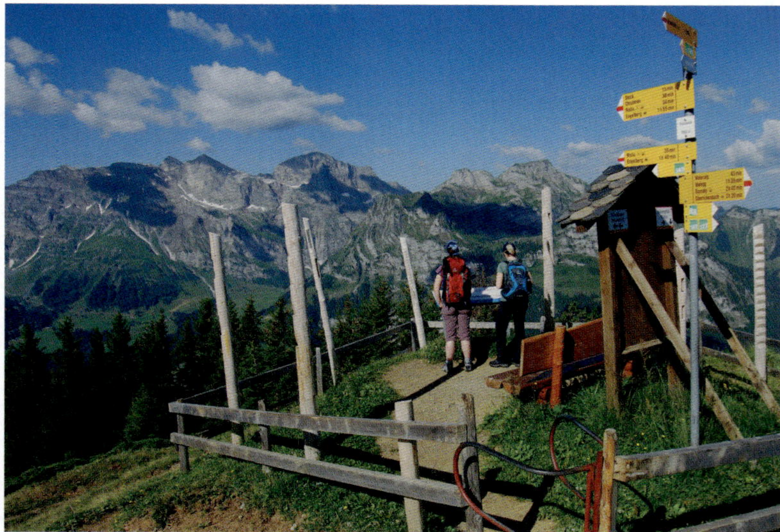

Aussichtspunkt Rosenbold.

Ähriges Rapunzel oder die Pestwurz mit den grossen Blättern, früher auch „Füdliblätter“ genannt. Nach dem Abweiden stehen noch die Stängel des giftigen Gelben Germers.

Der Pfad, bis zur Walenalp ident mit dem Benediktusweg, führt nun am Fuss der mächtigen Walenstöcke entlang durch Alpweiden, Geröllfelder und Wald leicht abfallend und dann wieder ansteigend zur **Walenalp** 03 (1.665 m), wieder mit Aussichtsplatz, im Sommer Alp-Beizli. Über Alpweiden steigen wir auf zum Walegg, im Winter führt zwischen den Walenstöcken eine Extremabfahrt für Skitouren hinunter. Spektakuläre Blicke eröffnen sich vom **Walegg** 04 (1.943 m): Unten im Tal Oberrickenbach, das Bergpanorama bilden Pilatus, Stanserhorn, Haldigrat, Brisen, Chaiserstuel und die Walenstöcke.

Danach geht’s steil hinunter und auf gut gesichertem Hangweg durch die spektakuläre Felslandschaft der abschüssigen Walengräben zu einem Grat mit imposantem Tiefblick auf den Bannalpsee. In einem Bogen führt der Weg anschliessend um den Bannalp-Stausee, vorbei an der **Alpwirtschaft Oberfeld** 05 (1.826 m) zum Berggasthaus **Urnerstaffel** 06 (1.690 m) und hinunter zum Berggasthaus Bannalpsee. Dahinter ist die Bergstation **Bannalpsee** 07 (1.573 m) für die Rückfahrt mit der Luftseilbahn, man kann auch von der Chrüzhütte nahe Urnerstaffel mit einer Luftseilbahn zur Postautohaltestelle Oberrickenbach hinunterfahren.

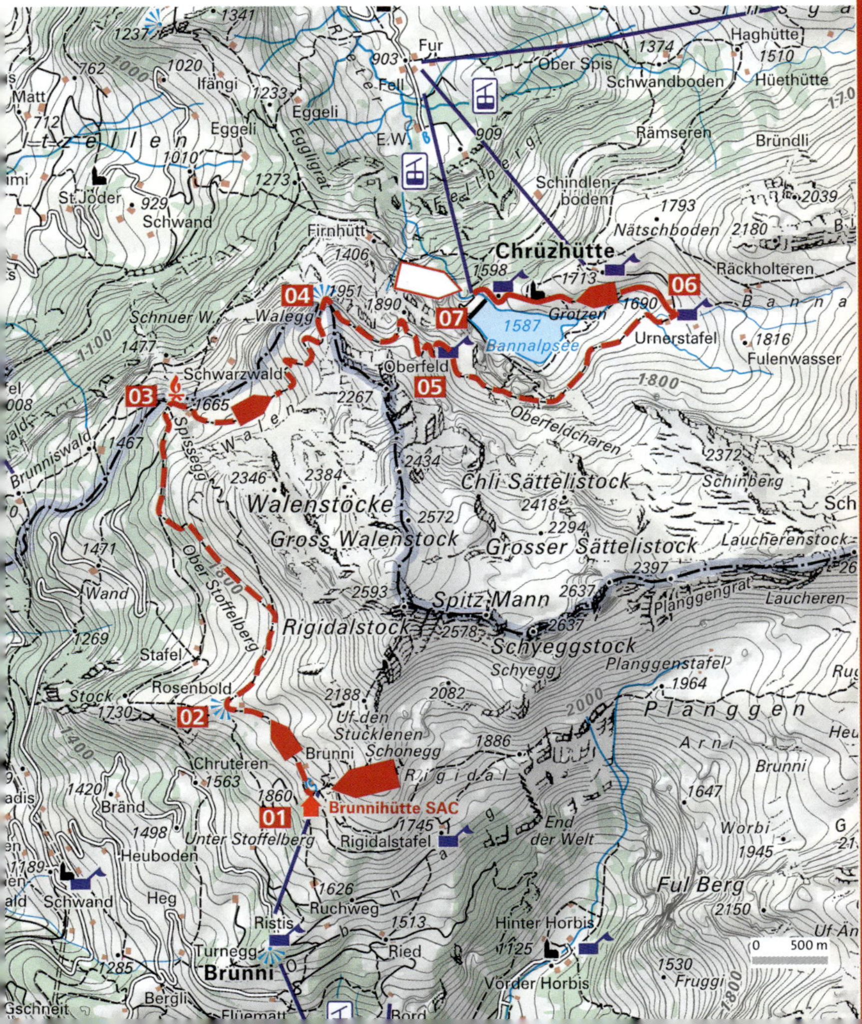

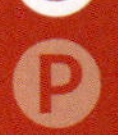

STAUSEE GÖSCHENERALPSEE

Wo einst die wilde Weide war

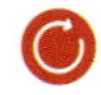 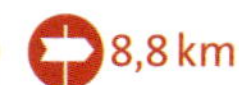 8,8 km  3:15 h 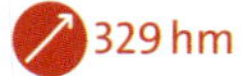 329 hm  329 hm 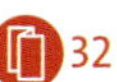 32

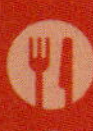

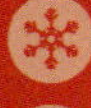

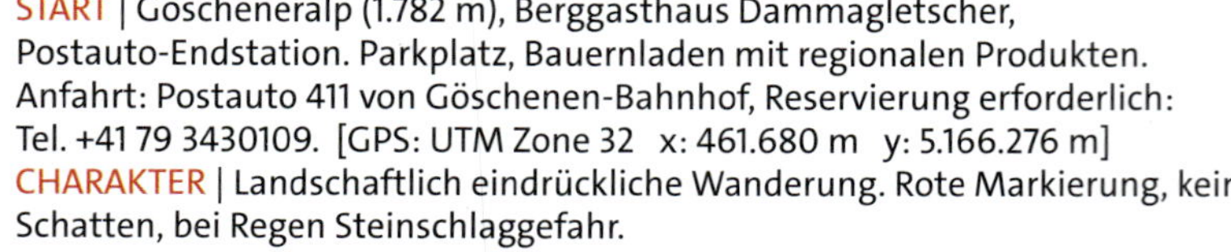
START | Göscheneralp (1.782 m), Berggasthaus Dammagletscher, Postauto-Endstation. Parkplatz, Bauernladen mit regionalen Produkten. Anfahrt: Postauto 411 von Göschenen-Bahnhof, Reservierung erforderlich: Tel. +41 79 3430109. [GPS: UTM Zone 32 x: 461.680 m y: 5.166.276 m]
CHARAKTER | Landschaftlich eindrückliche Wanderung. Rote Markierung, kein Schatten, bei Regen Steinschlaggefahr.

Berge, Gletscher und ein See – auf der Tour um den Stausee am Fuss des Dammagletschers wandern Sie durch eine imposante Bergwelt. Der Weg um den hinteren Teil des Sees führt über Geröllfelder, eine Passage über einen Felsen ist mit Ketten gesichert. Einen eigenen Charakter hat die Terrasse mit den Gletscherschliffen und Mooren beim Wegpunkt Berg.

▶ Starten Sie Ihre Rundtour um den Stausee nach einem Kaffee auf der Aussichtsterrasse des Berggasthauses Dammagletscher bei der **Postauto-Endstation Göscheneralp** 01 (1.782 m). Sie umrunden den Stausee im Uhrzeigersinn und gehen über die Dammkrone, links im Tal sehen Sie typische Seitenmoränen.

Der gesamte Rundweg verläuft oberhalb der Waldgrenze. Legföhren, Alpenrosen, Heidelbeeren, Alpenerle-Sträucher, einzelne Vogelbeersträucher und kleine Birken bilden die typische Vegetation. Schafe und Ziegen weiden hier, in Vorder Röti auch Rinder. Nach dem **Staudamm** 02 (1.797 m) steigt der Pfad an zur Felsstufe **Älpergen** 03 (1.927 m), auf der anderen Seite liegt die Bergseehütte, darüber der Kletterfelsen Bergseeschijen.

Der Pfad steigt weiter an zum Steg über die **Dammareuss** 04 (1.967 m), dieser Ab-

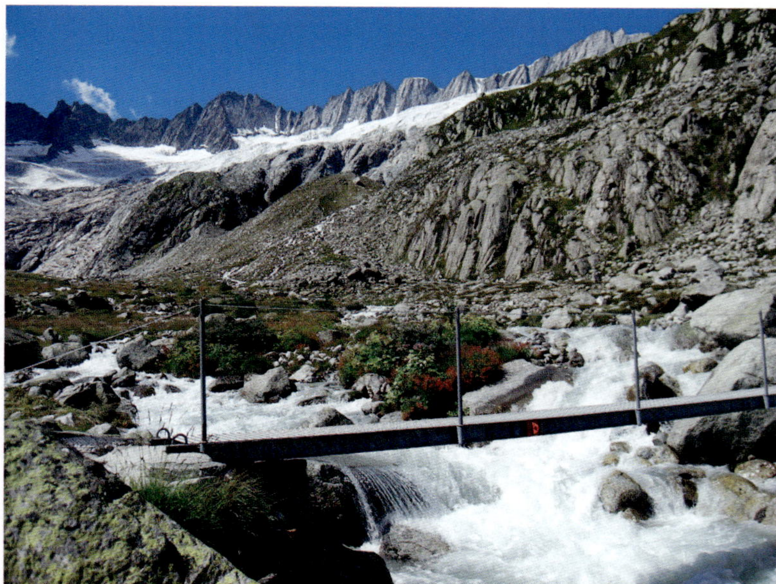
Steg über die Dammareuss am Fusse des Dammagletschers.

schnitt ist bei Regenwetter steinschlaggefährdet. Galenstock (3.583 m) und Dammastock (3.629 m) sind die Quellberge von Rhône und Reuss, hier liegt die Wasserscheide: Die Rhône fliesst ins Mittelmeer, die Reuss zur Nordsee. Der Dammagletscher hat sich bereits weit zurückgezogen und grosse Seitenmoränen zurückgelassen, die wilde Dammareuss rauscht durch das Gletschervorfeld in den Staussee.

Nach der Überquerung des Gletscherbaches folgt eine Passage über eine mit Ketten gesicherte Felsplatte, dann geht's über Blockfelder leicht abwärts ins Chelenalptal nach **Vorder Röti** **05** (1.807 m).

Sie überqueren nach einem Flachmoor die Chelenreuss, auf nun besserem Weg steigen Sie dann auf zur Terrasse von Berg. Unterhalb des Wegpunktes **Berg** **06** (1.951 m) erstreckt sich eine herrliche Gletscherschliff-Landschaft mit Mooren zwischen den Felsen, hier lohnt es sich, auf Pfaden durchzugehen, zu verweilen und auch die Aussicht zu geniessen. In kleinen Serpentinen führt der Weg dann zurück zum Ausgangspunkt **Göscheneralp** **01** (1.782 m).

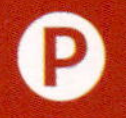

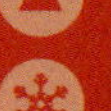

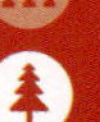

Stausee Göscheneralpsee – Kilowatt statt Käse

Seit dem 17. Jahrhundert existierte die kleine Dauersiedlung Göscheneralp, eine der höchstgelegenen der Schweiz. Nach 1945 gab es erneut Pläne, das benachbarte Urserental für einen Stausee zu fluten, was aber am Widerstand der Bevölkerung scheiterte. Als Ersatzprojekt konnte jedoch der Stausee im ebenso wasserreichen Göschenertal verwirklicht werden, denn hier waren die Bewohner bereit, die stark lawinengefährdete Siedlung aufzugeben und in den Nachbarweiler Gwüest umzusiedeln. Ende der 1950er Jahre wurde der massive, bepflanzte Steinschüttdamm errichtet, mit 155 m Höhe ist er der höchste seiner Art in der Schweiz, an seiner Basis ist er 700 m breit. Die Häuser der fast 100 Bewohner von Hinteralp und die Kapelle wurden abgerissen und in Gwüest neu aufgebaut. Das Fassungsvermögen des Sees beträgt 75 Mio. m³, das Kraftwerk liegt am Ausgang des Göschenertals und ist ein kombiniertes Hochdruck-Speicher- und Laufkraftwerk – es verarbeitet das Wasser des Göscheneralpsees im Speicherbetrieb und das der Wasserfassung Urnerloch im Laufbetrieb, die Hälfte des Stromes fliesst ins Bahnstromnetz.

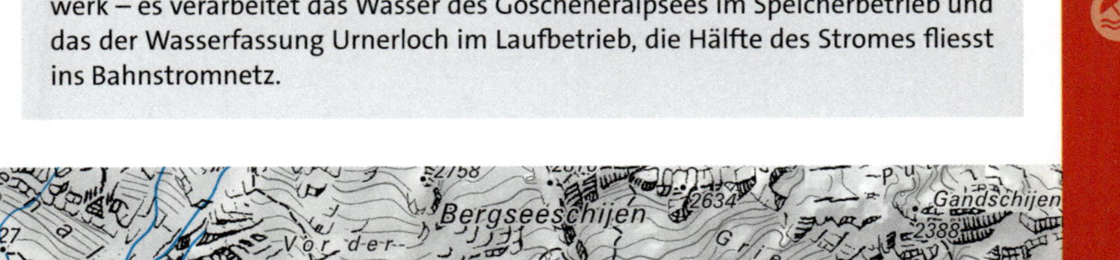

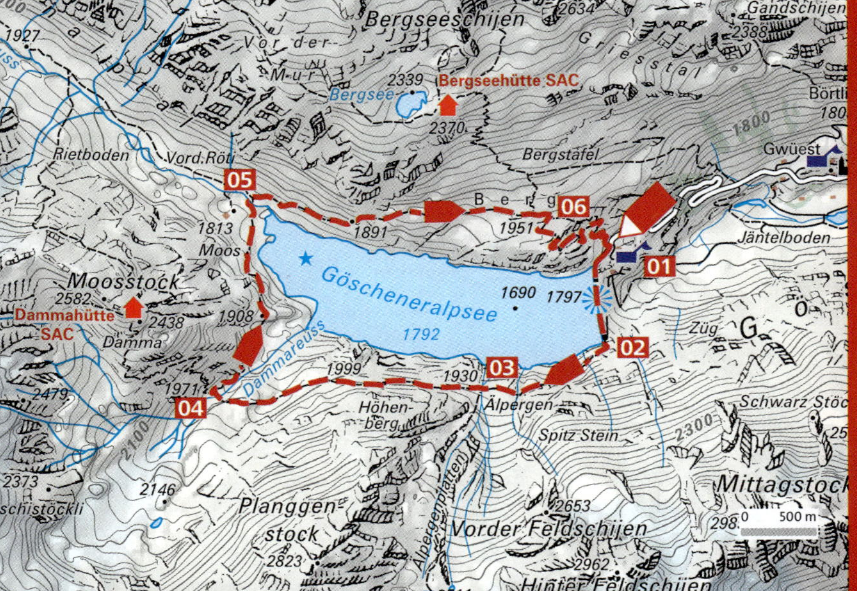

FELLILÜCKE

Vom Oberalppass über die Fellilücke nach Andermatt

  13,5 km 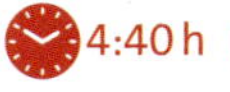 4:40 h 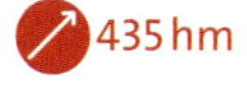 435 hm 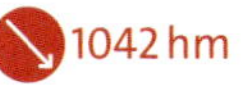 1042 hm  33

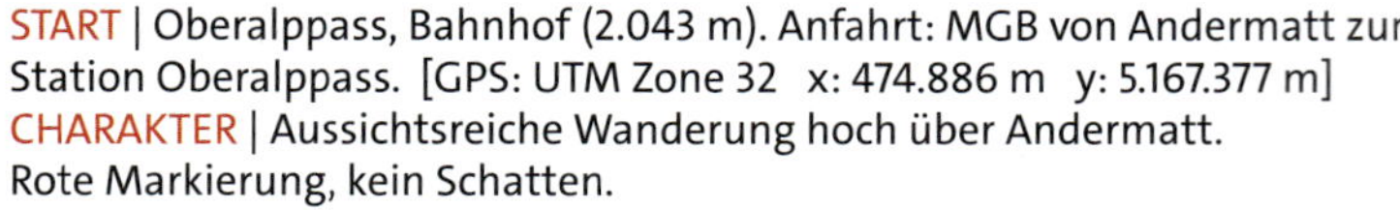

START | Oberalppass, Bahnhof (2.043 m). Anfahrt: MGB von Andermatt zur Station Oberalppass. [GPS: UTM Zone 32 x: 474.886 m y: 5.167.377 m]
CHARAKTER | Aussichtsreiche Wanderung hoch über Andermatt. Rote Markierung, kein Schatten.

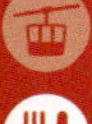

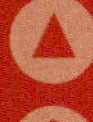
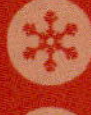

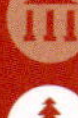

Die Wanderung bietet neben der weiten Aussicht auch einen Blick auf zwei umweltfreundliche Energiegewinnungsanlagen. Seit 1961 wird der Oberalpsee, der sich in der letzten Eiszeit gebildet hat, mit einer kleinen Staumauer zur Stromgewinnung gestaut, auch die kleine Windkraftanlage auf dem Gütsch dient der Gewinnung sauberer Energie. Zur Zeit des Bergfrühlings im Juli blüht am Weg abschnittsweise eine vielfältige Alpenflora, bei Nebel und Regenwetter ist die Tour nicht zu empfehlen.

▶ Sie starten am **Bahnhof Oberalppass** 01 (2.043 m); beim Hotel Piz Calmot stehen die Wegweiser, Sie folgen der roten Markierung zur Fellilücke. Der Weg führt teils steil den Hang hinauf, über die Felsen der Terrassen ergiessen sich kleine Kaskaden, in den Senken ist es leicht moorig. Im obersten Bereich leitet die rot markierte Route weglos hinauf zur **Fellilücke** 02 (2.478 m). Hier geniessen Sie eine herrliche Aussicht nach Norden ins Fellital hinaus bis zur SAC-Treschhütte, im Südosten thronen die Dreitausender Piz

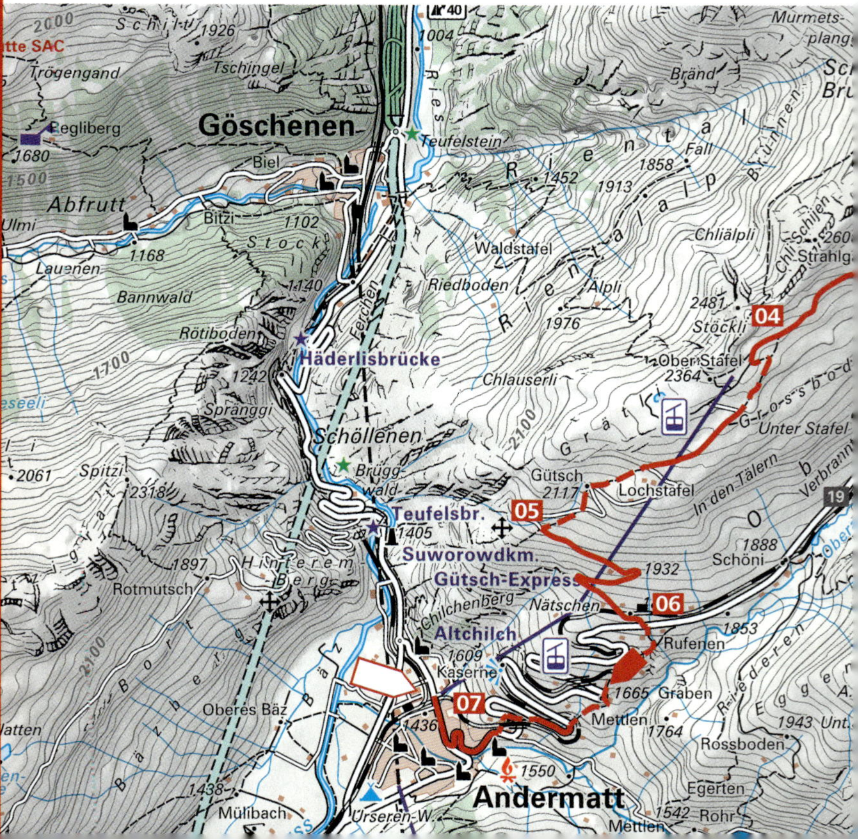

Blas und Scopi über den Seitentälern des Tavetsch, oberhalb des Oberalpsees der nahe Pazolastock.

Der Weiterweg führt nun kurz zurück und über den felsigen Hang hinunter zu einer alten Militärstrasse, auf dieser wandern Sie nun zum tiefblauen **Lutersee** 03 (2.388 m). Unterhalb der schroffen Gratfelsen des Gross- und Chli Schijen gelangen Sie zum Wegpunkt **Alt Stäfeli** 04 (2.358 m), im Winter wird hier überall Ski gefahren. Wer mit der Gondel ins Tal fahren möchte, geht noch weiter zur nahen **Bergstation Gütsch**.

Der **Abstieg zu Fuss** ist jedoch durchaus reizvoll. Vom Wegpunkt Alt Stäfeli führt ein Pfad halblinks zum Fahrweg, auf diesem wandern Sie mit herrlicher Sicht ins Gotthard- und Furkagebiet, im Urserental unten Andermatt, hinunter, einige Serpentinen werden durch den rot markierten Pfad abgekürzt. Vom Wegpunkt **Tüfelstalboden** 05 (2.015 m) führt ein Weg direkt durch den Wald hinunter nach Andermatt, schöner ist es

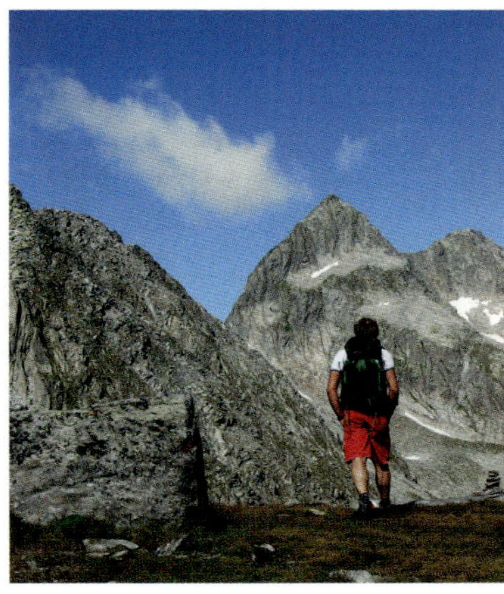
An der Fellilücke.

aber, wenn Sie auf dem Fahrweg weiter nach **Nätschen** 06 (1.842 m) gehen, Mittelstation der Luftseilbahn, Bahnhof, Restaurant Alp Hitta.

Nach einer Einkehr im Restaurant steigen Sie dann vom kleinen Parkplatz unterhalb an der Strasse auf dem Wiesenweg ab nach **Andermatt** 07 (1.436 m).

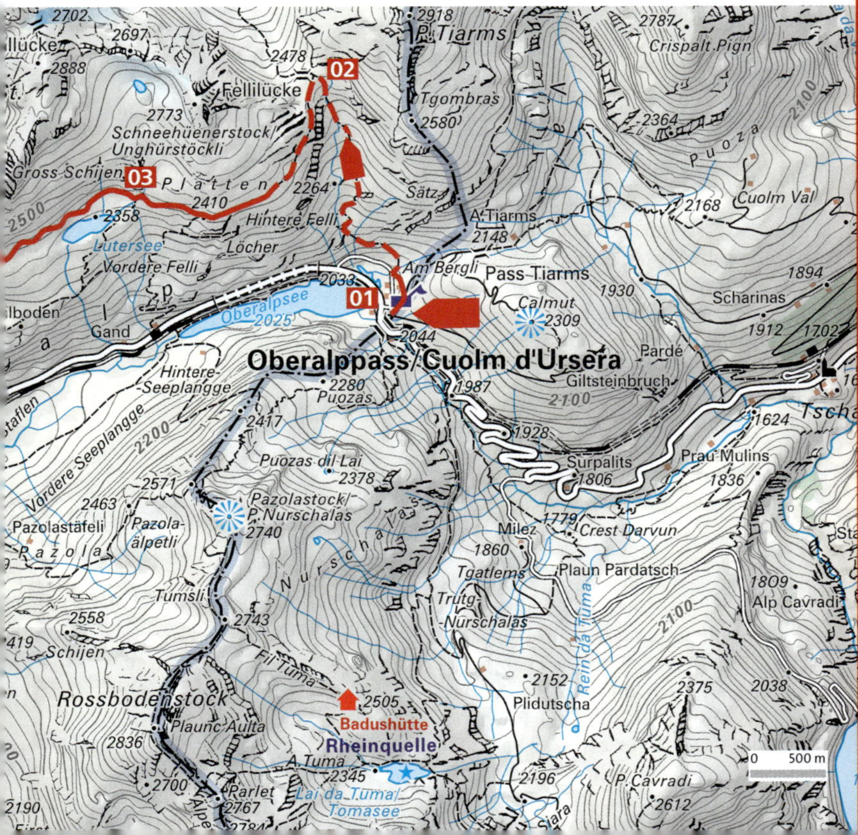

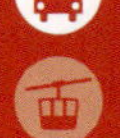

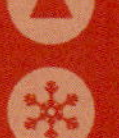

24

MONT GIROD

Typische Jura-Parklandschaft

 18,5 km 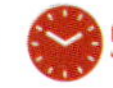5:30 h 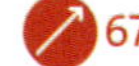677 hm 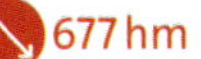677 hm 4

START | Bahnhof Moutier (529 m). Anfahrt von Basel via Delémont, von Biel via Tavannes. [GPS:UTM Zone 32 x:377572 m y:5237630 m]
CHARAKTER | Meist unbefestigte Wege durch eine Wald- und Wiesenlandschaft. Ab dem Lac Vert recht steiler Abstieg. Zuletzt durch eine malerische Schlucht.

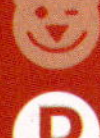
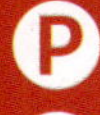

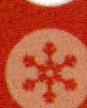

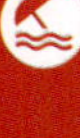

Im Berner Jura lässt sich eine für den Jura so typische parkähnliche Landschaft entdecken, eingeklemmt zwischen tiefen Schluchten. Ein phänomenaler Aussichtspunkt und ein überaschender See runden das Erlebnis ab.

▶ Vom **Bahnhof Moutier** 01 (529 m) der Hauptstrasse entlang westwärts Richtung Bellelay. An der Postautohaltestelle „Foule“ (Bus Nr.19) nach links in den Chemin de la Foule, bis der Wanderweg nach rechts abzweigt. Durch Wald bergwärts. Am Hof von **Petit Champoz** 02 (753 m) vorbei über Weiden bis zur Strasse. Alternativ könnte man auch durch die nur einen Katzensprung entfernt und nordwestlich gelegene Combe Fabet aufsteigen – ein malerischer, nur wenig längerer Weg.

Auf der Strasse von Petit Champoz geht es dann noch ein paar Meter nach links, dann biegen wir wieder rechts auf den Wanderweg ab und steigen durch Wald aufwärts bis **La Joux** 03 (1.000 m). Den zehnminütigen Abstecher nach links zum **Aussichtspunkt** (Point de vue, 1.036 m) auf keinen Fall auslassen. Gewaltig ist der Tiefblick auf Moutier, umrahmt vom Rücken des Graitery, vom Raimeux und dem Montagne de Moutier.

Über die saftigen Weiden der Pâturage de Mont Girod, übersät mit vereinzelten Grüppchen imposanter Tannen, dann auf breitem Schotterweg Richtung Champoz. Bei Punkt 932 nach links zum **Hof Mont Girod** 04 (910 m). Schlüpfrige Treppen leiten dort nach links zum **Lac Vert** 05 (840 m), einem lieblichen Seelein im ehemaligen Steinbruch von Court. Einst ein schöner Rastplatz, mittlerweile leider mit Stacheldraht eingezäunt Durch Wald steil hinunter. Kurz vor dem Waldrand folgt man der Markierung nach links parallel zum Hang, mal im, mal am Wald mit Aussichtsbänken und hübschem Grillplatz. Oberhalb der letzten Häuser von Court quert man die Wiese und steigt durch Wald über Stufen zum Eingang der **Gorges de Court** 06 (666 m) hinunter. Der malerische **Schluchtweg**

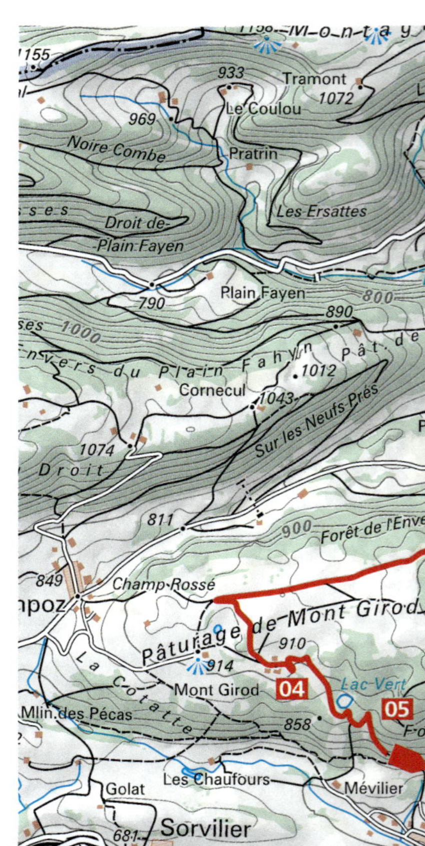

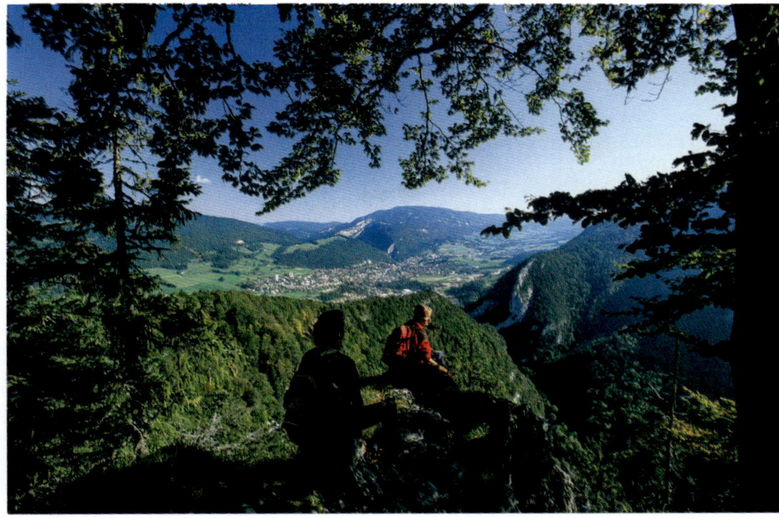

Vom Aussichtspunkt am Mont Girod bietet sich ein herrlicher Blick nach Moutier.

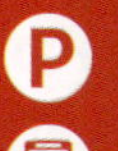
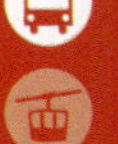

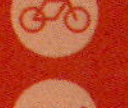

durch einen Tunnel und über Stege gewährt staunende Einblicke in die enge Klus. Beeindruckend, wie sich einzelne Kiefern in den Steilfels klammern. Leider ist durch den nahen Autoverkehr das Erlebnis etwas getrübt. Etwa auf halber Strecke wird die Flussseite gewechselt, dann gegen Ende der Schlucht ein Stück der Hauptstrasse gefolgt, um am Ende der lang gezogenen Rechtskurve nach links durch ein waldiges Tälchen nach **Moutier** 01 (1¼ Std.) zurückzukehren.

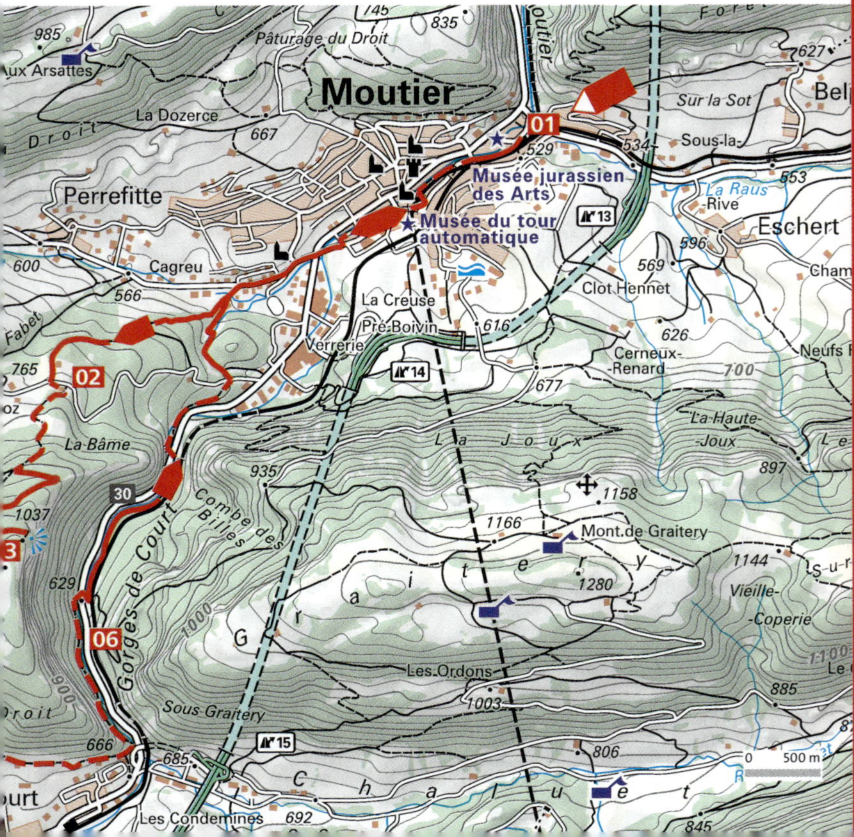

CHASSERAL • 1.607 m

Aussichtsrunde am höchsten Berg des Berner Juras

 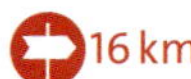 16 km  6:00 h 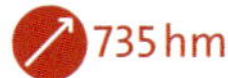 735 hm 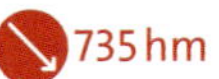 735 hm  10

START | Hotel Chasseral (1.548 m), grosser Parkplatz. Anfahrt auf schmaler Bergstrasse von St-Imier oder Nods, Zufahrt zum Hotel mautpflichtig; Busverbindung Chasseral – St-Imier.
[GPS: UTM Zone 32 x: 351805 m y: 5221149 m]
CHARAKTER | Beliebte und gemütliche Kammwanderung mit zahlreichen Einkehrmöglichkeiten, Rückkehr durch eine wilde Schlucht mit Steilaufstieg.

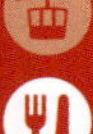

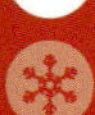

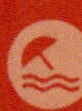

Seit 1977 steht das Chasseral-Gebiet im Bundesinventar der geschützten Landschaften und Naturdenkmäler. Daraus hat sich 2012 ein regionaler Naturpark entwickelt. Seit Langem ziert den höchsten Punkt des Chasseral (1.607 m) ein Fernmeldeturm gewaltigen Ausmasses. Mit seinen unzähligen Antennen und Empfangsschüsseln erhöht er den Gipfel um weitere 120 m.

Das etwas unterhalb gelegene Hotel mit seinem stattlichen Satteldach gleicht im Äusseren den juratypischen Chalets. Die Gestaltung des Innenlebens fiel leider einem dieser etwas unromantischen weiträumigen Selbstbedienungsrestaurants zum Opfer, was vermuten lässt, dass der Andrang mitunter von Massen bestimmt wird. Allerdings beschränkt sich das in der Regel auf die Wochenenden und Sommerferien. Eine Panoramatour par excellence erwartet einen. Bei klarer Sicht spannt sich die vergletscherte Alpenkette über den östlichen Horizont im Kontrast zu den grünen endlosen Hügelwellen des Juras im Westen.

▶ Vom **Hotel Chasseral** 01 (1.548 m) folgt man dem von Felsrippen durchzogenen Grat in südlicher Richtung zum Scheitelpunkt der Passstrasse, überquert diese und hält sich anschliessend weiter auf dem Gratweg. In leichtem Auf und Ab durch felsiges Gelände, dann etwas steiler eine Weide hinunter zur **Métairie de L'Isle** 02 (1.351 m), der ersten zünftigen Bergwirtschaft. Ein Stück den Alpweg hinunter und nach rechts wieder auf den gelb-rot markierten **Jurahöhenweg**, der dem Grat folgt. Nachdem man die rechts etwas unterhalb gelegene **Métairie d'Aarberg** (1.265 m) passiert hat, zweigt die Route nach links über Weiden zur **Alpwirtschaft von Chuffort** 03 (1.225m) hinunter.

Hier wird der Gratweg verlassen und nach rechts am Steinmäuerchen entlang

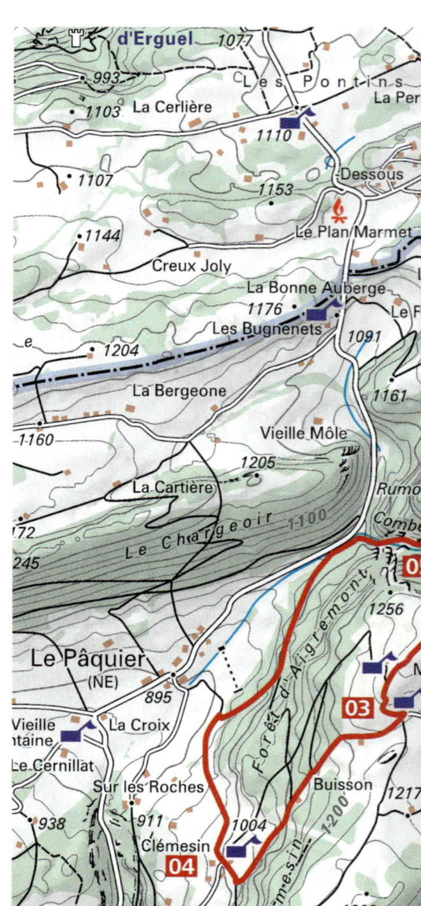

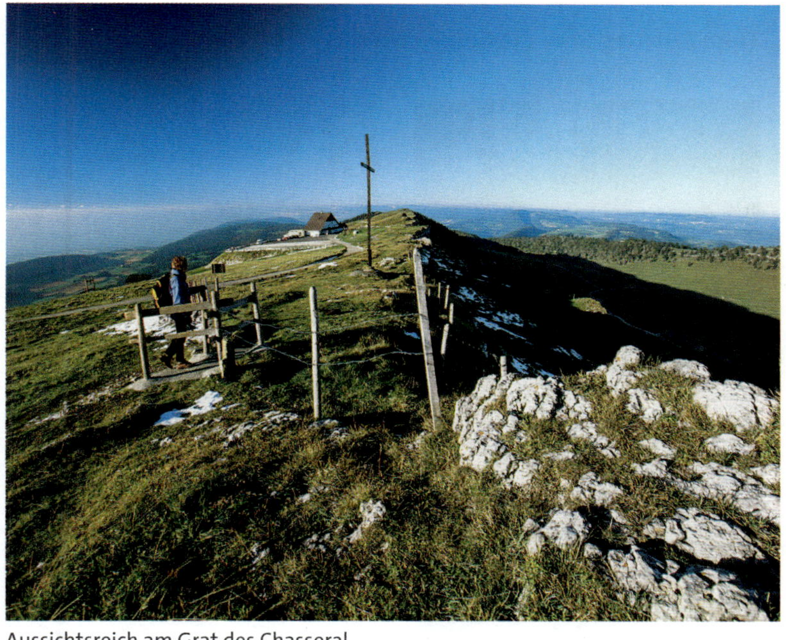

Aussichtsreich am Grat des Chasseral.

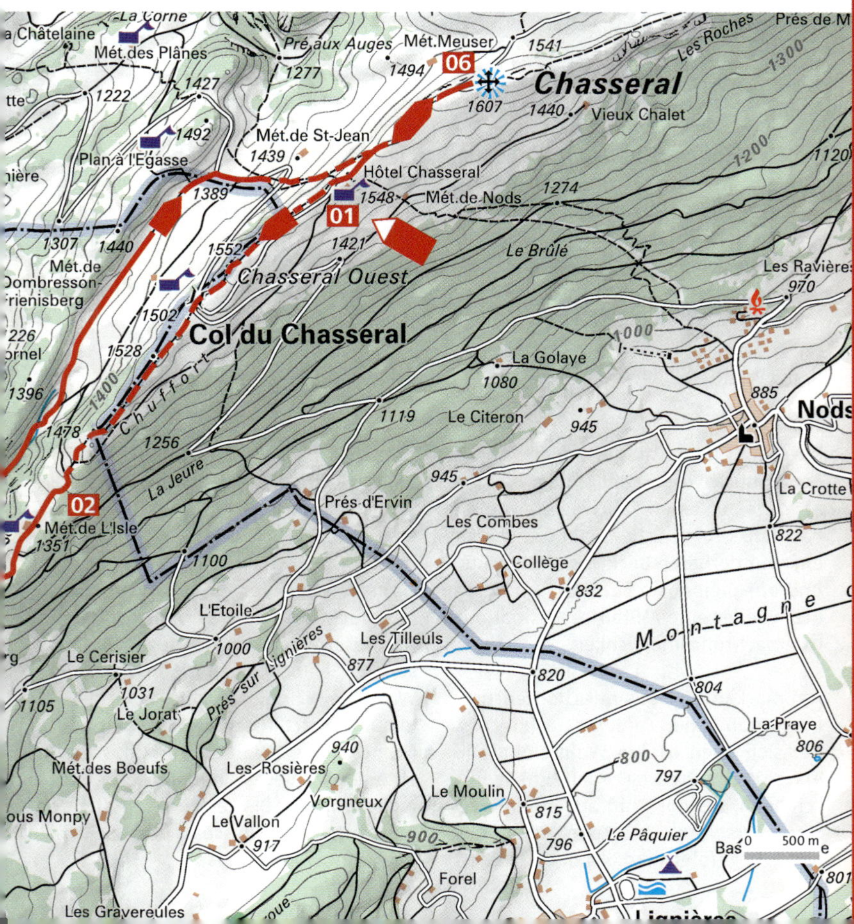

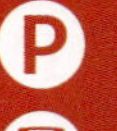

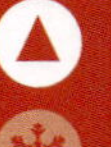

Tipp: Aufstieg über die Combe Grède (911 m)

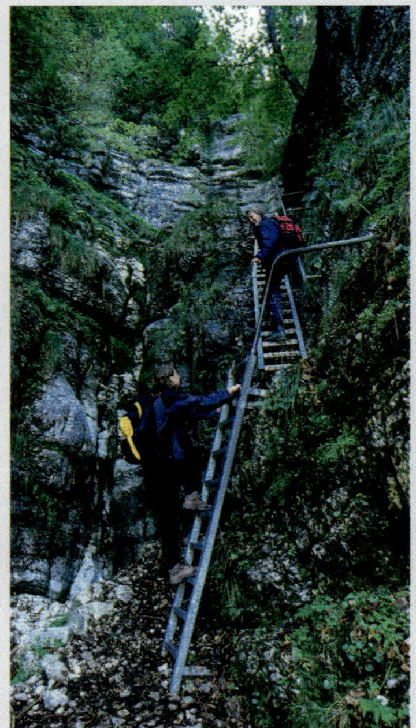

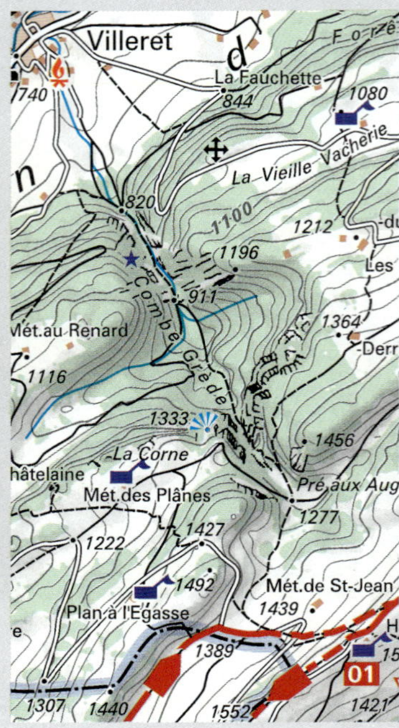

Spannender als die Anreise per Auto oder Bus lässt sich der Chasseral durch die **Combe Grède** (911 m) erklimmen. Diese mystische Waldschlucht zieht sich als tiefe Kerbe von der Nordflanke des Chasseral nach Villeret hinunter. Jede Menge Sagen ranken sich um die düstere Kluft. Da erzählt man sich von Hexen, die im Schutze der Felsen den erntevernichtenden Hagel vorbereiteten. Andere vermuten irgendwo im Schlund die Werkstatt von St. Nikolaus und seinen Weihnachtsfrauen. Seit 1932 steht das Gebiet um die Combe Grède unter Naturschutz. Im oberen Teil der Schlucht stellt sich eine hohe Kalkwand in den Weg, die mithilfe mehrerer Metallleitern ohne Probleme überwunden wird.

Aufstieg von Villeret (763 m) zum Chasseral 2½ Stunden; Vorsicht bei Nässe!

Richtung Clémensin gewandert. An einer Alphütte vorbei geht es über Weiden abwärts auf einen Fahrweg, dem man nach links folgt. Schon bald öffnet sich ein wunderbarer Blick ins Val de Ruz und auf **Clémensin** 04 (1.011 m). Auch hier wieder eine Métairie, diesmal mit Übernachtungsmöglichkeit.

Am markanten Haus mit Glockenturm biegt man in den Feldweg nach rechts, der sich eben in den Wald zieht. Die erste Weggabelung nach links einschlagen, bis der Pfad auf einen weiteren Forstweg stösst, dem nach links abwärts gefolgt wird. An der nächsten scharfen Linkskurve nach rechts ist bald der Eingang zur **Combe Biosse** 05 erreicht. Man passiert zwei Brücklein in nördlicher Richtung.

Danach wird der breite Weg längs des Baches immer schmäler und in schweisstreibendem Anstieg die wilde, steinige Schlucht erkämpft, bis einen der Wald in ein kleines Hochtal aus-spuckt. In nun gemächlicher Steigung längs des Grabens über Weiden zur Chasseralstrasse und dieser ein paar Meter nach rechts entlang, bis nach links das letzte Steilstück zum **Chasseral** 06 (1.607 m) bewältigt werden muss.

TÊTE DE RAN • 1.422 m – MONT RACINE • 1.439 m

Panoramatour über den Höhenrücken der ersten Jurakette

 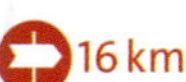 16 km  5:00 h 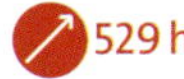 529 hm  1173 hm 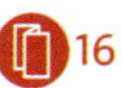 16

START | Parkplatz am Tête de Ran (1.325 m). Zufahrt: Autobahn von Neuchâtel Richtung La Chaux-de-Fonds, ab Ausfahrt „Vue des Alpes" 10 km bis zum Pass, dann nach links 2,5 km bis zum Parkplatz Tête de Ran. Busverbindung La Chaux-de-Fonds – Vue des Alpes, dann zu Fuss 40 Minuten zum Tête de Ran. [GPS: UTM Zone 32 x: 337176 m y: 5213549 m]
CHARAKTER | Familienfreundliche Panoramawanderung ohne nennenswerte Anstiege. Ein Steilabstieg am Schluss.

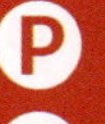

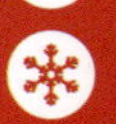

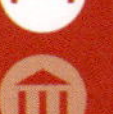

Diese Teiletappe des **Jurahöhenweges** beschert beschauliches Gratwandern über die lang gezogene Kette des Mont Racine, bei klarer Sicht mit traumhaftem Alpenblick.

Vom **Parkplatz** 01 am Hotel „La Clef des Champs" klettert der Jurahöhenweg (Chemin des crêtes) in Serpentinen den steilen Wiesenhang hinauf und erreicht den Gipfel des **Tête de Ran** 02 (1.422 m).

War das Panorama vom Hotel schon prächtig, öffnet sich hier der Blick über die Jurawellen bis hinüber nach Frankreich, zu Füssen liegt das Städtchen La Chaux-de-Fonds. Auf breiten Wegspuren an zwei Skiliften vorbei, in einen Pfad leicht bergan. Nach einem kurzen Wäldchen beherrscht der Ausblick wieder die Kammroute und führt über das weite Wiesenplateau von **Grandes Pradières Dessus** 03 (1.365 m).

An den zwei Alphäusern vorbei zieht sich der Pfad durch karstiges Gelände zum höchsten Punkt dieser Tour, auf den **Mont Racine** 04 (1.439 m) mit grossem trigonometrischem Zeichen. Fantastisch die Alpenschau und der Tiefblick in das Tal von Sagne.

Ein kurzes Stück wird noch dem Grat gefolgt, dann nach rechts durch einen Mauerdurchgang abwärts zur **Ferme von Grande Sagneule** 05 (1.313 m), einem die-

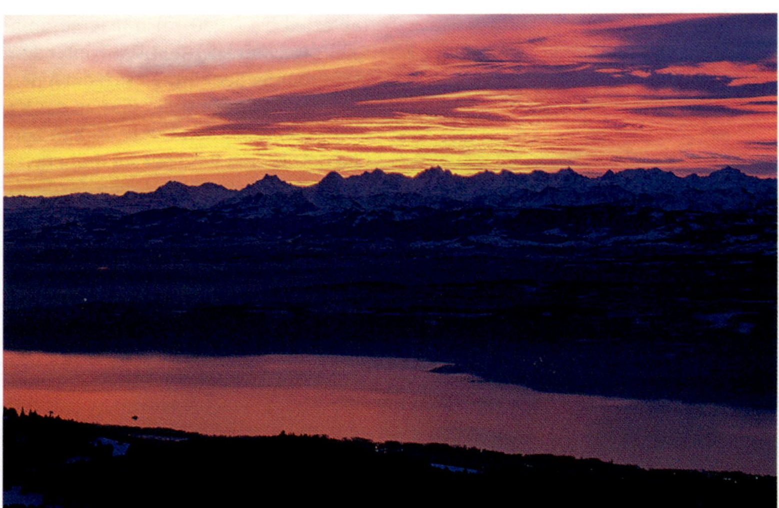

Tête de Ran und Mont Racine befinden sich auf der ersten Jurakette und bieten Alpenschau vom Feinsten.

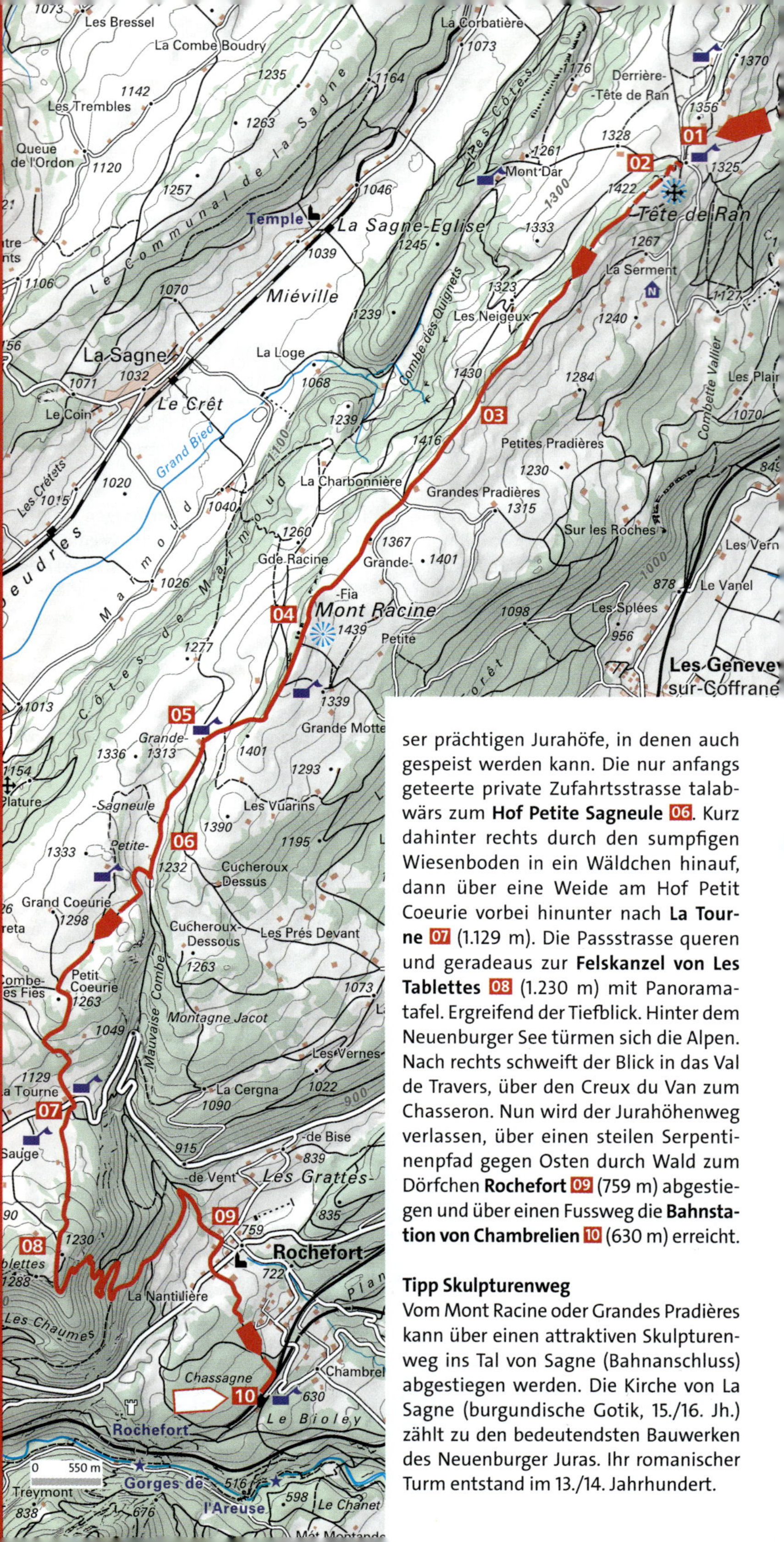

ser prächtigen Jurahöfe, in denen auch gespeist werden kann. Die nur anfangs geteerte private Zufahrtsstrasse talabwärts zum **Hof Petite Sagneule** 06. Kurz dahinter rechts durch den sumpfigen Wiesenboden in ein Wäldchen hinauf, dann über eine Weide am Hof Petit Coeurie vorbei hinunter nach **La Tourne** 07 (1.129 m). Die Passstrasse queren und geradeaus zur **Felskanzel von Les Tablettes** 08 (1.230 m) mit Panoramatafel. Ergreifend der Tiefblick. Hinter dem Neuenburger See türmen sich die Alpen. Nach rechts schweift der Blick in das Val de Travers, über den Creux du Van zum Chasseron. Nun wird der Jurahöhenweg verlassen, über einen steilen Serpentinenpfad gegen Osten durch Wald zum Dörfchen **Rochefort** 09 (759 m) abgestiegen und über einen Fussweg die **Bahnstation von Chambrelien** 10 (630 m) erreicht.

Tipp Skulpturenweg
Vom Mont Racine oder Grandes Pradières kann über einen attraktiven Skulpturenweg ins Tal von Sagne (Bahnanschluss) abgestiegen werden. Die Kirche von La Sagne (burgundische Gotik, 15./16. Jh.) zählt zu den bedeutendsten Bauwerken des Neuenburger Juras. Ihr romanischer Turm entstand im 13./14. Jahrhundert.

SAUT DU DOUBS – ROCHES DE MORON • 1.076 m

Ein wilder Wasserfall und viele Belvédère

 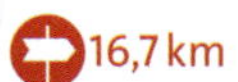 16,7 km 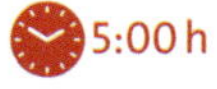 5:00 h 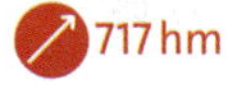 717 hm 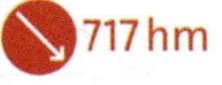 717 hm  16, 10

START | Bahnhof Les Brenets (849 m). Anreise mit der Bahn über Le Locle. Oder Autobahn Neuchâtel – La Chaux-de-Fonds, dann über Le Locle nach Les Brenets. Wanderparkplatz (Parc de la Crête, 869 m) in der Spitzkehre vor dem Ort oder an der Schiffsanlegestelle. [GPS: UTM Zone 32 x: 325920 m y: 5215159 m]
CHARAKTER | Die erste Hälfte beschauliche Flusswanderung, die zweite Hälfte Bergwanderung zu Aussichtspunkten, zum grössten Teil auf schattigen Waldpfaden.

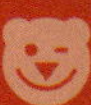
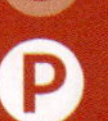
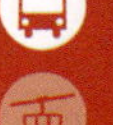

Der Slalomlauf des Doubs (lat. dubius = zweifelnd, unentschlossen) fasziniert und gab dem Fluss seinen Namen. Auf rund 40 km bildet er die Grenze zwischen der Schweiz und Frankreich. Besonders zauberhaft zeigt er sich im Bereich der gestauten Seen des Lac de Brenets und des Lac de Moron. Dazwischen liefert er mit dem Saut du Doubs ein donnerndes Spektakel, stürzt sich als imposanter Wasserfall über eine 27 m hohe Steilstufe. Im Jahre 2012 wurde der wildromantische Landstrich zum regionalen Naturpark Doubs ernannt (380 km²).

▶ Vom **Bahnhof Les Brenets** 01 (849 m) nach Norden zur Hauptstrasse und dieser in nördliche Richtung bis in die Kehre folgen. Vom **Wanderparkplatz Parc de la Crête** 02 (869 m) das geteerte Waldsträsschen hoch über dem östlichen Ufer des Doubs bis zum **Hotel du Saut** 03. In der Rechtskehre davor bietet sich ein herrlicher Ausblick auf den gestauten Lac de Brenets.

Am Hotel du Saut hat man die Höhe des Wasserspiegels erreicht. Hier legen auch die Ausflugsboote von Les Brenets an. Die Route setzt sich auf dem **„Chemin de Moron“** fort, zweigt in Kürze jedoch nach links ab zum donnernden **Wasserfall des Saut du Doubs** 04 (736 m). Von dort hinauf zu einem Picknickplatz mit Aussichtspunkt und nach links.

Der **Chemin de l'Entre-Roches** bringt einen wieder ans Flussufer. Nach zwei Felsschneisen wird es wildromantisch, windet sich der teilweise gesicherte Pfad durch mehrere Tunnel und felsiges, vermoostes Gelände.

Der Doubs nun wieder träge und breit als gestauter **Lac de Moron**. Bevor die Staumauer jedoch erreicht ist, steigt man nach rechts steil auf, quert zwei Forstwege und stösst kurz vor der Hochebene schon auf einen ersten gewaltigen Belvedere. Weiter am waldigen Grat gegen Osten zum Aussichtspunkt **Roches de Moron** 05 (1.076 m) mit dem Restaurant Semeuse. Etwas oberhalb ein vorbildlicher Grillplatz mit Blockhaus. Dahinter dem Forstweg nach rechts folgen, der zum **Belvédère du CAS** 06 (bester Ausblick!) führt. Der breite Weg wird zum schmalen Pfad und quert einen fast schon senkrechten Abgrund (Trittsicherheit! Zwei rutschige Holzbrücken). Im waldigen Steilhang halten sich gerne Gämsen auf.

Vom **Belvédère des Recrettes** 07 (1.074 m) nach links zunächst am Waldrand, dann über Wiesen zu den Häusern von **Les Recrettes** 08 (1.065 m). Unterhalb des Weilers rechts entlang einer Trockenmauer, dann wieder rechts durch das Hofgelände von Cernil Girard. Der geteerten Strasse bis zum Linksknick folgen, dort rechts über Vauladrey (954 m) zum **Tête de Calvin** 09 (860 m) absteigen, noch ein hübscher Aussichtspunkt mit Picknickplatz. An der Wegesgabelung nach links zurück nach **Les Brenets** 01.

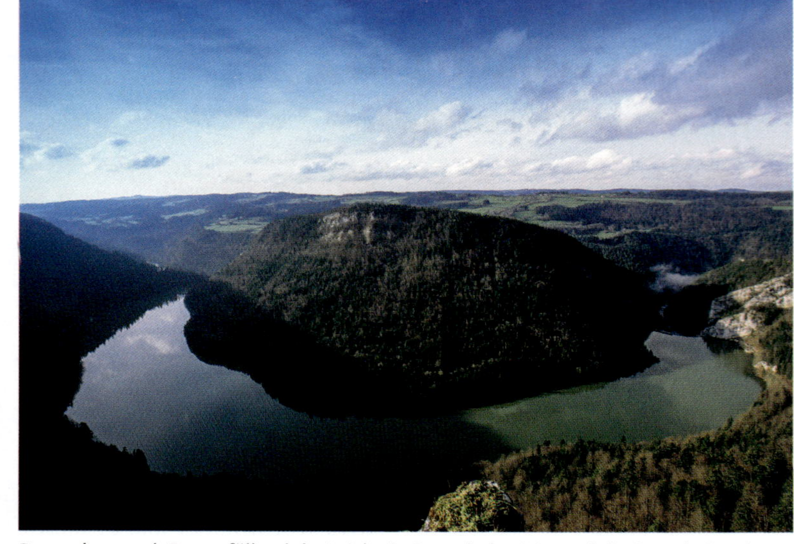

Besonders nach Regenfällen lohnt sich ein Besuch des Wasserfalls Saut du Doubs.

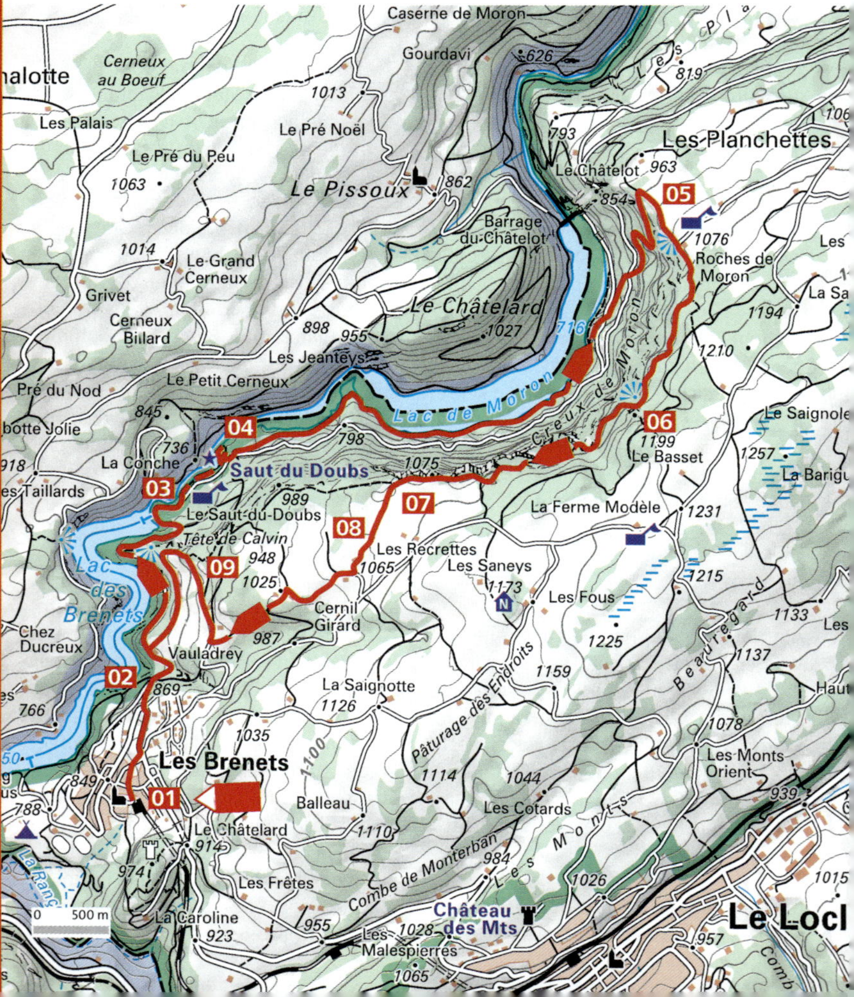

CREUX DU VAN • 1.463 m

Wilde Schlucht und Felsenzirkus

 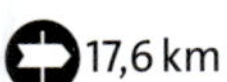 17,6 km 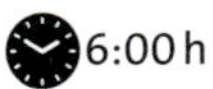 6:00 h  929 hm  830 hm 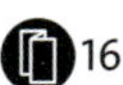 16

START | Bahnhof Champ du Moulin (648 m). Mit dem Zug über Neuchâtel. Per Auto von Neuchâtel N10 Richtung Pontalier, hinter Rochefort Abzweig links steil nach Champ du Moulin hinunter. Parkplatz am Naturschutzzentrum. Bahnhof Travers (735 m), 14 km von Champ du Moulin entfernt.
[GPS: UTM Zone 32 x: 330713 m y: 5203107 m]
CHARAKTER | Spannende Schlucht- und Höhenwanderung, teilweise rutschige Wege und steile Abschnitte, Trittsicherheit erforderlich.

Am östlichen Eingang des Val de Travers verbirgt der waldige Eselrücken (dos d'âne) ein einzigartiges Naturdenkmal, die U-förmige Felsenarena des Creux du Van, bevor das Tal sich zur Areuse-Schlucht verengt und der Fluss wildschäumend durch das „Trou de Bourgogne" brodelt, wie die Einheimischen den Durchbruch der Jurafalte nennen, durch den man ins Val de Travers gelangt. Auf einem malerischen Pfad kann die Schlucht durchwandert werden, verbunden mit einem Aufstieg zum Creux du Van eine der eindrücklichsten Wanderungen des Schweizer Juras.

Namensforscher führen die Bezeichnung „Creux du Van" auf das keltische Wort „Van" zurück, was Felsen bedeutet. Geologen sehen in der Felsenarena den Einbruchstrichter einer ungewöhnlich hohen Jurafalte. Der Felsenkrater von beeindruckendem Ausmass – 1.200 m breit, 2 km lang und 500 m tief – lässt den Atem stocken, wer an seinem Abbruch steht, 160 m senkrechte Felswand unter den Sohlen. Seit das Gebiet unter Naturschutz steht (mit 25,5 km² das grösste des Kantons Neuenburg), haben sich auch Gämsen und Steinböcke wieder vermehrt und bieten einen zusätzlichen Reiz.

▶ Vom **Bahnhof** 01 (648 m) in **Champ du Moulin** über die Bahngleise nach rechts hinunter zum Naturschutz-Infor-

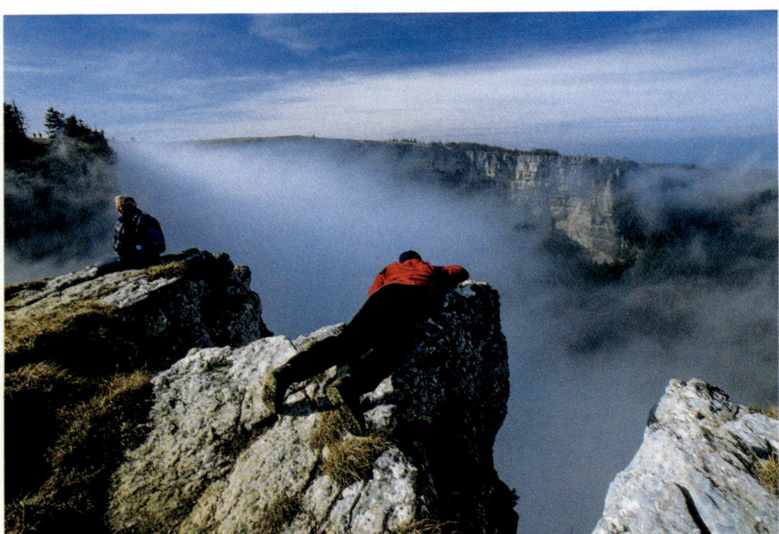

Besser Abstand halten vom Abbruchrand des Creux du Van.

mationszentrum (617 m) und dem Nordufer der Areuse folgen. Am Kraftwerk geht der Fahrweg in einen Feldweg über und erreicht schon bald den engsten und wildesten Teil der Areuse-Schlucht. Wildromantisch wölbt sich die **Natursteinbrücke Saut de Brot 02** (651 m) über das stiebende Wasser und jenseits überwinden Treppen die enge Klamm. Kurz dahinter nach links in Serpentinen steil durch Wald empor. Hie und da wird die Zufahrtstrasse zur Ferme Robert gekreuzt oder ihr ein Stück gefolgt.

Ganz plötzlich öffnet sich der Wald zu einer verwunschenen Lichtung mit der **Ferme Robert 03** (972 m) im Talboden des Felsenkessels Creux du Van. Das typische Bauernhaus aus dem Jahre 1750 ist heute ein rustikales Gasthaus mit Übernachtungsmöglichkeit. Über dem Eingang hängen zwei Bärentatzen. Erinnerung an den letzten Petz, der hier 1757 von Daniel Robert erlegt worden war. Beachtenswert auch die zwei grossen Findlinge, die der eiszeitliche Rhônegletscher aus dem Wallis hierher transportiert hat.

Über den breiten Wanderweg steuert man nun direkt auf die senkrechten Felswände zu, wird aber schon bald wieder von Wald verschluckt. Hinter der **Fontaine Froide** (1.126 m), eine gefasste Sickerquelle, die bei den Einheimischen als heilsam gilt, wird's erst richtig steil. Der Sentier du Single (Dialektwort von sanglier = Wildschwein), ein Zickzackpfad, treibt den Schweiss aus den Poren.

Hat man die Höhe erklommen, sind es nur noch wenige Meter nach rechts und man schaut in ein unvergleichliches Naturwunder hinab. Über 100 m stürzen

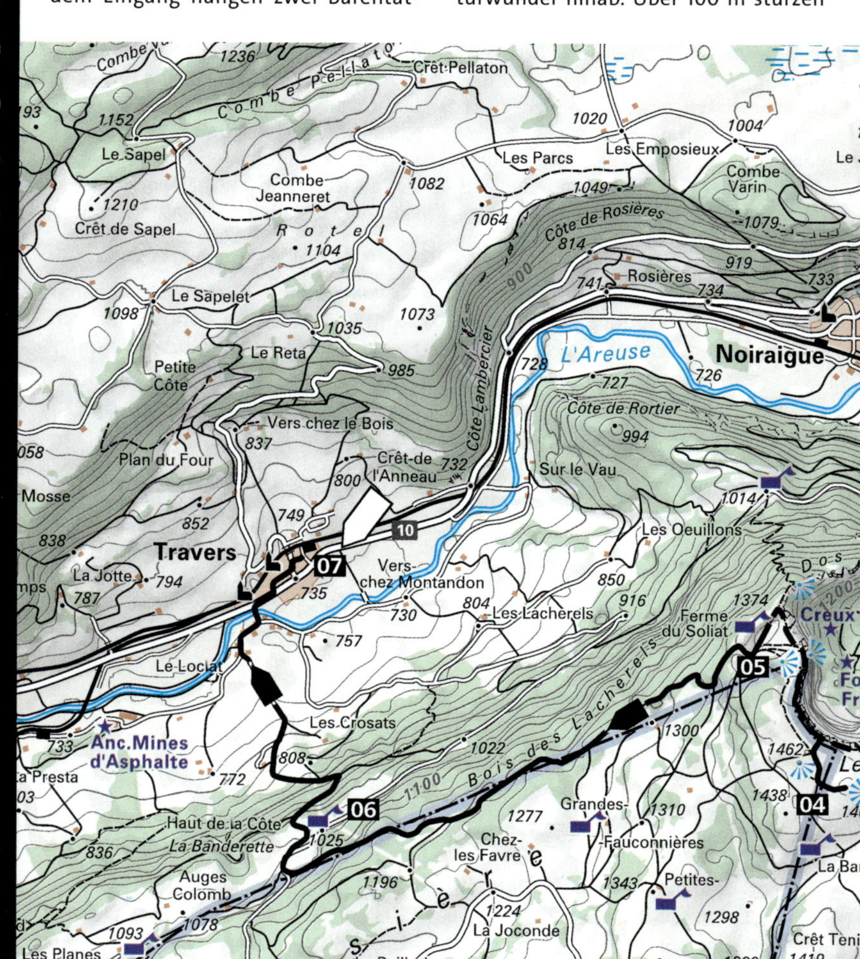

die gebänderten Kalkwände im Halbrund senkrecht in die Tiefe. Ein schwindelndes Gefühl an der Abbruchkante dieses spektakulären Felsenkessels zu stehen. Ein Fernglas ist nützlich, wer die Gämsen und Steinböcke beobachten will, die sich mitunter am Fuss der Wände tummeln. Über den höchsten Punkt **Le Soliat** 04 (1.463 m) am Rande des Kraters entlang. Etwa auf halber Strecke befindet sich der **Falkenhorst**, eine kleine Plattform, gern genutzt auch als Echo-Felsen. Der Ausblick schweift über den tiefen Einschnitt der Areuse-Schlucht nach Norden und zur Hochebene von Ponts-de-Martel.

Am westlichen Ende des Halbrunds zur **Ferme du Soliat** 05 (1.382 m). In der urigen Bergwirtschaft hängen die Würste von der Decke, prasselt das Kaminfeuer und zwischen knarzenden Dielen lässt sich ganz vorzüglich Fondue essen. Vom Haus nach rechts durch das Viehgatter in den Wald bis ein Hinweisschild Richtung Travers weist. Diesem nach rechts abwärts gegen Westen, dann gegen Süden folgen bis der Wald (Bois des Lacherels) sich bei **La Banderette** 06 (1.061 m) wieder öffnet und freien Blick auf das Val de Travers gewährt. Dem Feldweg kurz nach rechts folgen, nach links durch ein Viehgatter über die Weide zum Hof Haut de la Côte (1.025 m) absteigen und nach links wieder in den Wald, zuletzt über offenes Gelände nach **Travers** 07 (735 m).

Variante:
Der Felsenzirkus kann auch als Rundwanderung ab der **Ferme Robert** 03 (Zufahrt von Noiraigue 3 km) angegangen werden. Abstieg über den steilen Sentier des 14 Contours und Les Oeuillons: 7 km, 3 Stunden.

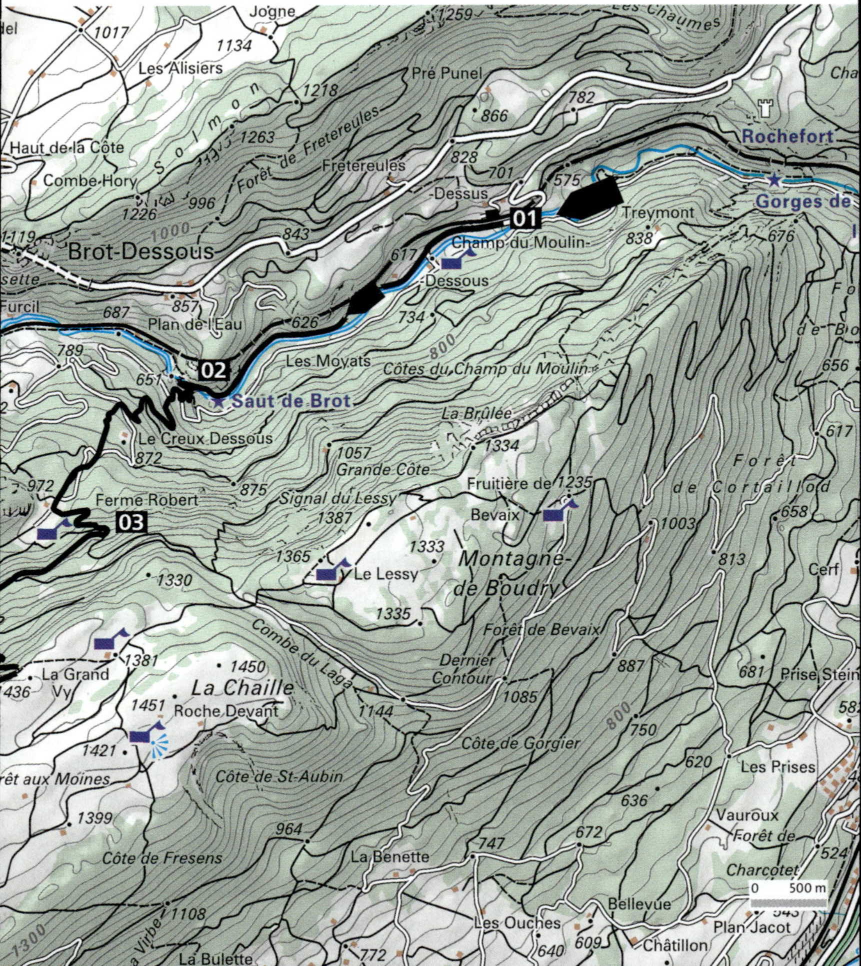

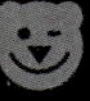
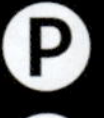
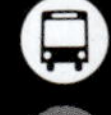
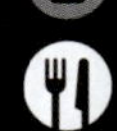
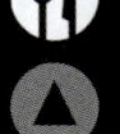
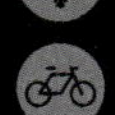
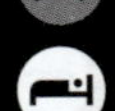
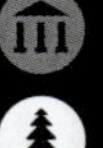
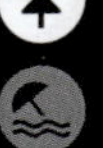

POËTA RAISSE – CHASSERON • 1.607 m

Durch eine wildromantische Schlucht auf den höchsten Berg des Neuenburger Juras

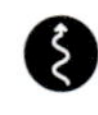  17 km  5:30 h 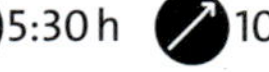 1009 hm 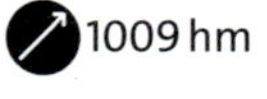 678 hm 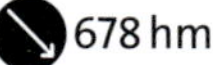  16

START | Bahnhof Môtiers (737 m). Per Bahn über Neuchâtel. Zufahrt durch das Val de Travers. [GPS: UTM Zone 32 x: 318023 m, y: 5198115 m]
CHARAKTER | Spannende Schlucht- und Höhenwanderung, teilweise rutschige Wege und steile Abschnitte, Trittsicherheit erforderlich.

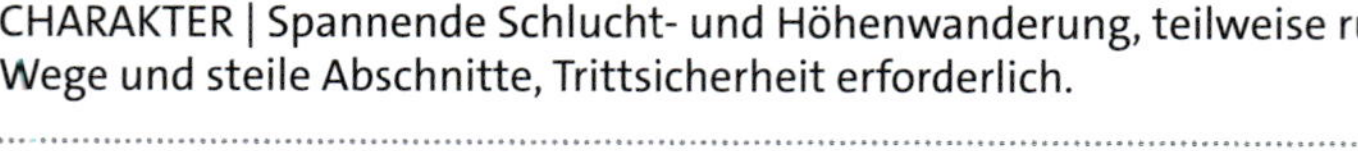

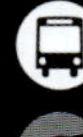

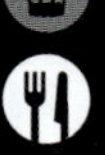

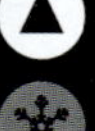
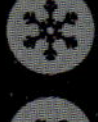
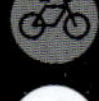

Sie gilt als die schönste Schlucht des Schweizer Juras: Die Poëta Raisse – wild, eng und ausgesetzt – entspricht unserer romantischen Naturauffassung. Schon Jean-Jacques Rousseau wurde durch sie zu dem damals noch revolutionären Gedanken „Zurück zur Natur" inspiriert, den er in seiner Schrift „Einsame Spaziergänge" festhielt. Der Poet und Philosoph, der als politischer Flüchtling zwischen 1762 und 1765 in Môtiers weilte, hat der Schlucht allerdings nicht zu ihrem Namen verholfen. Dieser setzt sich aus zwei Dialektwörtern zusammen: „pouetta" (Vogelbeerbaum) und „raisse" (von Wasser durchlaufener Engpass).

In Jahrtausenden hat der Fluss Bied hier eine tiefe Schlucht gegraben, die erst 1874 durch zahlreiche Stege, Brücken und Treppen passierbar gemacht wurde, um auf die Höhenzüge des Waadtländer Juras zu gelangen. Höhepunkt dort ist der Chasseron als überwältigende Panorama-Loge. Auch gilt er als Ort der Kraft, an dem sich Energien aus dem Erdinnern und dem Kosmos vereinigen. Funde belegen, dass schon früher am Gipfel ein Heiligtum gestanden hat. Eine Wanderung zum Aufladen.

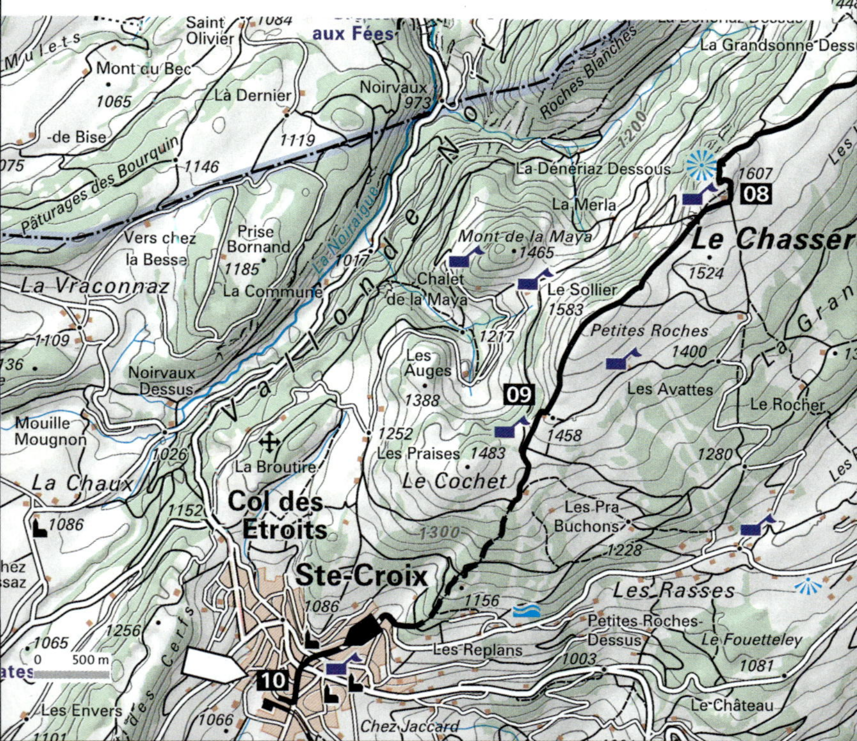

▶ Von **Môtiers** **01** (737 m) bieten sich gleich zwei reizvolle Möglichkeiten an,

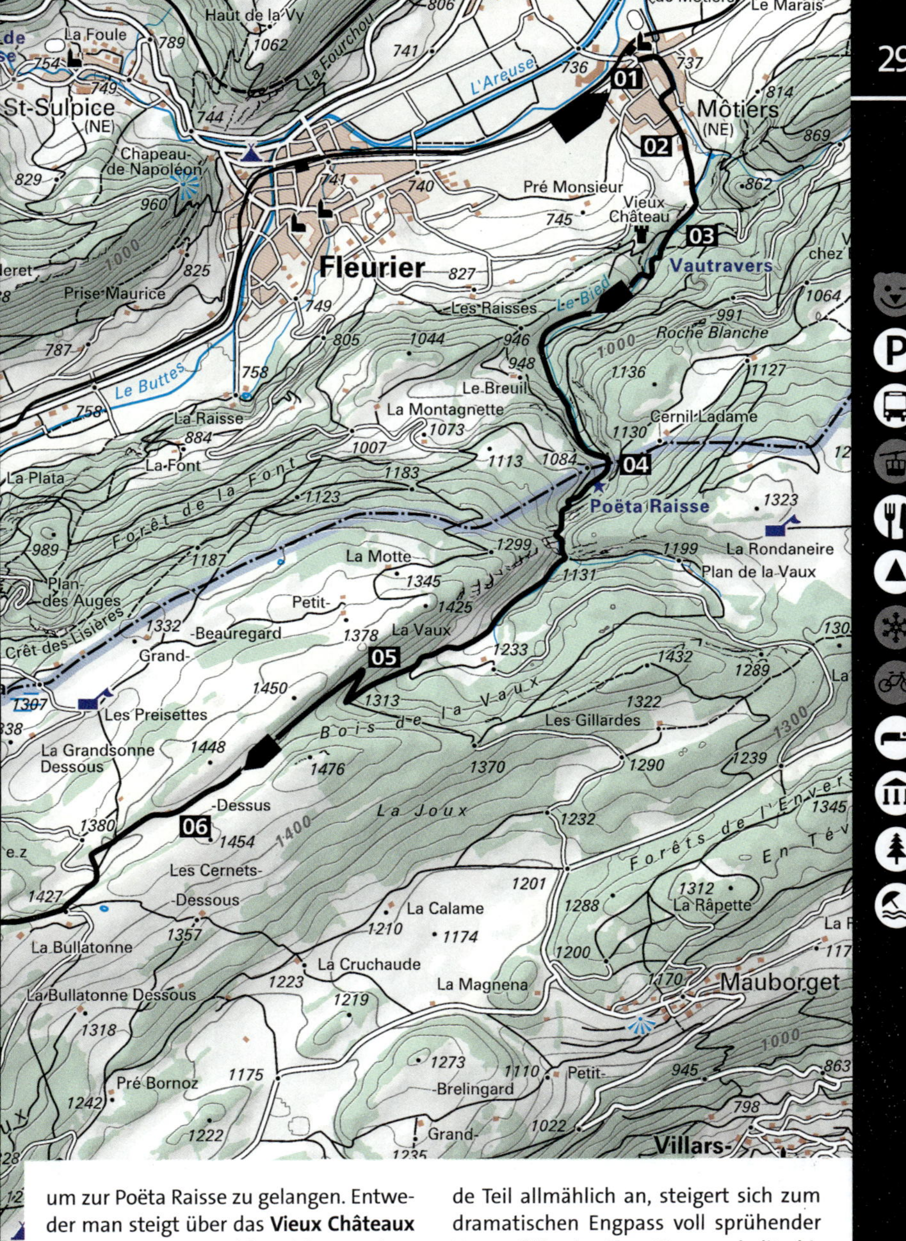

um zur Poëta Raisse zu gelangen. Entweder man steigt über das **Vieux Châteaux** auf. Das trutzige Schloss bietet neben temporären Ausstellungen auch ein Restaurant und einige Gästezimmer. Oder man wandert die Dorfstrasse gegen Süden zum grossen **Wanderparkplatz** (757 m) mit Blockhaus und Kletterfelsen am **Eingang der Schlucht 02**. Hier lohnt der kleine Abstecher nach links zur **Grotte de Môtiers 03** (Wasserfall mit Höhle).

Eine Weile steigt man relativ unspektakulär am Westufer des Baches auf. Ab der ersten Brücke fängt der aufregende Teil allmählich an, steigert sich zum dramatischen Engpass voll sprühender Wasserfälle, der über Stege und glitschige Treppen gemeistert wird. Am **Ausgang der Poëta Raisse 04** (1.131 m) wird weiter dem Bach gefolgt. Hinter einer Lichtung von **La Vaux 05** nach rechts den Wiesenhang schräg aufwärts in den Wald auf einen Forstweg, der in ein lang gezogenes Wiesentälchen führt. Am **Hof Cernets Dessus 06** vorbei zur Strasse. Dieser nach links bis zur nächsten Kehre (1.427 m) folgen und rechts in den gelb-rot markierten Jurahöhenweg. Längs des Weges bietet die **Bergwirtschaft La Grandsonne**

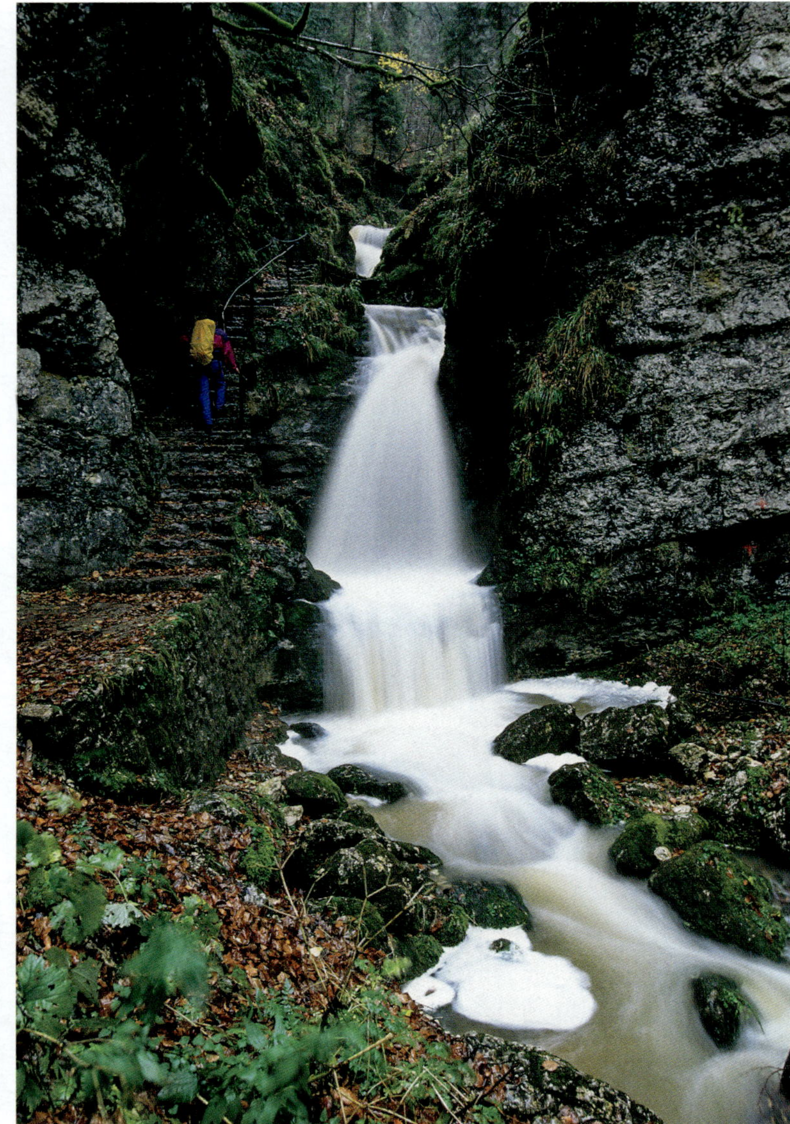

In der eindrucksvollen Schlucht Poëta Raisse.

Dessus 07 (1.538 m) eine Stärkung, dann ist auch schon der Grat erreicht.

Der Gipfel des **Chasseron 08** (1.607 m) mit einem grossen trigonometrischen Zeichen ist nicht zu verfehlen. Grandios die Rundumsicht. Etwas unterhalb lädt das gleichnamige Hotel zur gemütlichen Rast ein. Um die zauberhaften Morgen- und Abendstimmungen geniessen zu können, empfiehlt sich eine Übernachtung. Direkt am Höhenweg, etwa 100 m südlich unterhalb des Hotels, liegt der Friedensstein, ein grosser weisser vom Rhônegletscher geschliffener Findling, mit den eingemeisselten Symbolen der Weltreligionen. Er gilt als Kraftort, der eine ungewöhnlich hohe Strahlung (höher als in Santiago de Compostela) aufweist. Feinfühlige Menschen lassen sich hier gerne mit Energie aufladen.

Der Höhenweg zieht sich weiter den Grat entlang, steigt dann hinunter über **Les Avattes 09** (1.458 m) und erreicht schliesslich **Ste-Croix 10** (1.086 m).

DENT DE VAULION • 1.482 m

Steiler Zahn über dem Lac de Joux

 14 km 4:30 h 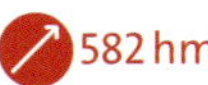582 hm 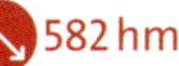582 hm 25

START | Bahnhof Le Pont (1.008 m). Per Bahn über Lausanne und Vallorbe. Per Auto von der A1 bei Yverdon auf die A9 und via Vallorbe nach Le Pont. [GPS: UTM Zone 32 x:295.371 m y: 5.171.811 m]
CHARAKTER | Steiler Aufstieg, dann etwas moderater, zuletzt entspannte Uferwanderung. Insgesamt gut markierte Pfade mit viel Panorama.

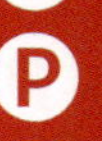
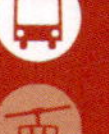

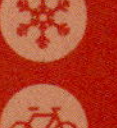

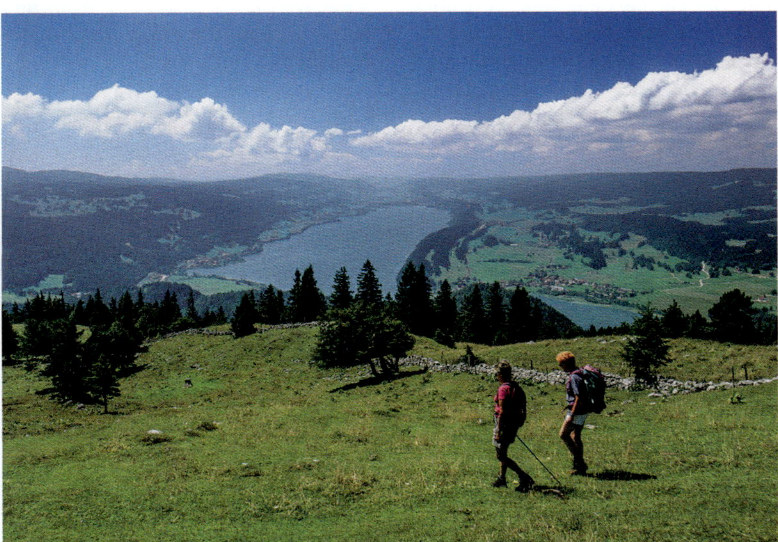

Blick vom Dent de Vaulion auf den Lac de Joux und den Lac Brenet.

Die Landschaft des Vallée de Joux, karg und abgeschieden, erinnert eher an den hohen Norden Europas denn an die Schweiz. Wie ein steiler Zahn ragt der Dent de Vaulion aus den waldigen Höhenzügen heraus und liefert eine dankbare Gipfeltour. An seinem Fuss glitzern die Seen des Lac de Joux und Lac Brenet und laden abschliessend zum kalten Bad ein.

▶ Vom **Bahnhof Le Pont** 01 der Uferstrasse entlang durch den Ort, bis links gegen Osten der Wanderweg abzweigt,

Tipp: Grottes de Vallorbe

Auffallend ist, dass weder der Lac de Joux noch der Lac Brenet einen oberirdischen Abfluss haben. Ihr Wasser versickert im porösen Kalkgestein, sucht sich seinen Weg durch die Unterwelt, um 240 m tiefer bei den Grottes de l'Orbe im Talkessel von Vallorbe mit aller Wucht wieder ans Tageslicht zu treten. Ein Teil des weitverzweigten Höhlensystems kann besichtigt werden und zeigt, zu welch faszinierenden Gebilden die Wasserkraft fähig ist. Bemerkenswert auch der „Schatz der Feen", eine Mineralienausstellung, die mit Lichteffekten gekonnt in Szene gesetzt ist. grottesdevallorbe.ch.

der nach **Sagne Vuagnard** 02 (1.068 m) aufsteigt. Nach rechts auf dem gelb-rot markierten **Jurahöhenweg** bis zur nächsten Wegesgabelung (1.141 m).

Nach links via **Petite Dent-Dessous** (1.194 m) über Weiden mit lichtem Baumbestand in Serpentinen bergwärts zum Chalet de la Dent de Vaulion (1.410 m). Vom beliebten Ausflugslokal sind es dann nur noch 15 Minuten zum abgeflachten Gipfeldach des **Dent de Vaulion** 03 (1.482 m), dessen Nord- und Westseite abrupt ins waldige Hochtal abstürzt und ihm so seine markante weithin sichtbare Form verleiht. Eine Orientierungstafel klärt auf, welche Gipfel im Blickfeld stehen. Grandios die Weitsicht über den Waadtländer Jura bis Frankreich, über die Ebenen zum Genfersee und Mont-Blanc-Massiv.

Zurück zur Bergwirtschaft und auf der Zufahrtsstrasse leicht bergab, bis sich vor der Linkskurve der Wanderweg zur Passstrasse bei **Pétra Félix** 04 (1.144 m) fortsetzt. Diese ein Stück unterhalb queren. Nun wieder auf dem **Jurahöhenweg** gegen Süden dem Teersträsschen Richtung Les Croisettes folgen, doch schon in Kürze nach rechts über einen Forstweg nach **L'Abbaye** 05 (1.008 m) absteigen und auf idyllischem Uferweg zurück nach **Le Pont** 01 (1.008 m).

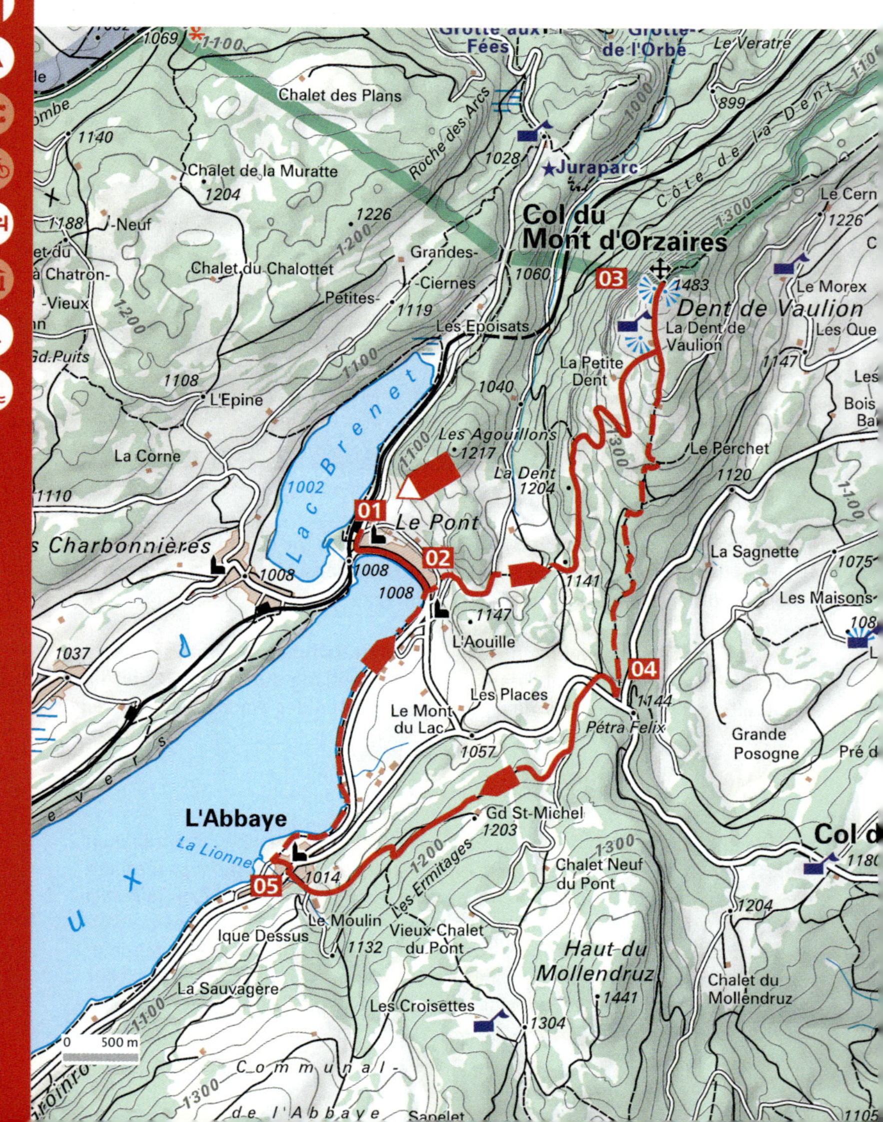

RANDONNÉES DES TROIS SOLEILS

Durch die Terrasses des Lavaux hoch über dem Genfersee

 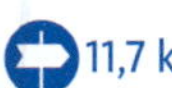 11,7 km  3:15 h 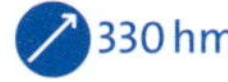 330 hm 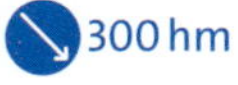 300 hm 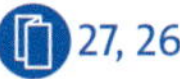 27, 26

START | St-Saphorin (340 m), Bahnhof/Gare.
[GPS: UTM Zone 32 x: 330.877 m y: 5.148.907 m].
CHARAKTER | Einfache Wanderung, die im stetigen Auf und Ab durch die Weinberge führt. Grandioser Blick über den Genfersee auf die Berggipfel.

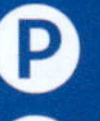

Terrassenförmige Weinberge, alte Winzerorte, im Süden das glitzernde Wasser des Genfersees (Lac Léman) und als Kulisse dahinter eine fantastische Bergwelt – so präsentiert sich das steile Weinbaugebiet Lavaux zwischen Vevey und Lausanne. Ab dem 12. Jh. wurden die steilen Weinbergterrassen von Zisterziensermönchen angelegt. So entstanden in den folgenden Jahrhunderten kilometerlange Steinmauern und Terrassen, auf denen heute hervorragende Weine wachsen. Seine hohe Qualität verdankt der Wein drei Wärmequellen: Tagsüber scheint die Sonne, nachts sorgen die Rückstrahlung des Genfersees und der Steinmauern für Wärme. Der Weinwanderweg trägt daher auch den Namen „Randonnée des trois soleils" – Wanderweg der drei Sonnen. Die UNESCO adelte 2007 diese einmalige Kulturlandschaft mit dem Titel Weltkulturerbe. Angebaut wird vor allem die Rebe Chasselas (Gutedel), eine alte Weissweintraube. Entlang des Wanderwegs finden sich zahlreiche Infotafeln; Weinkeller und Lokale laden zum Probieren der Weine ein.

Ausgangspunkt der Wanderung ist der Bahnhof (Gare) von **St-Saphorin** 01. Das mittelalterliche Dörfchen prägen enge Passagen und Winzerhäuser aus dem 16. bis 19. Jh. Da der Ort immer wieder von Erdrutschen bedroht war, baute man die Häuser auf Arkaden. Wahrzeichen des Örtchens ist sein Kirchturm, der auch einige Weinetikette schmückt.

Vom **Bahnhof am Seeufer** folgen wir der Beschilderung und bummeln durch den hübschen Ort. Nach der Dorfkirche biegen wir rechts in den Chemin du Mont ab und verlassen den Ort. An der nächsten Weggabelung halten wir uns links (Chemin de la Vigne-à-Gilles) und wandern nach Westen. Nach einem Linksbogen kommen wir an eine Kreuzung (rechts geht es nach Le Monteiller), bleiben geradeaus auf dem Chemin des Paleyres und kommen so nach **Rivaz** 02. Hier teilen sich 15 Winzerfamilien die Weinberge.

Vorbei an einem Parkplatz halten wir uns an der T-Kreuzung links und an der folgenden Kreuzung rechts (Route du Collège). An der nun folgenden T-Kreuzung biegen wir rechts in den Chemin du Forestay ab, queren das Flüsschen Forestay auf einer Brücke und halten uns links in den Chemin de la Dame. Immer geradeaus nach Westen, an der nächsten Weggabelung links (Chemin du Dézaley) und weiter geradeaus, vorbei an den Weinkellereien Clos des Abbayes und Clos des Moines. Hinter dem Gebäude geradeaus auf dem Chemin du Calamin an **Epesses** 03 (464 m) vorbei. Das Dorf liegt rund 80 m über dem Seespiegel.

Wir stossen auf eine Häusergruppe, die wir nördlich umrunden. Wir folgen der Ruelle Borgne, dann dem Chemin de Plan-Perey und biegen bei nächster Gelegenheit rechts in die Rue des Soux-Riex, die ins Örtchen **Riex** 04 (443 m) führt. Im Ort halten wir uns auf der Hauptstrasse links und am Kreisverkehr rechts und wandern westlich eines Wäldchens nach Norden. Wir folgen dem Verlauf des Chemin de la Mouniaz (Haarnadelkurve), bis rechts ein Weg abzweigt und uns nach **Chenaux** bringt. Wir queren das Örtchen, halten uns an der Route de Chenaux rechts und kurz darauf links in den Chemin de Baussan. Wo dieser eine Rechtskurve macht, halten wir uns links und

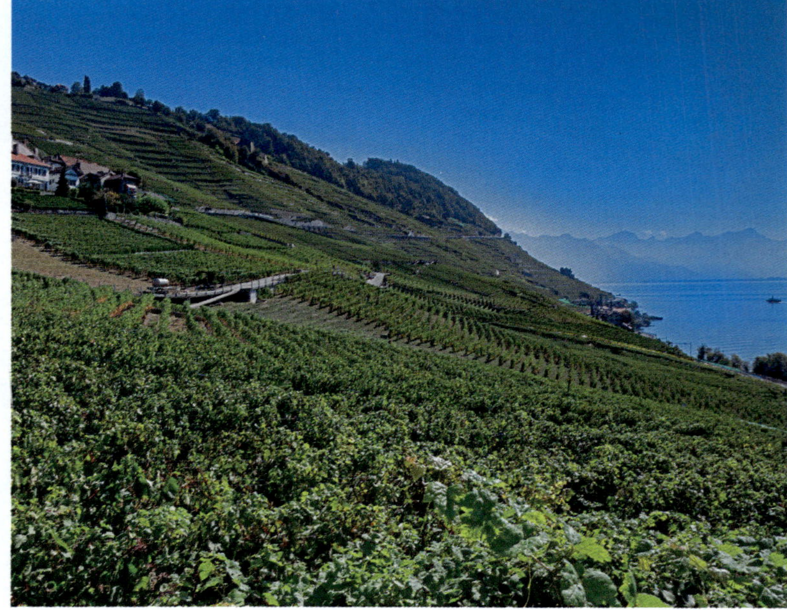

Steil sind die Hänge in Lavaux, grandios der Blick über den See auf die Alpenkulisse.

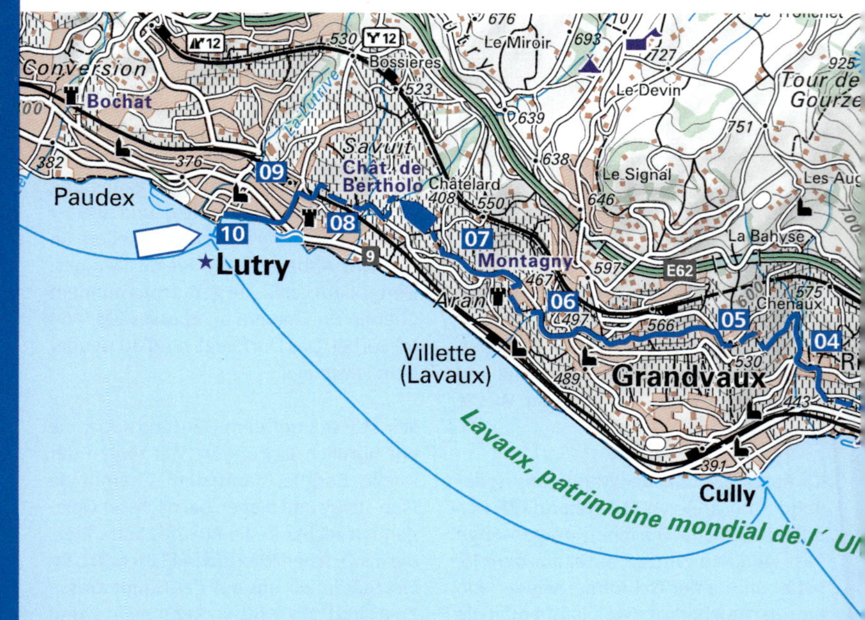

erreichen über den Sentier des Grands Jardins den Ort **Grandvaux** 05. Wir erreichen die Grand'Rue (Infotafel). Wir folgen ihr nach rechts zu einer Kreuzung, an der wir uns links in die Route de la Petite Corniche wenden. Kurz wandern wir auf dem Fussweg parallel zur Strasse, können aber schon bald nach dem Haus auf der linken Seite links in einen Fussweg abzweigen. Dann erreichen wir von Süden kommend die Häusergruppe **Aran** 06. Über die Rue du Village zur Hauptstrasse Route de la Petite Corniche; dort halten wir uns links. Wenn die Strasse nach links schwenkt, nehmen wir geradeaus den Chemin de Montagny, der uns zum **Château de Montagny** 07 führt. Das Schloss gehörte im Mittelalter den Mönchen von Lutry.

Wir folgen der Teerstrasse und halten uns am Ende geradeaus, queren ein Wäldchen und stossen auf den Chemin de la Farganne, dem wir nach Nordwesten folgen. Wir queren eine Brücke, halten uns links

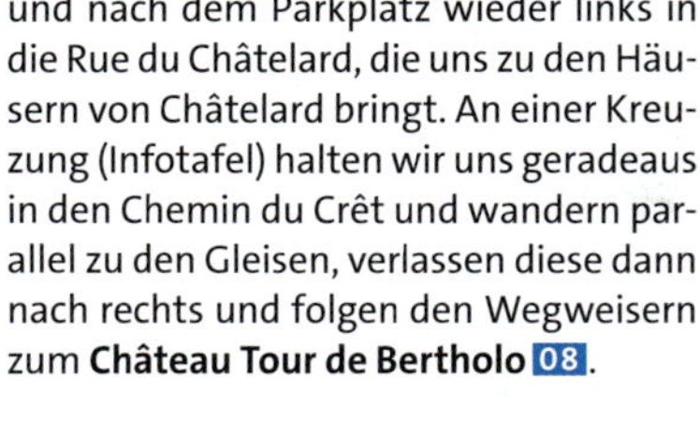

und nach dem Parkplatz wieder links in die Rue du Châtelard, die uns zu den Häusern von Châtelard bringt. An einer Kreuzung (Infotafel) halten wir uns geradeaus in den Chemin du Crêt und wandern parallel zu den Gleisen, verlassen diese dann nach rechts und folgen den Wegweisern zum **Château Tour de Bertholo** 08.

Der Weg führt nördlich am Schloss vorbei, an der folgenden Kreuzung halten wir uns links und dann rechts zum Bahnhof von **Lutry** 09 (383 m).

Zum Schiffsanleger folgen wir der Route du Savuit (sie verläuft entlang der Weinhänge) bergab zu einem Kreisverkehr. Diesen queren wir und kommen auf der Rue Friporte zum Seeufer. Dort halten wir uns rechts und erreichen auf der Uferpromenade (Quai Gustave Doret) den **Schiffsanleger** 10, von dem aus wir zum Ausgangspunkt nach **St-Saphorin** 01 zurückfahren können.

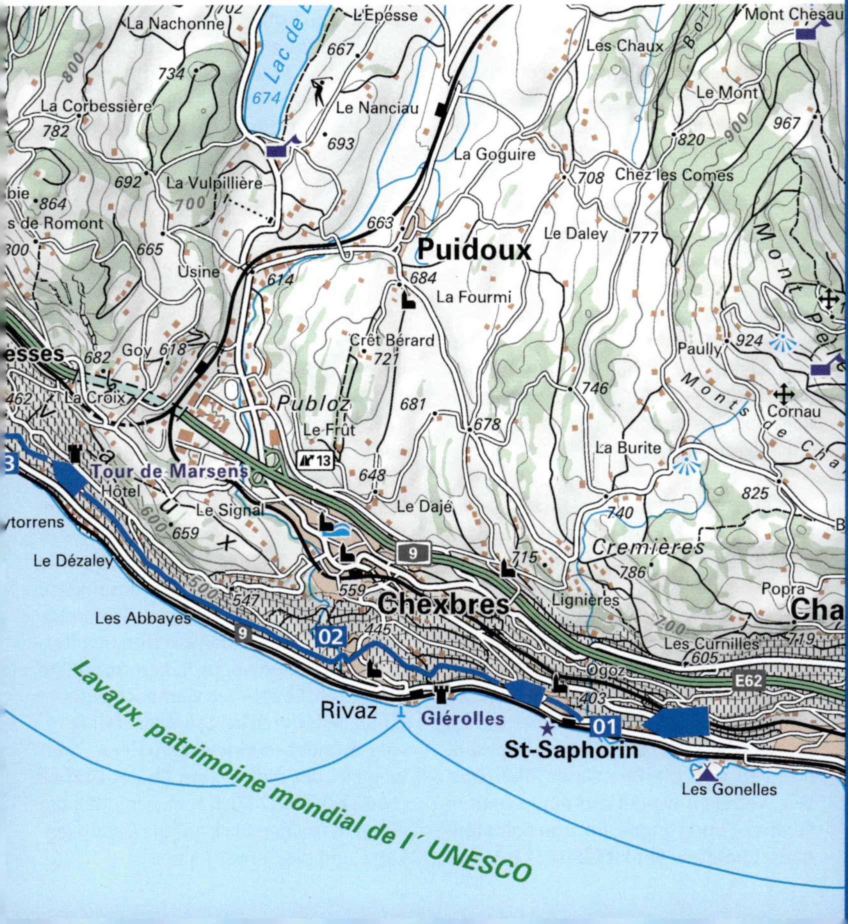

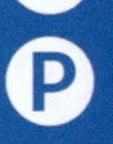

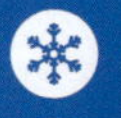

32

GASTLOSEN-UMRUNDUNG

Aussichtsreiche Runde entlang bizarrer Kalktürme

 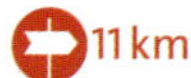 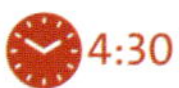  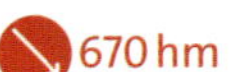 

START | Jaun-Kappelboden (1.021 m), Bushaltestelle (von dort 400 m zur Talstation der Sesselbahn Gastlosen-Express) oder Parkplatz an der Talstation. [GPS: UTM Zone 32 x:369.027 m y: 5.163.113 m]

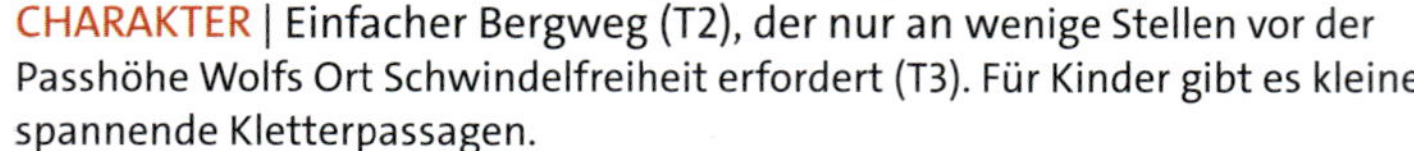

CHARAKTER | Einfacher Bergweg (T2), der nur an wenige Stellen vor der Passhöhe Wolfs Ort Schwindelfreiheit erfordert (T3). Für Kinder gibt es kleine spannende Kletterpassagen.

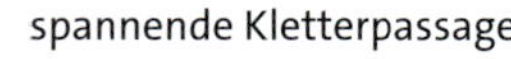

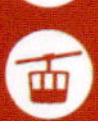

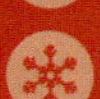

Das Kalkgebirge der Gastlosen erhebt sich über dem Jaunpass (Schweiz), der das Greyerzerland mit dem Simmental im Berner Oberland verbindet. So passiert man auf der Runde über den nördlichen Teil des Kalkgebirges zweimal die im Volksmund „Röstigraben" genannte Sprachgrenze zwischen deutsch- und der französischsprachigen Schweiz. Die abwechslungs- und aussichtsreiche Rundwanderung, an der auch Kinder ihren Spass haben, führt um die zerklüfteten Kalktürme des Nordteils. Über 300 m hoch ragen die „Zähne" in den Himmel, wen wundert's, dass die Gastlosenzähne ein beliebtes Klettergebiet sind. Unterwegs gibt es herrliche Ausblicke auf die Gipfel der Berner Alpen und die Viertausender im Wallis.

▶ Mit der Sesselbahn Gastlosen-Express fahren wir hinauf zur **Bergstation** 01. Hier lädt das urige **Bärghus am Musersbergli** (Mauzes Bergle; 1.570 m) mit herrlichem Blick über das Jauntal am Ende der Runde zur Einkehr ein.

Wir starten gegen den Uhrzeigersinn Richtung Soldatenhaus und wandern zunächst auf einem sanft ansteigenden Forstweg, der wenig später in den Wald eintaucht. Nach 30 Minuten mündet er in einen Bergwanderweg, der durch einen verzaubert wirkenden Tannen-Farn-Moos-Wald zwischen Felsblöcken hindurch steil hinaufzieht. Wir erreichen die **Alp Obersattel** 02 (1.634 m). Imposant erheben sich die Felswände über uns. Wir wechseln wieder auf einen breiten Forstweg und steigen auf zum **Soldatenhaus/Chalet du Soldat** 03 (1.752 m). Hier erwartet uns eine schöne Sonnenterrasse, von der man ins Greyerzerland blickt, im Hintergrund erheben sich die Kalkwände der Gastlosen als Kulisse. Seinen Namen verdankt die Hütte Major Paul Wolf, der den Bau 1943 anstiess, um hier Gebirgsjäger auszubilden.

Noch fehlen 180 m zur **Passhöhe Wolfs Ort** 04 (1921 m) – unterhalb der Sattelspitzen wandern wir steil, zu guter Letzt über Steinblöcke hinauf zum Grat. Hier gibt es einige Kletterstellen, manchmal hilft der Einsatz der Hände. Die kurze Passage ist jedoch nicht ausgesetzt. Die Passhöhe trennt nicht nur den nördlichen vom südlichen Gastlosenstock, auf dem Grat stehen wir auch auf der Kantonsgrenze zwischen Fribourg und Bern, von manchen auch als „Röstigraben" bezeichnet. Beim Wegpunkt 1921 m ist der höchste Punkt der Umrundung erreicht, nun wird der Weg wieder einfacher.

Wir befinden uns nun auf der Ostseite der Felstürme und schauen auf die Berner Alpen und bei guter Sicht bis zu den Les Diablerets und den Walliser Gipfeln. Wir steigen in Kehren 100 Höhenmeter steil zum Höhenweg ab, der über die Bergwiesen entlang der Gastlosenkette Richtung Norden führt. Das „Grossmutterloch" wird bald klar erkennbar, unterhalb des Höhenweges liegen unzählige Alphütten. Es geht am Gambach entlang hinab, teils durch lichten Wald. Der Bergweg mündet in einen schmaleren Teerweg ein, der hinauf zum **Chalet Grat** 05 (1.642 m) führt. Auch hier genießt man einen herrlichen Blick auf die Gastlosenkette und die Berner Alpen.

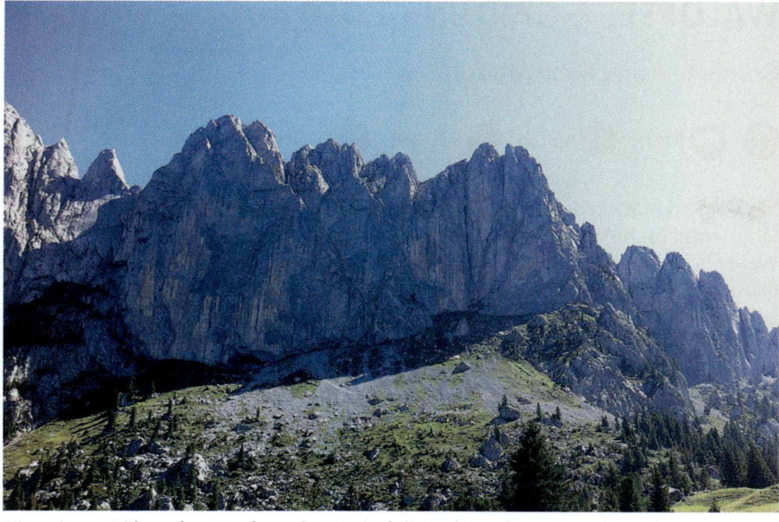

Die spitzen Zähne der Gastlosenkette sind die Kulisse dieser Rundwanderung.

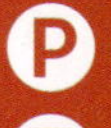

Der Schlussabstieg (45 Min.) führt steil und in Serpentinen durch Wald und teilweise über grössere Steine bergab und kann nach Niederschlägen rutschig sein. Ab einer Weggabelung im Wald geht es weiterhin durch Wald ohne nennenswerte Steigung hinauf zum Ausgangspunkt. Abenteuerlustige können als Alternative zur Sesselbahn mit einem geländetauglichen Rad (Trottinett) die 6 km zur Talstation talwärts rauschen – ein Highlight für Kinder.

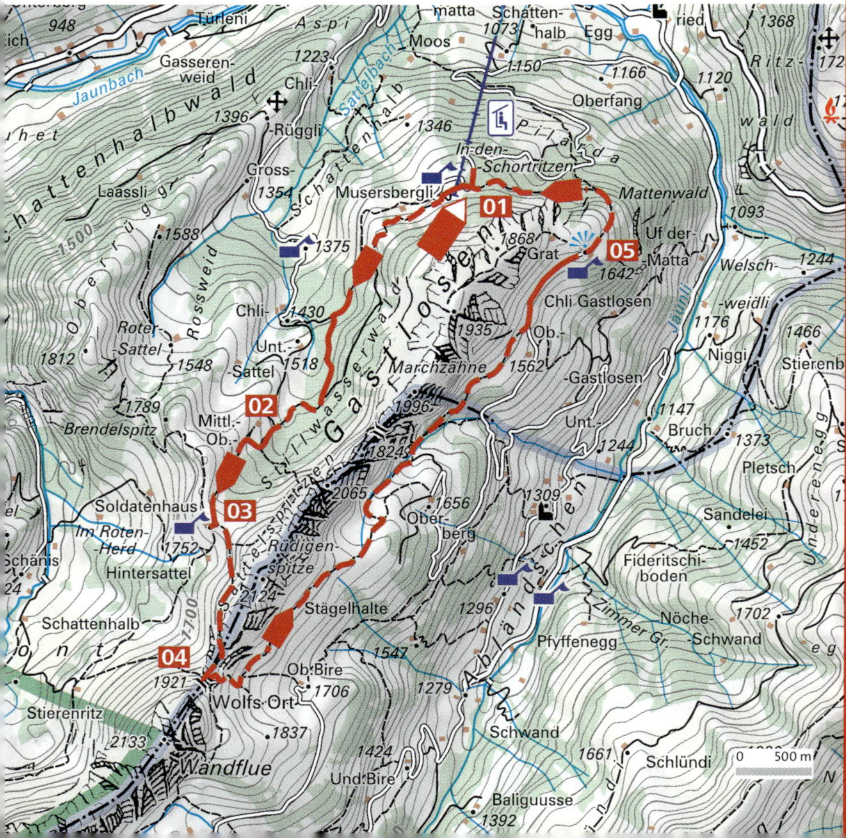

WALOPSEE – GARTEN • 2.040 m

Grüner See und hohe Matten

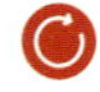  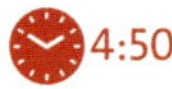  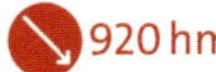 

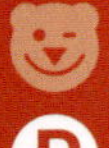
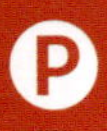

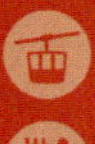
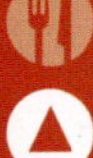
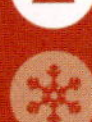

START | Parkplatz in der Chlus, 1160 m; Zufahrt von Reidenbach bei Boltigen im Simmental (Bahnstation) auf einer 3 km langen, schmalen Teerstrasse durch die Weiler Schwarzenmatt, Farni und eine Talenge in den von Felsen umringten Alpkessel der Chlus (Klus, 1139 m) hinauf, zuletzt noch 500 m auf grobem Schotter zu einem Parkplatz, 1140 m.[GPS: UTM Zone 32 x: 373.583 m y: 5.165.282 m]
CHARAKTER | Bergwanderung auf stellenweise steilen, steinigen und feuchten Pfaden (T2). Im Gipfelbereich schwierige Orientierung bei Nebel! Unterwegs keine Einkehrmöglichkeit.

Der Name ist Programm: Bis weit in den Juli hinein kommen Blumenkenner auf dem Garten im Westen des Simmentals voll auf ihre Kosten. Doch auch Blicke in die Ferne lohnen sich auf dem Weg über diesen Wiesengipfel, denn er ist von überaus schroffen Zacken und Wänden umgeben. Schon bei der Anfahrt staunt man über das mächtige Felsrund, das die Alp Chlus umringt. Und ein idyllisches Bergwasser wie den Walopsee würde man hinter dieser Steinbarriere erst recht kaum vermuten (weiter hinten, am Fuss der Kaiseregg, verbirgt sich ein zweites Gewässer, das im Sommer jedoch meist austrocknet). Mit einem Wort: Hier findet man landschaftliches Schmuckstück der besonderen Art!

▶ Vom Parkplatz in der **Chlus** 01 weist die Beschilderung „Vordere Walop, Kaiseregg" bergwärts. Der alte Alpweg schlängelt sich schier endlos durch steile Waldhänge und Schutthalden empor; zwei Passagen wurden aus den Felsen herausgeschlagen (Geländer, Brunnen). Nach der Überwindung von 400 Höhenmetern erreichen Sie den Sattel „Uf Egg", hinter dem Sie einen rauen Fahrweg und eine Hütte erreichen. Kurz darauf erblicken Sie links unten den zauberhaft grünen **Walopsee** 02 (1614 m). 1:30 h.

500 m weiter taleinwärts breiten sich die Weiden der Vorderen Walop (1664 m) in einem breiten Hochtal vor der Steinkulisse der Kaiseregg (2185 m) aus. Dort zweigen Sie links Richtung „Luchere, Jaun" ab, gehen

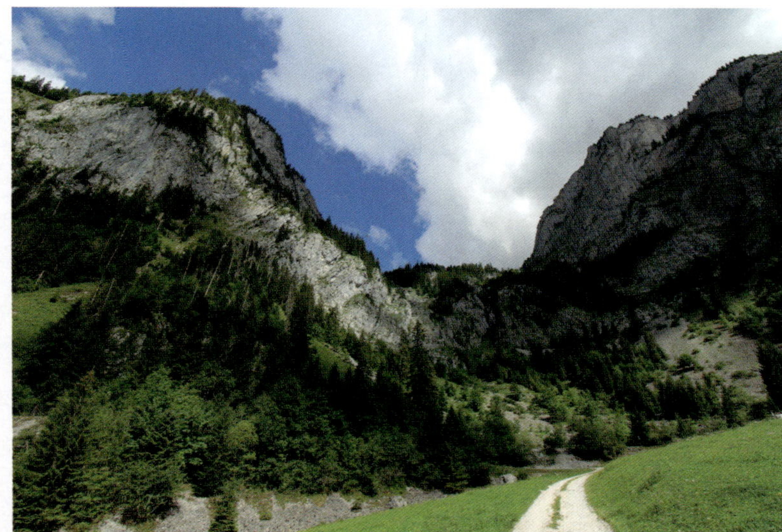

Schon der Startpunkt ist ein landschaftliches Erlebnis – die Chlus.

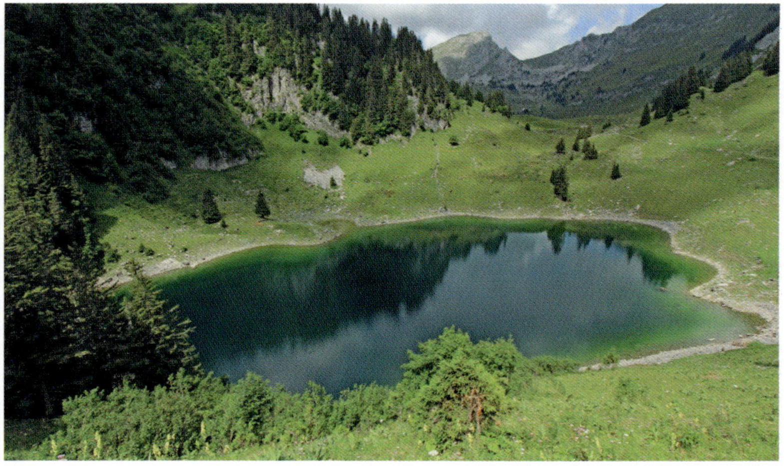

Geheimnisvolles Grün im Walopsee unter der Kaiseregg.

an einer Alphütte vorbei und steigen durch eine Mulde unter der Felsflanke des Rotechaste (2216 m) auf einen Rücken (1790 m) an. Danach geht's durch das Kar der Underi Luchere mit seinen Dolinen zu zwei weiteren Hütten (Gaasche, 1966 m) weiter. Oberhalb davon gelangen Sie von einer Wegteilung links in wenigen Minuten auf die Graskuppe des **Gartens** 03 (2039 m). Überraschend weit ist die Fernsicht an klaren Tagen – von den Simmentaler Fels- und Grasbergen bis zum Weisshorn im Wallis, von der Jungfrau bis zum 120 km entfernten Tödi in den Glarner Alpen! 1:30 h.

Im Abstieg folgen Sie dem Schild „Rineschli, Chlus" erst weglos über den breiten, im Frühsommer in voller Blüte stehenden Wiesenbuckel des Gartens hinab – Zielpunkte sind die obersten Alphütten. Auf einem rauen Alpweg kommen Sie dann zum **Rohrboden** 04 (1678 m) hinunter.

Links flach weiter zur nächsten Hütte und links durch einen feuchten Graben hinab zum Rieneschli (1566 m). Nochmals links abzweigend steigen Sie nun durch die linke Seite des eindrücklichen Reidiggrabens ab – anfänglich wieder auf schlecht erkennbarer Spur, aber direkt den Zacken des Trimlehore, der Chemiflue und des Chlushorns entgegen. Weiter unten führt ein guter Serpentinenweg in die **Chlus** 01 hinunter; dort sind es links auf der Strasse nur mehr wenige Minuten zum Parkplatz. 1:50 h.

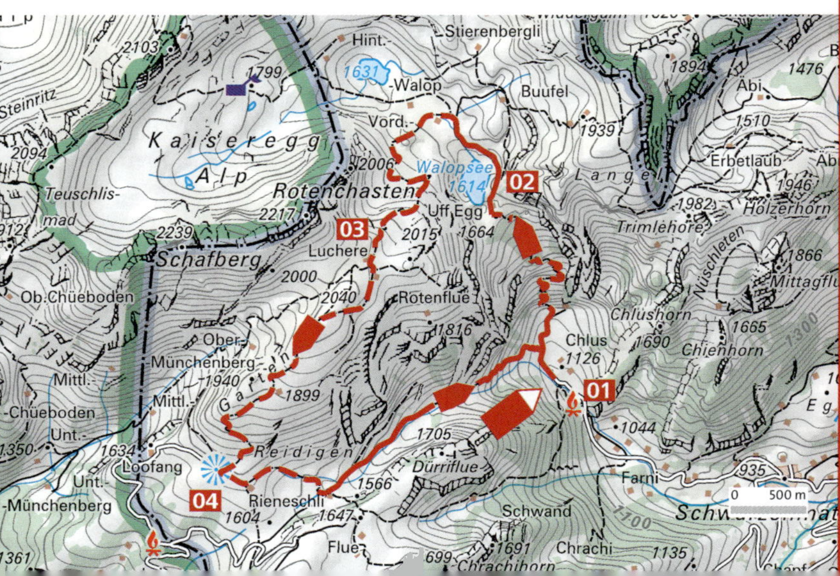

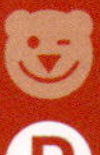
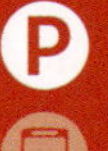
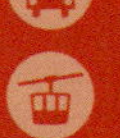

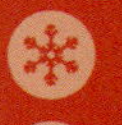

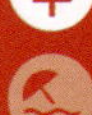

34

AUF DAS STOCKHORN • 2.190 m

Fernsicht und Seenzauber

 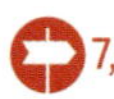7,5 km 3:00 h 900 hm 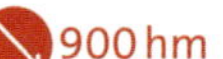900 hm 30

START | Erlenbach im Niedersimmental, 681 m, Talstation der Stockhornbahn; Parkplatz, Bahnhof im Ort. Auffahrt zur Mittelstation Chrindi, 1637 m. [GPS: UTM Zone 32 x: 388.577 m y: 5.171.141 m]
CHARAKTER | Eindrückliche Bergwanderung auf einen vielbesuchten Aussichtsgipfel; gute, aber stellenweise steile Pfade (T2). Einkehrmöglichkeit bei der Mittelstation, im Restaurant nahe dem Gipfel und im Berggasthaus Oberstockenalp. Dank der Seilbahn kann man sich den Auf- oder den Abstieg ersparen.

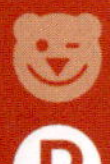
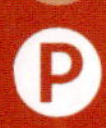

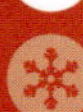

Vom Thunersee her ist der felsige Gipfelzahn des Stockhorns unübersehbar. Durch seine Lage im Osten des 13 Kilometer langen Felskammes, der sich über dem Niedersimmental bis zum Gantrisch und zum Jaunpass hinüberschwingt, kann er auch mit einer prachtvollen Rundsicht punkten. Die Seilbahn, die 1969 eröffnet wurde, ermöglicht eine ganze Reihe von Tourenvarianten, die auch zu den beiden Bergseen unterhalb des Gipfels führen.

▶ Von der **Station Chrindi** 01 der Stockhornbahn wandern Sie, der Beschilderung „Oberbärgli, Stockhorn" folgend, zu einer nahen Abzweigung über dem Hinterstockesee. Von dort steigen Sie rechts auf einem Pfad durch Grashänge zur Alp Oberbärgli (1794 m) hinauf. Die Route aufs Stockhorn zieht links auf eine grasige Anhöhe (1851 m) und dahinter ins Chummli-Kar unter dem Gipfel. Steiler durch Schutt ansteigend gelangen Sie zu einer Seilbahnstütze und einer Alphütte am Rand des Stockefelds. Über diesen grasigen Abhang führt der breite und mit Stufen versehene Pfad rechts in Kehren zur Bergstation mit dem Panoramarestaurant (2140 m) empor.

Auch ein viel besuchter Ausflugsberg hat seine rauen Seiten.

Direkt daneben führt ein 70 m langer Stollen unter dem Gipfel zur spektakulären Aussichtsplattform, die förmlich über der 200 m hohen Nordwand klebt – sie bietet einen atemberaubenden Ausblick ins Mittelland, zur Stadt Thun und auf den Thunersee, zum Jura und an ganz klaren Tagen sogar bis ins Elsass und zum südlichen Schwarzwald.
Beim Restaurant beginnt auch der sehr gut ausgebaute Weg auf den 2190 m hohen Felsgipfel des **Stockhorns** 02, von dem sich auch die Gebirgspracht von den Simmentaler Gipfeln bis zu den vergletscherten Berner Alpen zeigt. 1:40 h.

Im **Abstieg** folgen Sie der Aufstiegsroute über das Stockefeld bis zur Hütte bei der Seilbahnstütze, von der Sie dann rechts auf den Stockhorn-Panoramaweg (Nr. 324) Richtung „Oberstockealp" abzweigen. 45 Minuten nach dem Abmarsch vom Gipfel lädt das beliebte **Berggasthaus Oberstockenalp** 03 (1776 m) zur Einkehr ein.

Westlich unterhalb davon liegt der **Oberstockesee** 04 (1666 m) in einer idyllischen Wald- und Grasmulde. Auch wenn man sich damit einen kleinen Gegenanstieg über 80 Höhenmeter einhandelt: Man sollte das Bergwasser unbedingt umrunden, bevor man sich auf den Weg

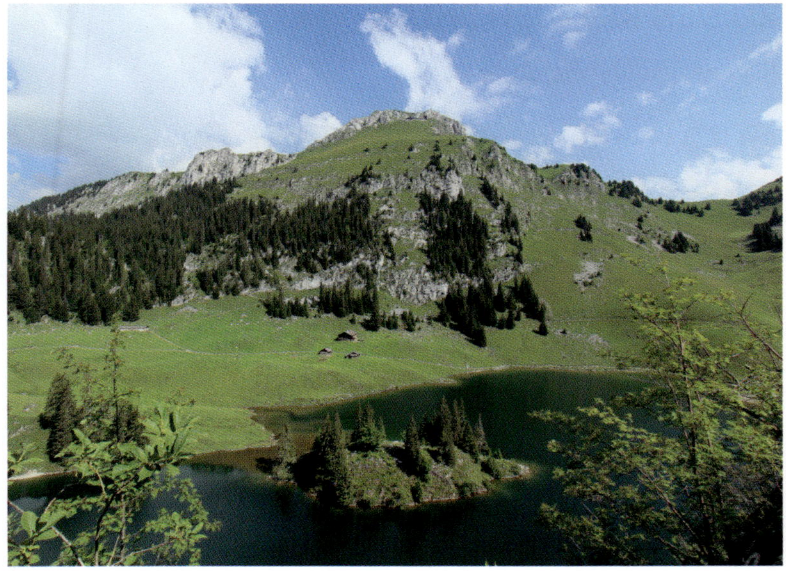

Das Stockhorn mit dem Hinterstockesee und seiner Insel.

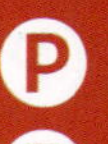
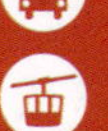

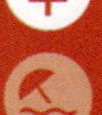

nach Osten zum Hinterstockesee (1594 m) macht. Auch dieser ruht in einer Vertiefung, die man am besten auf ihrer felsigen Südseite auf einem abgesicherten Weg und durch einen Tunnel umgeht. So geniesst man vor der Rückkehr zur **Station Chrindi** 01 noch einen eindrücklichen Blick zur Insel des Sees und hinüber zum Stockhorn. 1:00 h (ohne Seeumrundung 35 Minuten).

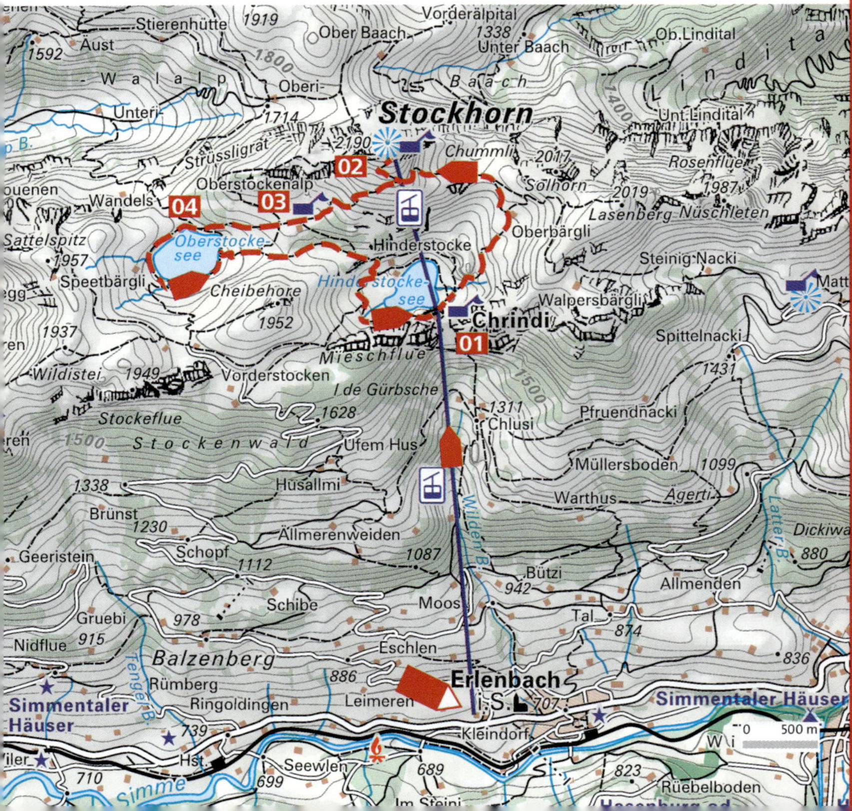

ZU DEN BEATUSHÖHLEN

Pilgerweg und Panoramadorf

 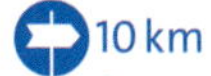 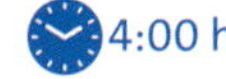 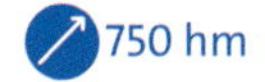 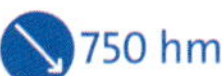 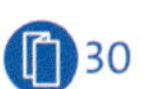

START | Beatenbucht (560 m) am Nordufer des Thunersees (zwischen Merlingen und Sundlauenen), Talstation der Standseilbahn nach Beatenberg; Parkplatz (Parkhaus), Schiffsanlegestelle, Postauto-Haltestelle. [GPS: UTM Zone 32 x: 404.217 m y: 5.170.896 m]

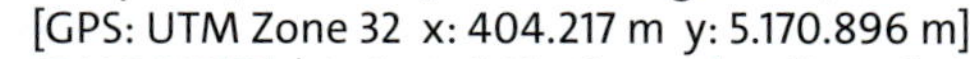

CHARAKTER | Auf- und Abstieg auf steilen Pfaden, dazwischen gut 1 km entlang der Strasse; zuletzt wandert man auf einem flachen Wanderweg und kurz auf einem Schotterfahrweg (T 2). Man kann die Tour durch die Auffahrt mit der Standseilbahn um 1¾ Stunden abkürzen (www.niederhorn.ch). Einkehrmöglichkeit in Beatenberg und bei den Beatushöhlen.

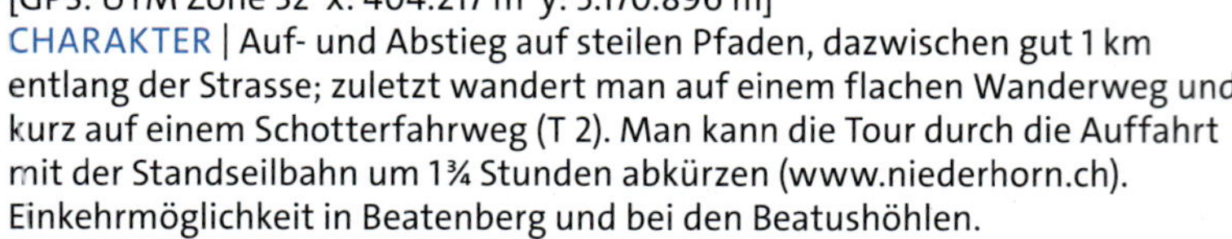

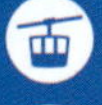

Die Beatushöhlen gehören zu den bekanntesten Ausflugszielen im Berner Oberland. Etwa 200 m über dem Nordufer des Thunersees sprudeln zeitweise Karstquellen aus den Felsen der Balmflue – dahinter verbirgt sich ein Höhlenlabyrinth mit einer bisher bekannten Gesamtlänge von 14 km, in denen sich unterirdische Bachläufe, riesige Hallen und bis zu 40.000 Jahre alte Tropfsteinformationen verbergen. Ein etwa 1 km langer, elektrisch beleuchteter Rundgang kann zwischen Mitte März und Mitte November täglich im Rahmen von einstündigen Führungen bewundert werden (www.beatushoehlen.ch).

Wer zudem die Umgebung dieses Naturwunders erkunden möchte, kann dies auf einem uralten Pilgerweg tun, denn die Höhlen sollen einst dem englischen Missionar Beatus als Einsiedelei gedient haben. Wer dabei etwas höher hinauf will, steige zum Sonnenbalkon von Beatenberg an und staune dort nicht nur über die grossartige Viertausendersicht. Mit einer Ausdehnung von 7 km vom ersten bis zum letzten Haus gilt der Ort als das längste Dorf der Schweiz, wenn nicht ganz Europas.

▶ Gegenüber der Talstation der Standseilbahn an der **Beatenbucht** 01 (560 m)

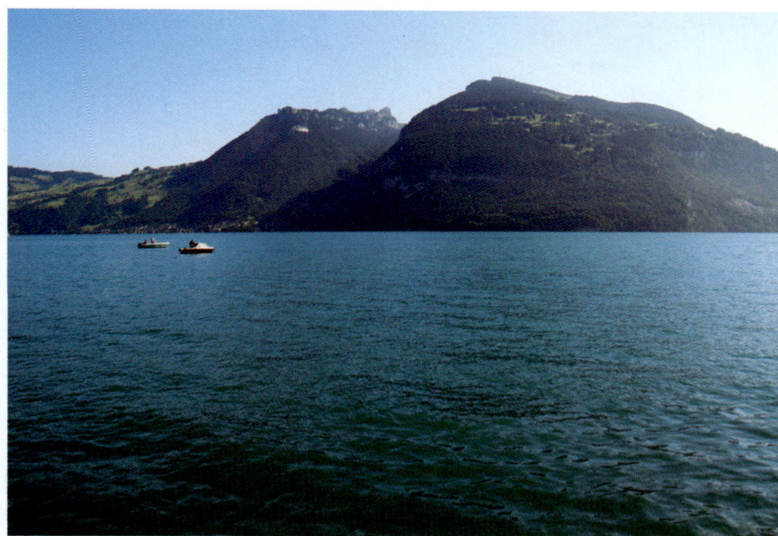

Beatenberg (rechts) und Sigriswiler Rothorn über dem Brienzersee.

– direkt unter der Brücke der Bahn – führt ein Kiesweg mit dem Wegweiser „Merlingen (Pilgerweg), Beatenberg“ in den Wald hinauf. In Kehren erreichen wir den flachen Pilgerweg (Jakobsweg, Nr. 4), auf den wir scharf nach links einschwenken. Nach ca. 100 m biegen wir unter der Fischbalme rechts Richtung „Beatenberg“ ab. Der Pfad steigt durch die Waldhänge unter der Schmockenflue an, führt auf einer Brücke über die Standseilbahn und erreicht eine weitere Gabelung. Nun geht's links empor, an einem Tunnelportal vorbei und über Wiesen – zweimal kurz einer Strasse folgend – hinauf.

Zuletzt steigen wir auf Stufen neben der Bahntrasse zur Bergstation der Standseilbahn in **Beatenberg** 02 (1.121 m) an. Dort befindet sich auch die Talstation der Gruppenumlaufbahn auf das Niederhorn und eine Postauto-Haltestelle.

Nun marschieren wir rechts (nach Osten, Beschilderung „Bode, Vorsass“) auf dem Gehsteig neben der Beatenbergstrasse weiter. Dabei passieren wir das Hotel Dorint, eine Aussichtsterrasse (schöner Blick zum Thunersee bzw. zum Dreigestirn Jungfrau, Mönch und Eiger) und einen Parkplatz. Nach gut 1 km biegen wir bei der **Postauto-Haltestelle „Firnelicht“** 03 (1.129 m) rechts Richtung „Beatushöhlen, Sundlauenen“ ab. Bald geht es auf einem Wiesenweg und durch den Campingplatz Wang zum Waldrand hinunter. Dort zweigt rechts der schmale Pfad zu den St.-Beatus-Höhlen ab, der durch bewaldetes Gebiet und zwischen den Felsabbrüchen der Gsteigleflue bergab führt.

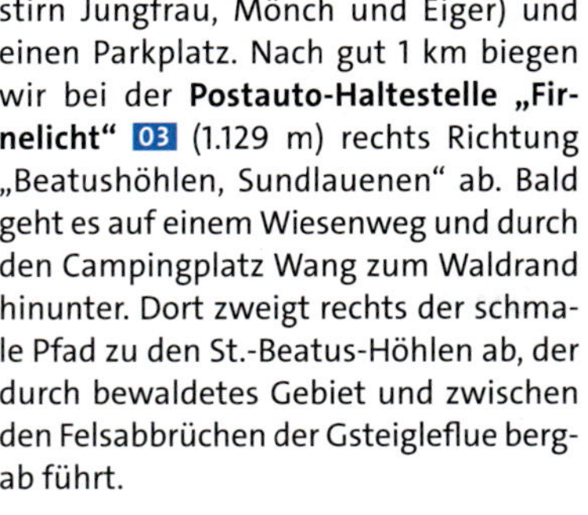

Schliesslich gelangen wir im Zickzack zu einer Gabelung hinab und von dort nach links (ziemlich steil) in wenigen Minuten zu den **St.-Beatus-Höhlen** 04 (676 m) hinauf. Nach der Besichtigung gehen wir kurz zum Pilgerweg (Nr. 4) und folgen diesem Richtung „Beatenbucht, Merlingen“. Er quert einen Graben, steigt rechts an und führt auf einer Strasse am Steinbruch im Balmholz vorbei. Danach geht's auf dem idyllischen Wanderweg weiter, über die überdachte Budelbachbrügg und an einem nach dem Dichter Josef Viktor Widmann benannten Aussichtsplatz vorbei. Zuletzt gelangen wir von Nastel (640 m) links wieder zur **Beatenbucht** 01 hinab.

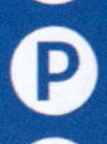
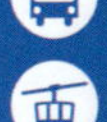

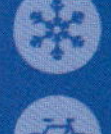
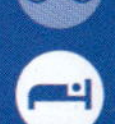

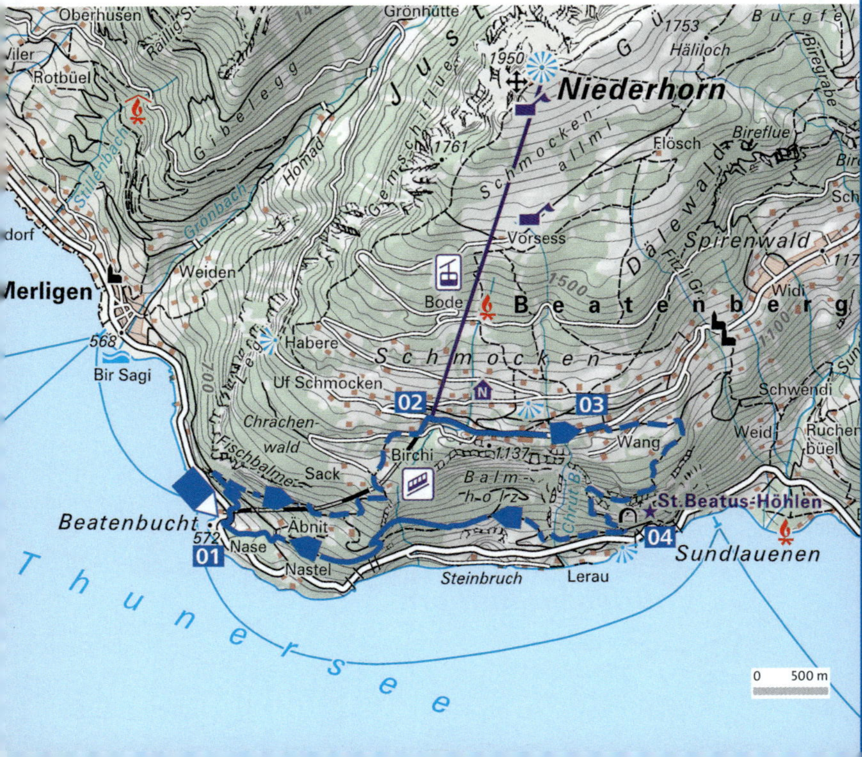

BRIENZER ROTHORN – SCHÖNBÜEL

Ein spektakulärer Höhenweg

  10 km  3:00 h 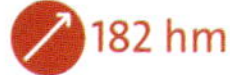 182 hm 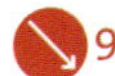 950 hm 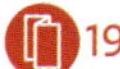 19

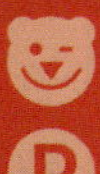

START | Brienzer Rothorn, Bergstation. Anfahrt: Zug bis Brienz, dann mit der Dampfzahnradbahn von 1892 aufs Rothorn. Rückfahrt: Seilbahn von Turren nach Lungern, Bahnhof auf der anderen Talseite.
[GPS: UTM Zone 32 x: 426.664 m y: 5.182.028 m]
CHARAKTER | Gratwanderung mit spektakulärer Aussicht. Der Bergweg über den Grat verlangt Trittsicherheit und Schwindelfreiheit, nicht bei schlechtem Wetter gehen. Markierung: Rot, ab Schönbüel gelb.

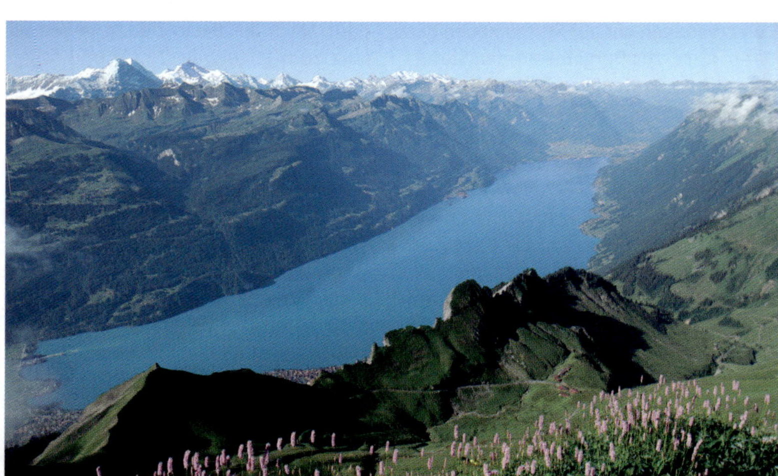

Blick vom Brienzer Rothorn auf den Brienzersee.

Die Wanderung vom Brienzer Rothorn zum Schönbüel gilt zu Recht als eine der schönsten Höhenwanderungen der Schweiz mit herrlichen Aussichten zu den Berner Alpen, Brienzersee, Schrattenflue – sagenhafte 693 Berggipfel sollen es sein; das grandiose Panorama setzt sich auch beim Abstieg fort. Der Grat beim

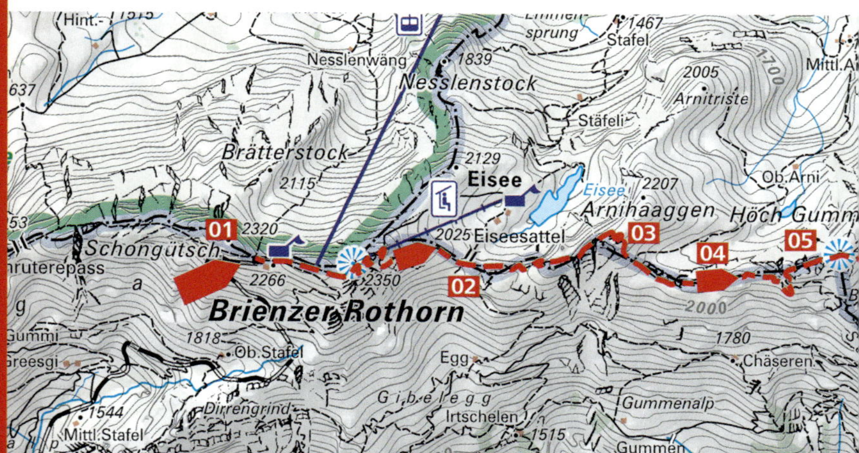

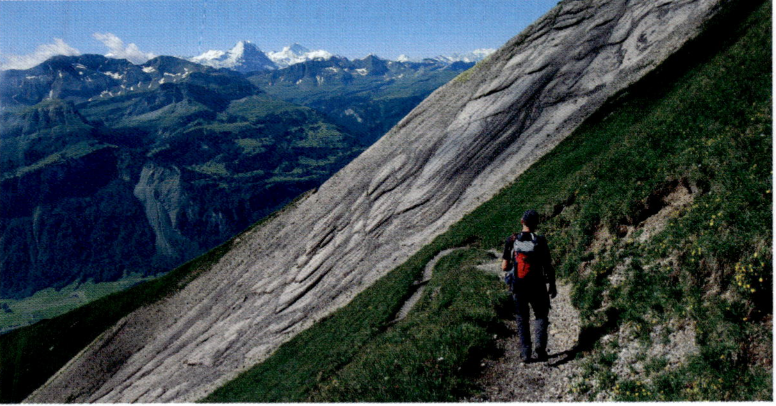

Steilhang unterhalb des Grates.

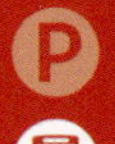

Brienzer Rothorn ist von zwei Seiten erschlossen, mit der historischen Dampfzahnradbahn von Brienz und einer neuen Seilbahn von Sörenberg.

▶ Von der **Bergstation Brienzer Rothorn** 01 (2.288 m) folgen Sie dem Wegweiser Schönbüel Richtung Osten, der Wanderweg führt etwas unterhalb des Gipfels vorbei. Der kurze Aufstieg zum Gipfel gehört zum Standardprogramm der Tagesbesucher.

Mit herrlicher Sicht auf den Brienzersee und die Alpengipfel wandern Sie dem Grat entlang und dann hinunter zum **Eiseesattel** 02 (2.025 m). Der Gratweg, nun immer mit Blick auch auf den Eisee, setzt sich fort hinauf zum **Arnihaaggen** 03 (2.207 m). Vor dem Gipfel geht's über Zwischenegg hinunter zum **Sattel** 04 (2.086 m) und dann fast eben unterhalb des Höch Gumme durch den Steilhang bis zum **Gibel** 05 (2.039 m), gegenüber sind die bekannten Gipfel der Berner Alpen aufgereiht: Wetterhorn, Schreckhorn, Finsteraarhorn, Eiger, Mönch und Jungfrau thronen über dem Brienzersee und Interlaken.

Der Weg wird nun breiter, beim Wegpunkt **Schönbüel** 06 (2.006 m) gehen Sie geradeaus zum nahen Bärghus Schönbüel mit Aussichtsterrasse. Von dort steigen Sie anschliessend auf nun gelb markiertem Weg in weiten Serpentinen über Breitenfeld zur **Bergstation** der **Seilbahn Turren** 07 (1.520 m) ab.

Bevor Sie mit der Luftseilbahn ins Tal fahren, sollten Sie noch einen kurzen Abstecher rechts der Turrenhütte über die Stufen hinauf zum **Turrengrat** machen, einem letzten wunderbaren Aussichtspunkt der Tour mit Tiefblick auf den Lungerersee. Einkehren können Sie im Bergrestaurant Turren oder in Lungern.

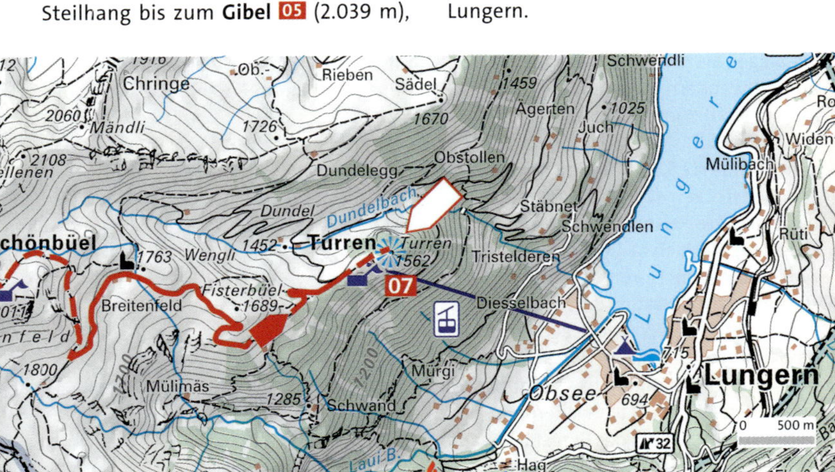

ENGSTLENSEE – JOCHPASS • 2.207 m

Zwischen zwei Bergseen und drei Kantonen

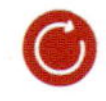  12 km 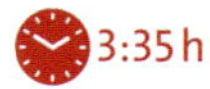 3:35 h 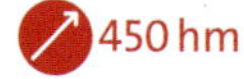 450 hm 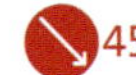 450 hm 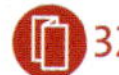 32

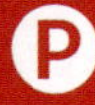

START | Engstlenalp (1.834 m). Mautpflichtige Zufahrt von der Sustenstrasse (Abzweigung ca. 3 km östlich von Innertkirchen, dann noch 11 km durch das wunderschöne Gental); Engstlenalp-Bus ab Meiringen bzw. Innertkirchen (https://engstlenalp-bus.ch). [GPS: UTM Zone 32 x: 449.927 m y: 5.180.476 m]
CHARAKTER | Abwechslungsreiche Pass- und Alpwanderung auf guten Pfaden mit kurzen felsigen Passagen (T2). Mit der Sesselbahn zum Jochpass (www.titlis.ch) lässt sich die Tour um 1 Stunde abkürzen.

Der 1,3 km lange, bis zu 600 m breite und immerhin 49 m tiefe Engstlensee ist ein beliebtes Ausflugsziel im Schnittpunkt zwischen dem Haslital und Engelberg. Von dort „schwappt" das Skigebiet um den 3.238 m hohen Titlis über den Jochpass herüber – das Schaustück des Hochtals sind jedoch die 3.042 m hohen Wendenstöcke, die mit ihrem hellen Gestein und kleinen Gletscherflecken fast an die Dolomiten erinnern. Die Alp am See war schon im Mittelalter ein Handels-Umschlagplatz zwischen Bern, Ob- und Nidwalden; 1892 entstand dort ein nobles Kurhaus und Hotel, das heute noch zu einer gepflegten Einkehr oder einem längeren erholsamen Aufenthalt einlädt. Oberhalb davon befindet sich die Tannalp mit dem 1958 aufgestauten Tannensee, ein weiteres lohnendes Tourenziel.

▶ Vom Ostrand des Parkplatzes auf der **Engstlenalp** 01 (2.288 m) steuern Sie links die nahe Rossboden-Hütte an (Beschilderung „Jochpass Talstation, Jochpass"). Davor biegen Sie rechts Richtung „Jochpass" ab und wandern auf der Alpstrasse (Via Alpina, Nr. 1) zum **Engstlensee** 02 (1.850 m). Prachtvoll ist der Blick übers Wasser zum Rothorn (2.525 m) und zu den wilden Wendenstöcken (2.957 m); deutlich ist die markante Felsnadel im Wendesattel zu sehen). Nach etwa 45 Minuten Gehzeit zweigt über dem Nordufer rechts der kurze Zugang zur Talstation der Jochpass-Sesselbahn ab – der Wanderweg zum Jochpass führt dagegen links weiter und steigt über die Grashänge des Soimbodens neben dem Lift an. Nach weiteren 45 Minuten stehen Sie bei der Bergstation am **Jochpass** 03 (2.207 m) – gleich dahinter steht das Berghaus am kleinen Jochseeli.

Davor biegen Sie scharf nach links ab und steigen gemäss dem Wegweiser „Trübsee, Gerschnialp, Engelberg" auf einem erdigen, stellenweise auch steinigen Pfad durch die steilen Wiesenhänge unter dem Rot Nollen an; die Abzweigung des Klettersteigs bleibt unbeachtet. Durch die Mulde der Gumm gelangen Sie auf eine Geländekante (2.323 m) unter dem Schafberg, hinter der Sie die flachen Karrenfelder im Schaftal (und in der Ferne auch schon den Tannensee) erblicken.

Von dort geht's wieder sanft über Hochweiden mit Blick auf den Engstlensee abwärts. Unterhalb einer Alphütte überqueren Sie das **Schaftal** (2.100 m) unterhalb einer Schutthalde, gleich danach zweigen Sie rechts Richtung „Tannalp, Melchsee-Frutt" ab. Nun wandern Sie über das Leng Egg ins weite Kar unter der auffälligen Felsburg des Gwärtler (2.437 m); links in der Tiefe zeigt sich die Engstlenalp mit ihrem Berghotel. Bald treffen

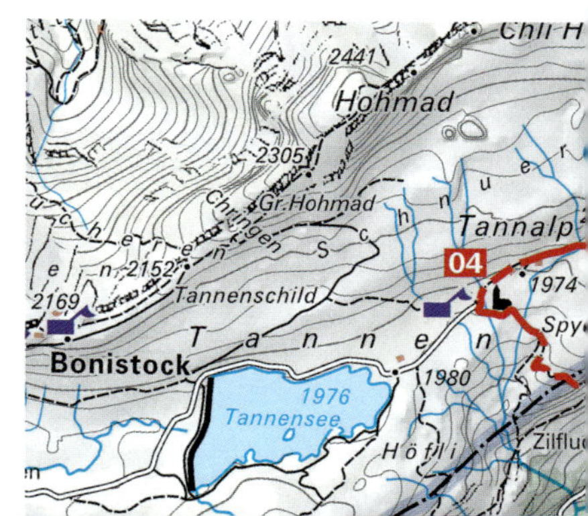

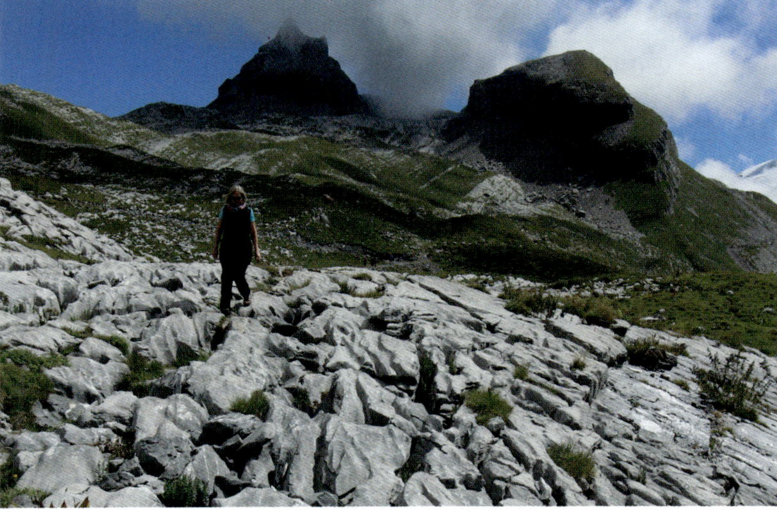

Steine überm See – Karrenplatten (oben) und luftige Wegpassagen am „Geisstritt“ unterhalb der Tannalp (unten).

Sie auf einen Fahrweg, dem Sie 170 m weit folgen, bevor Sie rechts wieder auf dem signalisierten Pfad weitergehen. Er führt durch zerklüftete Karrenplatten zur Brücke am Hengliboden (2.010 m) hinab. Die Beschilderung „Tannenalp“ weist links zu einem Fahrweg hinauf, der links um den grünen Vogelbüel (2.071 m) und an einem kleinen See vorbei zum Berggasthaus auf der **Tannalp** 04 (1.974 m) zieht.

Die Abstiegsroute zur Engstlenalp verläuft auf der links abzweigenden Schotterstrasse (Via Alpina). Unterhalb der Kapelle und der Käserei verschmälert sich der Weg, führt über eine Geländekante hinab und durchquert die Felsstufe am „Geisstritt“ – das aus dem Gestein geschlagene Trassee ist mit Stahlseilen gesichert. Unten passieren Sie eine Abzweigung und einen Wasserfall, der über breite Felsplatten rauscht, dann gelangen Sie im sanften Auf und Ab durch Weiden zum Hotel auf der **Engstlenalp** 01.

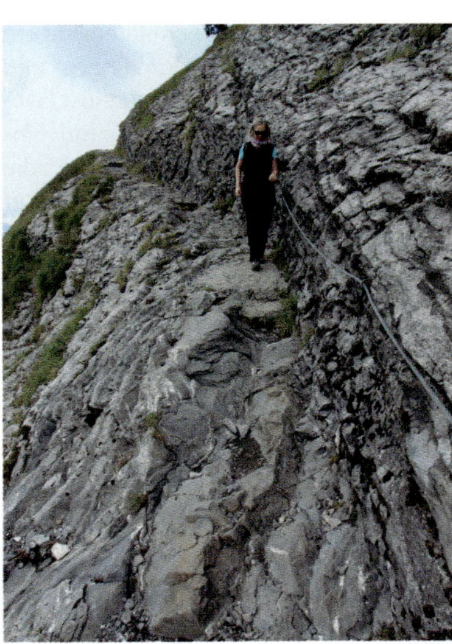

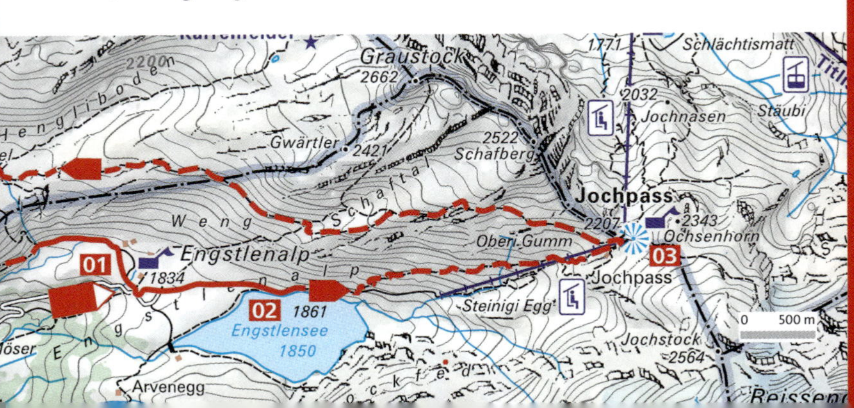

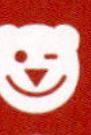
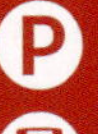
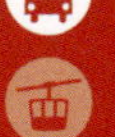
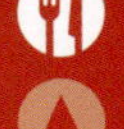
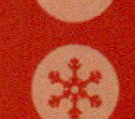

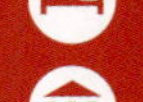

LEITERLI – STÜBLENI • 2.109 m

Von den Gipslöchern der Gryden in die Wallbachschlucht

  15 km  4:30 h 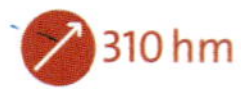 310 hm 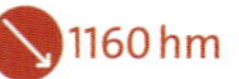 1160 hm  29

START | Lenk (1.064 m),Talstation der Bergbahn Lenk – Stoss – Leiterli; Parkplatz, Bahnhof und Bushaltestelle im Ort. Auffahrt mit der Gondelbahn zur Bergstation Leiterli (1.943 m, https://lenk-bergbahnen.ch).
[GPS: UTM Zone 32 x: 377.722 m y: 5.142.925 m]
CHARAKTER | Landschaftlich besonders interessante Bergwanderung auf Alpstrassen und guten Pfaden, die im Bereich der „Gryden" jedoch Trittsicherheit erfordern (T2).

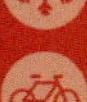

Der beliebte Höhenweg zwischen dem Leiterli im Südwesten von Lenk und den Alpmatten über dem Lauenental führt durch eine der eigenartigsten Berglandschaften der Schweiz. Im Bereich der „Gryden" durchquert er ein Gebiet, das aus Rauhwacke und Gipsstein aufgebaut ist. Gips ist ein helles Kalziumsulfatmineral, das man stellenweise mit den Fingern zerreiben kann. Es wird vom Regen- und Schmelzwasser langsam aufgelöst, wobei tückische Versickerungs- und Einsturztrichter (Dolinen) entstehen, die wie Mondkrater oder Bombentrichter aussehen. Diesen „Stübleni" (kleine Stuben) verdankt der seltsame Berg seinen Namen; während der Begriff „Gryde" auf „Chride" (Kreide) zurückgeht. Wer hier im Slalom wandert, sollte also genau auf den Weg achten. Entspannt geht's dann in den Wallbachgraben hinunter, wo eine kleine, aber zauberhafte Schlucht neuerlich Aufmerksamkeit fordert.

▶ Sie wandern von der **Bergstation Leiterli** 01 (1.943 m) auf dem breiten, flachen Weg mit der Beschilderung „Stüblenipass, Trütlisbergpass" rechts am Leiterli vorbei (man kann den aussichtsreichen Rücken auf dem Alpenblumenweg überschreiten). Rechts über dem Moor am Haslerberg und dem Wallbachgraben zeigen sich das Louwenehore (2.477 m) und auch der Giferspitz (2.541 m), im Rückblick imponiert die felsige Spillgerte (2.475 m). Nach gut 1 km erreichen Sie einen Sattel und steigen auf dem rechts abzweigenden Pfad durch die südseitigen Wiesenhänge der **Gryden** (1.987 m) an. Unterhalb eines seltsamen Felszackens gehen Sie von einer Gabelung links Richtung „Stüblenipass" weiter. Nach einem kurzen Anstieg folgen Sie von der nächsten **Abzweigung** 02 (2.058 m) dem Wegweiser „Trütlisbergpass" nach rechts.

So gelangen Sie nach 1¼ Stunden auf den Grasrücken des **Stübleni** 03 (2.109 m), von

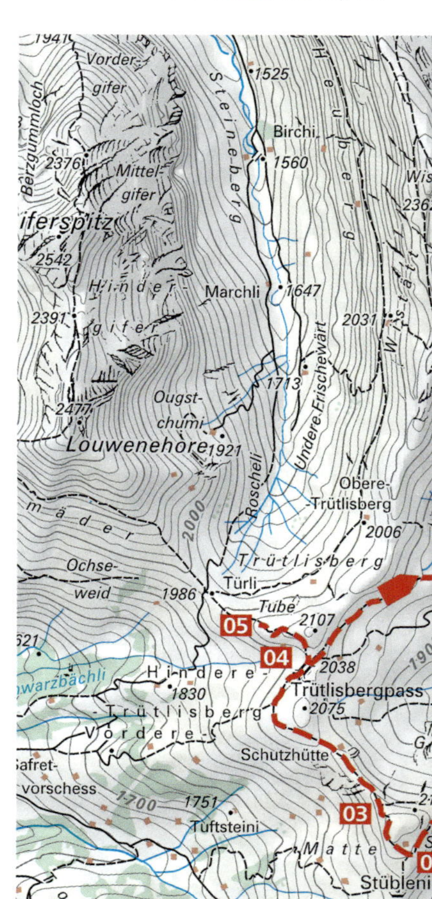

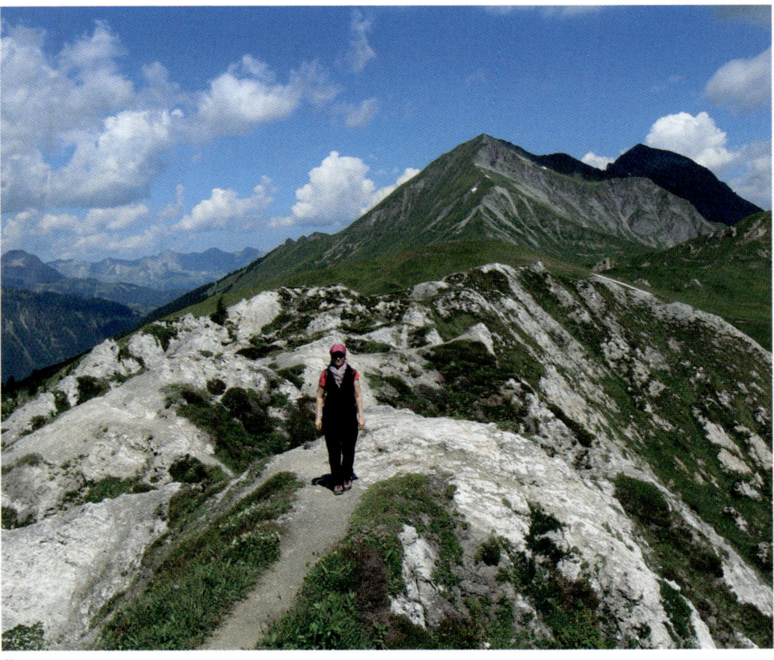

Über den Gryden erheben sich das Louwenehorn und der Giferspitz.

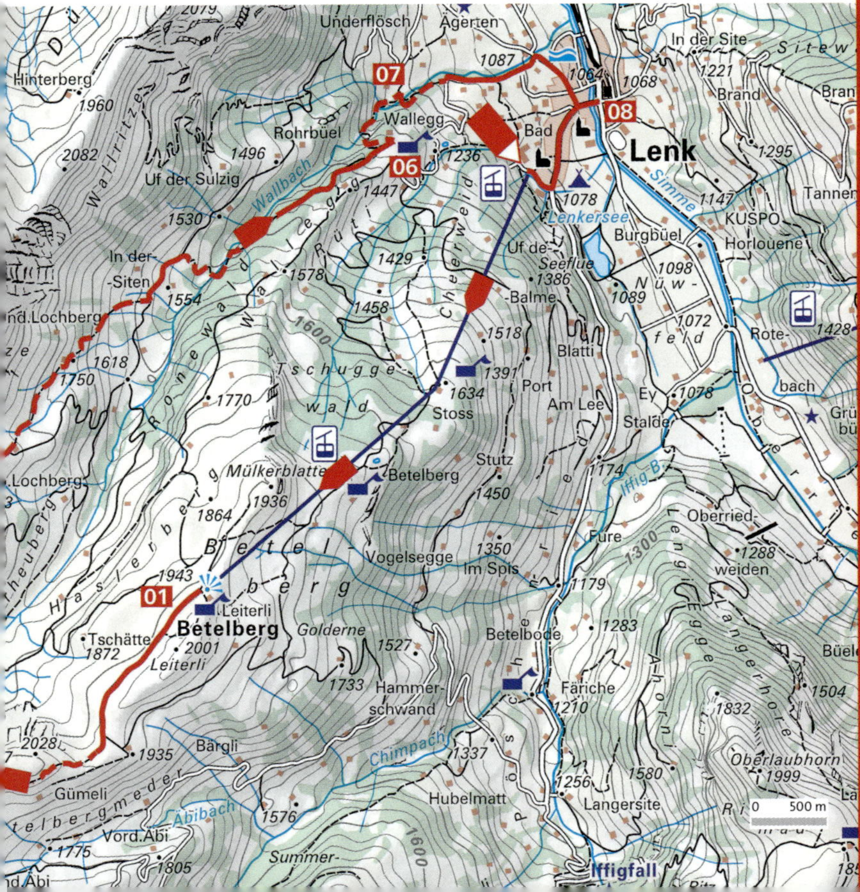

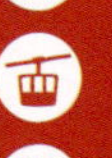
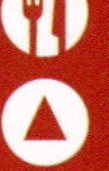

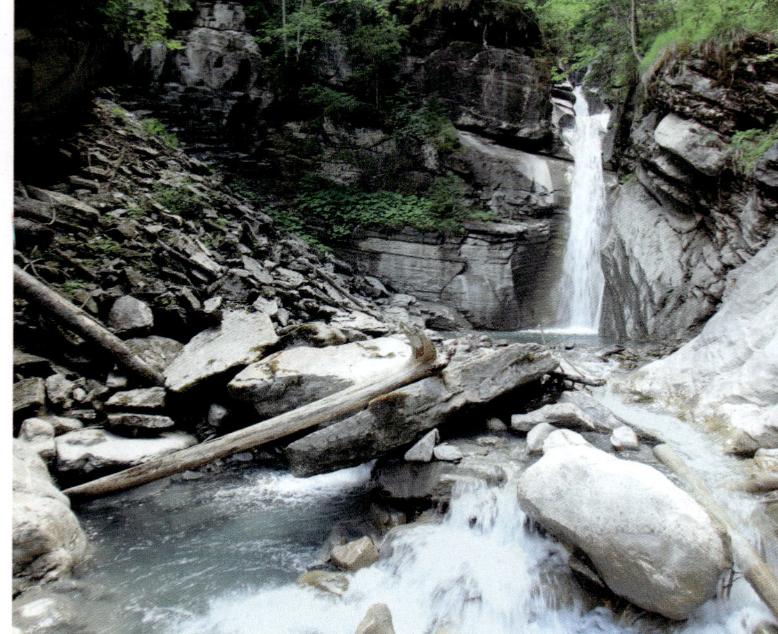

In der Wallbachschlucht.

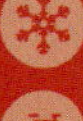
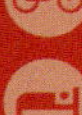

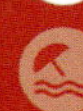

dem Sie den Hauptkamm der Berner Alpen vom Balmhorn (3.698 m) bei Kandersteg über den Wildstrubel (3.244 m) bis zu den Gipfeln des Wildhornmassivs und der Waadtländer Voralpen um die Gummfluh (2.458 m) überblicken.

Nun geht's links ein par Schritte zu einer weiteren Gabelung hinab. Weiterhin Richtung „Trütlisbergpass" durchqueren Sie nun die seltsame Welt der **Gryden.** Der Pfad führt über einen Rücken aus auffallend hellem Gestein, schlängelt sich über kleine Buckel und zwischen Kratern durch. Nach etwa 500 m haben Sie dieses geologische Unikum überschritten, passieren eine Holzhütte und wandern wieder durch Grashänge zum **Trütlisbergpass** 04 (2.038 m) hinüber.

Von dort lohnt sich ein Abstecher nach links Richtung „Turnelsattel, Gstaad": Unter der Tube (2.106 m) mit ihren Felstürmchen zieht der Pfad auf die nahe Anhöhe der **Losegg** 05 (2.000 m), von der das lange Steinebergtal zwischen dem Giferspitz (links) und dem Laaglehore (rechts) einen Blick über den Rinderberg (2.079 m) zu den Simmentaler Voralpen um die Kaiseregg (2.185 m) freigibt. Westlich in der Tiefe liegt das Lauenental, über dem sich das vergletscherte Wildhorn (3.248 m) zeigt (hin und zurück rund 15 Min.). Vom **Trütlisbergpass** 04 wandern Sie dann links (nach Nordosten) Richtung „Obere Lochberg, Wallegg, Lenk" hinab. Der Pfad – ein Teilstück der Via Alpina – verläuft durch Moorwiesen, Grashänge und über kleine Anhöhen ins Alpgebiet des Obere und Undere Lochbergs. Von den Weiden „In der Site" (1.547 m) geht's rechts steiler in den Wallbachgraben hinunter. Nach der Bachüberquerung gelangen Sie durch Waldhänge hinauf zur gastlichen **Walleggstube** 06 (1.327 m).

Kurz davor zweigt links ein beschilderter Pfad in die **Wallbachschlucht** 07 (1.250 m) ab. Über viele Stufen kommen Sie durch steilen Wald in die romantische Klamm hinunter; die Felsstufe neben ihrem Wasserfall überwindet man auf einer Metalltreppe. Weiter unten folgen Sie den Wegweisern „Lenk" rechts über den Bach und unterhalb der Seilbahnstation rechts durch eine Siedlung.

So gelangen Sie nach etwa 2½ Stunden ins Ortszentrum von **Lenk** 08 (1.064 m). Dort wenden Sie sich links zum Bahnhof oder rechts – kurz ansteigend – zum Ausgangspunkt bei der **Bergbahn-Talstation.**

VOM COL DU PILLON NACH GSTEIG

Im Schatten der Teufelshörner

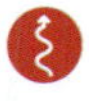  10,5 km 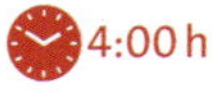 4:00 h 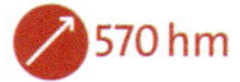 570 hm 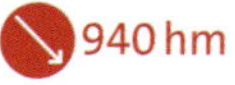 940 hm  40

START | Col du Pillon (1.546 m); Parkplatz, Postauto-Haltestelle. Rückfahrt von Gsteig mit dem Postauto (Linie 180).
[GPS: UTM Zone 32 x: 361.925 m y: 5.134.899 m]
CHARAKTER | Schöne Bergwanderung auf Alpstrassen und guten Pfaden (T2).

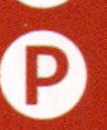

Diese Tour beginnt ganz im Südwesten des Berner Oberlandes – und schon in der Romandie, denn die Kantons- und Sprachgrenze schlägt 2 km östlich der Passhöhe des Col du Pillon einen Haken durch die abwechslungsreiche Landschaft zwischen dem 3.123 m hohen Oldenhorn im Massiv der Diablerets (der „Teufelshörner“) und den deutlich grüneren Waadtländer Voralpen. Diese überragen auch die beiden Pässe, die bei der wunderschönen Wanderung nach Gstaad überschritten werden, und umfassen den Arnensee, dessen grünes Wasser im Tal des Tschärzisbachs von einem 17 m hohen Damm gestaut wird.

▶ Bei der Postauto-Haltestelle am **Col du Pillon** 01 (1.546 m) zeigt der Wegweiser „Lac Retaud, Arnensee, Gsteig“ die Wanderrichtung an. Man folgt der Tour des Alpes Vaudoises (Nr. 46) zwischen der Seilbahnstation Glacier 3000 und dem Restaurant, an einem Steinbruch vorbei und dann auf einem Waldweg bergauf. Bald steigen Sie durch Wiesen zu einem Parkplatz an. Dahinter erreichen Sie nach knapp 30 Minuten den **Lac Retaud** 02 (1.690 m, Restaurant), der idyllisch am Fuss der La Palette (2.170 m) liegt.

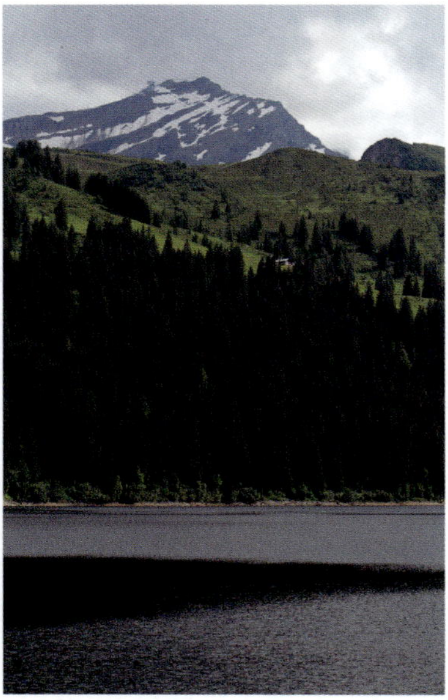

Am Arnensee.

In weiteren 30 Minuten wandern Sie von dort – erst rechts auf einen Fahrweg, bald darauf links auf den Pfad Richtung „Voré, Arnensee, Seeberg“ abzweigend – in den grünen Sattel des **Col de Voré** 03 (1.918 m) hinauf. Dort geniessen Sie nicht nur einen herrlichen Rückblick zum Massif des Diablerets mit dem Oldenhorn (3.123 m), dem Sex Rouge (2.971 m) und der dazwischen herabstürzenden Cascade du Dar, sondern auch die Nahsicht auf einen kleinen See, der eine Steinmauer (= Sprachgrenze) unterbricht, und einen Panoramaauschnitt der Waadtländer Alpen mit der Gummfluh (2.457 m).

Vom Col de Voré steigen Sie geradeaus (Wegweiser „Arnensee, Seeberg“) ab und spazieren während der dritten halben Stunde durch sanftes Wiesengelände abwärts. Schon bevor Sie die **Alp Seeberg** 04 (1.711 m) erreichen, erblicken Sie den gestauten Arnensee im Tschärzis-Tal.

Bei den Alphütten verlassen Sie die Tour des Alpes Vaudoises (Nr. 46) nach rechts Richtung „Blattipass, Gsteig“ und gelangen im sanften Anstieg unter dem Stuedelistand (2.028 m) zur **Alp Obers Stuedeli** (1.830 m).

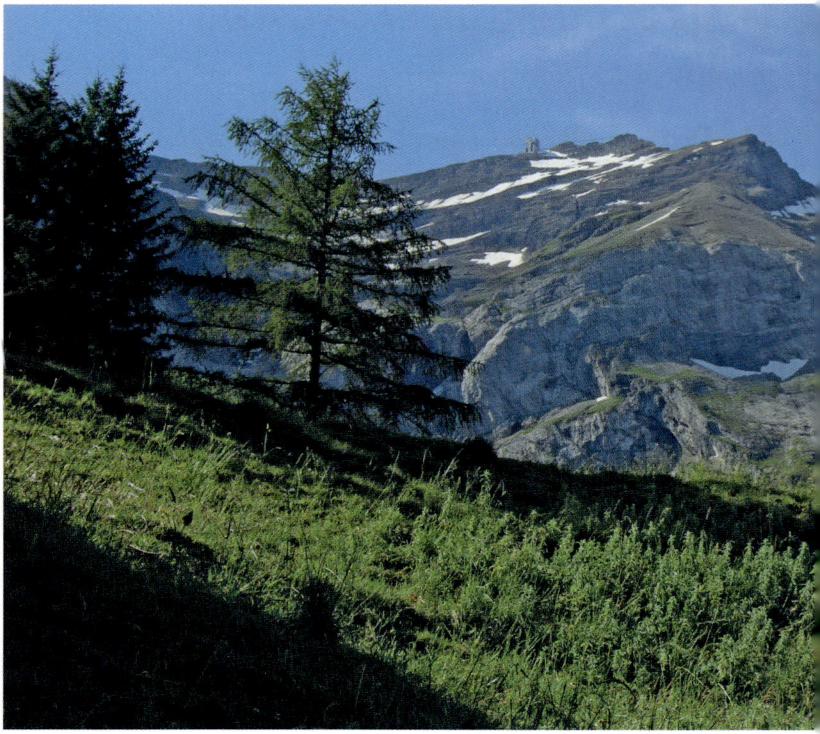

Beim Aufstieg zum Col de Voré.

Kurz danach zweigen Sie rechts ab und steigen steiler durch Gebüsch zum **Blattipass** 05 (1.919 m) an. Der Pfadübergang zwischen dem Arnensee und Gsteig liegt südwestlich und etwas höher als der eigentliche Sattel (1.902 m).

Nun folgt der **Abstieg**, bei dem man sich stellenweise nur an rot-weiss bemalten Holzpfählen im Wiesenboden orientieren kann. Von der **Alp Topfelsberg** (1.801 m) marschieren Sie auf einem Fahrweg hinab bis zum **Vorder Walig** (1.725 m), dann rechts auf den Pfad Richtung „Gsteig“. Bei dem schönen Baum-Hütten-Ensemble von **Schopfi** 06 (1.505 m) zweigen Sie nochmals rechts ab und wandern durch die Waldhänge über einem Felsabbruch in den **Inneren Schnüdelegrabe** (1.277m) hinunter. Dort schwenken Sie rechts auf den Fahrweg ein und folgen weiter unten schliesslich der geteerten Strasse links über eine Kehre zum Talboden hinunter.

Rechts gelangen Sie neben der Hauptstrasse ins 400 m entfernte Dorfzentrum von **Gsteig** 07 (1.184 m, Restaurant, Postauto-Haltestelle).

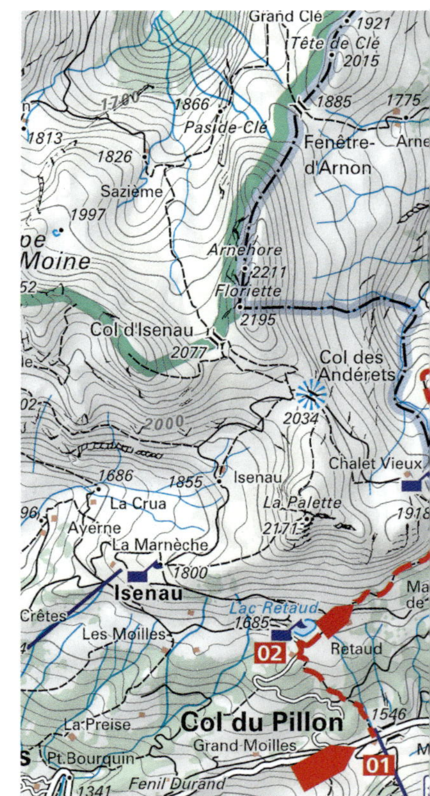

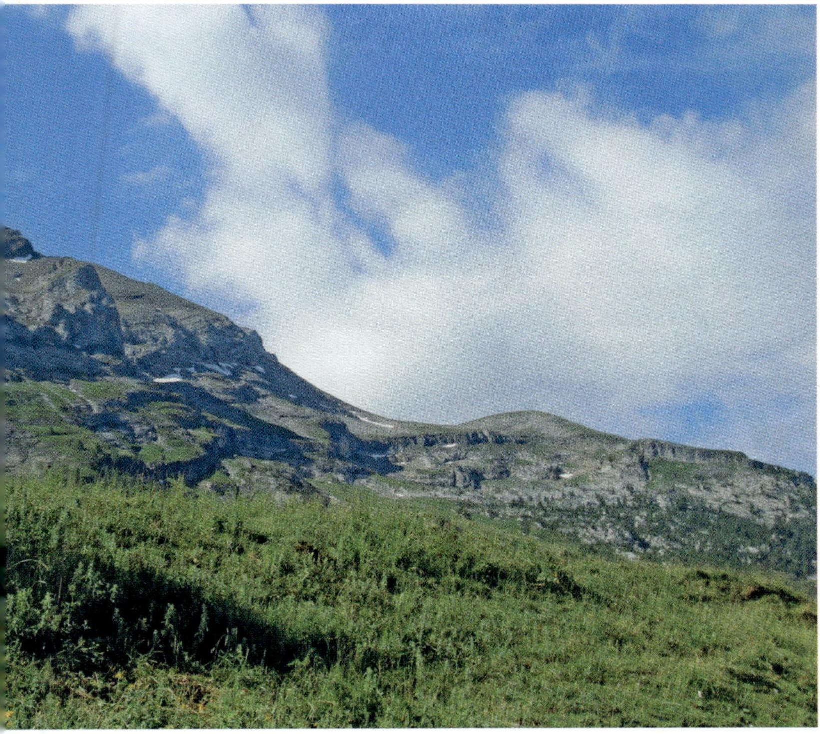

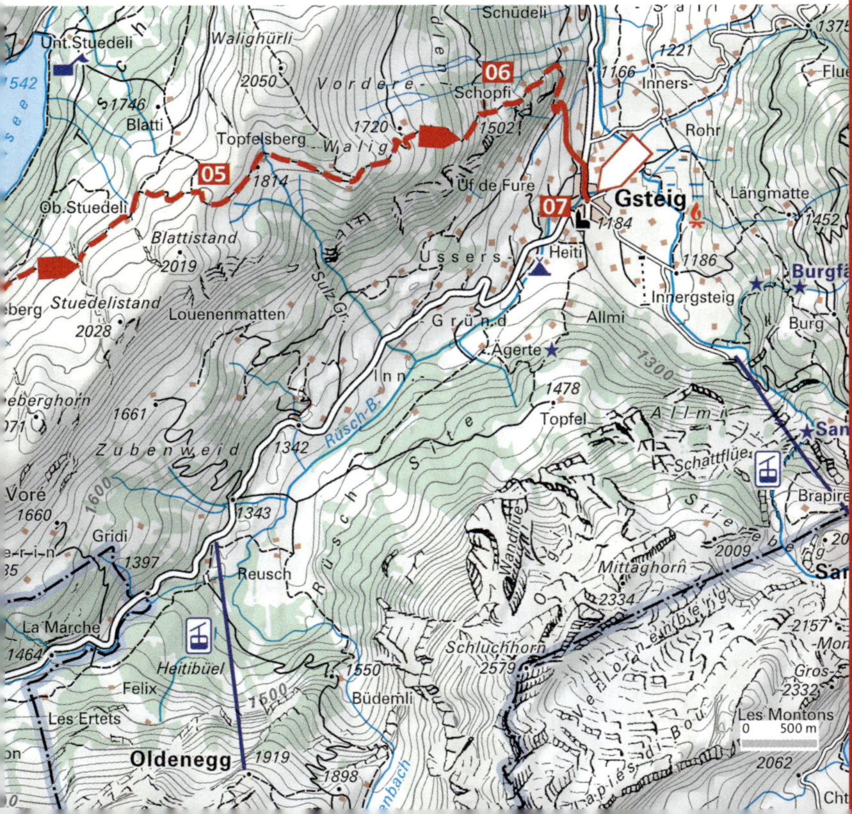

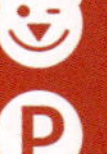

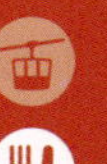

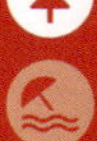

40

ZUM OESCHINENSEE

Der schönste See der Alpen?

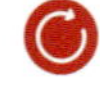 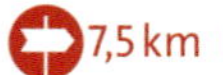 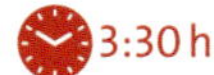 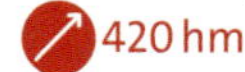 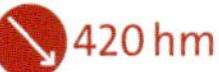 

7,5 km | 3:30 h | 420 hm | 420 hm | 30

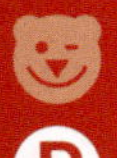

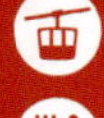
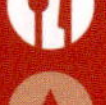

START | Kandersteg (1.192 m), Talstation der Gondelbahn zum Oeschinensee. Parkplatz, Ortsbus vom Bahnhof. Auffahrt zur Bergstation, 1.683 m. Talfahrt ebenfalls mit der Gondelbahn (www.kandersteg.ch).
[GPS: UTM Zone 32 x: 400.039 m y: 5.150.661 m]
CHARAKTER | Landschaftlich ausserordentlich schöne Bergwanderung auf Alpstrassen und teils schmalen, ausgesetzten Pfaden. Bei Schneelage gefährlich.

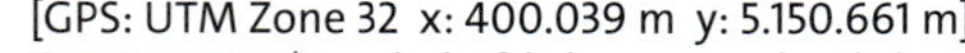

Mit einer Fläche von 1,1 Quadratkilometern und einer maximalen Tiefe von 56 m zählt der Oeschinensee zu den grössten Bergseen der Schweiz. Und ganz sicher auch zu den schönsten, denn sein türkiser, vom Gletscherwasser getrübter Spiegel liegt direkt unter hoch aufragenden Bergen wie dem Doldenund dem Fündenhorn, die auch für seine Entstehung verantwortlich sind. Der Oeschinensee wurde vom Gesteinsmaterial mehrerer Bergstürze aufgestaut. Besonders schön sind die Wege von seinem Ufer zu den Alpweiden am Fuss der sagenumwobenen, 3.661 m hohen Blüemlisalp.

Von der **Bergstation** 01 (1.683 m) spazieren wir auf der Alpstrasse Richtung „Oeschinensee" 200 m zur Weg-Dreiteilung nahe dem sogenannten Schatthaus (1.670 m). Dort folgen wir der Beschilderung „Läger/Oeschinensee" links, bis wir nach weiteren 600 m links auf den Pfad mit dem Wegweiser „Heuberg – Ober Bärgli, Hohtürli/Blümlisalphütte" abzweigen. Dieser steigt durch lichten Wald, einer Felsflanke und Schutt entlang zu einer kleinen Hütte an.

Dann geht's durch steile Grashänge und einen Graben zum kleinen Aussichtsplatz am **Heuberg** 02 (1.940 m) hinauf. Der Blick zum 360 m weiter unten gelegenen Oeschinensee hat's in sich – doch der Flurname erinnert daran, dass selbst in diesem abschüssigen Gelände einst Gras gemäht und das Heu zu Tal gebracht wurde (ebenso wie gegenüber auf den Steilhängen am Fründschnuer und „I der Fründe").

Auch der weitere Weg durch die grasigfelsigen und von Rinnen zerfurchten Südabhänge des Dündehorns (2.862 m) ist ziemlich ausgesetzt; angesichts der stetig wachsenden Steinschlaggefahr sollte man dort nicht verweilen. Nach etwa 30 Minuten erwartet uns auf der **Alp Oberbärgli** 03 (1.973 m) eine gemütliche Einkehrmöglichkeit – an einem fantastischen Platz vor der Kulisse des Blüemlisalphorns und der Wyssi Frau, mit Blick zum sagenumwobenen Blüemlisalpgletscher.

Für den Abstieg folgen wir dem Wegweiser der Via Alpina (Nr. 1) Richtung „Oeschinensee, Kandersteg". Anstelle des steilen Pfades zum Underbärgli haben die Alpbewirtschafter im Sommer 2014 einen breiteren Weg durch die felsigen Steilabstürze zwischen Ober- und Underbärgli gesprengt und damit auch einen sicheren Zügelweg für das Weidevieh geschaffen. Nach etwa 15 Minuten erreichen wir mit dem **Bergbeizli Underbärgli** 04 (1.890 m) die nächste Einkehrstation.

Mit Blick auf das Doldenhorn (3.638 m) und das Blüemlisalphorn (3.661 m) wandern wir über Weiden und durch Wald hinab zum **Oeschinensee** (1.522 m). Unterwegs gibt's wieder fantastische Blicke aufs Wasser, aber auch zu den Karstquellen und Wasserfällen über seinem Ufer. Nach den Felsüberhängen beim Holzbalme zweigen wir rechts ab und wandern zum **Restaurant Zur Sennhütte** 05 (1.659 m) am Läger hinauf. Zuletzt kehren wir auf dem Fahrweg in ca. 25 Min. zur **Bergstation** 01 (1.683 m) der Gondelbahn zurück.

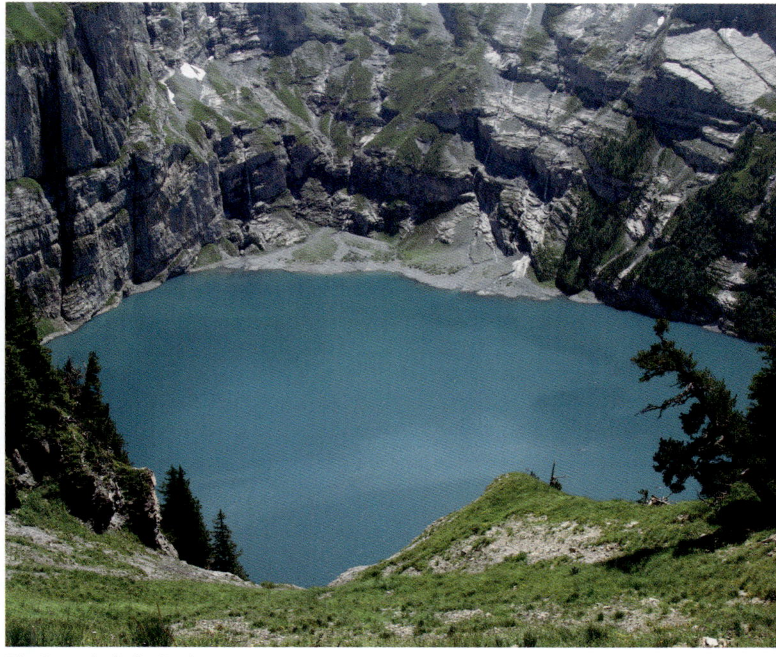

Ein See wie kein See!

Variante: Etwa 1 Stunde nimmt die längere Wanderung von der Alp Underbärgli über dem Nordufer bis zum Berghotel Oeschinensee bzw. zum Berghaus im Westen des Oeschinensees (1.593 m) in Anspruch. Von dort gelangen wir rechts in 30 Minuten auf einem Fahrweg zur Bergstation der Gondelbahn hinauf.

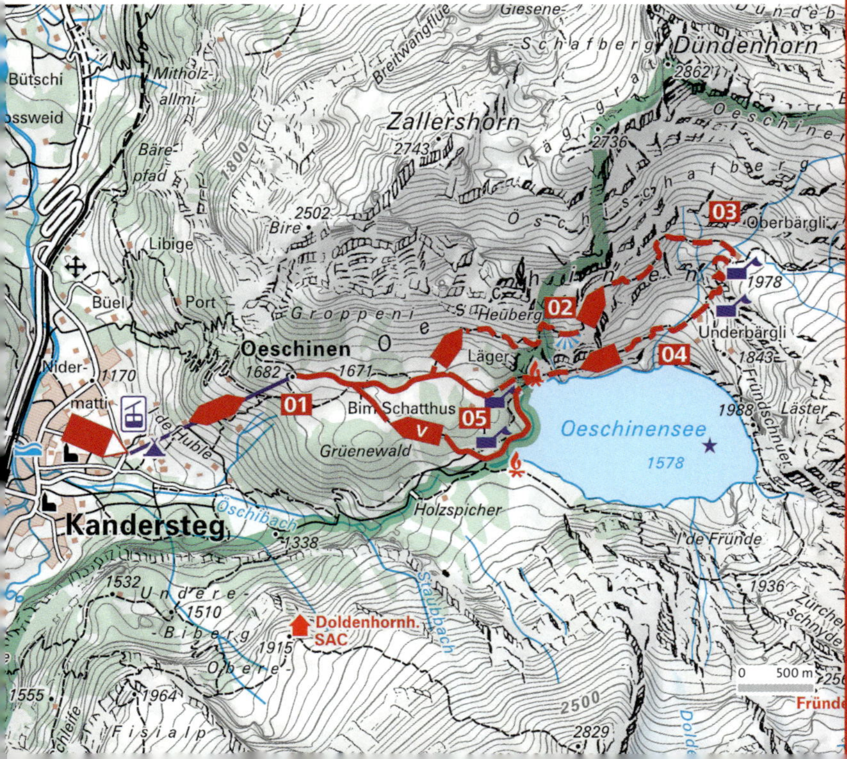

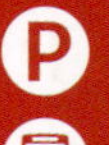
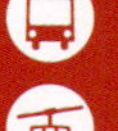

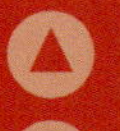

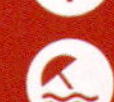

ÜBER DAS FAULHORN • 2.681 m

Der „klassische" Höhenweg zur First

  15,3 km 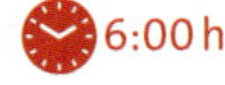 6:00 h 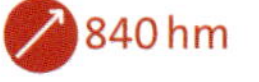 840 hm  660 hm  31

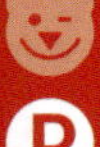
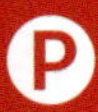

START | Wilderswil (598 m), Talstation der Zahnradbahn auf die Schynige Platte beim Bahnhof; gebührenpflichtiger Parkplatz. Auffahrt mit der Zahnradbahn zur Bergstation Schynige Platte, 1.967 m (www.jungfrau.ch/de-ch/schynige--platte). Talfahrt mit der Luftseilbahn von der First (2.167 m) nach Grindelwald, 1.061 m (www.jungfrau.ch/de-ch/grindelwaldfirst); von dort mit der Bahn zurück nach Wilderswil. [GPS: UTM Zone 32 x: 416.571 m y: 5.166.977 m]
CHARAKTER | Lange, aber landschaftlich grossartige Bergwanderung auf stellenweise steinigen und felsigen Bergwanderwegen (T2). Bei Nebel wird die Orientierung im Bereich des Faulhorns schwierig.

Diesen „Wanderklassiker" muss man einfach einmal gemacht haben. Der berühmte und viel begangene Höhenweg von der Schynigen Platte bis zur First durchquert eine sehr abwechslungsreiche Alp- und Gebirgslandschaft, die allein schon für sich jeden vergossenen Schweisstropfen wert ist. Doch dann noch diese Aussicht – im Süden zur Viertausenderparade von der Jungfrau bis zum Schreckhorn, im Norden der Tiefblick zum Brienzersee. Und wenn man das 2.681 m hohe Faulhorn an einem Tag mit ganz klarer Luft erklimmt, wird man hinter den Voralpen sogar die Höhen des Jura und den Schwarzwald erkennen. Da sollte man auf jeden Fall eine Übernachtung im altehrwürdigen Gipfelhaus (Baujahr 1830) einplanen – so eine Abendstimmung erlebt man nicht alle Tage, vom Sonnenaufgang ganz zu schweigen…

▶ Von der Bergstation der Zahnradbahn auf der **Schynigen Platte** 01 (1.967 m) gehen Sie einige Schritte Richtung Berghotel, zweigen links auf den Weg mit der Beschilderung „Lauchera Grätli, Faulhorn, First" ab und überqueren den Bahnübergang. Dann wandern Sie an der Alp Oberberg vorbei zur Abzweigung unter dem Loucherhorn. Von dort steigen Sie geradeaus zur nächsten Gabelung an, wo Sie dem Wegweiser „Männdlenen, Faulhorn,

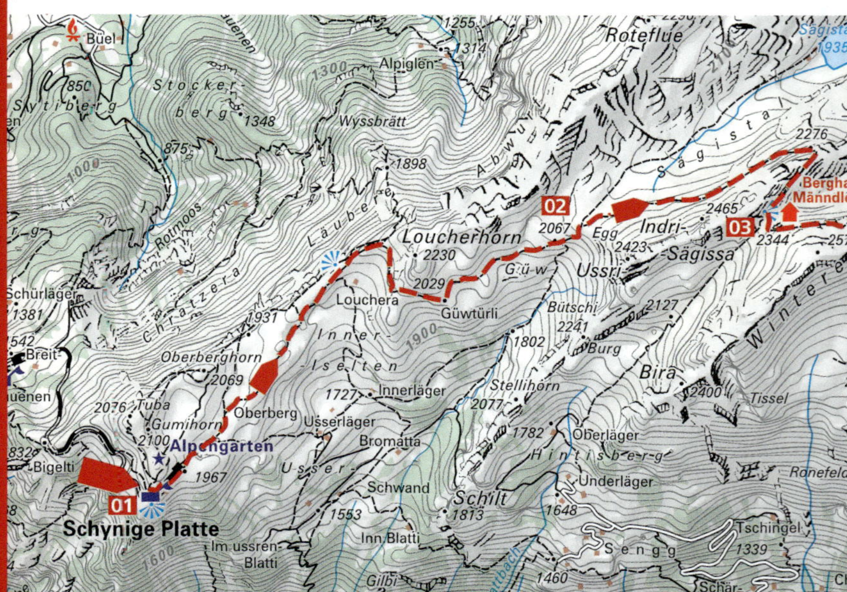

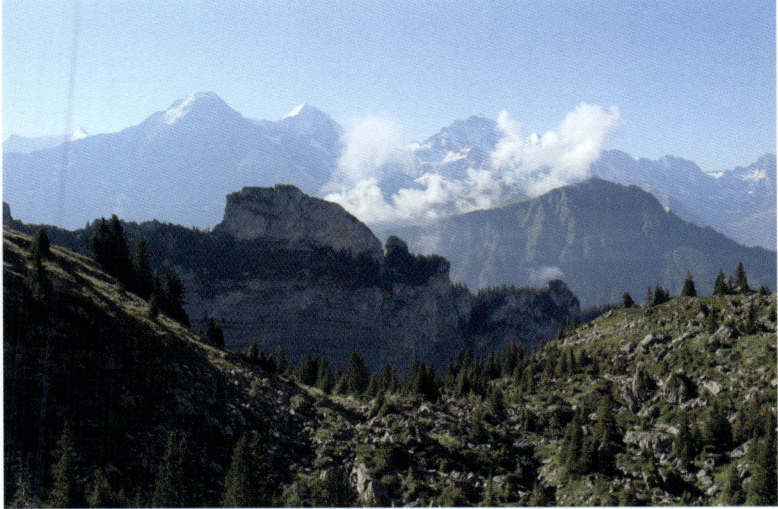

Stets im Blick: Eiger, Mönch und Jungfrau.

First" folgen. Der Pfad führt rechts durch das Kar unter dem Loucherhorn (2.230 m) zu einer Geländerippe und dann sanft abwärts. Immer wieder schweift der Blick rechts zu den „Grossen Drei" der Berner Alpen. Hinter dem Güwtürli (2.027 m) wandern Sie flach durch die mit Schutt erfüllte Mulde des Güw und steigen zum breiten Grassattel am **Egg** 02 (2.067 m) an.

Links begrenzen zerklüftete Karsthänge das einsame Sägistal, in dem sich der gleichnamige See verbirgt. Rechts schiessen die Felswände der Ussri und der Indri Sägissa (Sägishörner) in die Höhe. An ihrem Fuss steigt der Pfad weiterhin sanft durch Schutt an, bis er sich unter einer Felskante nach rechts wendet. Über dem Sägistalsee ist auch ein kleiner Ausschnitt des Brienzersees mit dem Brienzer Rothorn zu sehen. Dann marschieren Sie durch eine urweltliche Felsmulde, in der bis in den Hochsommer hinein Schneefelder liegen, zum nahen **Berghaus Männdlenen** 03 (2.344 m) hinauf. Nach 2 ¾ Stunden erreichen Sie die mit Holzschindeln verkleidete Hütte, die im Sattel unter dem dunklen Massiv der Winteregg steht. Wer früh gestartet ist, geniesst dort vielleicht ein (zweites) Frühstück.

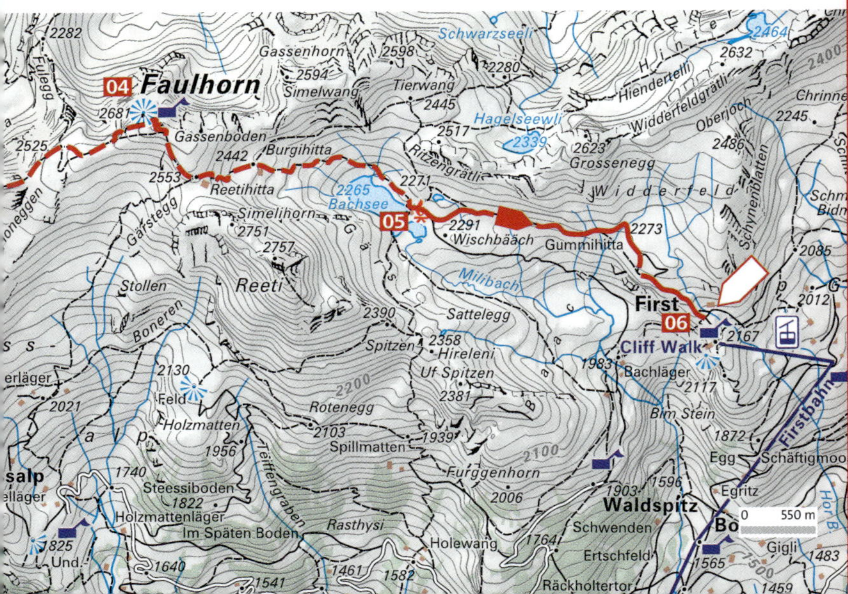

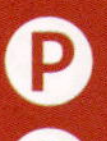

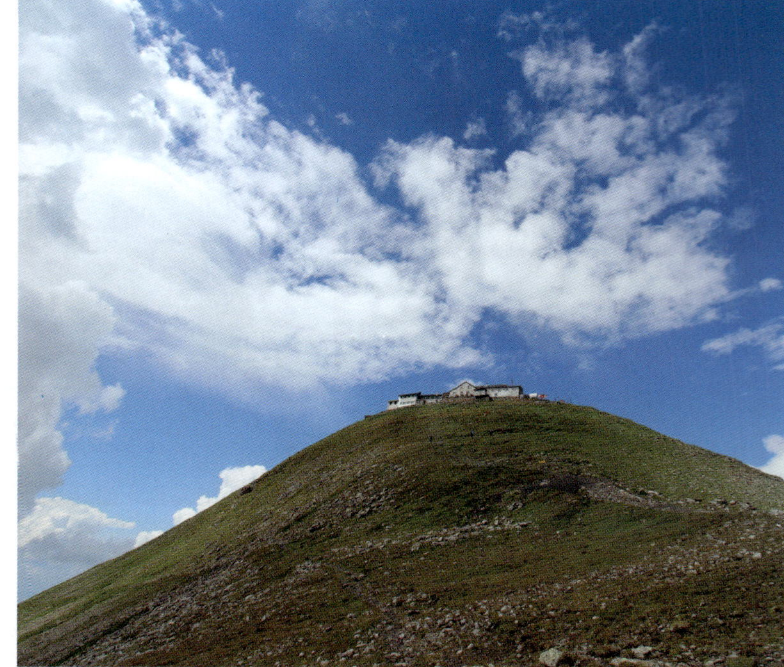

Das Faulhorn mit seinem Hotel.

Der Weiterweg führt zunächst recht steil und über ein paar Holzstufen durch eine Felsflanke empor. Bald geht's nach links und über eine breite, nur sanft ansteigende Schuttrampe auf einen breiten Rücken, von dem man wieder den Sägistal- und den Brienzersee erblickt. Markierungsstangen erleichtern die Orientierung beim Anstieg zum Punkt 2.546 m, wo ein Pfad von Iseltwald her einmündet. Hoch über dem Kar Lochweeri wandern Sie nun zur Kuppe des Faulhorns, unter der sich die Route teilt. Links zieht der schmale Gratweg direkt durch den Steilhang auf den Gipfel, rechts durchquert der breitere Weg den Südhang, bis man links zum alten Berghotel ansteigen kann. Wenige Meter oberhalb davon geniessen Sie vom höchsten Punkt des **Faulhorns** 04 (2.681 m) eine allumfassende Rundsicht – aber nur, wenn die Voralpen jenseits des Brienzersees und die Viertausender im Süden nicht von Wolken verschleiert werden.

Der Wegweiser „First" zeigt den Abstieg nach Süden an. Der breite Weg schlängelt sich zum Sattel des Gassenbodens (2.553 m) hinab. Von dort geht's links unter der dunklen Felsburg des Reeti (2.757 m) bergab. Vorbei an zwei kleinen, offenen Steinhütten gelangen Sie nach 50 Minuten zum **Bachsee** 05 (2.271 m), der auch als Bachalpsee bekannt ist. Dabei handelt es sich um zwei viel besuchte Gewässer, in denen sich das Wetter- und das Schreckhorn, das Finsteraarhorn sowie das Kleine und das Grosse Fiescherhorn spiegeln. Dazu braucht's aber sonniges und vor allem windstilles Wetter – sollte es regnen, dann gewährt dort eine weitere Hütte Unterschlupf. Nun zeigt ein Schild noch 40 Minuten Gehzeit bis zur First an. Der breite Weg – oft eine stark frequentierte Wanderautobahn – zieht nach links und durch die Hänge unter dem Ritzengrätli zum Chämmlisegg und zuletzt auf einer Alpstrasse zur Bergstation der Luftseilbahn auf der **First** 06 (2.167 m).

Ein luftiges Tourenfinale bietet der **„First Cliff Walk".** Der rechts abzweigende Felssteig durchquert die Wandabbrüche; ein weit hinausragender Aussichtssteg bietet einen spektakulären Blick auf das Grindelwalder Alpinpanorama mit der Eigernordwand als unumstrittenem Star. Dann schweben Sie in der Gondel (vier Sektionen) nach **Grindelwald** hinunter.

BIRG – ROTSTOCKHÜTTE – MÜRREN

Erlebnisse zwischen Gspaltenhorn und Piz Gloria

  10,5 km 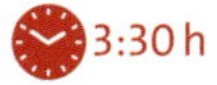 3:30 h 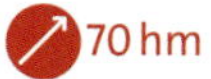 70 hm 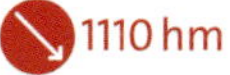 1110 hm  31

START | Stechelberg im Lauterbrunnental, Talstation der Schilthornbahn; gebührenpflichtiger Parkplatz, Postauto-Zufahrt vom Bahnhof Lauterbrunnen (Linie 141). Mit der Luftseilbahn über Mürren zur Station Birg, 2684 m. Talfahrt von Mürren mit der Luftseilbahn nach Stechelberg (https://schilthornbahn20xx.ch). [GPS: UTM Zone 32 x: 412.453 m y: 5.157.122 m]
CHARAKTER | Alpine und aussichtsreiche Bergab-Wanderung mit Hütten-Abstecher auf stellenweise steilen und felsigen Pfaden, die Trittsicherheit und Schwindelfreiheit erfordern (T3).

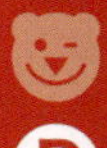
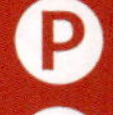

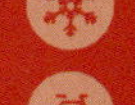

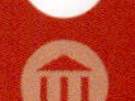

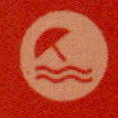

Das 2970 Meter hohe Schilthorn oberhalb von Mürren ist einer der bekanntesten und meistbesuchten „Seilbahnberge" der Schweiz, nicht nur wegen der fantastischen Sicht vom Drehrestaurant auf seinem Gipfel zu den Gletscherriesen und den Voralpen des Berner Oberlandes und seiner legendären Skiabfahrt, sondern auch wegen des Einsatzes von James Bond, der 1968 im Film „Im Geheimdienst Ihrer Majestät" auf dem kurzerhand in „Piz Gloria" umgetauften Berg gegen das Böse kämpfte. Spektakulär ist aber auch die Zwischenstation Birg der Schilthornbahn, die 1000 Meter über Mürren auf einer schroffen Felsbastion thront. Sie bildet einen hochgelegenen Ausgangspunkt für einen erlebnisreichen Besuch der Rotstockhütte, die in einem weiten, bis heute durch keine Strasse erschlossenen Alpgelände unter bizarren Felszacken steht.

▶ Die Terrasse bei der **Seilbahnstation Birg** 01 bietet eine wunderbare Aussicht zur Jungfrau und ihren berühmten Nachbarbergen; fast gegenüber davon ragt das nahe Schilthorn (2970 m) empor. An seinem Fuss ist Ihr erstes Etappenziel, das Grauseeli, zu sehen. Links davon zeigen sich die Blüemlisalp (3661 m), der Passeinschnitt der Sefinenfurgga und das Gspaltenhorn (3436 m) über dem wildfelsigen Schluss des Sefinentals, über dem Sie nach Mürren absteigen werden. Wer will, kann das Panorama auch vom spektakulären, 200 m langen Felsensteig „Thrill Walk" aus geniessen.

Dann folgen Sie dem Wegweiser „Rotstockhütte, Grauseeli" nach Osten und wandern über den dunkelfelsigen Kamm zur etwa 700 m entfernten Senke der Seelifuhre (2598 m) – auf der breiten Piste oder auf dem Pfad links oberhalb davon. Von dort steigen Sie links zum **Grauseeli** 02 (2514 m) ab, das in einer Mulde unter dem Schilthorn liegt. Gemäss der Beschilderung „Rotstockhütte, Gimmelwald" geht's auf einem steilen Gras- und Felspfad weiter abwärts: Nach einer plattigen und etwas ausgesetzten Passage, die mit einem Drahtseil gesichert ist, bleiben Sie bei einer Gabelung geradeaus Richtung „Rotstockhütte". Zwei steinige Gräben müssen noch überquert werden, dann gelangen Sie durch Wiesenhänge zur Abzweigung auf dem aussichtsreichen Graskamm der **Wasenegg** 03 (2288 m).

Jenseits folgt der Abstieg durch die ausgedehnten Hochweiden am Oberläger, bis Sie auf 2051 m rechts auf einen quer verlaufenden Wanderweg einschwenken. Der ist ein Abschnitt der Via Alpina (Nr. 1), der flach in die grüne Gebirgsarena der Boganggenalp am Fuss des Schilthorns führt. Dort bildet die gastliche **Rotstockhütte** 04 (2039 m) nach 1:45 h Rastplatz, Einkehrziel und Umkehrpunkt in einem. Beim Abstieg gehen Sie zunächst auf dem Zugangsweg Richtung „Mürren" zurück. Grandios sind nun die Sicht zur Jungfrau und der Tiefblick zur Felswildnis des hinteren Sefinentals unter dem Gspaltenhorn und dem Tschingelgrat – wer genau schaut, erblickt auch die

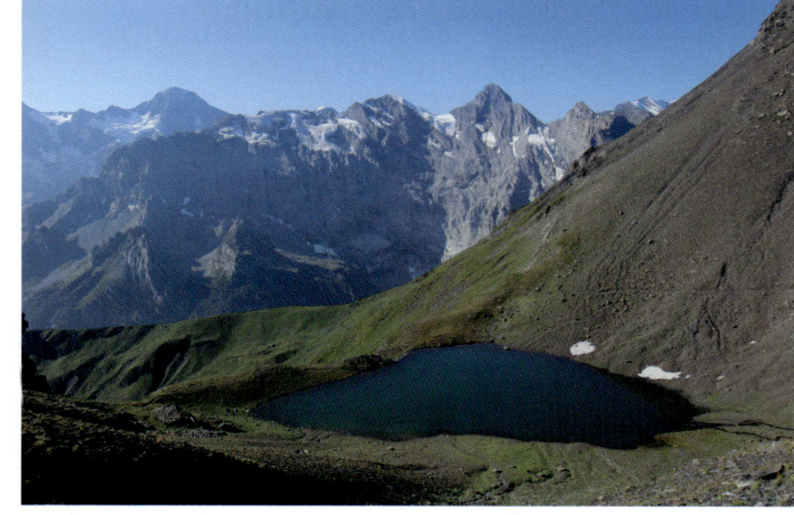

Was für ein Traumplatz! Grauseeli mit Breit- und Tschingelhorn.

dortigen Karstquellen und Wasserfälle. Von der Gabelung am Oberläger gehen Sie geradeaus auf der Via Alpina weiter und folgen auch bei der nächsten Abzweigung stets dem Wegweiser „Spielbodenalp, Mürren". Unter dem Bryndli (2132 m) wird der Hang, den Sie queren, steiler und steiniger. An einer schütter bewaldeten Geländekante erwartet Sie ein überraschender Tiefblick auf die Walsersiedlung Gimmelwald, über dem sich – jenseits des Lauterbrunnentals – die Jungfrau und die Felspfeiler des Schwarzmönchs in voller Pracht erheben. Beim weiteren Abstieg sollte man der Aussicht jedoch keine Beachtung schenken, denn nun schlängelt sich der Pfad über 200 Höhenmeter durch sehr abschüssiges Gelände und über einige Felsstufen abwärts. Links scheint die **Spielbodenalp** 05 (1793 m) senkrecht in der Tiefe zu liegen. 1:00 h nach dem Abmarsch von der Rotstockhütte haben Sie die Alphütten im weiten Schilttal erreicht.

Zuletzt geht's weiterhin auf der Via Alpina (und ab nun auch auf dem Northface-Trail) nach Mürren – über den Bach und dann rechts auf einem schmalen Pfad, der über die Gimmelenweid, durch Waldhänge und an einigen Alphütten vorbei zu einer Asphaltstrasse führt. Auf dieser gelangen Sie rechts hinab zum südlichen Ortsrand von **Mürren** 06 (1638 m), wo sich rechts die Station der Schilthornbahn befindet. 45 Minuten.

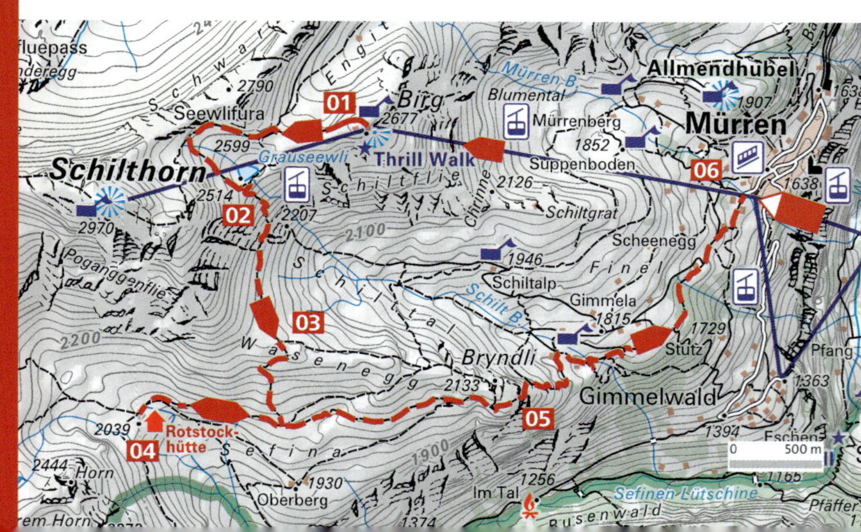

VON DER KLEINEN SCHEIDEGG NACH WENGEN

Im Bann der Jungfrau

  10,5 km  3:20 h 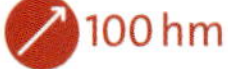 100 hm 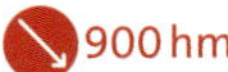 900 hm  31

START | Wengen (1.275 m); Zufahrt nur mit der Bahn von Interlaken bzw. Lauterbrunnen. Auffahrt mit der Wengernalpbahn zur Kleinen Scheidegg (2.061 m; www.jungfrau.ch). [GPS: UTM Zone 32 x: 420.457 m y: 5.159.582 m]
CHARAKTER | Lange und landschaftlich sehr abwechslungsreiche (Fast-)Bergabwanderung auf Pfaden und Alpstrassen (T2).

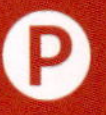

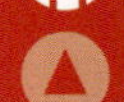
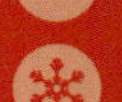

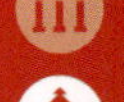
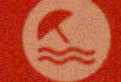

Warum heisst die Jungfrau „Jungfrau“? Einer Theorie zufolge leitet sich der Name des 4.158 m hohen Berges von den Besitzerinnen der nördlich davon gelegenen Wengernalp her – und das waren die Nonnen des Klosters Interlaken.

Wie auch immer: Das Massiv ist einzigartig schön und auch geologisch hochinteressant, denn sein Gipfel aus Kristallgestein lagert auf einem mächtigen Vorbau aus wesentlich jüngerem Kalk. Dieses Paradoxon ist der Alpenauffaltung vor 100 Millionen Jahren zu verdanken. Wesentlich jünger sind die Eisfelder, die die Jungfrau bedecken. Der auffälligste davon ist der Giessengletscher mit dem seltsamen „Kriegsloch“. Wenn es sich schliesst, so heisst es, dann bricht ein grosser Krieg aus – und genauso soll es vor dem Ausbruch des Ersten und des Zweiten Weltkriegs auch gewesen sein.

Eine geradezu grandiose Sicht auf den Berg und seine Gletschergeheimnisse bietet der hier vorgestellte Höhenweg.

▶ Am Bahnhof auf der **Kleinen Scheidegg** 01 (2.061 m) folgen Sie der Beschilderung „Lauberhorn, Männlichen“ (Via Alpina) und zweigen nach 40 m (gegenüber der Villa Maria) links Richtung „Lauberhorn, Rinderhütte, Wengernalp“ ab. Etwas weiter oben schwenken Sie links auf einen Pfad ein, der über die flachen Weiden oberhalb der Gleisanlagen führt und dann sanft durch die Südwestabhänge des Lauberhorns ansteigt. Rückblick zum Bahnhof und zum Wetterhorn, herrliche Sicht zum vergletscherten „Dreigestirn“ gegenüber! Kurz vor der **Rinderhütte** 02 (2.137 m) wird eine Seilbahn unterquert, dann geht's bald links im Bereich der berühmten Lauberhorn-Abfahrtsstrecke bergab. Unter dem felsigen Hundschopf steigen Sie in Kehren bis zum Trassee der Wengernalpbahn ab. Daneben kommen Sie links zur nahen **Station Wengernalp** 03 (1.874 m); gleich oberhalb davon steht das Hotel Jungfrau Wengernalp.

Noch ein paar Schritte weiter gelangen Sie zu einer Bahnunterführung, hinter der Sie rechts auf den Pfad Richtung „Mettlenalp, Stalden, Wengen“ abbiegen. Dieser schlängelt sich über Wiesen und durch Wald zu einer Alpstrasse hinab und kürzt ihre Kehren bis zur **Alp Mettla** 04 (1.700 m) ab. Sie liegt hoch über der Trimmleten-Schlucht, direkt gegenüber der Jungfrau und dem zerklüfteten Giessengletscher mit seinem „Kriegsloch“ – was für ein Anblick!

Auf dem Fahrweg wandern Sie durch den Wald zur nahen Wiese von **Stalden** (1.681 m) weiter. Dort zweigen Sie links auf den Wanderweg nach Wengen ab und bleiben bei der nahen Wegkreuzung geradeaus. Über der Staldenfluh (1.600 m) geniessen Sie einen atemberaubenden Tiefblick auf Lauterbrunnen und erblicken auch schon Ihr Ziel.

Durch steile Waldhänge (Holzstufen) steigen Sie zum Hasenbachsteg ab. Im weiteren Wegverlauf überqueren Sie noch zwei Bäche, die links unten als Wasserfälle ins Tal stürzen. Schliesslich erreichen Sie die Wiesen um die kleine Ansiedlung **Schiltwald** 05 (1.310 m). Dort beginnt links eine Kiesstrasse, auf der Sie zum Staubbachbänkli hinabgehen –

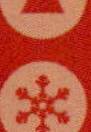

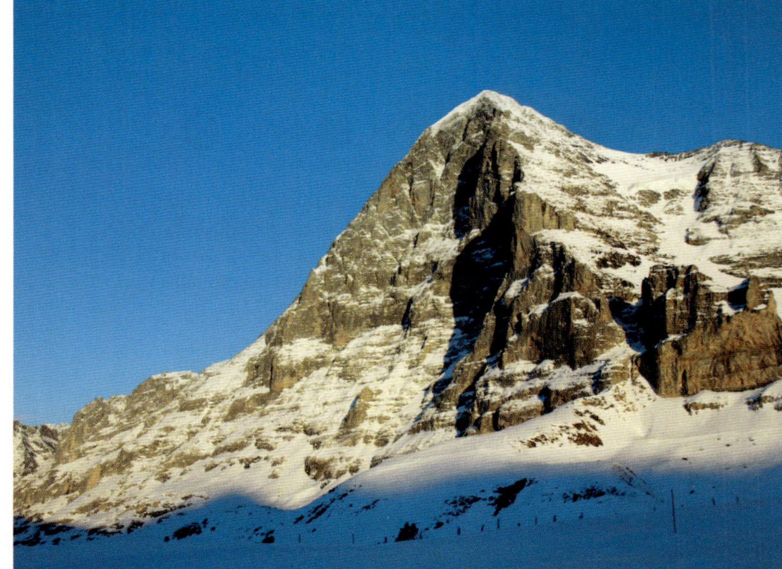

Die 1.800 m hohe Eiger-Nordwand über der Kleinen Scheidegg.

der kleine Abstecher zum Rastplatz mit Blick zum berühmtesten Wasserfall auf der anderen Seite des Lauterbrunnentals und zu den Gletscherbergen im Talschluss lohnt sich auf jeden Fall.

Der Fahrweg führt an schönen Chalets vorbei nach Innerwengen. Auf Asphalt marschieren Sie zuletzt in den noch 1,8 km entfernten Ort **Wengen** 06 (1.275 m) mit seinem Bahnhof.

Die Trümmelbachfälle

Die Sommersonne setzt den meisten der 72 Wasserfällen im Lauterbrunnental zu – nur den Trümmelbachfällen nicht, ganz im Gegenteil: Der Trümmelbach entwässert nämlich die riesigen Gletscherflanken von Eiger, Mönch und Jungfrau. Das Schmelzwasser – bis zu 20.000 Liter pro Sekunde – transportiert Jahr für Jahr über 20.000 Tonnen Schutt und Sand zu Tal. Dabei entstanden zehn Wasserfälle, die so tief im Gestein verborgen sind, dass sie kaum ein Lichtstrahl trifft. Ein kühn angelegter Weg und ein unterirdischer Schrägaufzug erschliessen dieses wilde Wunder der Natur. *www.truemmelbachfaelle.ch*

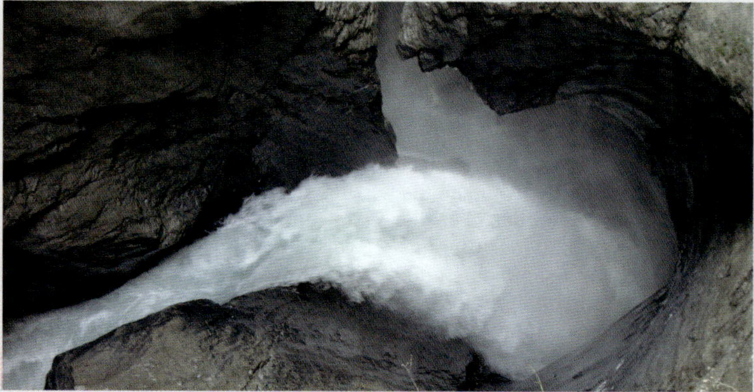

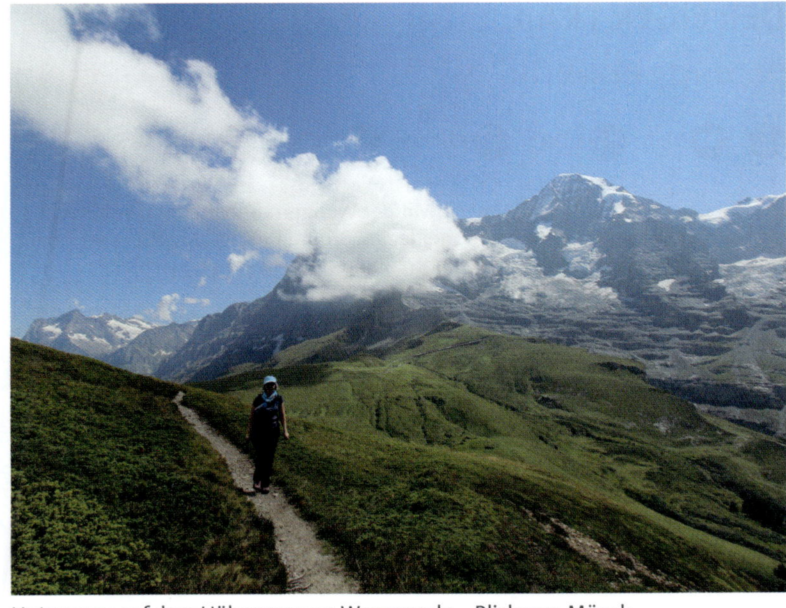

Unterwegs auf dem Höhenweg zur Wengernalp – Blick zum Mönch.

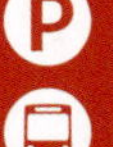

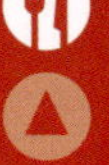

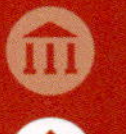
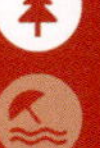

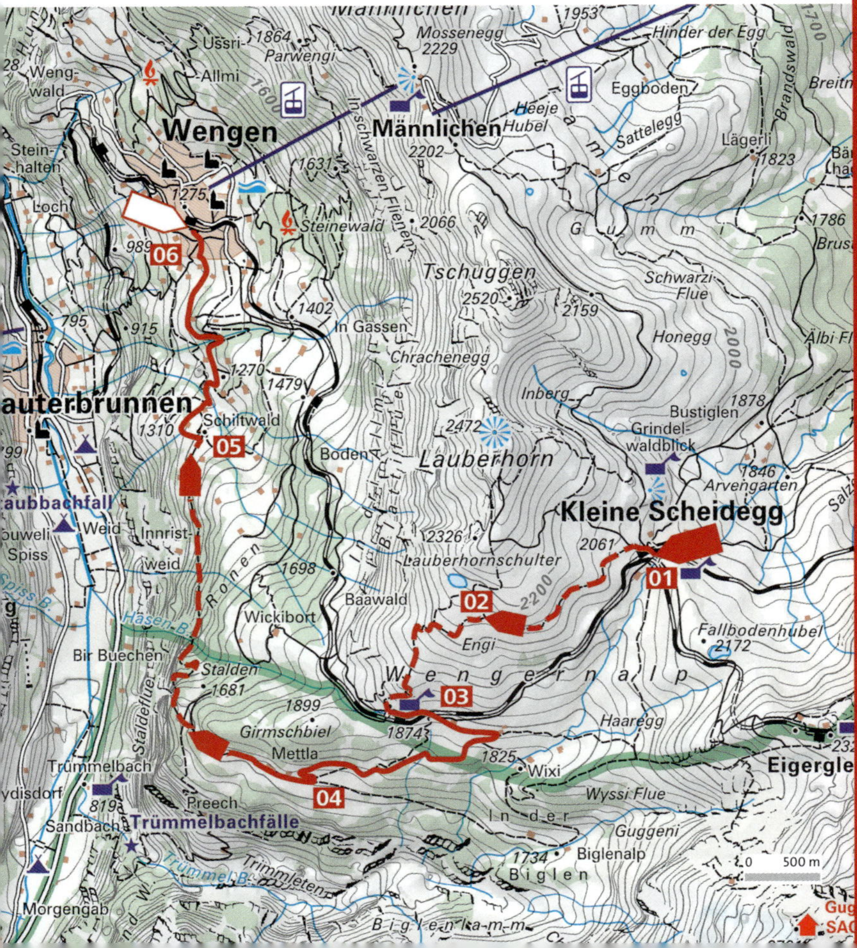

Wengen
Männlichen
Mossenegg 2229
Parwengi 1864
Ussri
Allmi
Weng-wald
Stein-halten
Loch
Steinewald
1275
06
Hinder der Egg
Eggboden
Heeje Hubel
Satteleg
Lägerli 1823
Gummi
Schwarzi-Flue
Honegg
Tschuggen 2520
2159
2066
2202
In Gassen
Chrachenegg
Inberg
Bustiglen 1878
Grindelwaldblick
1846 Arvengarten
Lauberhorn
2472
Kleine Scheidegg
2061
01
Lauberhornschulter
2326
02
Engi
Wengernalp
03
1874
Fallbodenhubel 2172
Haaregg
Eigergletscher
1825 Wixi
Wyssi Flue
Guggeni
Biglenalp
1734
Biglen
Lauterbrunnen
Schiltwald
05
1310
Boden
795
915
1402
1270
1479
Innrist-weid
Weid
Rone
1698
Wickibort
Baawald
Bir Buechen
Stalden 1681
1899
Girmschbiel
Mettla
04
Trümmelbach
819
Preech
Trümmelbachfälle
Sandbach
Trimmleten
Morgengab
Staubbachfall
0 500 m

DER EIGER TRAIL

Der Wand ganz nah

  8 km 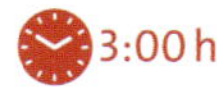 3:00 h 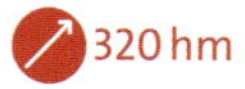 320 hm 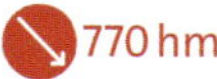 770 hm  31

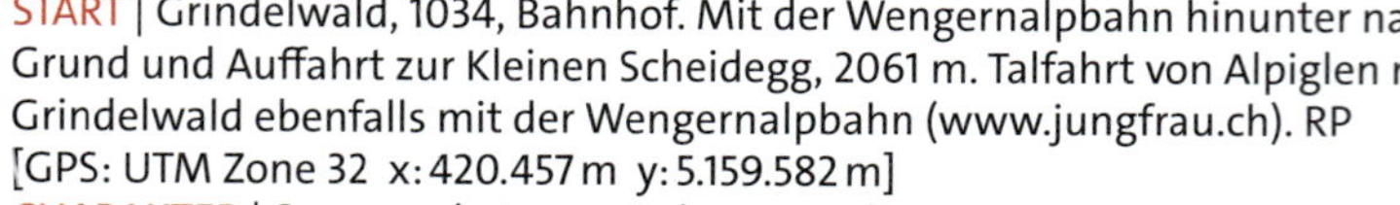

START | Grindelwald, 1034, Bahnhof. Mit der Wengernalpbahn hinunter nach Grund und Auffahrt zur Kleinen Scheidegg, 2061 m. Talfahrt von Alpiglen nach Grindelwald ebenfalls mit der Wengernalpbahn (www.jungfrau.ch). RP [GPS: UTM Zone 32 x: 420.457 m y: 5.159.582 m]
CHARAKTER | Spannende Bergwanderung auf gut angelegten Wegen und Pfaden ohne exponierte Passagen, lediglich eine kurze felsige Stelle erfordert Trittsicherheit (T2). Der Eiger Trail kann kurzfristig wegen Steinschlag- und Lawinengefahr gesperrt werden. Die Tour lässt sich mit der Bahnfahrt zur Station Eigergletscher um 50 Minuten abkürzen.

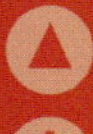
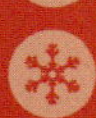

Dem Eiger fehlen genau 30 Meter zur „Viertausenderwürde" – trotzdem ist er neben dem Matterhorn der bekannteste Berg der Schweiz. Seine 1800 Meter hohe Nordwand – genau genommen handelt es sich dabei um eine Nordost- und eine Nordwestwand, zwischen denen der Nordpfeiler emporstrebt – war seit den 1930er-Jahren Schauplatz unzähliger Ersteigungsversuche, von denen nicht wenige tödlich endeten, aber auch von spektakulären „alpinen Heldentaten". 1938 kämpften sich die Erstersteiger Anderl Heckmair, Ludwig Vörg, Fritz Kasparek und Heinrich Harrer drei Tage lang zum Gipfel empor; 2015 schaffte Ueli Steck eine Alleinbegehung in 2 Stunden und 22 Minuten. Das ist nur geringfügig länger als die Gehzeit für den Eiger Trail, der von der Station Eigergletscher am Fuss der Riesenwand zu den Bergwiesen von Alpiglen hinabführt. Idealerweise beginnt man diese interessante Bergwanderung mit dem Aufstieg von der Kleinen Scheidegg, denn dann gibt's vor den Einblicken in die Alpingeschichte auch eine faszinierende Aussicht zu den Gletschern unter der Jungfrau.

▶ Am Bahnhof auf der **Kleinen Scheidegg** 01 zeigen die Wegweiser „Fallboden, Eigergletscher" die Richtung an. Ein

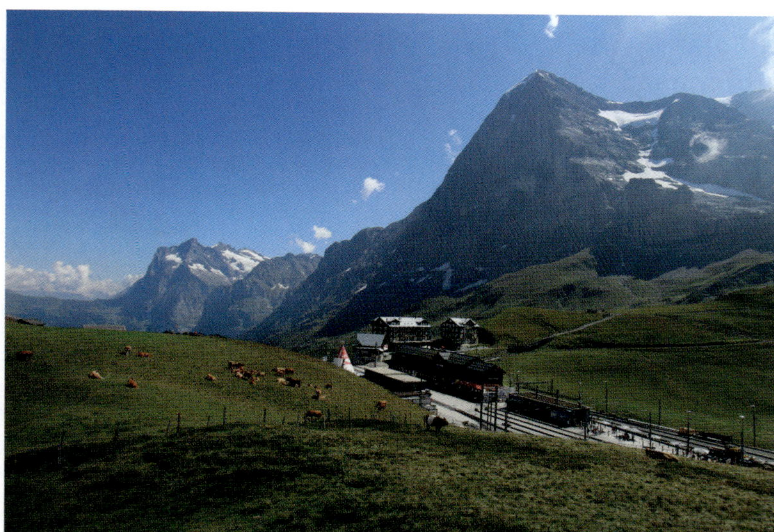

Die Eiger-Nordwand bleibt auch am schönsten Sommertag schattig.

breiter Kiesweg (Jungfrau Eiger Walk) führt am Hotel Bellevue des Alpes vorbei und hinauf zum Rastplatz beim künstlich angelegten Fallbodensee. Das unter Denkmalschutz stehende „Chilchli" daneben war eine Trafostation der Jungfraubahn; heute birgt es eine Ausstellung über die Eigernordwand. Nach der Unterquerung der Bahnlinie geht's zu einem kleinen Häuschen hinauf. Dabei handelt es sich um die alte Mittellegi-Hütte, die 1924 auf dem Nordostgrat des Eigers errichtet wurde – als dort 2001 ein Neubau notwendig wurde, hat man sie per Hubschrauber hierher versetzt. Links über den Kamm der Loucherflue ansteigend (toller Blick zum Eigergletscher und zur Jungfrau) gelangen Sie nach 50 Minuten zur **Bahnstation Eigergletscher** 02 (2320 m, Restaurant).

Jenseits der Gleise gehen Sie rechts zu den Bergstationen des Eigernordwand-Lifts und des neuen Eiger-Express hinauf. Von dort führt der Eiger Trail (Nr. 353) unter Felsabbrüchen vorbei und neben der neuen Seilbahn durch die Schutthalden unterhalb des Rotstocks (2663 m) abwärts und kurz zur Anhöhe des **Wart** 03 (2285 m) hinauf. Dort wird die Eigernordwand in ihrer vollen Grösse sichtbar (Infotafel über die Nordwandrouten, Abzweigung zum Rotstock-Klettersteig). Der Pfad schlängelt sich im Respektabstand zu den Felsabstürzen durch eine Mulde und über Schutthänge zu den blumenreichen Alpmatten „Im Glatten Wang" hinab. Am Fuss der Wand – direkt unter dem Eigergipfel – liegen bis weit in den Sommer hinein Schneefelder, ausserdem müssen einige Rinnen überquert werden. Nach einer etwas felsigen Passage erreichen Sie den eindrücklichen Wasserfall des Sandbachs, der weiter unten durch eine kleine Felsschlucht tost. Dort geht's nun steiler im Zickzack hinunter. Auf 1725 m treffen Sie auf eine **Gabelung** 04, von der Sie links absteigen.

Nach einer kurzen, harmlosen Passage, die mit einem Stahlseil gesichert ist, gelangen Sie über schöne Alpwiesen zum **Berghaus Alpiglen** 05 (1616 m) und kurz weiter zur Bahnstation. 2:10 h.

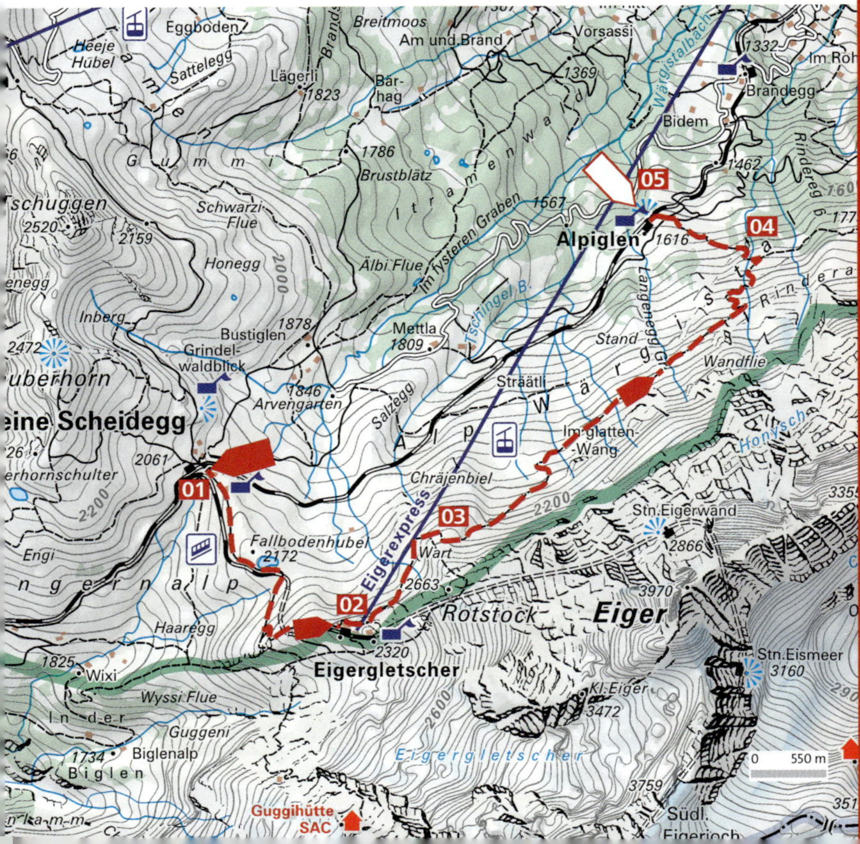

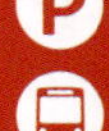

45

FIRST – BACHSEEN – BUSSALP

Spiegelung und Spitzen

 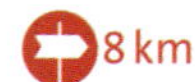 8 km  3:30 h 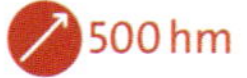 500 hm 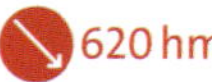 620 hm  31

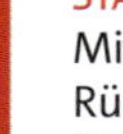

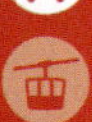
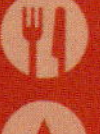
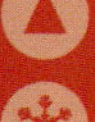
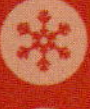

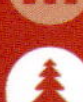

START | Grindelwald (1.034 m); Bahnhof, gebührenpflichtige Parkplätze im Ort. Mit dem Grindelwald Bus (Linie 127) zum Berggasthaus Waldspitz (1.918 m). Rückfahrt von der Bussalp zum Bahnhof mit der Linie 126.
[GPS: UTM Zone 32 x: 426.767 m y: 5.166.800 m]
CHARAKTER | Erlebnisreiche Alp- und Bergwanderung auf guten Pfaden (T2). Unterwegs keine Einkehrmöglichkeit.

Höhenwege oberhalb der Baumgrenze gibt es einige rund um Grindelwald – einer der schönsten ist jedoch jener, der hoch über dem Ort durch die Südhänge der Reeti führt. Die meisten beginnen diese Wanderung bei der Gondelbahnstation auf der First; weniger begangen ist jedoch die Zugangsroute vom Berggasthaus Waldspitz. Jeder dieser Wege führt zu den beiden übereinander gelegenen Bachseen, die im Ranking der meistgeklickten Schweizer Fotomotive ganz weit vorne liegen. Die viel gerühmte Sicht zu den Gletscherbergen erweitert sich jedoch nach dem folgenden Anstieg zum Südostgrat der Reeti wie mit einem Paukenschlag. Da bleibt man vielleicht länger als geplant vor der kleinen Fer-

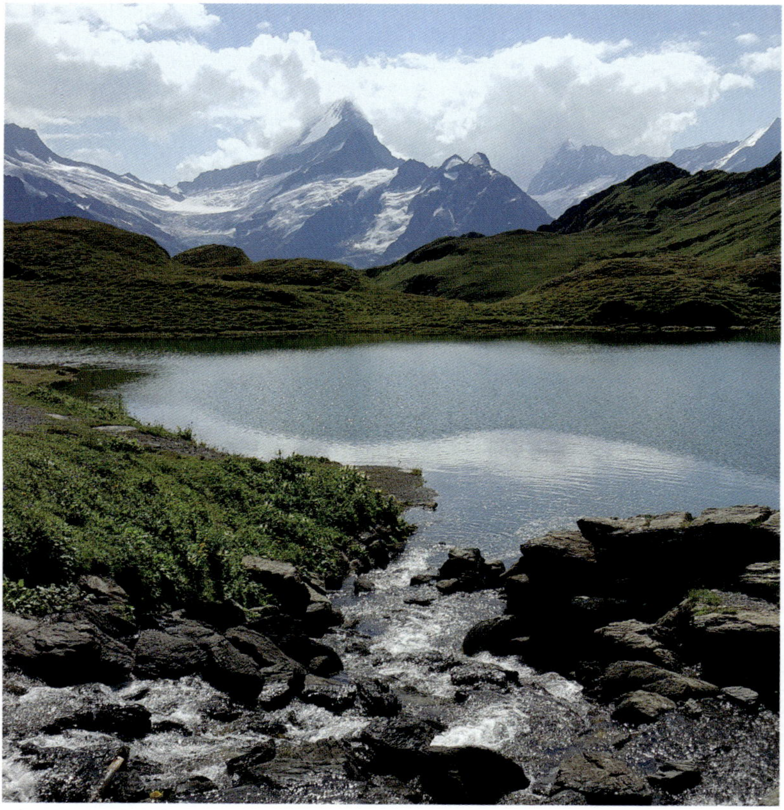

Ohne Spiegel, dafür mit Wolken und Wildwasser – der Bachseeblick.

nandeshitta sitzen, um all die landschaftliche Pracht zu geniessen, bevor man sich in Vorfreude auf Genüsse kulinarischer Art an den Abstieg macht.

▶ Bei der Bushaltestelle vor dem **Berggasthaus Waldspitz** 01 (1.918 m) zeigt der Wegweiser „Bachalpsee" den Beginn des Blumenpfades an. Er verläuft zunächst auf der Schotterstrasse zu den Hütten im Bachläger. Vor der Brücke über den Milibach, der weiter unten Mühlen antrieb, biegen Sie links ab und gehen zu zwei Hütten hinauf. Von dort steigt ein Pfad unter der Sattelegg (2.226 m) ins weite Hochtal des Milibachs an, wo das flache Gewässer schöne Mäander bildet. Nach ungefähr 1½ Stunden erreichen Sie den unteren der beiden **Bachseen** 02 (2.265 m), in denen sich – wenn es windstill ist – das Wetter- und das Schreckhorn spiegeln.

Vor dem See zweigen Sie links auf einen Pfad mit der Beschilderung „Spitzen, Feld, Bussalp" ab. Er führt hoch über dem

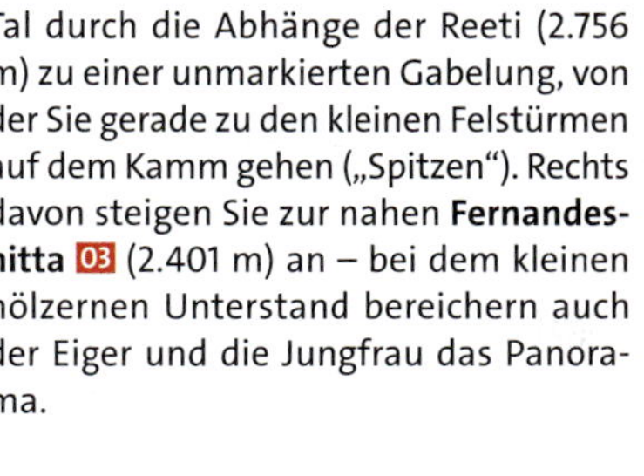

Tal durch die Abhänge der Reeti (2.756 m) zu einer unmarkierten Gabelung, von der Sie gerade zu den kleinen Felstürmen auf dem Kamm gehen („Spitzen"). Rechts davon steigen Sie zur nahen **Fernandeshitta** 03 (2.401 m) an – bei dem kleinen hölzernen Unterstand bereichern auch der Eiger und die Jungfrau das Panorama.

Dann geht's durch die Schutt- und Grashänge der Reeti bergab, bis hinter einer Anhöhe (2.164 m) das „Feld" auf der Alp Holzmatten auftaucht. Gemäss dem Wegweiser „Bussalp Oberläger" wandern Sie über einen tief eingeschnittenen Schuttgraben (Holzstufen) und über Weiden zur nächsten Abzweigung.

Der linke Graspfad führt Richtung „Bussalp Höhenwege 2000/2200" abwärts, an einem Alpweg vorbei und hinab zum Restaurant auf der **Bussalp** 04 (1.825 m). Auf Asphalt marschieren Sie zuletzt in den noch 1,8 km entfernten Ort **Wengen** 06 (1.275 m) mit seinem Bahnhof.

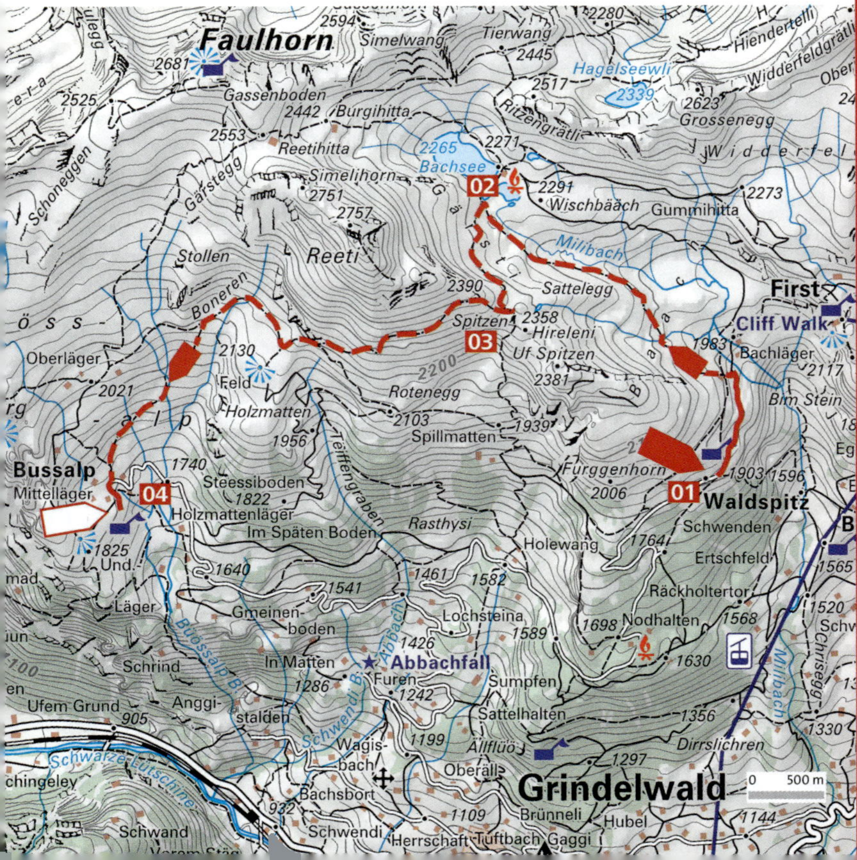

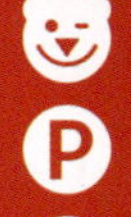
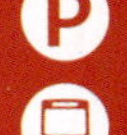
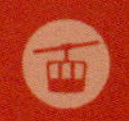

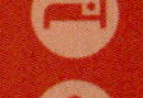

46

ZUR LAUTERAARHÜTTE • 2.392 m

Ein eisfreier, aber bald schon überschwemmter Zustieg?

 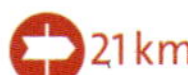 21 km 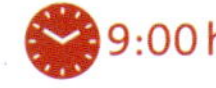 9:00 h 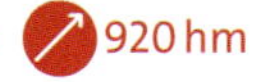 920 hm 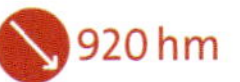 920 hm 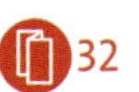 32

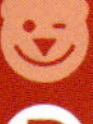
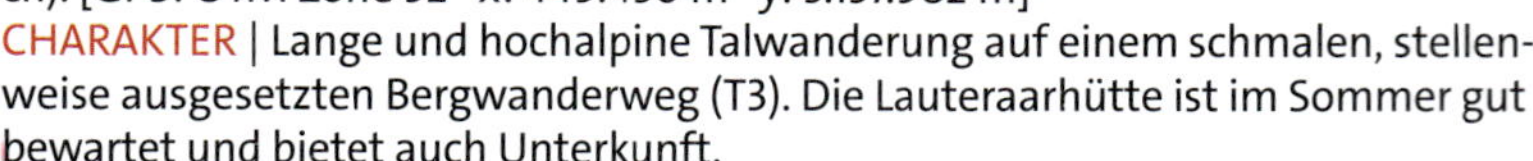

START | Hotel Grimsel-Hospiz, 1980 m; Postauto-Haltestelle, gebührenfreier Parkplatz. Eventuell Tal- bzw. Bergfahrt mit der Hospizbahn (www.grimselwelt.ch). [GPS: UTM Zone 32 x: 449.456 m y: 5.157.982 m]
CHARAKTER | Lange und hochalpine Talwanderung auf einem schmalen, stellenweise ausgesetzten Bergwanderweg (T3). Die Lauteraarhütte ist im Sommer gut bewartet und bietet auch Unterkunft.

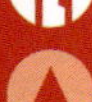

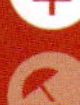

Im Sommer 2018 ist die Zunge des Unteraargletschers soweit zurückgeschmolzen, dass der Weg zur gleichnamigen Hütte nun nicht mehr übers „ewige" Eis führt. Er wurde von einer Alpinroute auf einen Bergwanderweg herabgestuft, was aber natürlich nichts an der Schönheit der hochalpinen Landschaft, die er durchquert, ändert. Sehr gravierende Änderungen drohen dagegen durch die zukünftigen Pläne, die zwischen 1925 und 1932 errichteten Staumauer des Grimselsees um 23 Meter zu erhöhen!

▶ Solange der Talübergang wegen der aktuellen Bauarbeiten an der neuen Grimsel-Staumauer nicht möglich ist, muss man von der Seeuferegg-Staumauer nahe dem **Hotel Grimsel Hospiz** 01 zunächst auf der Via Sbrinz (Nr. 40) in 30 Minuten knapp 200 Höhenmeter ins **Summerloch** 02 (1800 m) absteigen, mit der selbstbedienbaren Hospizbahn dort hinunterfahren oder am Parkplatz vor der Abzweigung der Zufahrtsstrasse starten.

Vom Summerloch führt der Pfad mit der Beschilderung „Unteraargletscher, Lauteraarhütte SAC" durch steile, felsige Hänge empor und oberhalb des Staudamms zu einem **Tunnel** 03 (1970 m). Alternativ erreicht man den Tunnel über die Staumauer. Dahinter geht's auf einem stellenweise recht schmalen und luftigen Pfad im stetigen Auf und Ab fast 6 km taleinwärts. Ein Betonsteg führt unter einem Wasserfall vorbei (das kühle Nass stammt aus dem Bächlisee und wird durch einen Stollen unter dem Juchlistock herübergeleitet). In einigen Felsflanken wurde der Pfad aus dem Gestein

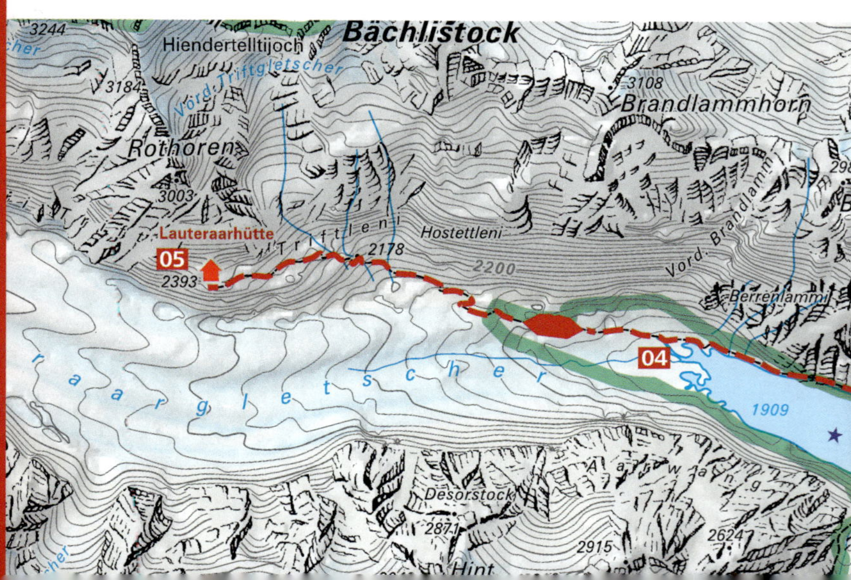

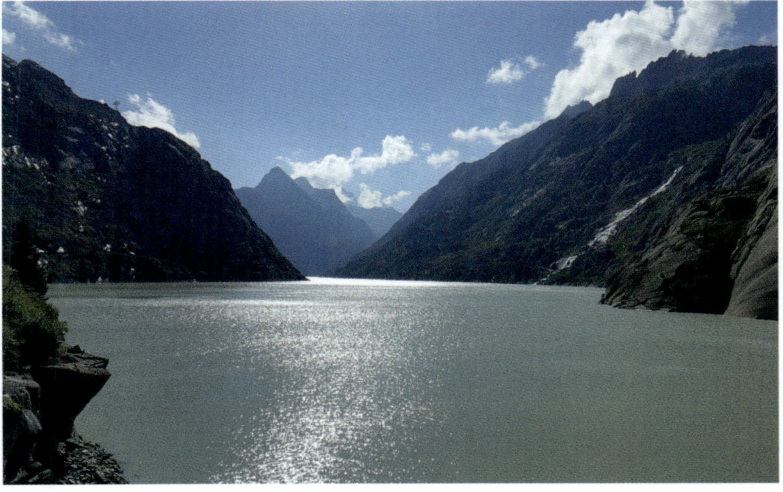

Der Weg führt dem Grimselsee entlang ins Herz der Berner Alpen.

geschlagen, im Wiesengelände da und dort mit Steinplatten ausgelegt. Man durchquert kleine Moorflecken, Gebüsch und den höchstgelegenen Arvenbestand der Berner Alpen – mit einem Wort: eine Märchenlandschaft vor der Kulisse des Lauteraarhorns (4042 m), das sich über dem Talschluss erhebt. Zuletzt erreichen Sie neben dem Seeufer die **Mündung des Gletscherbachs** 04 (1909 m). 2:30 h.

Um 1850 reichte die Zunge des Unteraargletschers bis in den Bereich des heutigen Stausees hinein; mittlerweile muss man noch etwa 1,5 km über den flachen Schuttboden bis zu seiner Eisstirn weitergehen. Dazwischen erinnert das „Gletscherweib", ein Mahnmal gegen die Aufstaupläne, nach denen dieses Gebiet im Wasser versinken soll. Vor der zerfallenden und mit viel Schutt bedeckten Gletscherzunge steigen Sie rechts durch Moränenschutt an. Weiter oben schlängelt sich der Pfad durch Grashänge in die Triftleni-Mulde (2327 m) und weiter über dem Gletscher empor. Nach 2:00 h kommt die **Lauteraarhütte** 05 (2392 m) ins Blickfeld – und damit auch der Zusammenfluss von Ober- und Unteraargletscher, der sich noch gut 2 km taleinwärts am Fusse des Lauteraarhorns befindet.

Der **Rückweg** erfolgt auf derselben Route in gut 4:00 h.

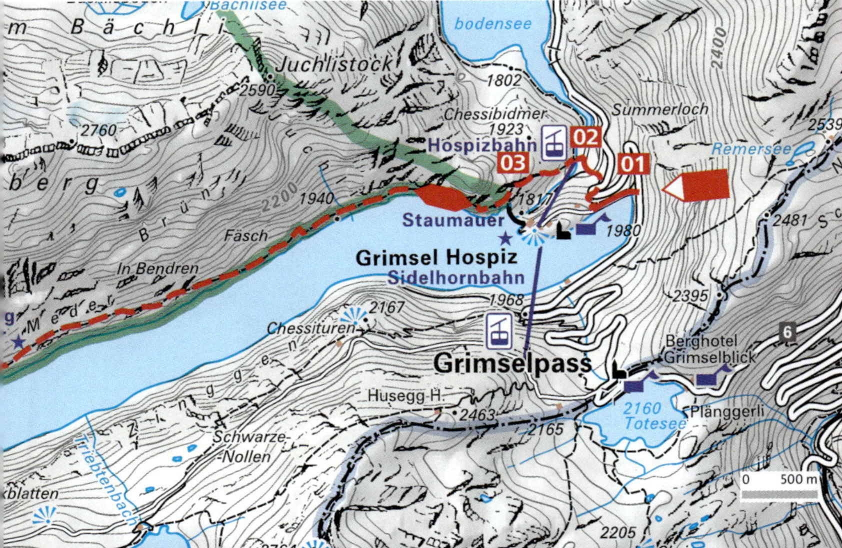

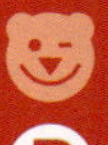
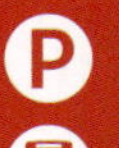
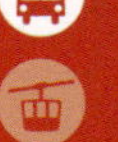

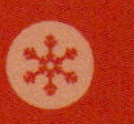

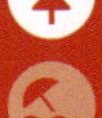

47

ÜBER DEN PAZOLASTOCK • 2.739 m

Wo der (Vorder-)Rhein entspringt

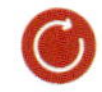 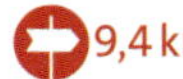 9,4 km 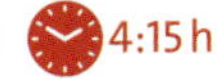 4:15 h 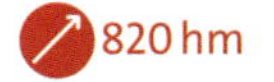 820 hm 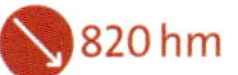 820 hm  33

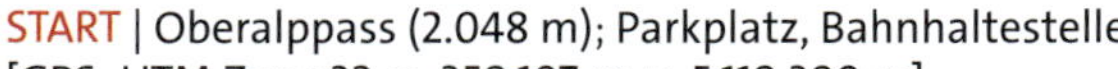

START | Oberalppass (2.048 m); Parkplatz, Bahnhaltestelle.
[GPS: UTM Zone 32 x: 358.107 m y: 5.118.399 m]
CHARAKTER | Alpine Rundtour auf stellenweise ausgesetzten Bergpfaden, die Trittsicherheit und Schwindelfreiheit erfordern (T3).

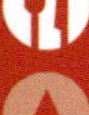
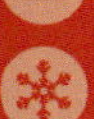

Die westlichste Quelle des Vorderrheins verbirgt sich auf der Alp Tuma unter dem Rossbodenstock. Der Lai da Tuma gilt als der Ursprung jenes Stromes, der nach 1.232,7 km bei Rotterdam in die Nordsee mündet (die auf einer Tafel beim See angegebene Länge von 1.320 km ist also leicht übertrieben). Wie auch immer: Ein Besuch der entlegenen „Kinderstube" des Flusses lohnt sich auf jeden Fall, vor allem in Verbindung mit der Überschreitung des aussichtsreichen Pazolastocks.

Beim Infocenter „Rheinquelle" neben dem Leuchtturm (das verkleinerte Modell ist ein Geschenk aus Rotterdam) im Bereich des **Oberalppasses** 01 (2.048 m) folgen Sie der Beschilderung „Pazolastock, Badushütte SAC" und wandern auf einem anfangs kurz noch gepflästerten Weg, dann auf einem gut ausgetretenen Pfad durch die Hänge oberhalb des Passes (Las Puozzas) zu einer kleinen Hochebene hinauf. Steiler geht's weiter empor, bis Sie den Sattel der **Pazolalücke** 02 (2.582 m)

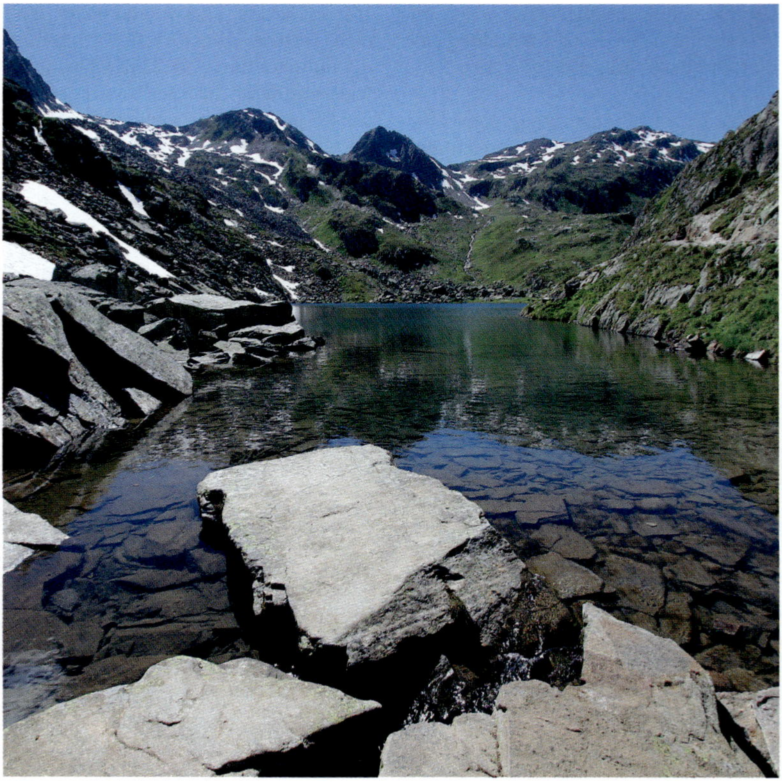

Am Lai da Tuma beginnt der Rhein seine lange Reise durch Europa.

erreichen – herrlicher Blick nach Andermatt und zu den Berner Alpen. Dort biegen Sie links Richtung „Badushütte, Lai da Tuma“ ab und steigen auf einem schmaleren Pfad – zuletzt durch felsiges und etwas ausgesetztes Steilgelände – zu einer flachen Graskuppe an. Von dort führt links ein ganz kurzer Stichpfad auf den 2.739 m hohen Gipfel des **Pazolastocks** **03** (2 Std.).

Von der Gabelung knapp unterhalb des höchsten Punkts führt der Pfad südwärts zu einem schroffen Grat (2.742 m), der teils überschritten und teils in der Flanke umgangen wird. Noch oberhalb der Martschallücke (2684 m), über der der Rossbodenstock (2.837 m) aufragt, wenden Sie sich nach links, übersteigen eine Trockensteinmauer und steigen über den Graskamm neben einer Mulde ab. Wo der Rücken felsig wird, geht’s rechts daneben abwärts. 45 Minuten nach dem Start auf dem Pazolastock lädt die kleine **Badushütte** **04** (2.505 m) des SAC zur Rast ein.

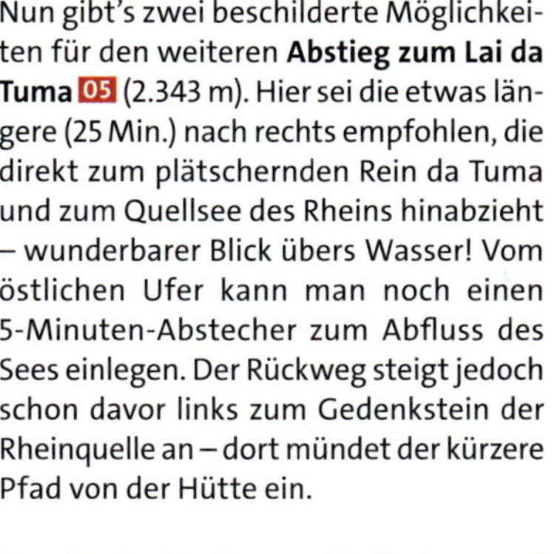

Nun gibt’s zwei beschilderte Möglichkeiten für den weiteren **Abstieg zum Lai da Tuma** **05** (2.343 m). Hier sei die etwas längere (25 Min.) nach rechts empfohlen, die direkt zum plätschernden Rein da Tuma und zum Quellsee des Rheins hinabzieht – wunderbarer Blick übers Wasser! Vom östlichen Ufer kann man noch einen 5-Minuten-Abstecher zum Abfluss des Sees einlegen. Der Rückweg steigt jedoch schon davor links zum Gedenkstein der Rheinquelle an – dort mündet der kürzere Pfad von der Hütte ein.

Der finale Abstieg verläuft dann auf dem Vier-Quellen-Weg (Nr. 49) Richtung „Oberalppass, Tschamutt“ durch die Hänge über einem weiten, grünen Hochtal (Plauncas Cuflegl) hinab. Vorbei an der Abzweigung nach Tschamutt gelangen Sie zu einer felsigen Passage (Stahlseil – Vorsicht, Steinschlaggefahr!), hinter der Sie gegenüber der Oberalp-Passstrasse wieder etwas ansteigen. Zuletzt wandern Sie daneben zum **Oberalppass** **01** zurück (gut 1 Std.).

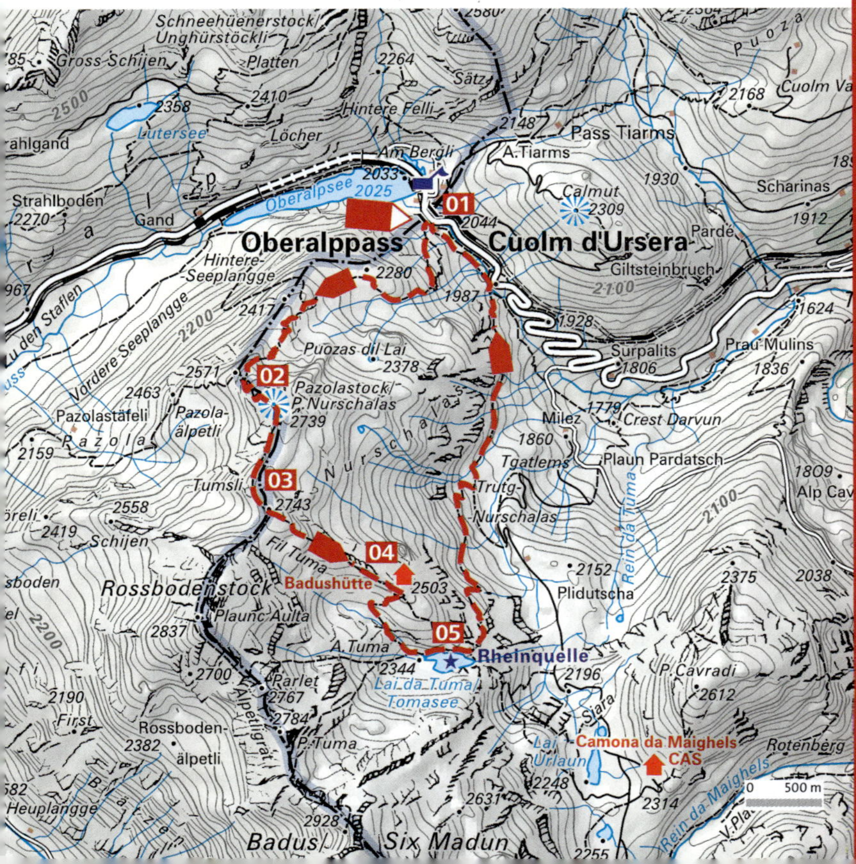

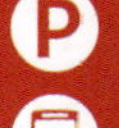
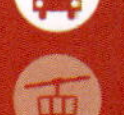

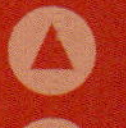
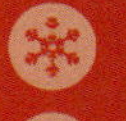

ZUR BIFERTENHÜTTE

Ein „Höhenflug“ ins Herz der Glarner Alpen

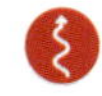   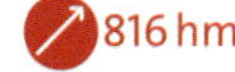 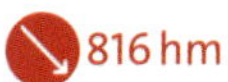 

15,8 km 5:45 h 816 hm 816 hm 34

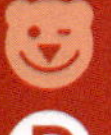

START | Breil/Brigels (1.256 m), Talstation der Sesselbahn; Postauto-Haltestelle und Parkplatz. Auffahrt zur Bergstation Crest Falla (1.670 m). Talfahrt ebenfalls mit der Sesselbahn (www.surselva.info/Bergbahnen-Brigels).
GPS: UTM Zone 32 x: 505.151 m y: 5.179.833 m]
CHARAKTER | Schöne Hütten- und Bergwanderung auf guten Pfaden (T3). Einkehren und übernachten kann man in der Bifertenhütte; Getränke gibt's oft im Brunnen der Alp Rubi Sura.

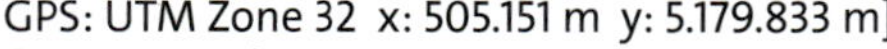

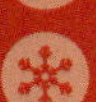

Die geologisch hochinteressante und vergletscherte Bergwelt rund um den 3.419 m hohen Bifertenstock (Piz Durschin) ist das alpine Highlight von Breil/Brigels. Aufgebaut wird dieses Gebiet aus Gesteinen, die am Meeresgrund abgelagert oder in heissen Wüsten entstanden sind. Während der Alpenauffaltung wurden sie in der Tiefe unter Hitzeeinwirkung umgewandelt, wieder emporgedrückt und bizarr verfaltet. Schliesslich haben sie die Gletscher der Kaltzeiten abgeschliffen und in die heutige Form gebracht. Manches davon lässt sich während der Wanderung zur Bifertenhütte gut nachvollziehen.

▶ Nach der Auffahrt gehen Sie von der **Bergstation Crest Falla** 01 (1.256 m) wenige Schritte zu einem geteerten Fahrweg, dem Sie nach links Richtung „Burleun, Alp Quader“ hinauf folgen. Kurz darauf geht's rechts weiter und in weiten Kehren zur **Alp Quader** 02 (1.903 m) empor, wo Sie nach 45 Minuten ankommen. Vor den Hütten zweigen Sie rechts auf einen Pfad ab (Schild „Rubi Sura, Bifertenhütte AAC“). Dieser steigt durch die Weidehänge zu einem Brunnen an und führt dann hoch über dem Val Curvala zur kleinen **Alphütte Rubi Sura** 03 (2.172 m).

Sie wandern weiter Richtung „Bifertenhütte AAC“ zum Felsblock Crap dil Gieri und geniessen dabei einen herrlichen Blick ins einsame Val Frisal am Fuss des 3.419 m hohen, vergletscherten Bifertenstocks. Vorbei an einem Kreuz auf einer Kuppe (2.334 m) gelangen Sie in eine felsige Mulde unter dem Piz d'Artgas (2.785 m), in der sich ein Bächlein eine Mini-Schlucht mit einigen Auswaschungen geschaffen hat. Etwas oberhalb davon zweigen Sie links zur **Bifertenhütte** 04 (2.482 m) ab – Sie erreichen die grossartig gelegene Schutzhütte des Akademischen Alpenclubs Basel nach einem kurzen Anstieg am Fuss des auffälligen Kistenstöcklis.

Der **Rückweg** erfolgt auf dem Aufstiegsweg (2½ Std.).

Variante: Der Anstieg auf das eigenwillig geformte **Kistenstöckli** (Muot da Rubi, 2.748 m) ist viel anspruchsvoller als der Hüttenzustieg; er führt durch abschüssige Schutthalden und die plattige Nordwestflanke (Ketten) auf den flachen Gipfelrücken (T4, Trittsicherheit und absolute Schwindelfreiheit notwendig).

Einfacher, aber ebenfalls nicht signalisiert ist der gut 1 km lange Abstecher auf die flache, etwa 2.650 m hohe Schuttkuppe zwischen dem Kistenstöckli und dem Limmerenpass, auf der ein Regenmesser steht – auch dort geniesst man den Tiefblick zum Stausee im gewaltigen Canyon des Limmerentals auf der Nordseite der Glarner Alpen, während das Kistenstöckli als Spitze erscheint.

Der ausgetretene Trail zieht von der Hütte über eine breite, steinige Rampe im Süden des Kistenstöcklis empor. Aufstieg etwa 30 Minuten, Rückweg 20 Minuten; nur bei trockenen Verhältnissen und guter Sicht ratsam, bei Nebel oder Schneelage gefährlich!

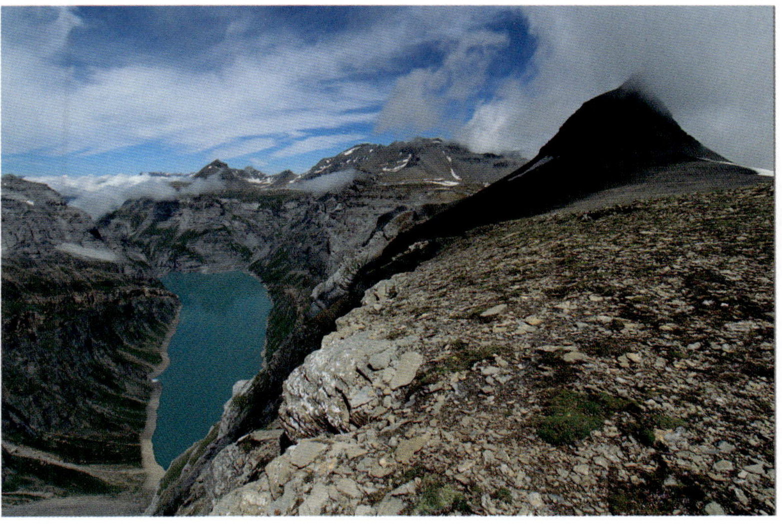

Der Stausee im Limmerental und das Kistenstöckli (siehe Variante).

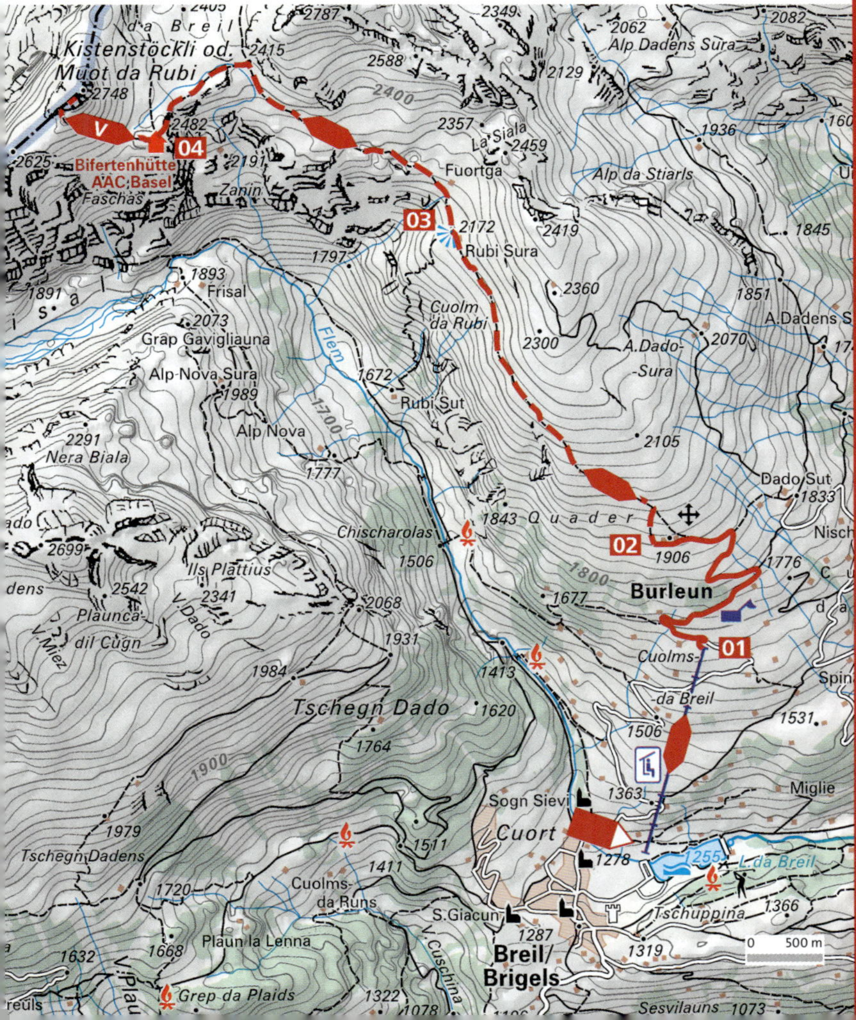

Kistenstöckli od. Muot da Rubi
2748
2415
2787
2349
2062
Alp Dadens Sura
2082
2588
2129
V
2482
04
2357
La Siala
2459
Fuortga
1936
Alp da Stiarls
2625
Bifertenhütte AAC Basel
Faschas
Zanin
2191
03
2172
Rubi Sura
2419
1845
1797
1893
Frisal
1891
2360
1851
Cuolm da Rubi
2073
Grap Gaviglauna
2300
A.Dado-Sura
2070
Flem
Alp Nova Sura
1989
1672
Rubi Sut
Alp Nova
2291
Nera Biala
2105
1777
Dado Sut
1833
1843 Quader
Chischarolas
1506
02
1906
2699
Ils Plattius
1776
Burleun
2542
2341
1677
Plaunca dil Cugn
V.Dado
V.Miez
2068
1931
Cuolms-da Breil
01
1984
1413
Tschegn Dado
1620
1506
1531
1764
1363
Sogn Sievi
Miglie
1979
Cuort
Tschegn Dadens
1511
1278
1255
L.da Breil
1411
1720
Cuolms-da Runs
S.Giacun
Tschuppina
1366
1287
Plaun la Lenna
1668
1632
Breil/Brigels
1319
V.Cuschina
0 500 m
Grep da Plaids
1322
Sesvilauns
1073
V.Plau

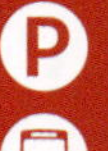

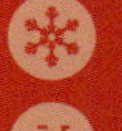

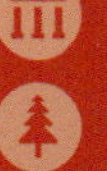

ZUM DREIBÜNDENSTEIN • 2.160 m

Ein aussichtsreicher Grenzpunkt hoch über Chur

 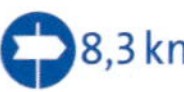 8,3 km  3:45 h 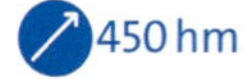 450 hm 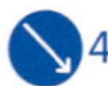 450 hm 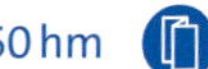 35

START | Churwalden (1.238 m), Talstation der Sesselbahn Pradaschier; Postauto-Haltestelle, gebührenpflichtiger Parkplatz. Auffahrt zur Bergstation Pradaschier (1.740 m); Talfahrt ebenfalls mit der Sesselbahn (www.pradaschier.ch).
[GPS: UTM Zone 32 x: 541.356 m y: 5.180.709 m]
CHARAKTER | Einfache Alpwanderung auf guten Wegen und Pfaden (T1); abgesehen vom Restaurant bei der Bergstation der Sesselbahn gibt es unterwegs keine Einkehrmöglichkeit.

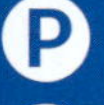
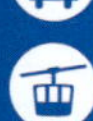
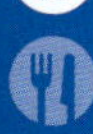
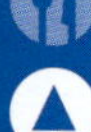

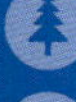

Im Süden der Kantonshauptstadt Chur gibt die 1.547 m hoch gelegene Lenzerheide einen Übergang ins Albulagebiet frei; beiderseits der Passhöhe ist ein ausgedehntes Wintersportgebiet entstanden. Das nördlich unterhalb davon gelegene Prämonstratenserkloster Churwalden besteht schon seit der Zeit um 1150. Auch der Bergkamm zwischen der Lenzerheide und dem Domleschg ist von historischer Bedeutung für den Kanton Graubünden. In seinem nördlichen Auslauf erinnert seit 1722 ein Gedenkstein an den Gotteshausbund, den Oberen oder Grauen Bund und den Zehngerichtenbund, die in den Jahren 1367, 1395 und 1436 geschlossen wurden und deren Gebiete hier auf einer Kuppe zusammentrafen. Heute grenzen hier die Gemeinden Churwalden, Domleschg und Domat/Ems aneinander. Der Dreibündenstein liegt inmitten einer weiten Alplandschaft und ist heute ein beliebtes Wanderziel.

▶ Von der **Bergstation der Sesselbahn Pradaschier** 01 (1.760 m) folgen Sie der Beschilderung „Windegga, Dreibündenstein". Auf einer ansteigenden Schotterstrasse und einem Abkürzungsweg gelangen Sie nach Pargitsch (1.800 m), wo Sie auf den Pfad Richtung „Dreibündenstein" abzweigen. Er führt durch aussichtsreiche Weidehänge der Pradaschierer Alp unter dem Grüenbüel hinauf; die Abzweigung nach Brambrüesch bleibt unbeachtet. Von der Gabelung auf den Glatten Böden gehen Sie rechts auf den weiten, sanft gewellten und mit zahlreichen Tümpeln geschmückten Grasrücken der **Alp dil Plaun** 02 (2.115 m)

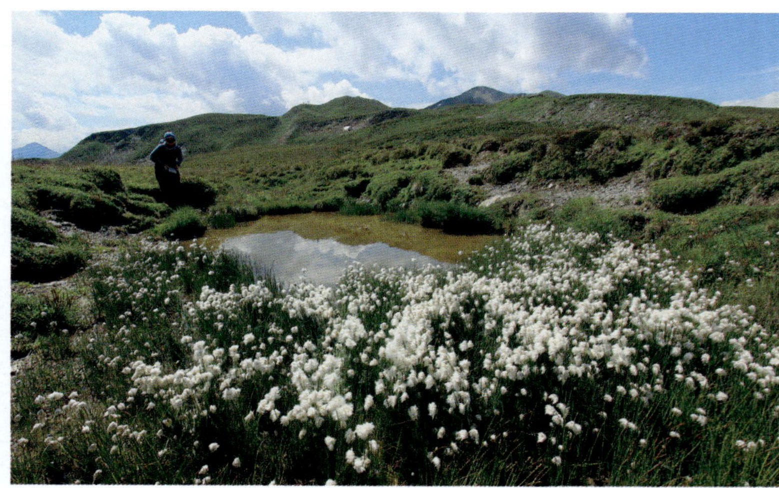

Wollgras schmückt die weiten Böden der Alp dil Plaun.

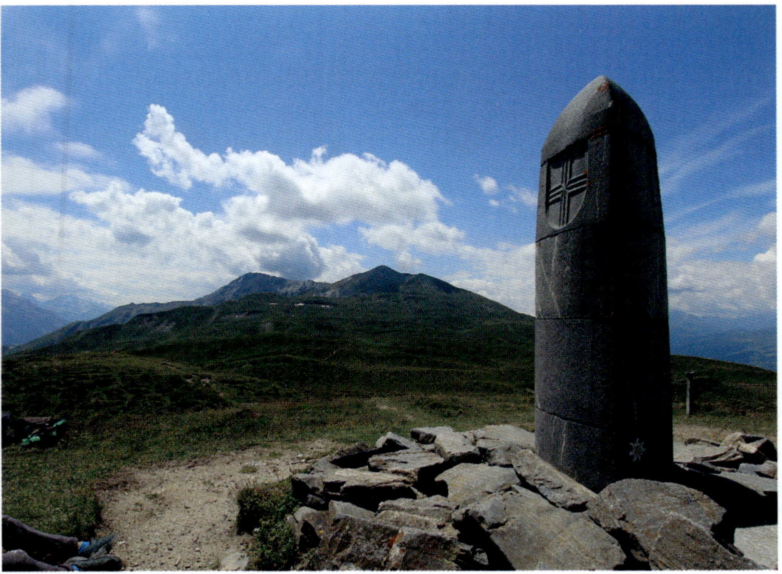

Der Dreibündenstein vor der Kulisse des Fulhorns.

im Norden der Windegga und des Fulhorns hinauf – er überrascht mit einem weiten Ausblick und einer vielfältigen Flora. Dort schwenken Sie nochmals rechts auf einen Pfad ein (Wegweiser „Dreibündenstein“). Im sanften Auf und Ab erreichen Sie nach knapp 2 Stunden die kleine Anhöhe mit der 1915 neu aufgestellten Steinstele des **Dreibündensteins** 03 (2.160 m). Ein fantastisches Rundpanorama von der Schesaplana im Rätikon über den Piz Beverin bis zum Tödi belohnt die Aufstiegsmühen; an Tagen mit ganz klarer Luft ist sogar das Finsteraarhorn in den Berner Alpen zu erkennen.

Der Rückweg erfolgt auf dem Hinweg.

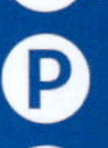

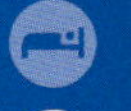

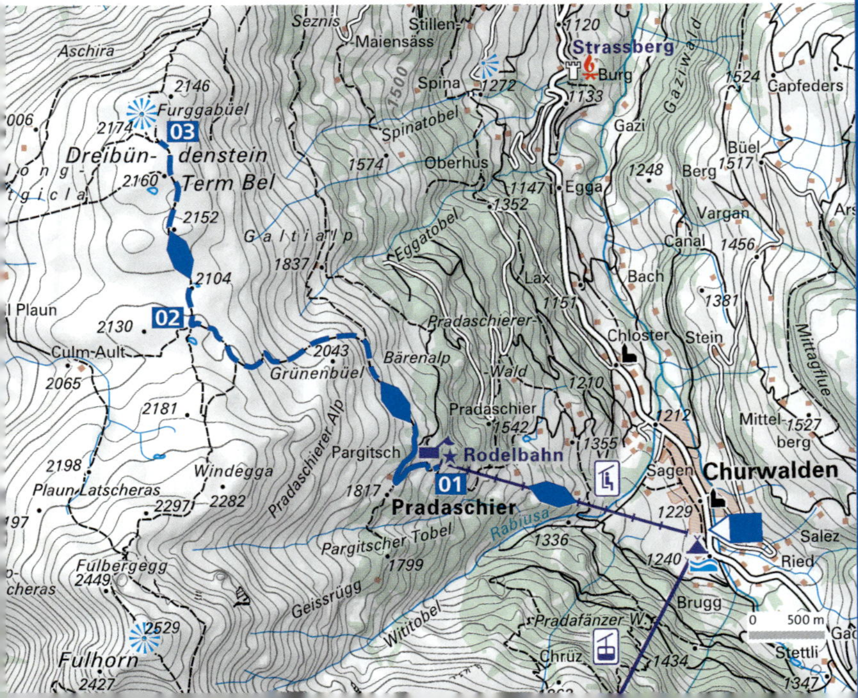

50

DER TRUTG DIL FLEM

Schluchten, Wasserfälle und nicht alltägliche Brücken

  7,6 km 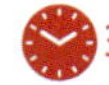 3:00 h  30 hm 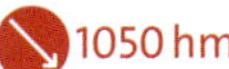 1050 hm  34

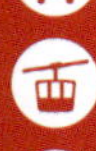

START | Flims Dorf, Talstation des FlemXpress, 1088 m; Parkgarage, Postauto-Haltestelle. Auffahrt über die Stationen Foppa und Startgels zur Station Segnes, 2102 m (https://flemxpress.ch).
[GPS: UTM Zone 32 x: 521.542 m y: 5.186.690 m]
CHARAKTER | Bergab-Wanderung auf stellenweise steilen und steinigen Pfaden, die Trittsicherheit erfordern (T2). Einkehrmöglichkeiten: Bergrestaurant nahe Segnes, Segneshütte, Restaurant Startgels, Restaurant Foppa.

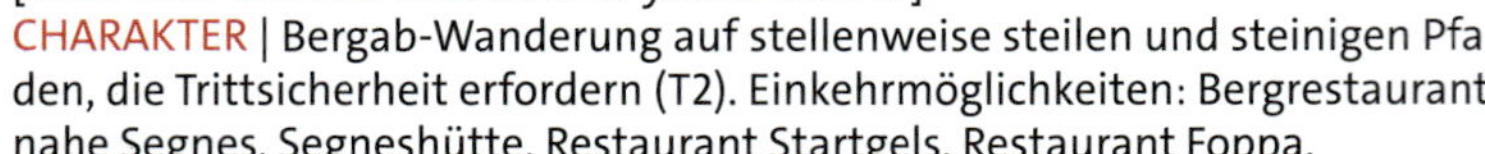

Der Trutg dil Flem ist ein erfreuliches Beispiel für einen neu angelegten Wanderweg. Die schon mehrfach prämierte Route begleitet den bedeutendsten Flimser Bach vom hochalpinen Bereich bis ins Dorf – als durchaus anspruchsvoller Bergwanderweg, für den die (ohnehin vom Skibetrieb geprägte) Landschaft nirgends zerstört wurde. Der Pfiff dabei: Unterwegs quert man das Wildwasser auf sieben ganz unterschiedlichen und recht rücksichtsvoll in die Schlucht gesetzten Stegen und Brücken des Bauingenieurs Jürg Conzett – und das garantiert besondere Perspektiven! Dank der Bahn wird der Weg meist bergab begangen. Genies-

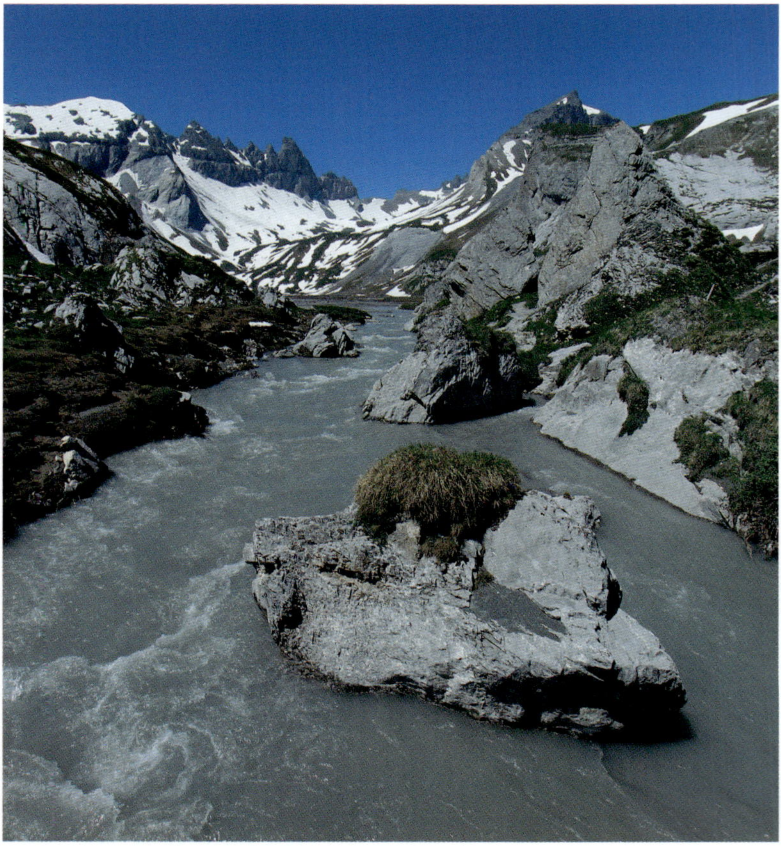

Eindrucksvolles Hochtal: Plaun Segnas Sut

ser mit Kondition würden die Zeit, die man braucht, um zur Bergstation hinaufzuwandern, aber sicher nicht bereuen.

▶ Von der Station **Segnas** 01 lohnt sich zunächst ein Besuch der naher Segneshütte (2102 m), die neben Speis und Trank und einem Dach über dem Kopf auch ein Besucherzentrum der Welterberegion Sardona bietet.

Nach der Rückkehr folgt der Absteig auf dem gut signalisierten Trutg dil Flem Richtung „Startgles, Foppa“. Links vom Weg stürzen Wasserschwälle talwärts; vor einem Boden führt der erste Steg, die Punt Muletg sper d'Aua, links über den Bach. Beim steileren Abstieg weiter unten erkennt man gut, dass sich der Flem sein Bett nicht durch festes Gestein, sondern durch groben Bergsturzschutt gräbt. Wo eine Alpstrasse quert, überschreiten Sie den Bach auf der **Punt Desch** 02 (1760 m). 45 Minuten.

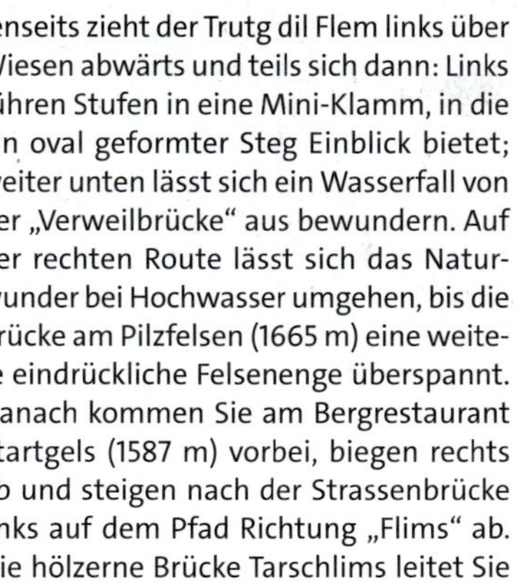

Jenseits zieht der Trutg dil Flem links über Wiesen abwärts und teils sich dann: Links führen Stufen in eine Mini-Klamm, in die ein oval geformter Steg Einblick bietet; weiter unten lässt sich ein Wasserfall von der „Verweilbrücke“ aus bewundern. Auf der rechten Route lässt sich das Naturwunder bei Hochwasser umgehen, bis die Brücke am Pilzfelsen (1665 m) eine weitere eindrückliche Felsenenge überspannt. Danach kommen Sie am Bergrestaurant Startgels (1587 m) vorbei, biegen rechts ab und steigen nach der Strassenbrücke links auf dem Pfad Richtung „Flims“ ab. Die hölzerne Brücke Tarschlims leitet Sie

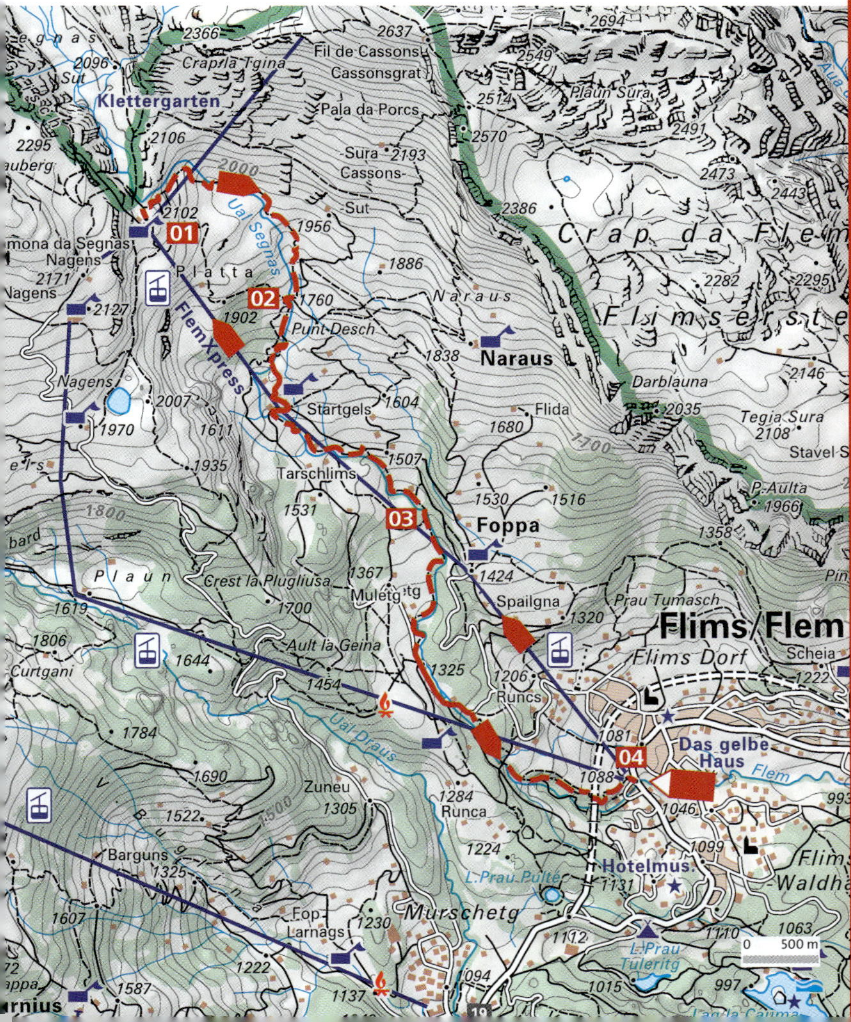

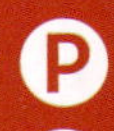

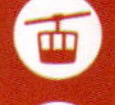

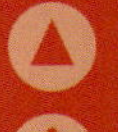
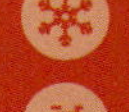

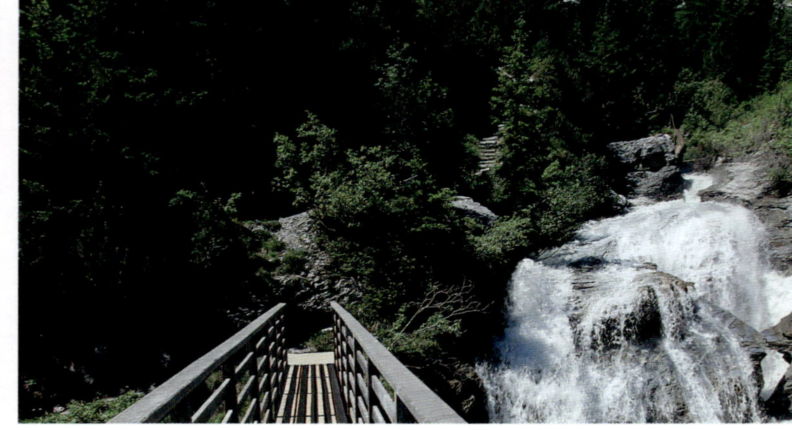
Verweilbrücke.

wieder auf die linke Talseite, die nun besonders schöne Wegabschnitte direkt neben den Kaskaden, aber auch zwei kurze Anstiege bereithält. Nach knapp 1:00 h könnte man links zur etwa 20 Minuten entfernten Station Foppa des FlemXpress (1424 m) „ausscheren".

Der Trutg dil Flem führt dagegen weiter talabwärts zur **Punt da Max** 03 (1410 m) und dann über die sanft gebogene Wasserfallbrücke, die im tiefsten Schluchtabschnitt erbaut wurde. Von der nahen Muletgbrücke geht's nochmals ein wenig bergauf, dann wandern Sie neben Wiesen zu einer Teerstrasse und folgen dieser an der Energie-und Wasserzentrale vorbei zur Punt Gronda, die links über den Flem führt (Schild „Flims Dorf"). 150 m danach biegen Sie rechts auf den untersten Pfadabschnitt des Trutg dil Flem ab, der durch einen märchenhaften Blockwald führt. Einer Forststrasse folgen Sie nur wenige Schritte nach rechts, dann geht's vor der Brücke links ins Val Stenna, einer verborgenen Steilstufe des Flem. Ein schmaler, etwas ausgesetzter Pfad kommt ihren wilden Wasserfällen zwischen gewaltigen Bergsturzfelsen ganz nahe; ein einfacherer Weg wahrt links Respektabstand. Vom Aussichtsplatz am „Känzeli" lässt sich das Spektakel ebenfalls gut beobachten. Zuletzt weist das Schild „Flims Bergbahnen" zur Talstation des FlemXpress in **Flims Dorf** 04 (1088 m) hinüber. 1:15 h.

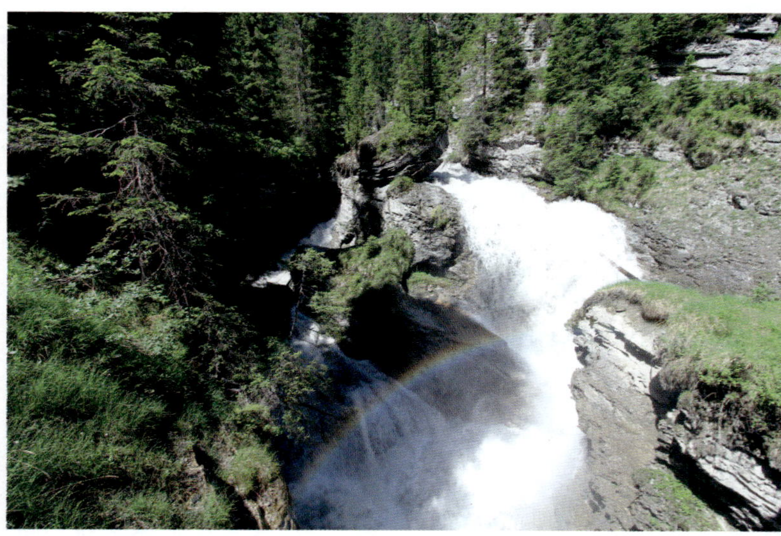
Der Flimser Wasserweg erschliesst die wilde Schönheit des Flem.

ZUM SILVRETTAGLETSCHER

Auf das Matterhorn der Bergwanderer

 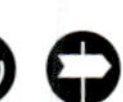9,2 km 5:00 h 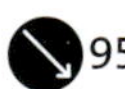950 hm 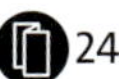950 hm 24

START | Alp Sardasca im hintersten Landquarttal (1.648 m); Zufahrt von Klosters oder Monbiel (Parkplatz) mit dem Gotschna Taxi (nur nach Reservation, Tel. +41 81 4202020, www.gotschnataxi.ch).
[GPS: UTM Zone 32 x: 577.059 m y: 5.190.191 m]
CHARAKTER | Hochalpine Bergwanderung auf schmalen, steinigen und stellenweise verwachsenen Pfaden bis ins Gletschervorfeld; Trittsicherheit ist notwendig (T3). Nur bei gutem Wetter ratsam! Einkehren und nächtigen kann man in der Silvrettahütte des SAC.

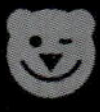
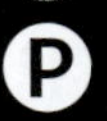

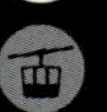
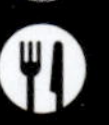
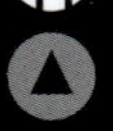
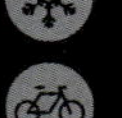

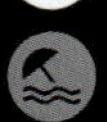

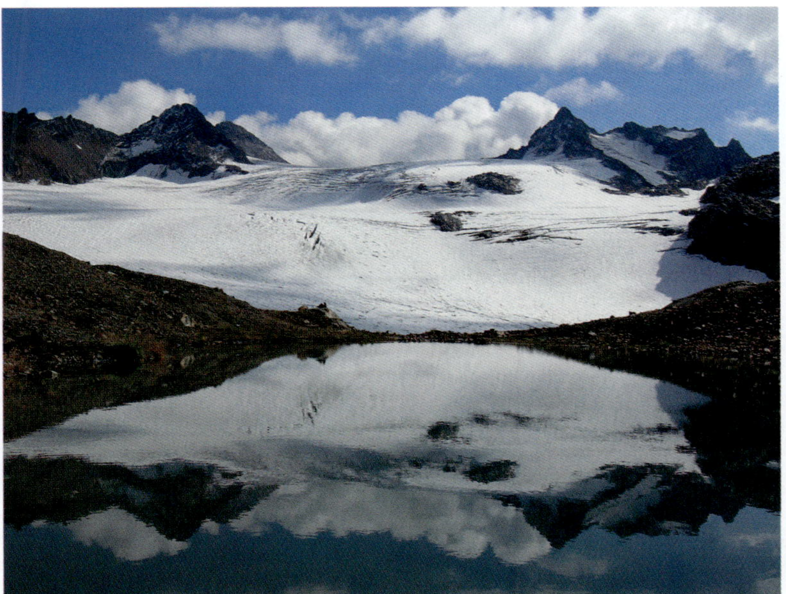

Diesen See hat der Gletscher bei seinem Rückzug hinterlassen.

Der (noch) 3 km lange Silvrettagletscher ist das grösste Eisfeld der Silvrettagruppe. Unterhalb davon steht mit dem gleichnamigen Schutzhaus des SAC eine gemütliche Einkehrstation und Nächtigungsmöglichkeit zur Verfügung. Neben dem Hüttenweg gibt es auch einen direkten, etwas anspruchsvolleren Zustieg durchs Galtürtälli zum Gletscher, der eine Rundtour ermöglicht und zudem an der weiten, namensgebenden Alp Silvretta vorbeiführt.

▶ Von der **Alp Sardasca** **01** wandern Sie auf dem Pfad Richtung „Silvrettahütte“ ins Verstaclatal hinauf. Nach rund 700 m – gleich nach der Überschreitung des Schutts vom Silvrettabach – zweigen Sie links gemäss der Beschilderung „Galtürtälli, Silvrettahütte SAC, Ober Silvretta“ ab und steigen auf einem steilen Pfad durch Gebüsch auf einen Rücken, auf dem die Stangen einer Skimarkierung stehen. Nun heisst es auf den Pfad achten, der verliert sich weiter oben da und dort im Gras. Am rechten Rand des weiten Silvretta-Kars, in dem eine kleine Hütte erkennbar ist, und über dem rechts eingeschnittenen Windtobel gelangen Sie nach 1½ Stun-

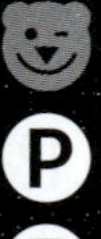
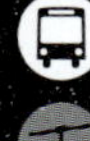

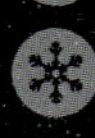
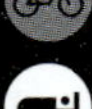
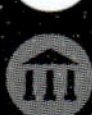

den zu einem quer verlaufenden Pfad (2.155 m), der rechts direkt zur Silvrettahütte führt.

Sie folgen aber der Beschilderung „Galtürtälli, Silvrettahütte SAC" halb links auf einen Grasbuckel und wandern dann durchs grasige **Galtürtälli 02** (2.155 m) höher. Aus einer Quellmulde steigen Sie rechts durch einen Schutthang zu einer weiteren Gabelung an. Die rot signalisierte Route nach rechts wäre die nächste Zugangsvariante zur Hütte – Sie folgen jedoch der Aufschrift „Tällispitz" und den weiss-blau-weissen Farbzeichen (und damit dem Gletscherlehrpfad) links zum Galtürtälli-Pass Silvretta. Von diesem Rücken aus rötlichem Moränenschutt erblicken Sie schon den Silvrettagletscher.

Von der Abzweigung zum Tällispitz gelangen Sie rechts in eine Schuttmulde mit kleinen Tümpeln und auf eine weitere Anhöhe. Dort folgen Sie bei zwei Weggabelungen den Wegweisern „Rote Furka", bis Sie an einem kleinen See vorbei zum **Silvrettagletscher 03** (ca. 2.580 m) gelangen. Wer direkt am Eisrand stehen möchte, muss Jahr für Jahr ein paar Meter weiter absteigen. Herrlich ist der Blick über die weisse Zunge, die schon ein paar ausgeaperte Felsinseln zeigt, zum Silvrettahorn (3.244 m) und zum Signalhorn; rechts daneben erhebt sich das 3298 m hohe Verstanclahorn.

Abstieg zunächst wieder auf der Zugangsroute, die Sie jedoch beim zweiten Wegweiser links in Richtung „Silvrettahütte SAC" verlassen. Durch abfallendes Schuttgelände und eine flache Grasmulde erreichen Sie nach ca. 45 Minuten die **Silvrettahütte 04** (2.341 m), ein heimeliges Holzgebäude mit alter Stube und einem zeitgemässen Zubau.

Der weitere Abstiegspfad (Wegweiser „Alp Sardasca") ist dann nicht mehr zu verfehlen. Nach 10 Minuten hat man die Wahl zwischen der direkten Route und dem alten, kaum längeren Saumweg, der weiter unten wieder einmündet. Zuletzt schlängelt sich der Pfad durch die steilen Hänge am Birchenzug wieder ins Tal des Verstanclabachs hinab. Nach etwa 1½ Stunden stehen Sie wieder vor der **Alp Sardasca 01**, wo das Taxi für die vorab vereinbarte Rückfahrt wartet.

Variante Lehrpfad
Der interessante Lehrpfad, den man oberhalb des Galtürtällis erreicht, wurde im Vorfeld des Silvrettagletschers mit Tafeln ausgestattet. Diese Route führt durch das Schuttgelände unterhalb der Gletscherzunge zum Abfluss des Verstanclabachs hinab und dann über eine Anhöhe zur Silvrettahütte (30 Minuten Gehzeit mehr; Gesamtgehzeit für die Rundwanderung ab der Silvrettahütte 1½ Stunden).

Hier wird die Gletscherwanderung mit Aha-Erlebnissen garniert.

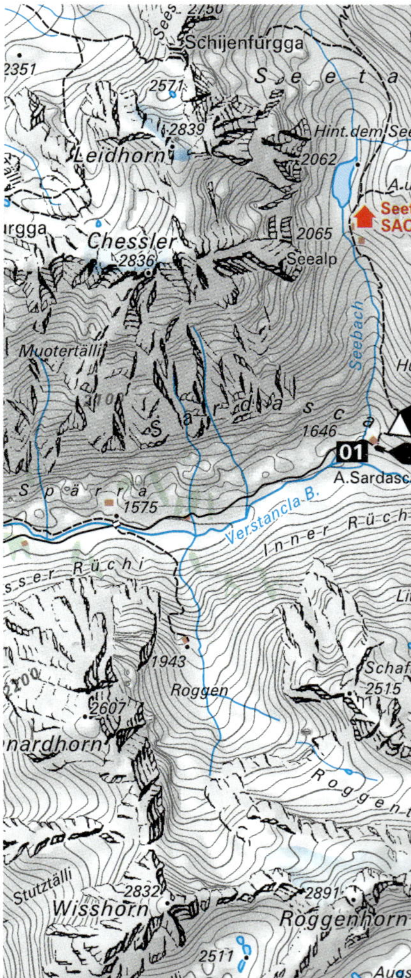

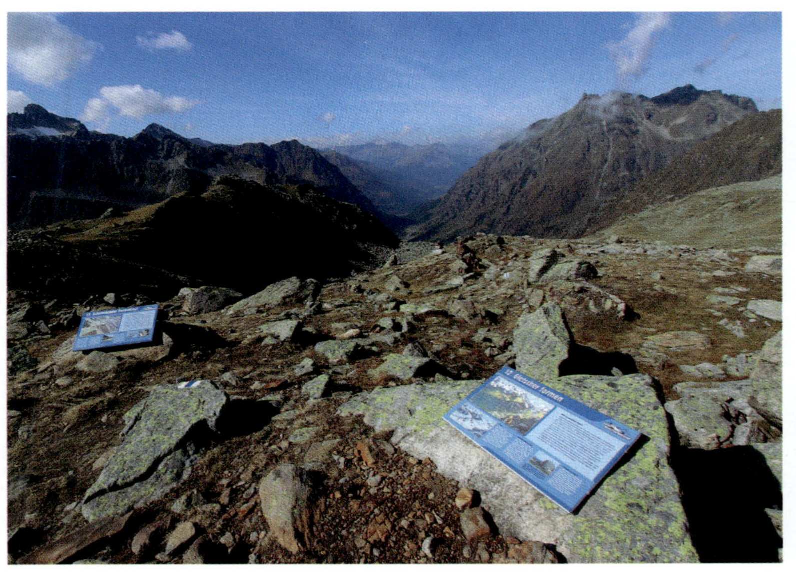

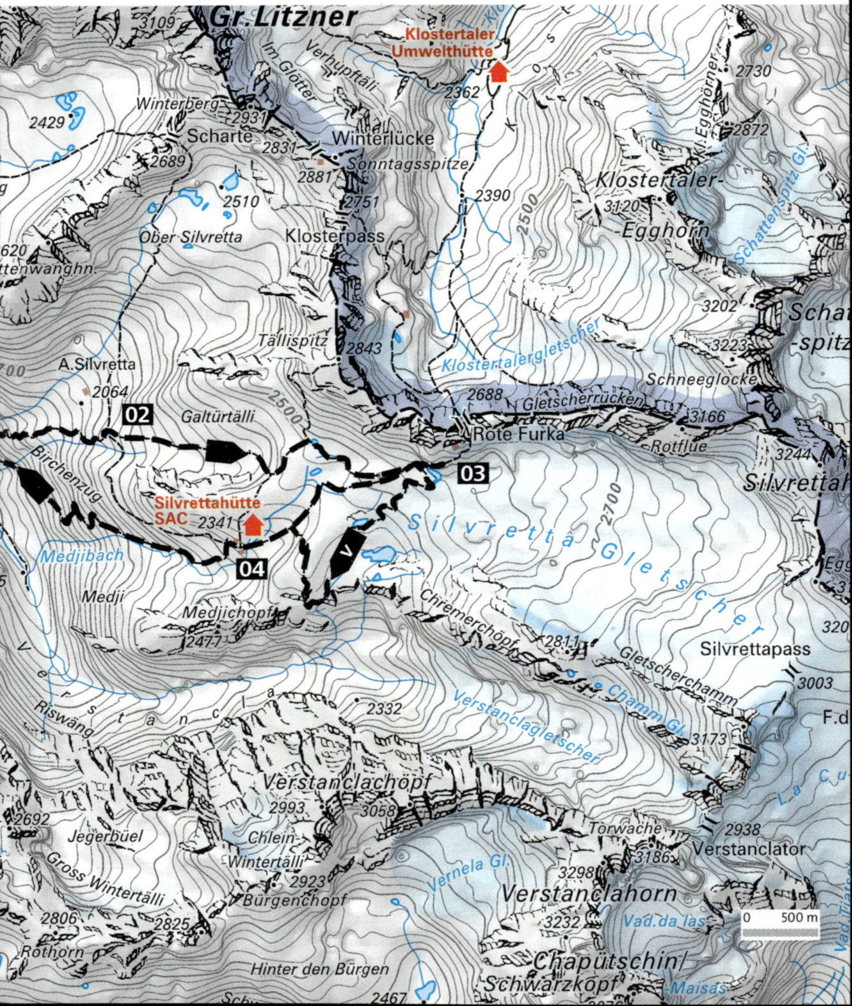

Gr. Litzner
3109
Klostertaler Umwelthütte
2362
Im Glötter
Verhupftäli
Winterberg
2931
Scharte
2831
2429
2689
Winterlücke
Sonntagsspitze
2881
2751
2510
Ober Silvretta
Klosterpass
2390
2500
Klostertaler-Egghorn
3120
Kl. Egghörner
2730
2872
Schattenspitz Gl.
Tällispitz
2843
3202
3223
Klostertalergletscher
Schneeglocke
A. Silvretta
2064
02
Galtürtälli
2688
Gletscherrücken
3166
Rote Furka
Rotflue
3244
Birchenzug
03
Silvrettahütte SAC
2341
04
Silvretta Gletscher
2700
Medjibach
Medji
Medjichopf
2477
Chremerchöpf
2811
Gletscherchamm
Silvrettapass
3003
Chamm Gl.
3173
Riswäng
Verstancla
2332
Verstanclagletscher
Verstanclachöpf
2993
3058
2692
Jegerbüel
Chlein Wintertälli
2923
Gross Wintertälli
Bürgenchopf
Torwache
2938
Verstanclator
3186
3298
Vernela Gl.
Verstanclahorn
2806
2825
3232
Vad. da las Maisas
Rothorn
Hinter den Bürgen
2467
Chapütschin/Schwarzkopf
0 500 m

AUF DEN PIZ BEVERIN • 2.998 m

Der grosse Aussichtsberg über dem Schams/Val Schons

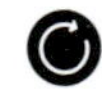  8,6 km 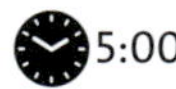 5:00 h 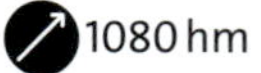 1080 hm  1080 hm 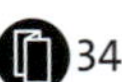 34

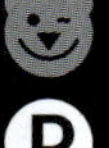
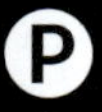

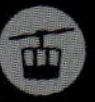
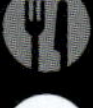
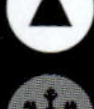

START | Alp Mursenas westlich über dem Schams/Val Schons, 1.932 m, Zufahrt von Zillis über Donath und Lohn, zuletzt auf einer schmalen, aber asphaltierten Mautstrasse (Abzweigung nach der Posta links); nur wenige Parkmöglichkeiten neben der Strasse. [GPS: UTM Zone 32 x: 530.121 m y: 5.165.265 m]
CHARAKTER | Anspruchsvolle Bergtour auf stellenweise felsigen und gesicherten Pfaden, die Trittsicherheit und Schwindelfreiheit erfordern (T4). Bei Nebel oder Schneelage gefährlich! Unterwegs keine Einkehrmöglichkeit; manchmal sind Getränke aus dem Brunnen der Alp Nursin in Selbstbedienung erhältlich.

Zwei Meter fehlen dem Piz Beverin zur „Dreitausenderwürde“. Das macht die Rundsicht, die der frei über dem Hinterrheintal aufragende und wie ein Schiffsbug geformte Felsgipfel verspricht, mehr als wett – vom 2.300-m-Tiefblick auf Thusis ganz zu schweigen. Der Aufstieg von der Beverin Lücke und die Leiter am Beverin Pintg bringen alpine Würze in die Tour.

▶ Von der **Alp Mursenas 01** (1.932 m) wandern Sie gemäss dem Wegweiser „Beverin Lücke, Piz Beverin“ über die Weidehänge aufwärts. Nach 200 Höhenmetern geht's links über den Bach auf eine Anhöhe und zur kleinen Hütte der **Alp Nursin 02** (Brunnen, 2.441 m) hinauf. Von der dortigen Gabelung gehen Sie geradeaus Richtung „Beverin Lücke, Piz Beverin“ in die weite Karmulde unter dem Beverin Pintg. Bald wird das Gelände steiler und steiniger. Zuletzt führt der Pfad zu einer Abzweigung knapp unter der felsigen **Beverin Lücke 03** (2.826 m). Wer kurz zu dieser Scharte hinaufsteigt (blauer Wegweiser „Glaspass“), erblickt jenseits eine wilde Schlucht über dem Safiental.

Die beschilderte Gipfelroute auf den Piz Beverin führt dagegen rechts über schroffe und stellenweise recht glatte Felsstufen empor. Eine kurze, ausgesetzte Passage ist etwas heikel, weil das dort nur lose herabhängende Seil keine solide Hilfe bietet. Oberhalb davon erreichen Sie einen flacheren und breiteren Schuttrücken, von dem Sie den

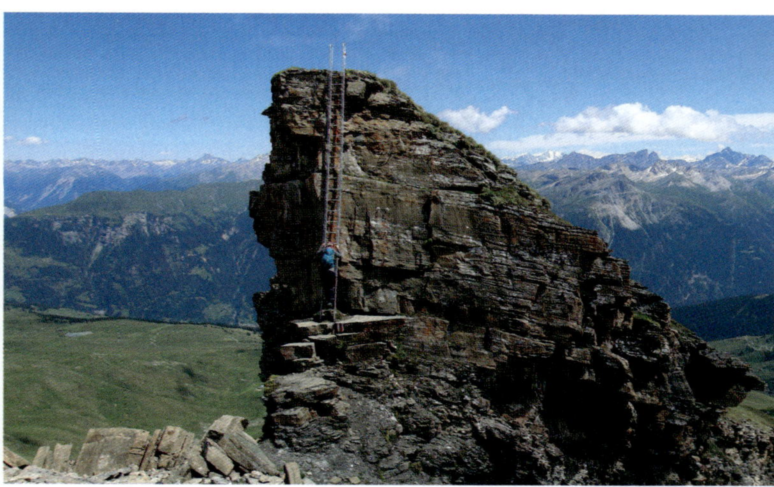
Kleine Mutprobe!

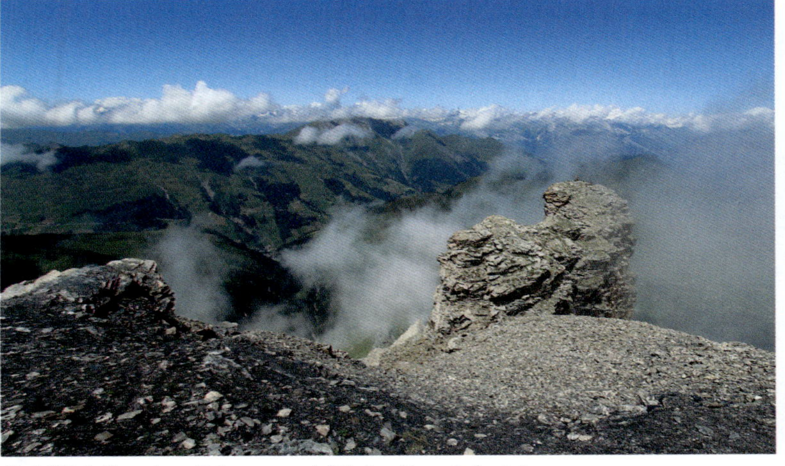

Gipfelblick über einen Felsturm nach Westen übers Safiental.

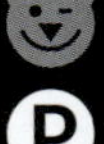
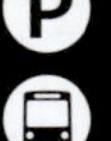
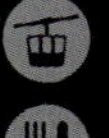
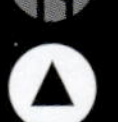
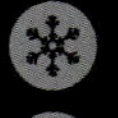
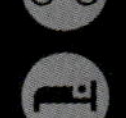
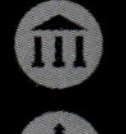
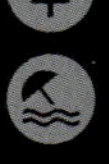

steilen, aber gestuften Gipfelaufbau mit Hilfe von einigen Ketten erklimmen. So erreichen Sie den breiten, mit plattigem Schutt bedeckten Gipfelrücken, über den Sie in 30 Minuten zum grossen Steinmann auf dem höchsten Punkt des **Piz Beverin 04** (2.998 m) ansteigen. Hier seien nur einige Highlights im Gipfelpanorama angeführt: Die Pizzas d'Anarosa/Grauhörner, Tödi, Schesaplana, Piz Ela, Piz Bernina…

Der Abstieg erfolgt am besten über den breiten Gipfelrücken gemäss dem Schild „Beverin Pintg". Der Zusatz „Achtung! Leiter 8 m" weist auf das grösste Hindernis auf dieser ansonsten einfacheren Route hin. Nach etwa 15 Minuten, am Fuss einer gut gangbaren Steilstufe, steht man vor einem mächtigen Felsturm – dieser wird auf der erwähnten, steilen, aber solide verankerten und mit seitlichen Haltestangen versehenen Leiter erklommen. Danach geht's auf dem schmalen, aber südwestseitig begrünten Grat weiter abwärts. Über einen Geröllhang und einem Grasrücken erreichen Sie den Beverin Pintg (2.591m), von dem Sie rechts über einige Felsstufen und vorbei an einem im Gras verborgenen Schalenstein zur **Alp Nursin 02** absteigen.

Von dort wandern Sie auf der Zugangsroute wieder zur **Alp Mursenas 01** hinab.

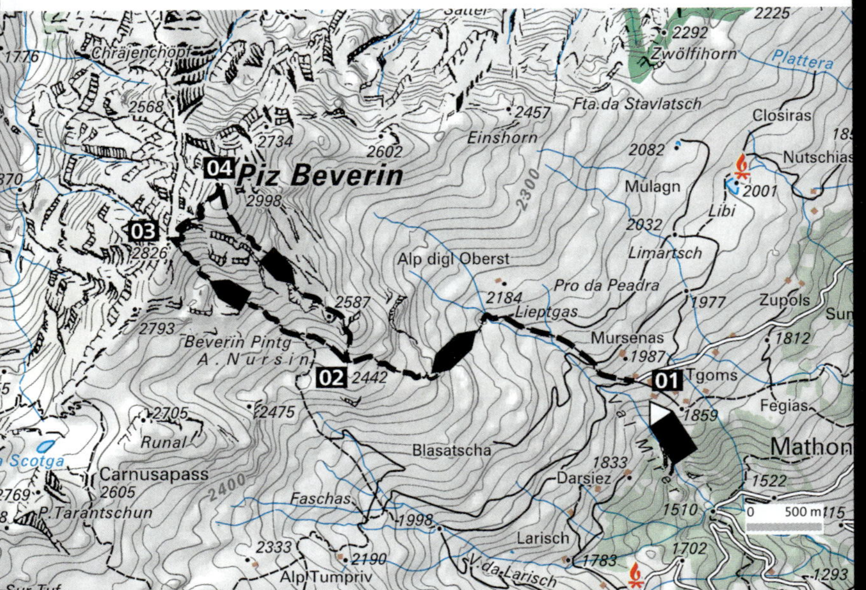

53

THUSIS – VIAMALA – ZILLIS

Burgenromantik, Schluchtdramatik und Kunstwunder

  12,2 km 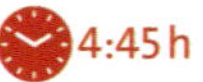 4:45 h 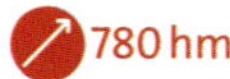 780 hm  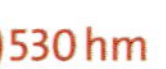 530 hm  37

START | Thusis, Bahnhof (720 m); gebührenpflichtige Parkplätze. Rückfahrt von Zillis mit dem Postauto (Linie 541). [GPS: UTM Zone 32 x: 533.692 m y: 5.171.640 m]
CHARAKTER | Abwechslungsreiche Tal- und Schluchtwanderung auf Forststrassen sowie stellenweise ausgesetzten und gesicherten Pfaden, die Trittsicherheit und Schwindelfreiheit erfordern (T3). Die Route lässt sich mit dem Postauto abkürzen. Einkehren kann man in Thusis, im Besucherzentrum an der Viamala und in Zillis.

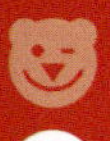
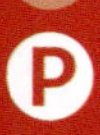

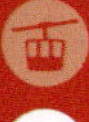
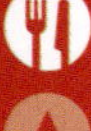
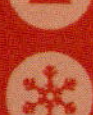
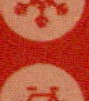
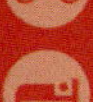

Durch die Jahrhunderte galt die Viamala-Schlucht zwischen Thusis und dem Schams/Val Schoms als das gefährlichste Nadelöhr der uralten Route zum Splügenpass und zum San Bernardino. Noch heute sieht man gruselige Relikte jenes Weges, den die Römer aus den Felsen der 300 m tiefen, da und dort aber nur 3 m breiten Klamm des Hinterrheins geschlagen haben. Ab 1473 sanierte man den „schlechten Weg"; ab 1823 war er mit Kutschen befahrbar. Auf dieser Strasse durchs „Verlorene Loch" kann man heute in die Schlucht schlendern. Noch eindrücklicher, aber auch anspruchsvoller ist die Route Traversina über Hohenrätien – die Überquerung ihrer spektakulären Hängebrücke gibt einen Vorgeschmack auf den folgenden Abstieg in den wildesten Schluchtabschnitt. Schliesslich endet diese Wanderung der Superlative in Zillis, dessen Kirche einen der grössten Kulturschätze des Landes birgt.

Vom Bahnhof gehen Sie ins Zentrum von **Thusis** 01 (720 m) und auf der Neudorfstrasse nach Süden zum Migros-Supermarkt. Kurz danach finden Sie beim Parkplatz rechts des Kreisverkehrs die Beschilderung der Via Albula/Bernina (Nr. 33) und den Wegweiser „Rne. Hohenrätien, Viamala-Schlucht, Burg Ehrenfels", dem Sie rechts auf der Strasse nach Sils i. D. zur Brücke über die Nolla folgen. Jenseits überqueren Sie beim Restaurant Beverin die Fahrbahn, folgen dem Wegweiser „Zur via Spluga über Hohen Rätien/Traversina" nach rechts, unterqueren die Kantonsstrasse und überschreiten den Hinterrhein.

Danach geht's auch unter der Nationalstrasse 13 durch – genau unter der Brücke zweigen Sie jedoch rechts auf den Pfad Richtung „Burg Hohen Rätien" (Nr. 33) ab und steigen im Zickzack auf den Felshügel über den Fahrbahnen. Dort verlassen Sie die Via Albula/Bernina nach rechts und auch bei der nächsten Wegteilung biegen Sie rechts ab.

Von nun an wandern Sie auf der Via Spluga (Nr. 50), die zunächst in einen Sattel (895 m) hinaufführt. Dort lohnt sich der Abstecher rechts zur **Burgruine Hohenrätien** 02 (947 m, Erhaltungs-Obolus). Dieser Felskopf war schon in der Bronzezeit besiedelt; im Mittelalter beherrschte hier eine mächtige Festungsanlage den Zugang zur Viamala. Neben ihren Mauern finden Sie die Kirche St. Johann aus dem 15. Jh. und einen Rastplatz mit Brunnen; Tiefblick auf Thusis!

Vom Sattel führt die Via Spluga (Nr. 50) kurz aufwärts und folgt einer Forststrasse nach Süden. Nach 600 m biegen Sie rechts auf den Pfad Richtung „Viamala-Schlucht" ab, der zwischen Maiensäss-Wiesen und den fast 300 m hohen Abbrüchen der Hinterrheinschlucht verläuft – kurze Passagen direkt an der Oberkante der Felswände erfordern Vorsicht! Vorbei an der verfallenen Kapelle zum heiligen Albin, bei der man einst um Beistand in dieser wilden Landschaft gebetet hat, gelangen Sie ins schuttreiche Aclasuratobel.

Dann geht's noch gut 1 km durch steile Waldhänge und über mehrere Gräben weiter zum **Traversiner Steg** 03 (900 m). Diese 62 m lange Holz-Hängebrücke sorgt bei manchen für gemischte Gefühle. Sie ist natürlich mit soliden Geländern abgesichert, ihre 176 Stufen führen jedoch bergab...

Im Anschluss zieht der Pfad zu einer Forststrasse hinunter. Auf dieser marschieren Sie weiter ins Tal hinein; am Nesselboden (842 m) mündet die Route durch das „Verlorene Loch" ein. Zuletzt steigen Sie links auf einem mit Ketten und Geländern

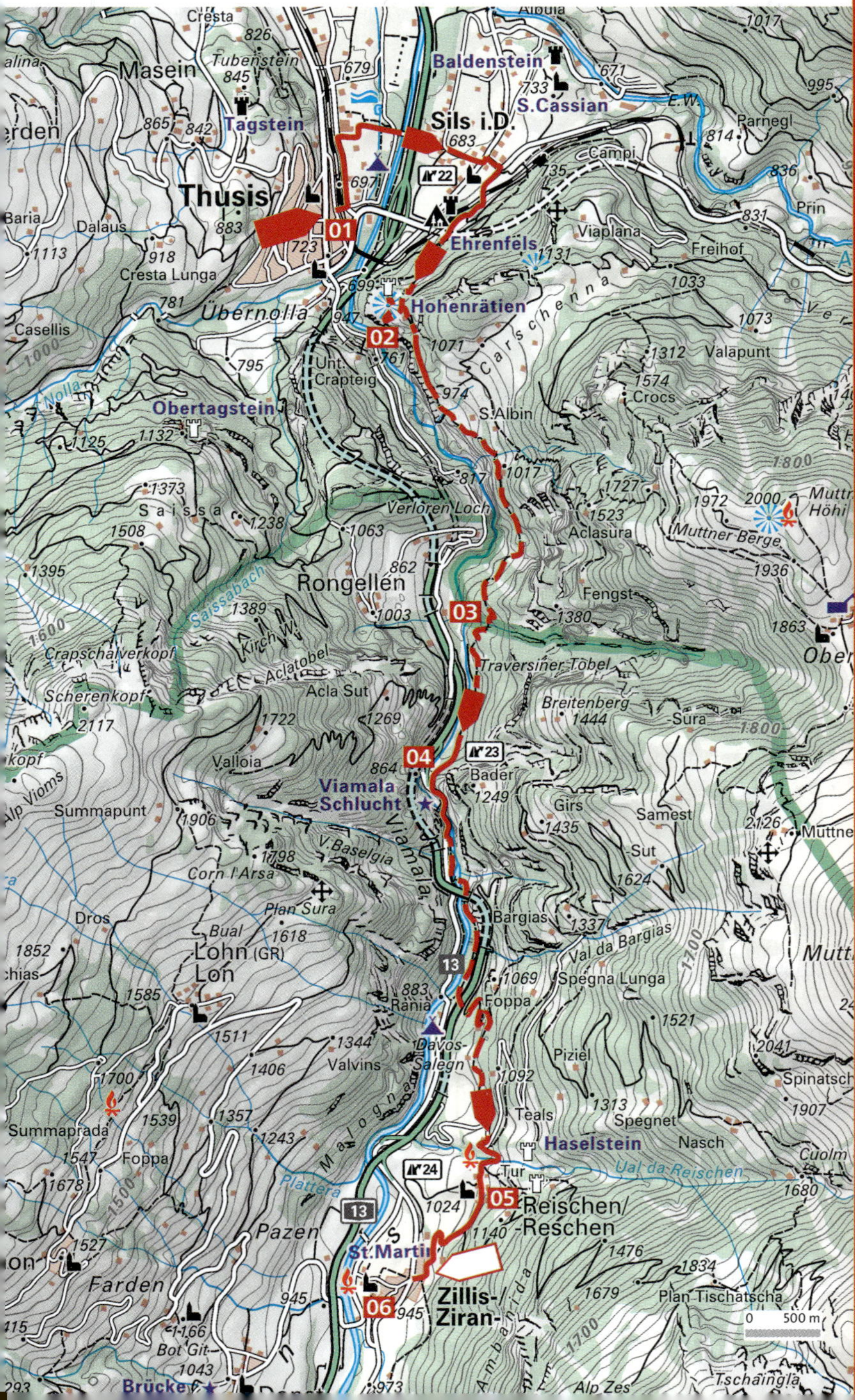

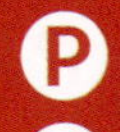

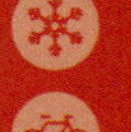

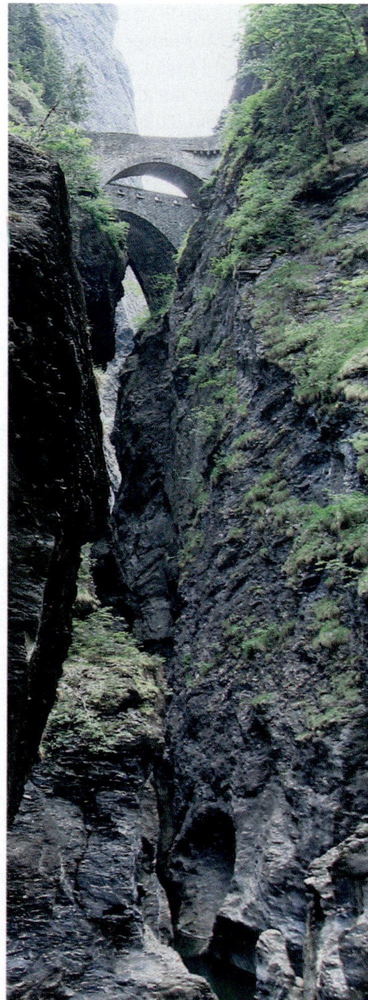
Naturwunder Viamala-Schlucht.

versehenen Pfad an, queren unter Felsen vorbei und gelangen rasch zum Besucherzentrum über der **Viamala-Schlucht** 04 (870 m, Postauto-Haltestelle) hinab.

Dort erhält man die Tickets für die Begehung des eindrücklichen Treppenweges, der sich seit 1903 in den Schluchtgrund hinunterschlängelt. Plattformen und eine Felsengalerie bieten spannende Einblicke zu Strudellöchern und Steinfindlingen, die wohl die Eiszeitgletscher von fernen Kalkbergen herangeschafft haben, aber auch hinauf zu zwei alten Brücken. Ab- und Aufstieg ca. 30 Minuten. Infos: www.viamala.graubuenden.ch
Nach der Besichtigung folgen Sie der Strassengalerie Richtung „Rania, Reischen, Zillis" und geniessen einen schaurigen Schluchtblick von der rechten der beiden Brücken, die 1739 fertiggestellt wurde (kleine Ausstellung). Etwa 150 m weiter südlich biegen Sie links auf einen Pfad ab, der über Stufen und Stege durch Waldhänge zum Hinterrhein hinabzieht. Den überschreiten Sie auf dem **Punt da Suransuns**, einer 40 m langen Spannbandbrücke aus Granitplatten, dann wandern Sie an einem kleinen Wasserfall vorbei und hinauf zu einer Forststrasse, die scharf links zur Unterführung der A 13 im Val da Bargias führt. Dahinter geht's auf dem Fahrweg und einem Pfad ins Waldgebiet von Davos Saleggn (1.029 m) hinauf und rechts zu weiten Wiesen (Cultira Dafora). Auf einer sanft absinkenden und wieder ansteigenden Strasse gelangen Sie zur Einmündung des Walserweges (Nr. 35) unterhalb der Burg Haselstein und jenseits der gedeckten Holzbrücke im Val Gufla ins kleine Dörfchen **Reischen** 05 (1.022 m).

Auf Hartbelag, aber mit Blick über das Schams/Val Schons und seine Bergumrahmung gelangen Sie in 15 Minuten nach **Zillis** 06 (944 m) hinab. Die Ausstellung am Postplatz bereitet Sie optimal auf den Besuch der unterhalb gelegenen Kirche mit ihrer bildgewaltigen, 900 Jahre alten Holzdecke vor.

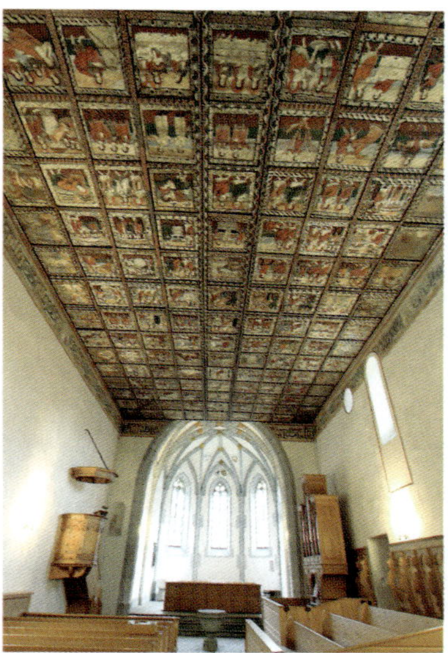
Die Welt des Mittelalters auf 153 Bildtafeln in der Kirche von Zillis.

VOM JAKOBSHORN INS SERTIG DÖRFLI

Ein prachtvoller Höhenweg über das Jatzhorn

 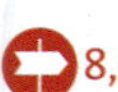 8,4 km  2:45 h 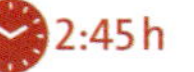 100 hm 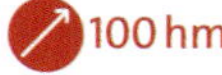 930 hm 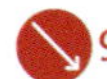  36

START | Davos Platz (1.540 m); Bahnhof, gebührenpflichtiger Parkplatz bei der Talstation der Jakobshornbahn. Mit der Seilbahn zur Bergstation Jakobshorn, 2.590 m (www.davos.ch). Rückfahrt von Sertig mit dem Bus der Davoser Verkehrsbetriebe (Linie 8). [GPS: UTM Zone 32 x: 562.776 m y: 5.182.332 m].
CHARAKTER | Höhenwanderung auf guten, aber stellenweise steinigen Pfaden (T2); Einkehrmöglichkeit nur bei der Seilbahnstation und im Sertig Dörfli.

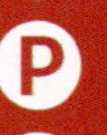

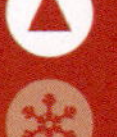

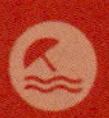

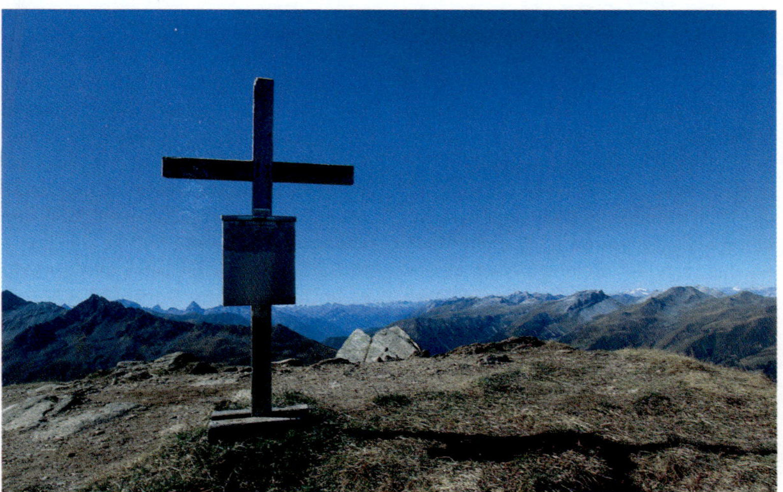

Weit hinter dem Kreuz am Jatzhorn: Tinzenhorn, Rheinwaldhorn, Tödi.

Man sollte sich unbedingt einen schönen Tag aussuchen, um mit der Gondel aufs Jakobshorn zu schweben und dann eine Kammwanderung der Extraklasse zu geniessen. Auf dem Weg nach Süden lässt man den Rummel bald hinter sich und „schaukelt" über eine aussichtsreiche Kuppe nach der andern.

Das Ziel ist das Tal von Sertig (betont wird der zweite Vokal) am Fuss des Hoch Ducan (3.062 m), das man nach einem herrlichen Abstieg erreicht. Die Walser haben das Gebiet im 14. Jh. besiedelt. Natürlich stattet man im Sertig Dörfli nicht nur dem Gasthaus, sondern auch der kleinen, denkmalgeschützten Kirche (1699) einen Besuch ab. Im Lauf der Zeit wurde das Ensemble seiner Holzhäuser so bekannt, dass es sogar als Bausatz für Modelleisenbahnen erhältlich ist.

▶ Von der Seilbahnstation auf dem **Jakobshorn** 01 (2.590 m) wandern Sie, dem Wegweiser „Jatzhorn, Sertig Dörfli" folgend, etwa 250 m auf einer Schotterstrasse in den Sattel im Süden des Gipfels hinab. Von dort führt ein beschilderter Pfad links auf eine Kuppe (2.569 m, ein paar Meter sind felsig).

Über einen grasig-steinigen Kamm, der links schroff abfällt, gelangen Sie nach 35 Minuten zum Gipfelkreuz auf dem **Jatzhorn** 02 (2.682 m). An Tagen mit klarer Sicht erwartet Sie dort ein grosses Panorama, das neben der Davoser Bergwelt um die Weissfluh und den Davosersee auch das Rätikon, die Silvretta mit dem dominanten Piz Linard, den Piz Kesch, den Gletscher Ducan und den Piz Platta umfasst. Gemäss dem Wegweiser „Tällifurgga, Sertig Dörfli" geht's im Auf

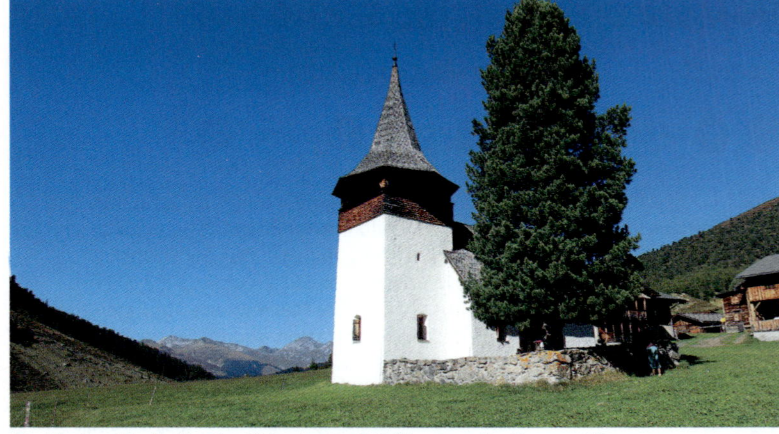
Die Kirche „hindr dän Eggä" im Sertig Dörfli gegen die Plessur-Alpen.

und Ab über den stellenweise steinigen, aber gut gangbaren Grat weiter nach Süden zum Rossboden (2.613 m). Links in der Tiefe liegt das lange Dischmatal, über dem sich das Schwarzhorn aufbaut, auf den Wiesenböden über dem rechts sichtbaren Sertigtal wurde ein Speicherteich für das Skigebiet angelegt. Nach einem kurzen Abstieg in eine Scharte (2.582 m) wird das felsige Witihüreli (2.634 m) problemlos durch seine Ostflanke umgangen, dann gelangen Sie nach 40 Minuten über eine weitere Kuppe (2.623 m) in die Senke der **Tällifurgga** 03 (2.568 m), über die eine alte Trockensteinmauer verläuft.

Nun steigen Sie auf dem Walserweg (Nr. 35) rechts Richtung „Sertig Dörfli" durch die unterschiedlich steilen Grashänge des Gaschurner Tälli unter dem Tällihorn (2.683 m) ab. Nach einer Kehre erreichen Sie eine Gabelung, von der Sie links zur Waldgrenze weiterwandern. Durch lichte Arvenbestände und rechts neben den Weiden der Egga kommen Sie zur Strasse im Sertigtal hinunter. Links geht's ins 150 m entfernte **Sertig Dörfli** 04 (1.861 m, Gasthaus Bergführer, Bushaltestelle).

Wer will, kann noch knapp 1 km weiter taleinwärts auf der Strasse oder einem alten, links davon verlaufenden Weg in den Weiler **Sand** 05 (1.859 m, Bus-Endhaltestelle) wandern. Nach 15 Min. erreicht man dort das Hotel Restaurant Walserhuus im einstigen Kurhaus Sertig.

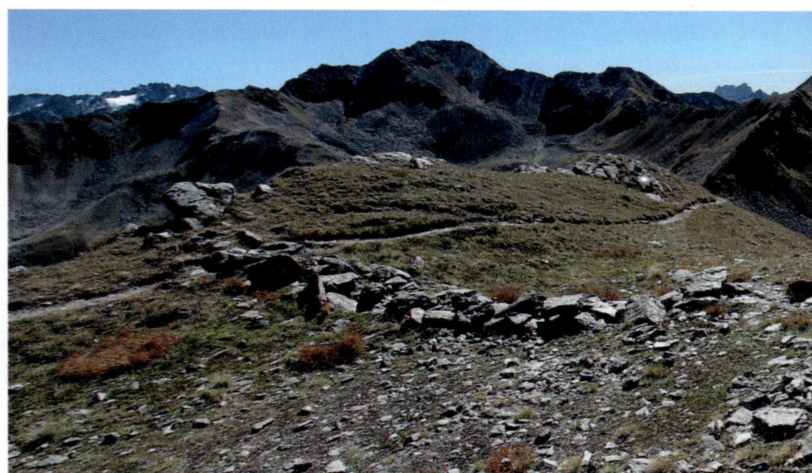
Kurz vor der Tällifurgga: Piz Sasura und Piz Vadret (links), Bocktenhorn, Piz Kesch, Tällihorn, Hoch Ducan, Gletscher Ducan und Älplihorn.

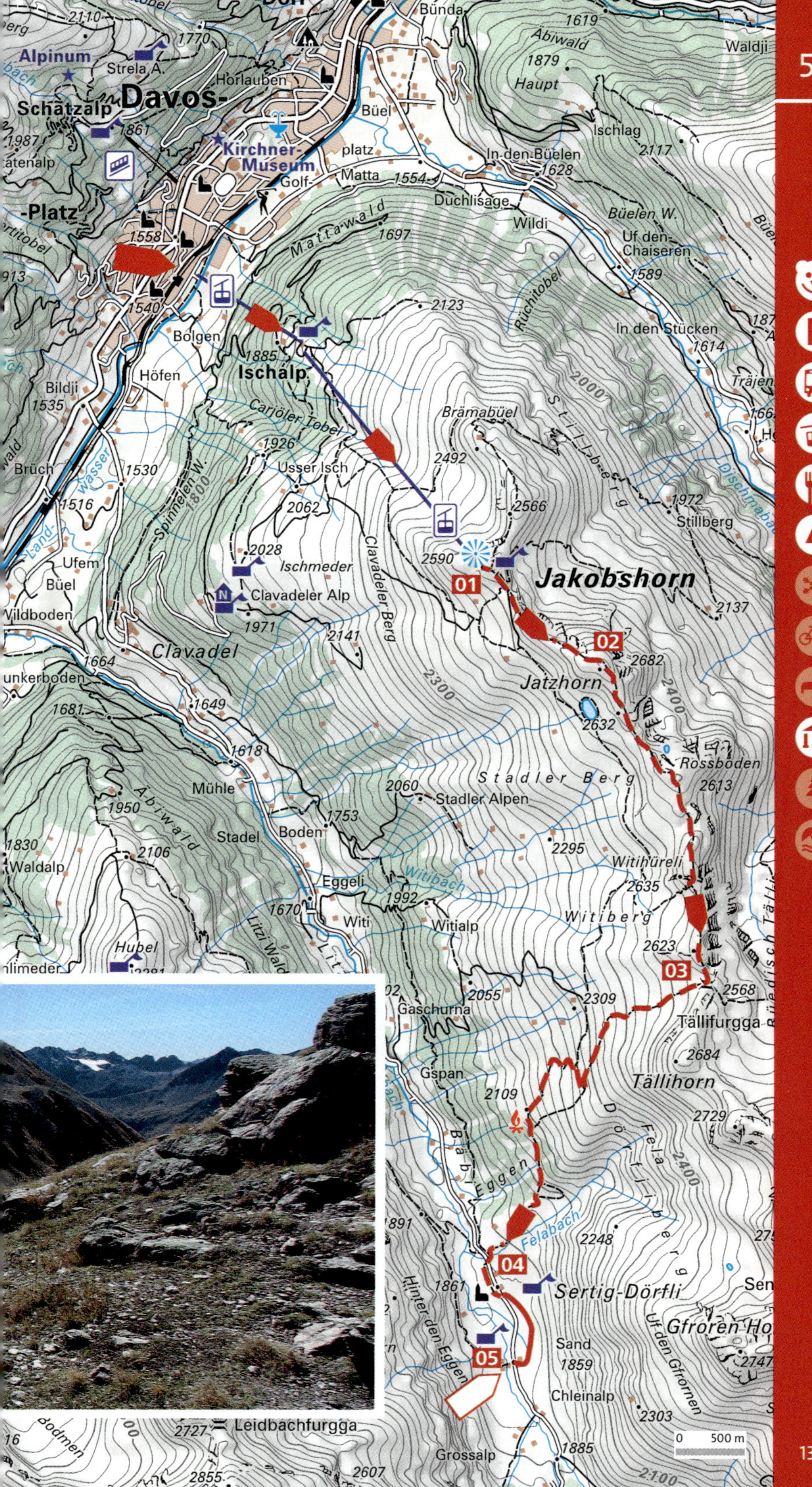
Davos-
-Dorf
-Platz
Schatzalp
Alpinum
Strela A.
Horlauben
Büel
Kirchner-
Museum
Golf-
platz
Matta
Duchlisage
In den Büelen
Bünda
Abiwald
Haupt
Ischlag
Waldji
Wildi
Büelen W.
Uf den Chaiseren
Rüchitobel
In den Stücken
Träjen
Mattawald
Bolgen
Ischalp
Höfen
Bildji
Brüch
Carjöler Tobel
Usser Isch
Brämabüel
Stillberg
Dischmabach
Spinnelen-W.
Ufem
Büel
Wildboden
Ischmeder
Clavadeler Alp
Clavadeler Berg
Jakobshorn
Jatzhorn
Clavadel
Rossboden
Stadler Berg
Stadler Alpen
Mühle
Stadel
Boden
Abiwald
Waldalp
Witihüreli
Witibach
Eggeli
Witi
Witialp
Witiberg
Hubel
Litzi Wald
Gaschurna
Tällifurgga
Tällihorn
Gspan
Eggen
Felabach
Dörflberg
Sertig-Dörfli
Gfroren Ho
Uf den Gfrornen
Sand
Chleinalp
Hinter den Eggen
Leidbachfurgga
Grossalp
01
02
03
04
05
0 500 m

FLÜELA SCHWARZHORN • 3.146 m

Ganz grosse Aussicht, relativ kurzer Weg

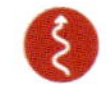 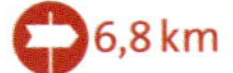 6,8 km 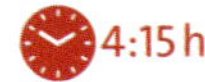 4:15 h 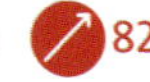 820 hm 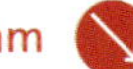 820 hm 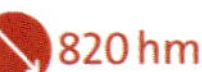 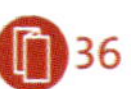 36

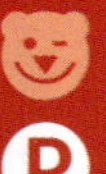

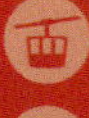
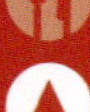

START | Flüelapassstrasse auf Chant Sura (2.336 m), 12 km westlich von Susch und 1,4 km vor der Passhöhe; Postauto-Haltestelle Abzweigung Schwarzhorn, kleiner Parkplatz. [GPS: UTM Zone 32 x: 573.515 m y: 5.177.151 m]
CHARAKTER | Anspruchsvolle Bergtour auf steilen Pfaden im hochalpinen Felsgelände, das alpine Erfahrung voraussetzt (T3); nur bei sicheren Verhältnissen ratsam. Keine Einkehrmöglichkeit.

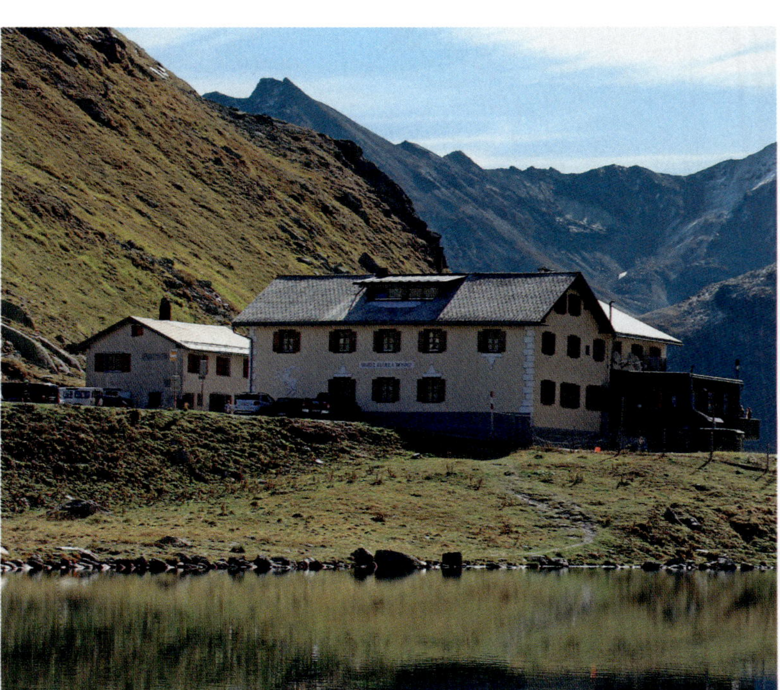

Das Hospiz am Flüelapass.

An schönen Wochenenden werden Sie auf diesem relativ einfach erreichbaren Dreitausender kaum einsam sein – das Flüela Schwarzhorn gilt als einer der schönsten Aussichtspunkte Graubündens.

▶ Vom Wegweiser an der **Flüelapassstrasse** 01 (2.332 m) wandern Sie auf dem Pfad unter dem Schwarzchopf in Kehren auf eine Anhöhe (2.460 m). Von der dahinter gelegenen Gabelung geht's rechts durch die Hänge über dem riesigen Kar unter dem Piz Radönt (3.064 m) aufwärts. Vorbei an einer weiteren Abzweigung steigen Sie durch steilen Schutt (und oft auch Schnee) zur **Schwarzhornfurgga** 02 (2.879 m) an. Von diesem Sattel erklimmen Sie rechts den Südostkamm des **Schwarzhorns** 03 (3.146 m) – er zeigt sich anfangs als steiler Felsgrat, wird aber weiter oben zum breiten Schuttrücken. Nach 2½ Stunden erreichen Sie das hölzerne Gipfelkreuz. Weite Aussicht zum Flüelapass und zum nahen Wisshorn, bis ins Rätikon und über die Berninagruppe zum Ortler!

Der **Abstieg** erfolgt auf derselben Route.

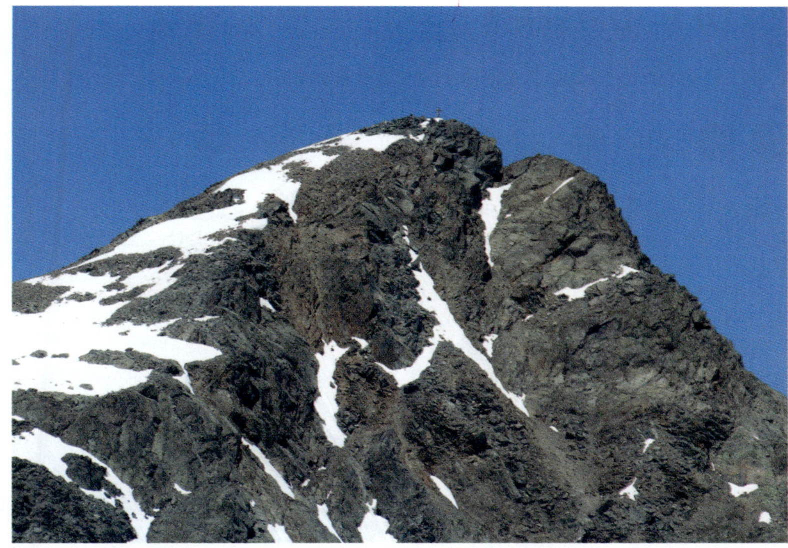

Von links geht's über den Südostrücken zum Gipfelkreuz hinauf.

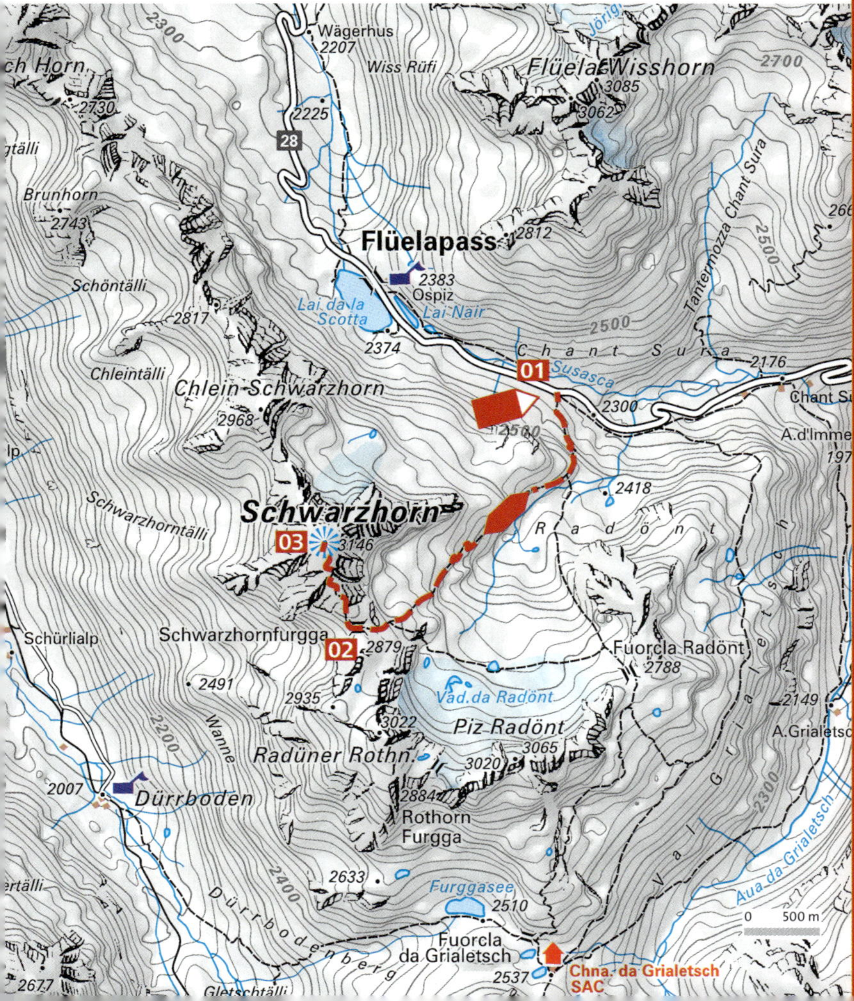

Wägerhus
2207
Wiss Rüfi
Flüela Wisshorn
3085
3062
2700
ch Horn
2730
2225
28
gtälli
Brunhorn
2743
Flüelapass
2812
2383
Ospiz
Schöntälli
Lai da la Scotta
Lai Nair
2817
2374
2500
Chant Sura
Tantermozza Chant Sura
2500
2176
Chleintälli
Chlein-Schwarzhorn
01
Susasca
2300
Chant Su
2968
2500
A.d'Imme
2418
Schwarzhorntälli
Schwarzhorn
03
3146
Radönt
Schürlialp
Schwarzhornfurgga
02
2879
Fuorcla Radönt
2788
2491
2935
Vad. da Radönt
2149
Wanne
3022
Piz Radönt
A.Grialetsc
2200
Radüner Rothn.
3065
3020
2007
Dürrboden
2884
Rothorn Furgga
Val Grialetsch
2300
Aua da Grialetsch
2633
Furggasee
2510
2400
Dürrbodenberg
0 500 m
Fuorcla da Grialetsch
2537
Chna. da Grialetsch SAC
2677
Gletschtälli

ZU DEN JÖRISEEN

Eine „klassische“ Rundwanderung bei Davos

 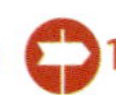10,2 km 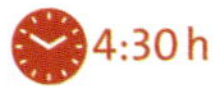4:30 h 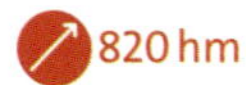820 hm 820 hm 36

START | Flüela-Passstrasse im Flüelatal 10 km südöstlich von Davos, Postauto-Haltestelle Wägerhus/Abzweigung Jöriseen, Parkplatz, 2.207 m. [GPS: UTM Zone 32 x: 571.877 m y: 5.179.549 m]
CHARAKTER | Hochalpine Bergwanderung auf stellenweise steilen und felsigen Pfaden, die Trittsicherheit und Schwindelfreiheit erfordern (T3). Unterwegs keine Einkehrmöglichkeit.

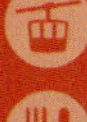
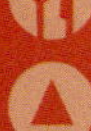
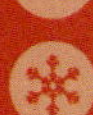

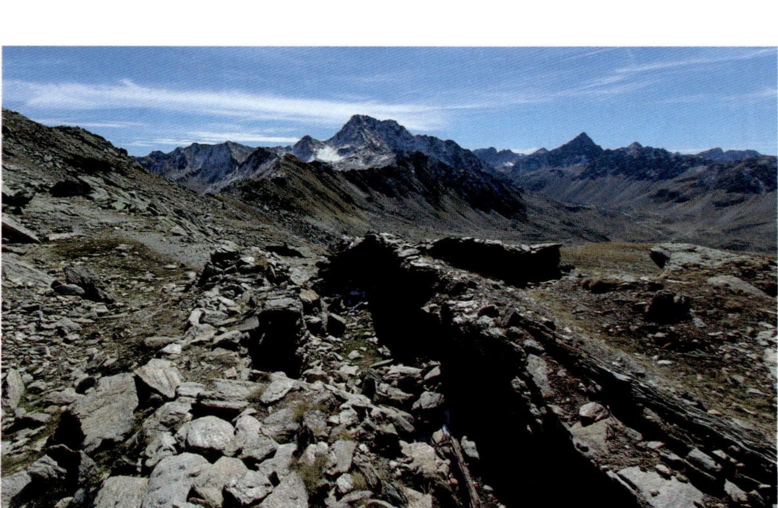

Das weisse und das schwarze Horn über dem Flüelatal.

Die Rundwanderung vom Flüelatal zu den Jöriseen am Fuss des vergletscherten Flüela Wisshorns (3.085 m) gehört zu den grossen „Wander-Klassikern“ der Schweiz. Die Aufstiegsroute zur Winterlücke musste 2019 aufgrund eines gewaltigen Bergsturzes gesperrt werden, sie ist aber inzwischen wieder gut gangbar.

Wer dann statt des Passübergangs über die Jöriflüelafurgga neben dem Jöribach absteigen möchte, hat eine sehr lange Tour, aber auch eine urgemütliche Hütteneinkehr vor sich.

▶ Von der **Wägerhütta** 01, einem einstigen Wegmacherhaus, gehen Sie gemäss der Beschilderung „Jöriflüelafurgga, Jöriseen“ auf einem Pfad durch steinige Wiesen aufwärts. Von der folgenden Gabelung wandern Sie rechts Richtung „Winterlücke, Jöriseen“ zu den Felsen empor. Der nach einem Bergsturz stellenweise neu angelegte Pfad steigt am linken Rand des grossen Schuttkars unterhalb des mächtigen, 3.085 m hohen Füela Wisshorns und zuletzt in Kehren zum Sattel der **Winterlücke** 02 (2.787 m) an.

Jenseits wandern Sie durch steile Schutthalden hinab zu zwei kleinen Eisseen, die in einer Schuttmulde unter dem schon stark dezimierten Jörigletscher liegen. Durch eine breite Rinne geht's weiter abwärts, vorbei an einem verlandenden Gewässer, bis Sie den östlichen der milchig-trüben **Jöriseen** 03 (2.526 m) erreichen. Dort zweigen Sie links Richtung „Berghaus Vereina“ ab. Nach wenigen Minuten erreichen Sie auf einer kleinen Anhöhe (2.533 m) die nächste Gabelung, von der Sie der Beschilderung „Jöriflüela-

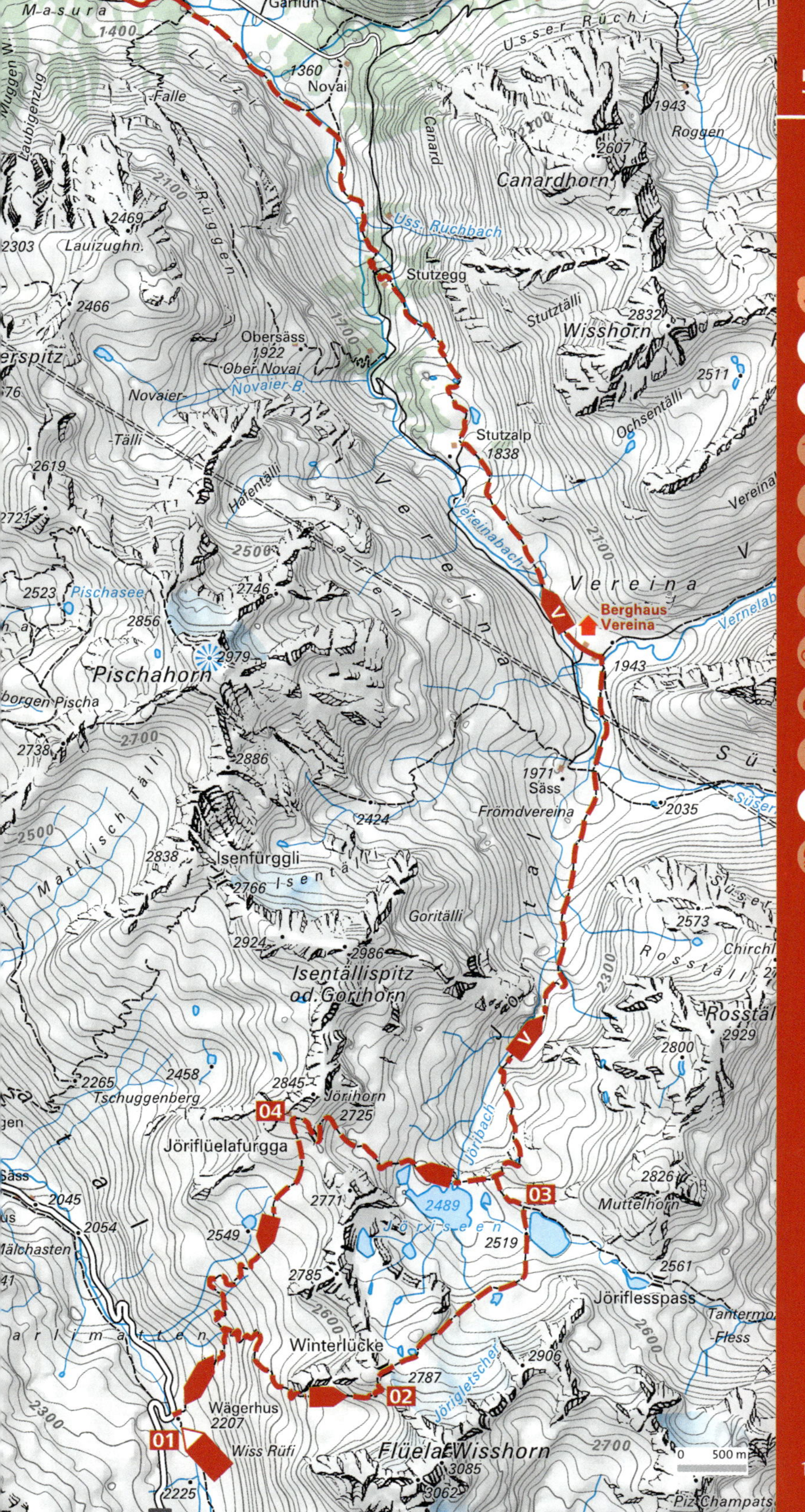
Garfiun
Novai
Canard
Canardhorn
Uss. Ruchbach
Stutzegg
Wisshorn
Obersäss
Ober Novai
Novaier B.
Stutzalp
Vereinabach
Vereina
Berghaus Vereina
Pischahorn
Pischasee
Säss
Frömdvereina
Isenfürggli
Goritälli
Isentällispitz od. Gorihorn
Jörihorn
Jöriflüelafurgga
Tschuggenberg
Jöriseen
Jöribach
Muttelhorn
Jöriflesspass
Winterlücke
Wägerhus
Wiss Rüfi
Jörigletscher
Flüela Wisshorn
Rosstäli
01
02
03
04
0 500 m

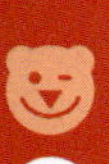
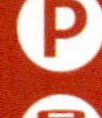

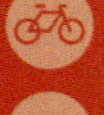

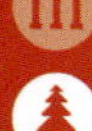
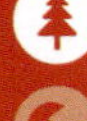

furgga, Wägerhus" nach links folgen. Ein kurzer Abstieg bringt Sie zum Abfluss des grössten der Jöriseen (2.490 m), von dem Sie kurz zu einem kleineren, aber glasklaren Gewässer ansteigen. Weiter geht's durch ein Schuttkar bergauf. Nach einer kurzen, steilen Felspassage (Seilsicherung) erreichen Sie die **Jöriflüelafurgga** 04 (2.725 m), wo Sie nach 45 Minuten ein prachtvoller Blick vom Tödi bis zur Silvretta erwartet.

Auf der Westseite der felsigen Scharte führt der Pfad an alten Steinfundamenten vorbei und dann links durch das weite Müllersch Tälli unter dem Jörihorn (2.844 m) bergab. Rechts weiter unten verbirgt sich der letzte See, dann erreichen Sie wieder die Gabelung unter dem Wisshorn. Von dort ist es nicht mehr weit zurück zum Startpunkt bei der **Wägerhütta** 01.

Variante nach Klosters

Von der Gabelung auf der erwähnten Anhöhe (2.533 m) über den Jöriseen führt rechts ein Pfad Richtung „Berghaus Vereina, Klosters" in vielen Kehren über zwei felsige Steilstufen ins Tal des Jöribachs hinab. Über flache Abschnitte und neben kleinen Schluchten erreichen Sie nach etwa 1½ Stunden das **Berghaus Vereina** (1.930 m). Auf der Zufahrtsstrasse und einem weiter unten rechts abzweigenden Pfad Richtung („Stutzalp,

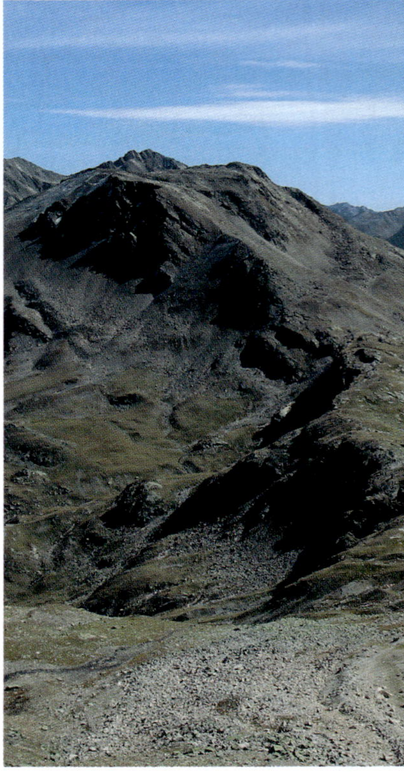

Gletscherwasser sorgt für die einzigartige

Alp Novai, Monbiel") wandern Sie in 2 Stunden durch das Gebiet der Stutzalp zur **Alp Novai** (1.363 m) hinab. 300 m vor der Alphütte führt links eine Brücke

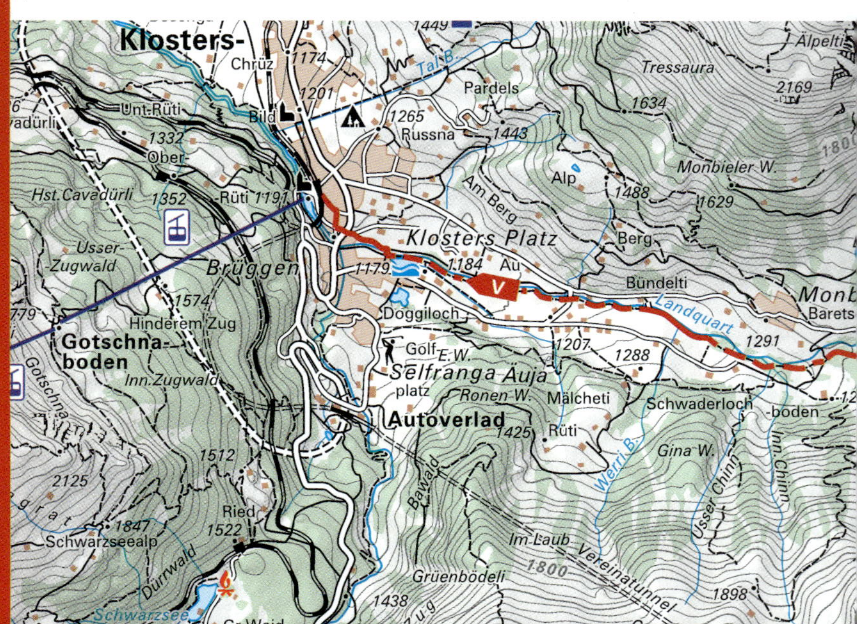

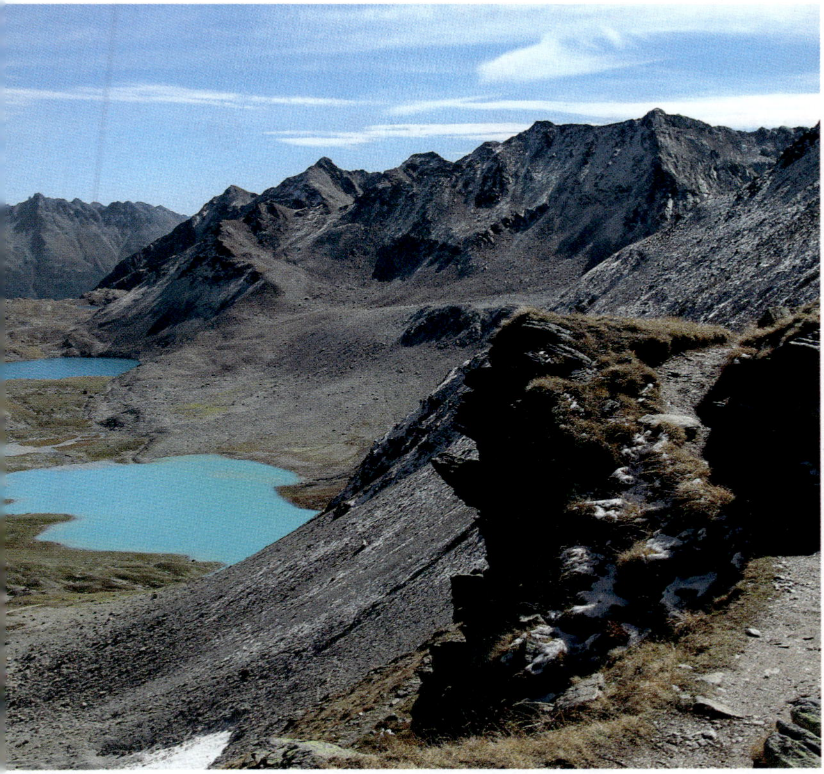

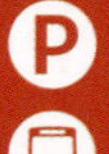

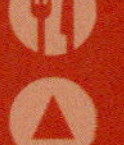

Farbtönung der Jöriseen. Im Hintergrund die Berge des Unterengadins.

über den Vereinabach, der sich mit dem Verstanclabach zur Landquart vereinigt. Diesem Fluss folgen Sie talauswärts zur Hängebrücke, die nach Monbiel (1.293 m, Postauto-Haltestelle) führt. Wer weiterwandert, gelangt auf dem Uferweg zum Bahnhof in **Klosters Platz** 07 (1.191 m); Gehzeit etwa 2 Stunden.

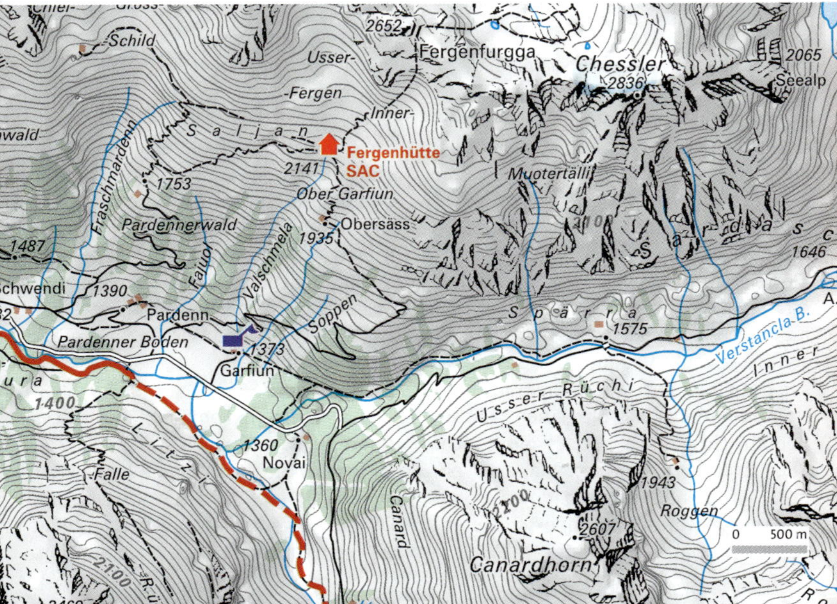

ZU DEN MACUN-SEEN

Wasserwunder im Nationalpark

  17,6 km  7:30 h 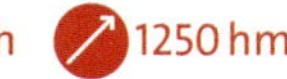 1250 hm  1250 hm 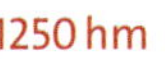  37

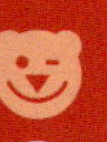

START | Lavin (1.412 m); Bahnstation und Postauto-Haltestelle im Ort, mit dem Auto über die gedeckte Innbrücke, nach rechts und gleich links zu einem kleinen Parkplatz bei einem Bauernhof. [GPS: UTM Zone 32 x: 585.048 m y: 5.179.888 m]
CHARAKTER | Lange, aber nicht allzu schwierige Bergwanderung auf Schotterstrassen sowie stellenweise steilen und steinigen Pfaden, die Trittsicherheit erfordern (T3), nur bei sicherem Wetter ratsam; unterwegs keine Einkehrmöglichkeit.

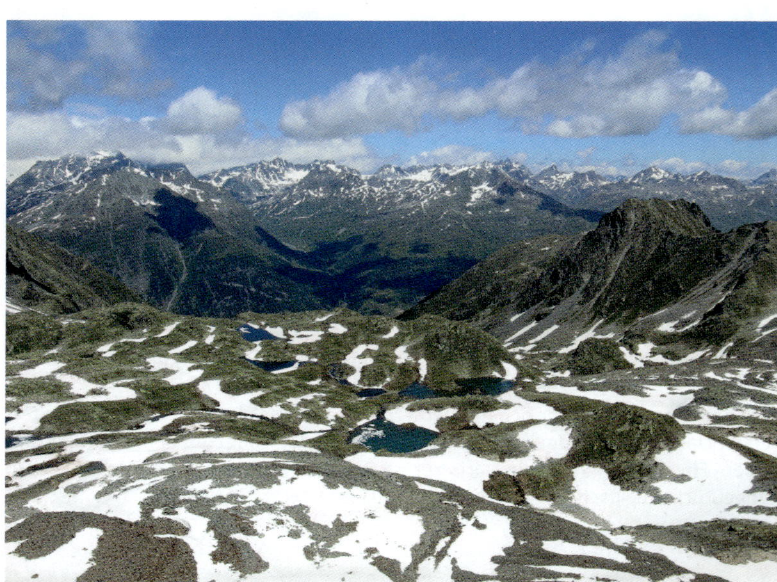

Die Hochfläche von Macun, dahinter das Val Tuoi mit der Silvrettagruppe.

Im Jahr 2000 pachtete der Schweizerische Nationalpark das 3,6 Quadratkilometer grosse Macun-Plateau für mindestens 99 Jahre von der Gemeinde Lavin (die heute zu Zernez gehört). Damit stehen die 23 Karseen, die die Eiszeitgletscher dort hinterlassen haben, unter strengstem Schutz. Man darf dort nur die wenigen markierten Pfade begehen, sodass etwa ihr bedeutendstes Gewässer, der 1,5 ha grosse und mehr als 8 m tiefe Lai Grond, völlig ohne menschliche Beeinträchtigung bleibt. Es lohnt sich aber trotzdem sehr, den langen Weg nach Macun auf sich zu nehmen, denn der Seenkessel zählt zu den schönsten Gebirgsregionen im Engadin.

▶ Die Innbrücke von **Lavin** 01 (1.412 m) erreicht man vom Bahnhof in 10 Minuten. Jenseits, im Ortsteil Plans, findet man rechts Informationstafeln. Von dort wandern Sie auf der links abzweigenden Strasse (Wegweiser „Alp Zeznina Dadaint, Macun") aufwärts, am genannten Parkplatz vorbei und auf Schotterbelag durch Wald- und Wiesenhänge über dem Inntal aufwärts.

Links abzweigend kommen Sie zur Lichtung am **Plan Surücha** (1.577 m). Von dort folgen Sie dem Wanderweg weiter bergauf. Bei der nächsten Abzweigung bleiben Sie geradeaus und steigen bald über dem Graben der Aua da Zeznina an.

Nach etwa 2 Stunden erreichen Sie durch schönen Lärchenwald die Hütte der **Alp Zeznina Dadaint** 02 (1.958 m) im Talgrund, die schon als Kulisse für einen Heidi-Film diente. Von dort wandern Sie in 2 Stunden durch freies Gelände zur Seenplatte hinauf. Der Pfad zieht neben dem Bach und dann steiler in Kehren zu einer Abzweigung empor. Rechts weiter und auf schmaler Spur durch die Schutthänge unter dem Piz Macun (2.889 m) auf das grasige Hochplatau mit den **Macun-Seen (Lais da Macun).**

Dort führt ein Rundweg rechts zu einer kleinen Lacke, hinauf zum **Lai dal Dragun** (2.628 m), in dem ein Drache hausen soll, und am Lai da la Mezza Glüna vorbei zum **Lai d'Immez** 03 (2.616 m). Der von einem eiszeitlichen Gletscher ausgeschliffene Kessel wird von mächtigen Bergen wie dem Piz d'Arpiglias (3.026 m), von bizarren Felstürmen und grossen Blockgletschern umrahmt. „Macun" bedeutet im Rätoromanischen soviel wie „Steinbock" – vielleicht lassen sich ja sogar einige der Namensgeber beobachten.

Wer mehr von den Seen sehen möchte, muss noch ein Stück rechts Richtung Fuorcla da Barcli ansteigen, wobei auch der Blick zu den Dreitausendern der Silvrettagruppe immer eindrücklicher wird.

Ansonsten geht's links in Kürze wieder zur Abzweigung zurück und von dort auf der Aufstiegsroute in etwa 3 Stunden nach **Lavin** 01 hinunter.

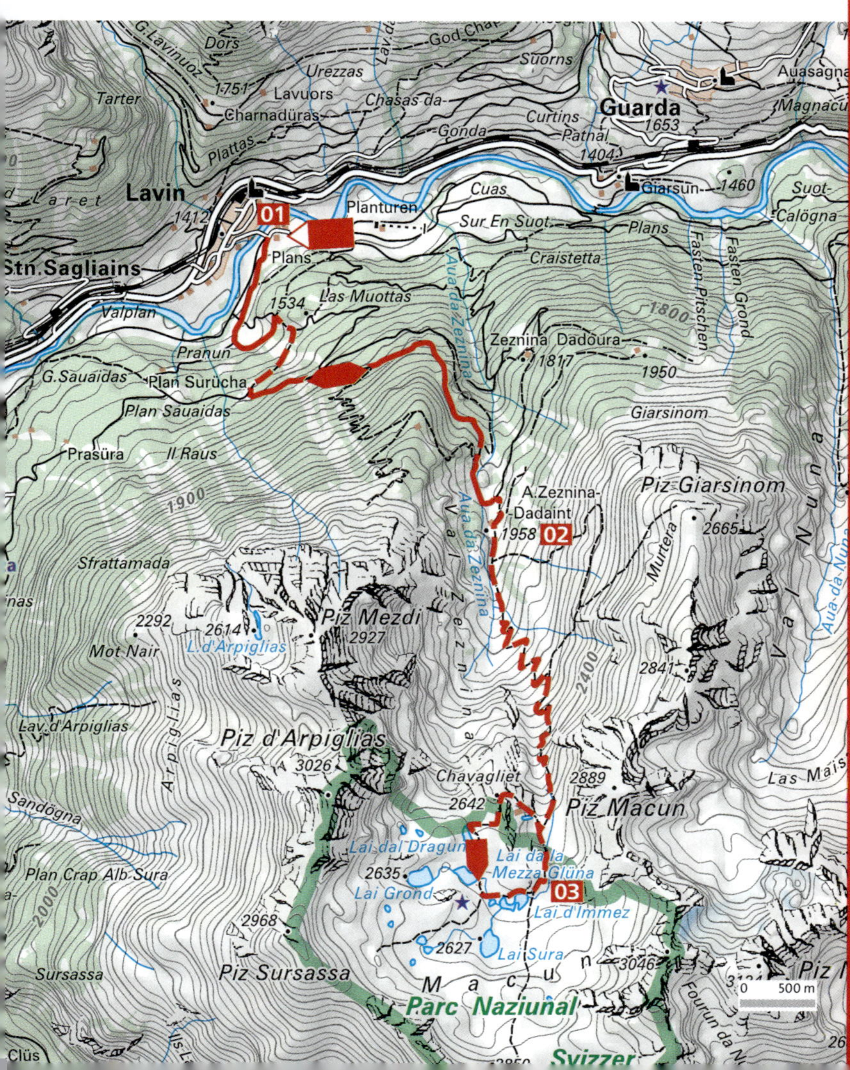

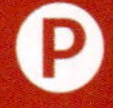

PIZ CLÜNAS • 2.793 m – MUOT DA L'HOM

Im Süden der Silvrettagruppe

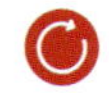 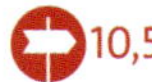 10,5 km  4:30 h  750 hm 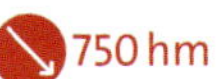 750 hm  24

START | Ftan (1.669 m), Talstation der Sesselbahn über Ftan-Grond, Postauto-Haltestelle und Parkplatz; Auffahrt zur Bergstation Prui (2.061 m, www.bergbahnen-scuol.ch). [GPS: UTM Zone 32 x: 595.459 m y: 5.184.370 m]
CHARAKTER | Aussichtsreiche Bergwanderung auf Alpstrassen und stellenweise steilen, erdigen und felsigen Pfaden, die bei Nässe sehr rutschig werden und vor allem am Gipfelgrat Trittsicherheit sowie Schwindelfreiheit erfordern (T3). Die Alp Laret ist im Sommer bewirtet.

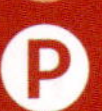

Der Piz Clünas, der Hausberg von Ftan, ist nicht sehr schwierig zu erreichen, bietet aber doch ein paar felsige Wegabschnitte und dank seiner Lage am Südrand der Silvrettagruppe ein wirklich sehenswertes Gipfelpanorama. Beim Abstieg sollte man den südwestlich vorgelagerten Muot da l'Hom unbedingt „mitnehmen" – der kleine Hügel über einer grasigen Hochfläche bietet eine ebenso famose Aussicht und bietet sich auch als kürzeres Alternativziel an.

▶ Von der **Bergstation der Sesselbahn** auf **Prui** **01** (2.061 m) folgen Sie dem Wegweiser der Via Engiadina Richtung „Alp Laret" nach links, zweigen nach 50 m rechts auf einen Fahrweg ab und wandern an einer Hütte vorbei in licht bewaldetes Gelände, wo ein Pfad zu einer weiteren Alpstrasse hinaufführt. Auf dieser gehen Sie etwa 120 m links zu einer Gabelung, von der Sie rechts ansteigen. Wieder auf einem Pfad erreichen Sie die nächste Abzweigung, von der Sie rechts Richtung „Piz Clünas, Muot da l'Hom" weiterwandern. Nach einem kurzen Aufstieg gelangen Sie zu flacheren Wiesen, dann geht's im Zickzack über einen steilen Rücken zur Hütte auf der aussichtsreichen Terrasse der **Alp Clünas** **02** (2.444 m) hinauf.

Nach der Querung eines breiten Alpweges steigen Sie weiterhin sehr steil über den Südrücken des Piz Clünas an. Im steinigen Gelände passieren Sie Lawinenverbauungen, bis Sie nach gut 2 Stunden Aufstiegszeit den Steinmann und den Gipfelbuchbehälter auf dem **Piz Clünas** **03** (2.793 m) erreichen. Fantastisch ist die Sicht nach Süden zu den Engadiner Dolomiten, hinter denen auch der vergletscherte Ortler hervorlugt, nach Osten zu den Ötztaler Alpen und nach Westen zu den Albula-Alpen und zum dunklen Felsspitz des Piz Buin.

Nun folgt der Abstieg auf dem Nordrücken, auf den benachbarten Piz Minschun (3.068 m) zu. Nach zwei kurzen Felspassagen zieht der Pfad von der **Fuorcla Clünas** (2.723 m) links durch ein Kar zu einem Minisee und zum daneben gelegenen **Lai da Minschun** **04** (2.642 m) hinab. Durch flacheres Wiesengelände kommen Sie zu einem Fahrweg, der von der Alp Clünas herüberführt. Diesem folgen Sie rechts bis zu einer Hochebene, von der Sie neben weiteren Lawinenverbauungen links die Graskuppe des **Muot da l'Hom** **05** (2.512 m) ansteuern.

An ihrem vorderen Rand steht ein Gipfelkreuz, von dem Sie nun auch die zentralen Silvrettaberge um die Jamspitzen und die Dreiländerspitze sehen. In der Tiefe ist sogar der Turm der Ruine Steinsberg in Ardez erkennbar. Jenseits des Val Tasna ragt der Piz Cotschen empor. Gut zu sehen sind aber auch die weiter unten gelegenen Hütten der **Alp Laret** **06** (2.202 m), zu denen der Pfad durch die Wiesenhänge westlich der Kuppe hinabführt; Gehzeit vom Gipfel 1½ Stunden.

Von dort gelangen Sie auf der beschilderten Via Engiadina nach links Richtung „Prui" ohne grössere Höhenunterschiede durch die stellenweise

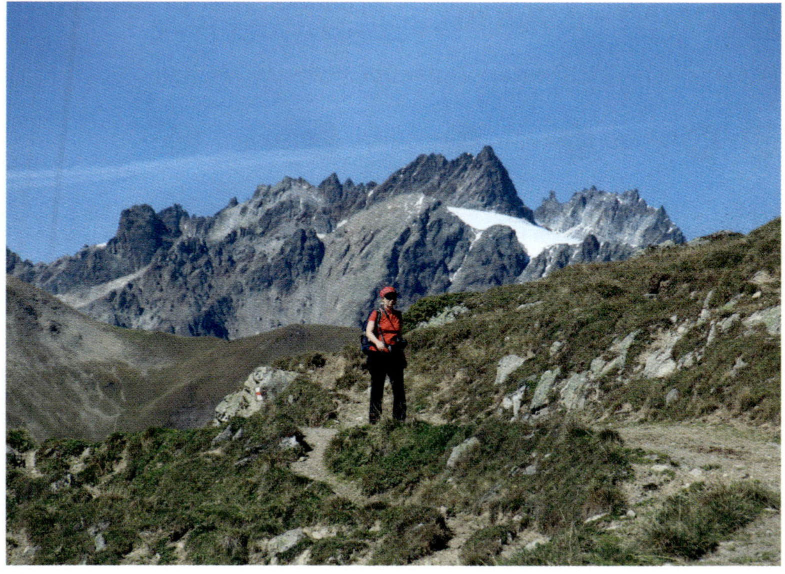

Silvretta-Panorama beim Abstieg – die Jamspitzen und der Jamtalferner.

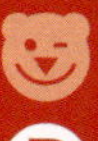
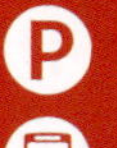
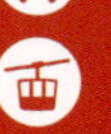

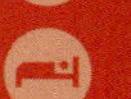

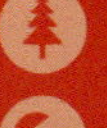

steinigen Südhänge des Muot da l'Hom zum Weideboden von Clünas (2135 m) und damit zur Aufstiegsroute. Auf dieser kehren Sie zur Bergstation der Sesselbahn auf **Prui** 01 (2.064 m) zurück.

Variante: Von der **Alp Laret** 06 (2.202 m) kann man in 1 Stunde auch direkt auf einer Alpstrasse und Abkürzungspfaden nach **Ftan** (1.669 m) zur Talstation der Sesselbahn absteigen.

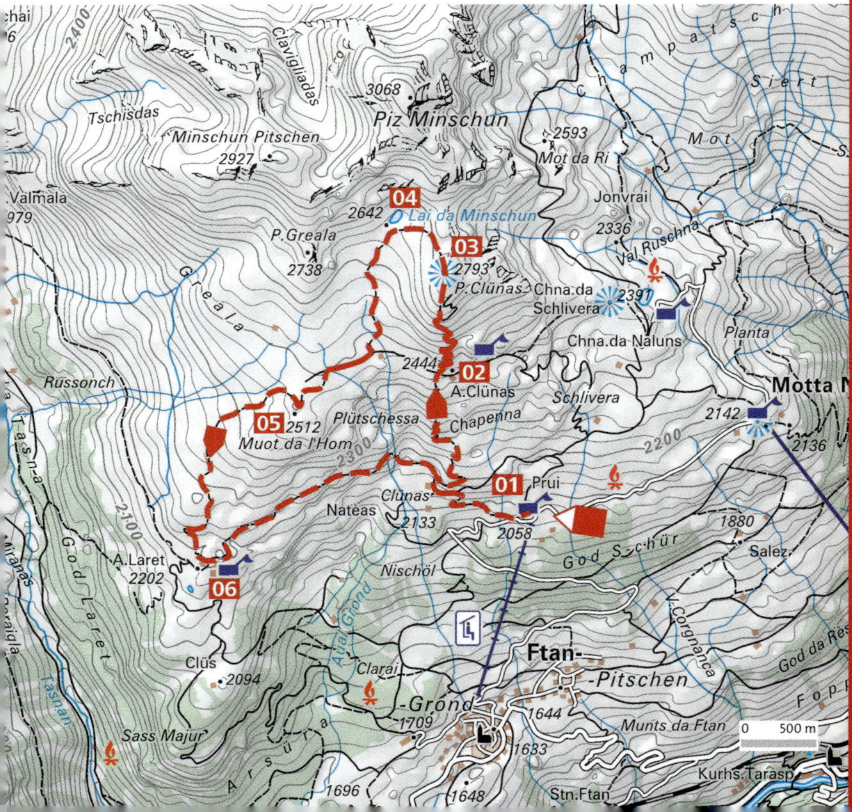

PIZ DAINT • 2.968 m

Der schönste Fast-Dreitausender über dem Val Müstair

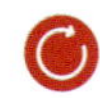 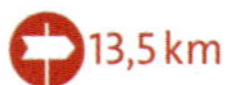 13,5 km 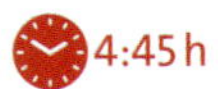 4:45 h 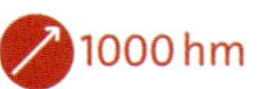 1000 hm  1000 hm 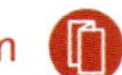 37

START | Gasthaus Buffalora (1.968 m), 1 km westlich des Pass dal Fuorn/ Ofenpasses; Postauto-Haltestelle, Parkplatz 150 m Richtung Passhöhe. [GPS: UTM Zone 32 x: 596.958 m y: 5.166.859 m]
CHARAKTER | Anspruchsvolle, aber landschaftlich grossartige Bergtour im hochalpinen Gebiet auf markierten Pfaden, die gute Verhältnisse, Trittsicherheit und Schwindelfreiheit voraussetzen (T3).

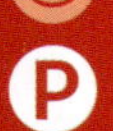

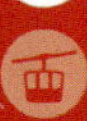
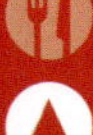
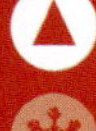
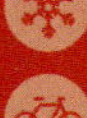

Das Bergland im Süden des Ofenpasses, das vom Unterengadin über das Tal von Livigno bis zum Ortler reicht, ist eines der interessantesten Gebiete der Alpen. Seine ganze landschaftliche Vielfalt erlebt man bei einer Tour auf den Piz Daint, der zu den besten Aussichtspunkten über dem Val Müstair zählt.

▶ Vom **Gasthaus Buffalora** 01 (1.968 m) wandern Sie neben der Strasse Richtung Passhöhe über die Brücke und noch 150 m bis zu einer Abzweigung. Dort folgen Sie dem Wegweiser „Pass dal Fuorn" nach rechts, übersetzen das Schuttbett der Aua da Murtaröl und wandern auf dem links abbiegenden Weg durch Wiesen- und Waldgelände zum **Pass dal Fuorn/Ofenpass** 02 (2.149 m) hinauf.

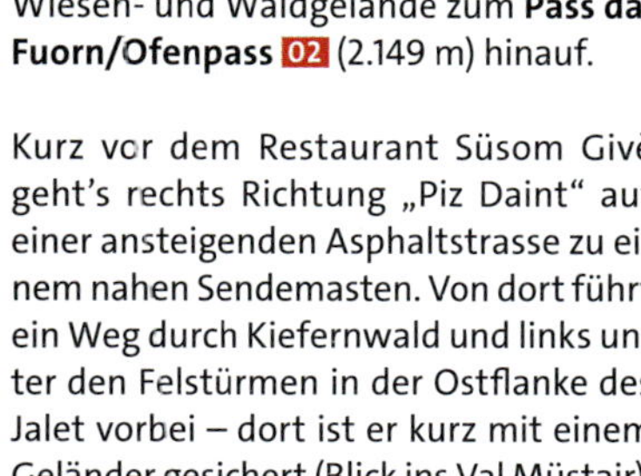

Kurz vor dem Restaurant Süsom Givè geht's rechts Richtung „Piz Daint" auf einer ansteigenden Asphaltstrasse zu einem nahen Sendemasten. Von dort führt ein Weg durch Kiefernwald und links unter den Felstürmen in der Ostflanke des Jalet vorbei – dort ist er kurz mit einem Geländer gesichert (Blick ins Val Müstair). Durch einen Graben und an einer weiteren Abzweigung vorbei gelangen Sie zur Ebene **Davo Plattas** (2.288 m) hinauf.

Von dort folgen Sie der Beschilderung „Piz Daint, Tschierv" links auf die Anhöhe **Murtaröl** (2.406 m) und rechts in eine Mulde. Dann queren Sie im schrägen Anstieg eine steile Schuttflanke bis zum Nordwestrücken des Piz Daint (2.650 m). Auf diesem Schuttrücken geht's links in wechselnder Steigung empor. Über eine letzte Steilstufe mit losem Gestein erreichen Sie nach etwa 2½ Stunden das Gipfelkreuz des **Piz Daint** 03 (2.968 m). An Tagen mit klarer Sicht erkennt man die Gletscherberge der Berninagruppe, schaut durch das Val Müstair bis zu den Dolomiten, zu den Ötztaler Alpen und zum Ortler; aber auch der Tiefblick zum Ofenpass ist sehr eindrücklich.

Abstieg auf dem Nordwestrücken bis zur Abzweigung (2.650 m), von der Sie nun links – nach Süden – absteigen. Hier finden sie nur spärlich markierte Pfadspuren, gelangen aber bald wieder in grüneres Gelände. Links sehen Sie ins entlegene Val Mora hinunter.

Nahe einer kleinen Hütte erreichen Sie schliesslich die Senke vor der flachen Kuppe des **Döss dal Termel** (2.318 m). Dort biegen Sie rechts ab (Wegweiser „Pass dal Fuorn, Buffalora" und marschieren gut 1 km über die Hochebene Jufplaun nach Norden. Links steht in einiger Entfernung eine Grenzhütte, darüber baut sich der felsige Munt Buffalora (2.629 m) auf.

Hinter den flachen Felsen am **Döss la las Plattas** 04 (2.296 m) finden Sie den Wegweiser „Buffalora, Alp la Schera", der nach links zeigt. Zu dem deutlich sichtbaren Pfad, der von dort ins Hochtal am Fuss des Munt Buffalora hinüberführt, kann man auch schon vor der Tafel ein kurzes Stück weglos hinuntergehen. Der sanft abfallende Weg trifft nach rund 800 m auf einen Fahrweg, auf dem Sie rechts Richtung „Buffalora" weitergehen. Nach der Brücke über die Aua da Murtaröl führt er durch Wiesen zu einer Alphütte und rechts durch steile Waldhänge zur **Alp**

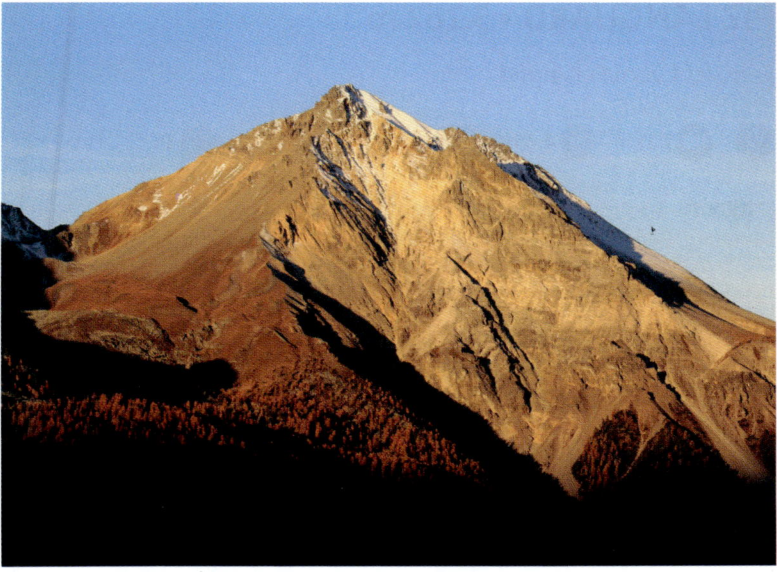

Das Morgenrot verstärkt den spätherbstlichen Farbzauber am Piz Daint.

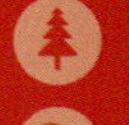

Buffalora 05 (2.038 m) hinunter. Gleich nach den Hütten zweigen Sie links auf einen sanft abfallenden Wiesenweg ab, auf dem Sie in 15 Minuten ins Tal gelangen. Zuletzt geht's auf einem Steg durch sumpfiges Gelände und über zwei schuttreiche Bachläufe zurück zum **Berggasthaus Buffalora** 01.

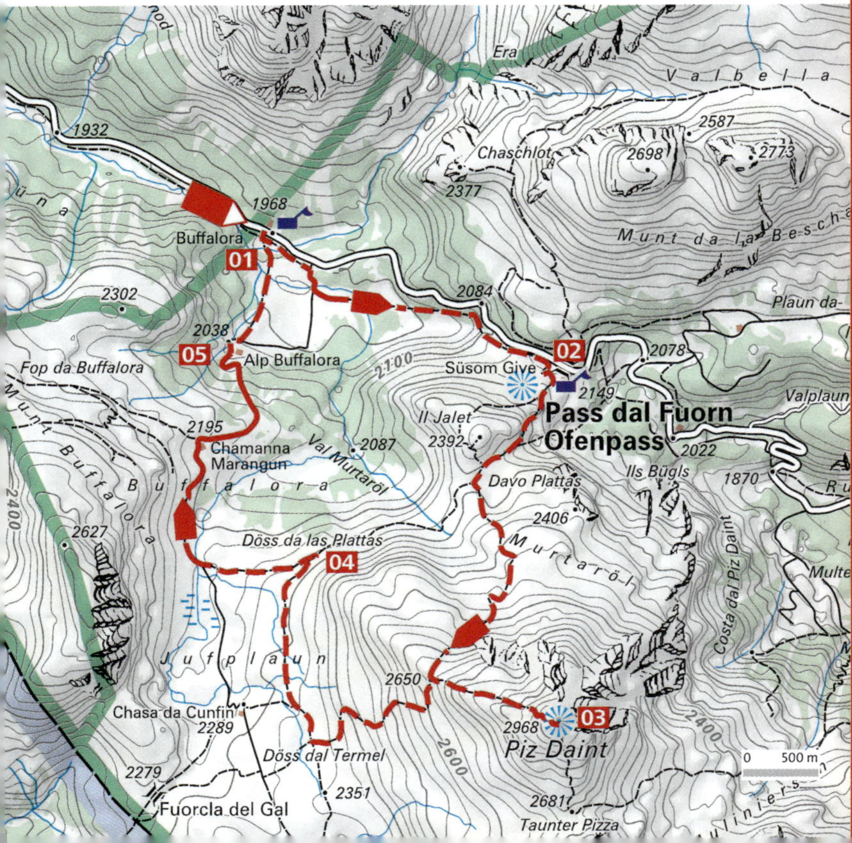

PIZ LANGUARD • 3.262 m

Fernsicht vom Felsgipfel

 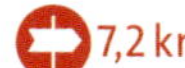 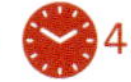 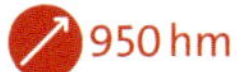 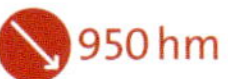 

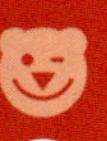
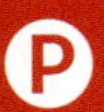

START | Pontresina/Puntraschigna (1.805 m), Talstation der Sesselbahn Languard; Parkplatz, Haltestelle des Engadin Bus. Auffahrt zur Alp Languard (2.325 m, www.pontresina.ch). [GPS: UTM Zone 32 x: 570.758 m y: 5.148.659 m]
CHARAKTER | Anspruchsvolle und hochalpine Bergtour auf schmalen, stellenweise felsigen und im Gipfelbereich gesicherten Pfaden, die alpine Erfahrung, Trittsicherheit und Schwindelfreiheit erfordern. Nur bei schnee- und eisfreien Bedingungen und bei sicherem Wetter starten! Die Capanna Georgy/ Georgy's Hütte knapp unter dem Gipfel ist im Sommer bewirtschaftet.

Das Panorama von links nach rechts: Der Berninapass mit dem Lago Bianco, Diavolezza und Munt Pers, Piz Palü und Piz Bernina mit Idealsicht auf den Biancograt, die Zunge des Morteratschgletschers, Piz Corvatsch, Piz Güglia/Piz Julier, Piz d'Err und Piz Ot, darunter St. Moritz und sein See, im Vordergrund der Piz Muragl über viel rotem Gestein, Piz Es-cha/Piz Kesch, in der Tiefe das entlegene Val Prüna, darüber der Piz Quattervals und weit dahinter die Silvretta, die Unterengadiner Dolomiten und die schuttreichen Gipfel über Livigno.

Seiten könnte man füllen mit der Aufzählung aller Berge, Täler und Seen, die man an klaren Tagen vom Piz Languard aus sieht. Und all das gibt's dank Lifthilfe nach nur 3 Stunden Aufstiegszeit und – bei guten Verhältnissen – ohne grosse Kletteranforderungen. Den Berninablick kann man sogar mit einem Bündnerteller und einem Gläschen Wein geniessen, denn knapp unter dem Gipfel wurde schon in der zweiten Hälfte des 19. Jahrhunderts die höchstgelegene Schutzhütte des Engadins erbaut. Benannt hat man sie nach dem deutschen Maler und Zeichner Wilhelm Georgy, der hier heroben etliche seiner Werke schuf. Dieser Adlerhorst lädt nicht nur zur Einkehr ein, sondern auch zu einer Übernachtung, Abendstimmung und Sonnenaufgang ganz nahe dem Himmel inklusive.

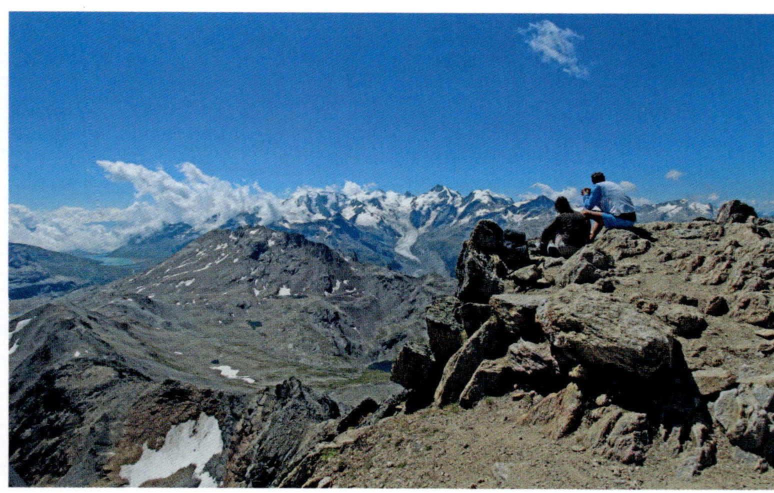

Das Gipfelpanorama reicht vom Passo del Bernina über den Piz Palü und den Vadret da Morteratsch bis zum Piz Bernina und zum Piz Corvatsch.

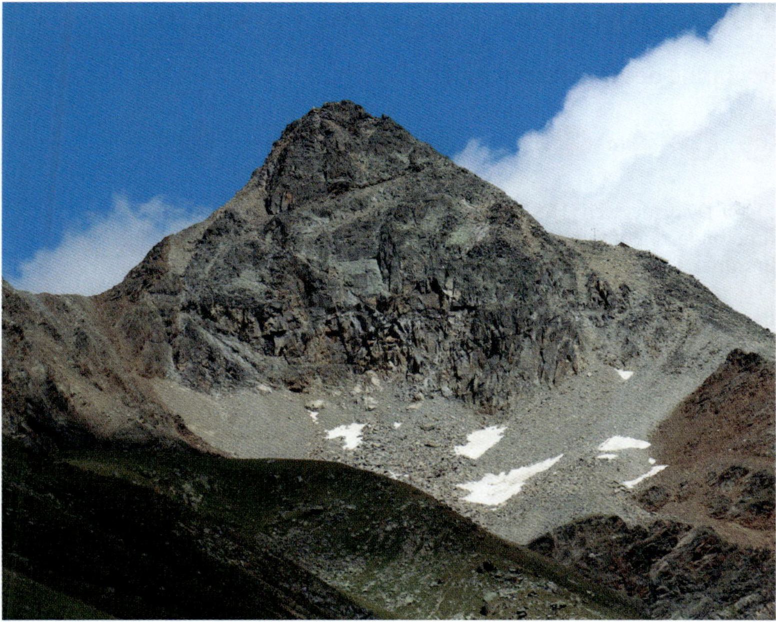

Der Piz Languard mit seiner Schutzhütte (rechts).

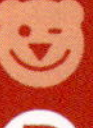
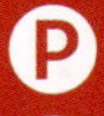

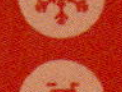
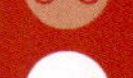

▶ Von der Sesselbahn-Bergstation auf der **Alp Languard** 01 (2.325 m) sehen Sie den Piz Languard links über den weiten Gras- und Schutthängen, durch die Sie nun auf dem beschilderten Pfad über dem grünen Val Languard ansteigen. Zwei Abzweigungen bleiben unbeachtet, von der dritten wandern Sie links aufwärts. Nach 1 km biegen Sie links ab und wandern – einen Bach querend – zum **Plaun da l'Esen** 02 (Eselsboden, 2.730 m) hinauf. Dort kommen Sie an der Einmündung des Steinbockweges vorbei.

In der Folge ignorieren Sie einen rechts wegführenden Pfad, bis Sie auf 2.920 m Seehöhe endgültig links zum Gipfel abzweigen. Der Pfad windet sich im Zickzack durch den steilen Schutthang auf einen Kamm und rechts zu **Georgy's Hütte (Chamanna Georgy)** 03 (3.175 m) empor; Aufstiegszeit 2¾ Stunden.

Das kleine Schutzhaus klebt unter dem Gipfelaufbau, der nun mit Hilfe von Sicherungen überwunden wird. Links von der Hütte geht's vorsichtig über ausgesetzte Felsstufen und gut zu erkletternde Blöcke (Stahlseile) in 10 Minuten zum dreieckigen Gipfelzeichen auf dem **Piz Languard** 04 (3.262 m) hinauf.

Der **Abstieg** erfolgt auf der Aufstiegsroute.

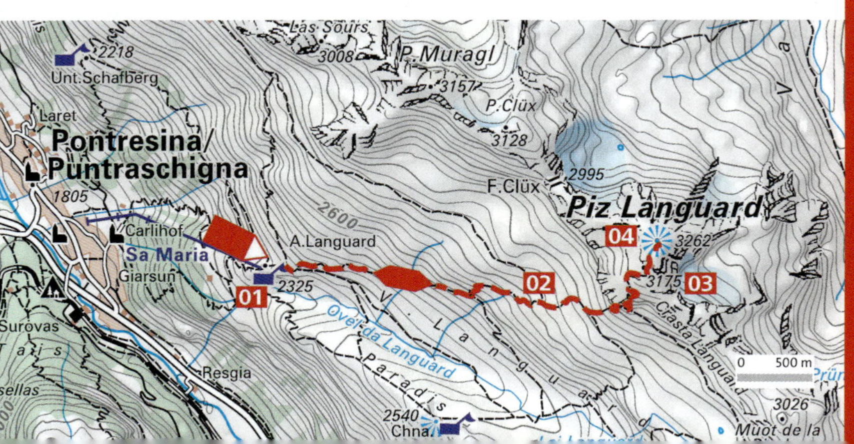

61

ZUR CHAMANNA DA BOVAL • 2.495 m

Im Banne des Morteratschgletschers

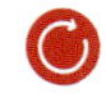  14,2 km  5:00 h 650 hm 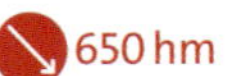 650 hm  47

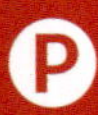

START | Morteratsch (1.896 m), Bahnstation, gebührenpflichtiger Parkplatz (beschilderte Zufahrt von der Kantonstrasse ca. 4 km von Pontresina Richtung Berninapass). [GPS: UTM Zone 32 x: 572.316 m y: 5.144.644 m]
CHARAKTER | Einzigartig schöne Tal- und Hüttenwanderung auf dem breiten, flachen Weg zur Gletscherzunge und auf schmalen, an einer Felspassage mit Stahlseilen gesicherten Pfaden, die Trittsicherheit und Schwindelfreiheit erfordern (T3), zur im Sommer bewirteten Chamanna da Boval.

Er ist nach der Pasterze am Grossglockner und dem Gepatschferner in Tirol die Nummer drei unter den Ostalpengletschern: Der Vadret da Morteratsch, der von seinem „Nährgebiet“ zwischen dem Piz Bernina, dem Piz Argient, dem Piz Zupò und dem Bellavista-Kamm über 6 km weit herabfliesst – mit einer Geschwindigkeit bis zu 120 m pro Jahr. Mit einem Eisvolumen von rund 1,2 Kubikkilometern lässt er diesbezüglich all seine eisige Konkurrenz hinter sich. So zeigt sich der Morteratschgletscher also bis heute als mächtiger Eisstrom, mit labyrinthischem Spaltengewirr und wild zerklüfteteten Brüchen, die erahnen lassen, dass er bis zu 75 m dick ist.

Noch mächtiger erschien er jedoch um 1850, als er noch bis ins Val Bernina hinausreichte. Heute muss man von dort schon 3 km taleinwärts wandern, um seine Zunge zu erreichen. Ein grossartiger Spaziergang in hochalpiner Umgebung, der kaum Mühe abverlangt!

Etwas mehr Schweiss fordert dann der längere Abstecher zur Chamanna da Boval, deren Urbau 1877 westlich über dem Gletscher errichtet wurde. Die heutige Schutzhütte des Schweizer Alpenclubs geht auf das Jahr 1913 zurück; es bietet bodenständige Verpflegung, gute Lager zum Übernachten – und eine grandiose Rundschau von der 400 m tiefer ausgebreiteten Gletscherzunge bis zum noch um 1.554 m höheren Piz Bernina mit dem Biancograt, von der direkt über dem Dach glänzenden Eiskappe des Piz Morteratsch bis zum Vadret Pers, der gegenüber vom Piz Palü herabfliesst (sich jedoch seit ein paar Jahren nicht mehr mit dem Morteratschgletscher vereinigt).

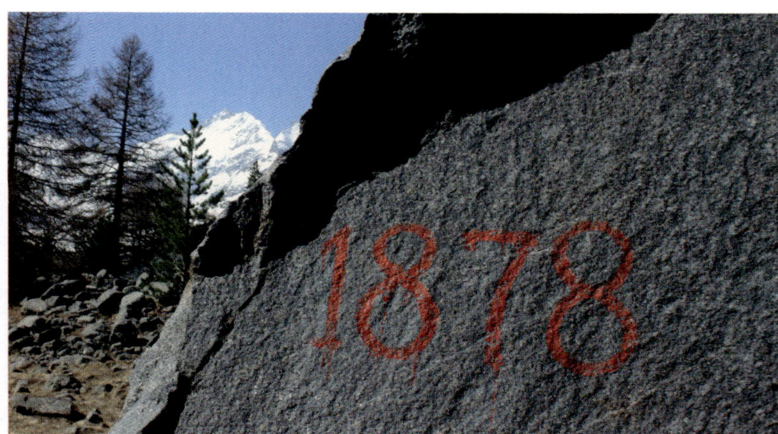

In der „kleinen Eiszeit“des 19. Jahrhunders endete der Gletscher hier.

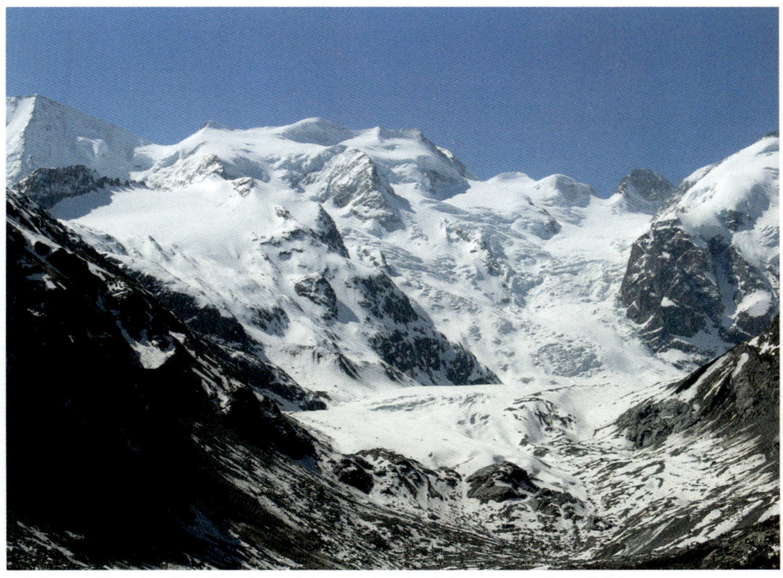

Mittlerweile schmilzt der Vadret da Morteratsch immer rascher dahin.

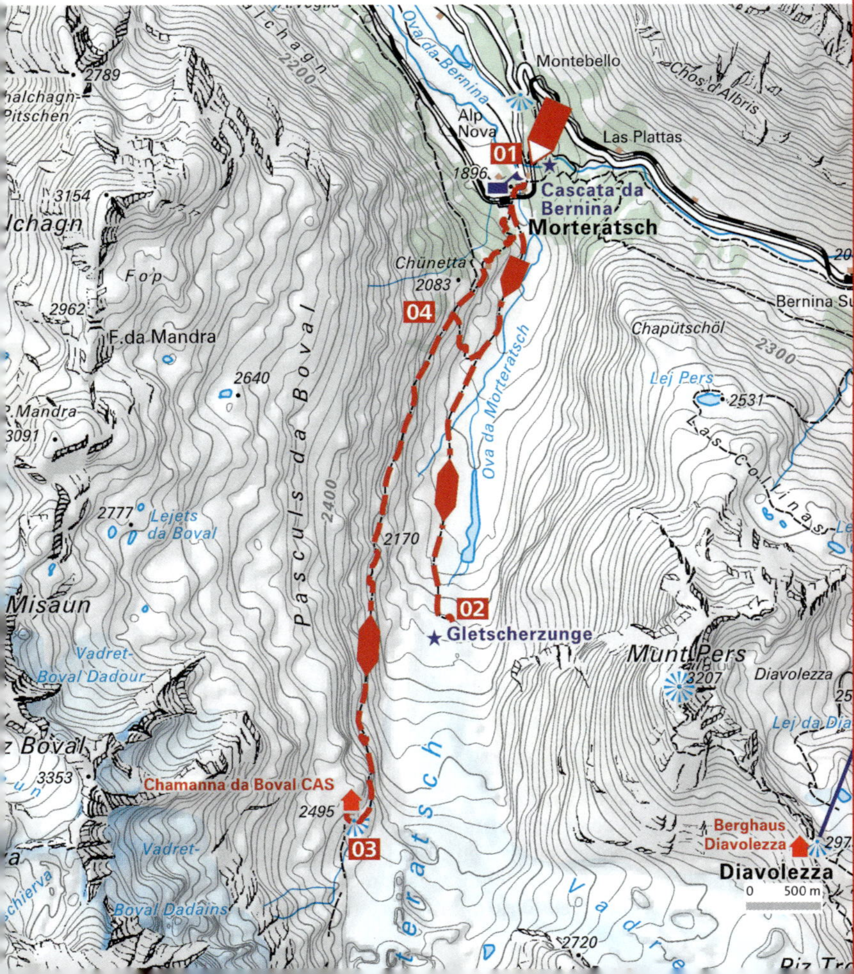

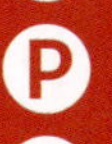
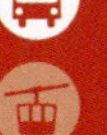

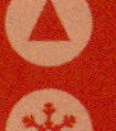

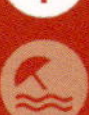

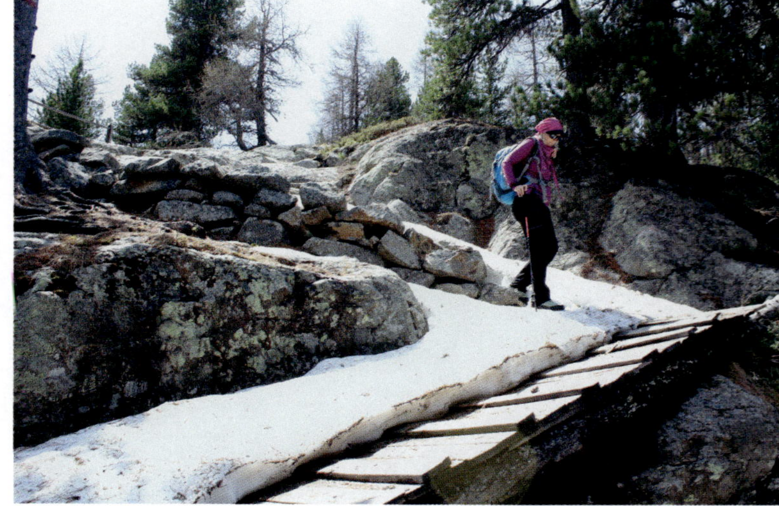

Unterwegs auf dem Hüttenweg.

▶ Start ist der Parkplatz in **Morteratsch** 01 (1.896 m), von dort folgen Sie der Asphaltstrasse kurz zum Hotel Restaurant Morteratsch. Vor der Bahnstation gehen Sie über den Bahnübergang (Beschilderung „Vadret da Morteratsch, Chna. da Boval"), durch eine Kunstinstallation und an der Abzweigung zur Bovalhütte vorbei. Der breite, kaum ansteigende Weg führt durch den licht bewaldeten Boden neben der schäumenden Ova da Morteratsch taleinwärts. Die vom Gletscher abgeschliffenen Felsen auf der rechten Seite beeindrucken ebenso wie die 16 Stelen, die den Rückgang des „ewigen" Eises dokumentieren.

Nach etwa 1 km zweigt rechts ein weiterer Pfad ab – auf diesem steuern Sie nach der Rückkehr vom Gletscher die Bovalhütte an. Zuvor geht's jedoch noch rund 2 km bis zur Gletscherzunge hinein. Unter den steilen, kahlen Schutthängen der Seitenmoränen erobern die Pflanzen den freigegebenen Schuttboden erstaunlich rasch zurück – bis hinauf ins direkte Gletschervorfeld, das erst seit ein paar Jahren eisfrei ist. Nach nicht einmal 1 Stunde Gehzeit führt eine Holzbrücke über den ungestümen Bach.

Die immer rascher zurückschmelzende Gletscherzunge des **Vadret da Morteratsch** 02 (2.150 m) endet inzwischen etwa 150 m über dem Talboden, hinter zwei ausgeaperten Felsbuckeln (2.150 m). Eis befindet sich aber weiter vorne unter dem Moränenschutt der rechten Talseite, dem man nicht zu nahe kommen sollte. Nach einer ausgiebigen Rast in diesen arktischen Gefilden kehren Sie auf dem Talweg in 30 Minuten zur erwähnten Abzweigung zurück.

Dort folgen Sie dem Wegweiser „Chünetta" links durch Moränenschutt in felsiges, licht bewaldetes Gelände hinauf, bis Sie links auf den Hüttenzustieg einschwenken. Er führt auf den Moränenkamm und dann rechts daneben zu einer Steilstufe (Chamin), durchquert danach die Felsflanken über dem Gletscher und endet nach einem letzten steileren Anstieg auf der Terrasse der **Chamanna da Boval** 03 (2.495 m), die nach 2 Stunden vom Talboden aus erreicht wird.

Der **Abstieg** erfolgt auf dem Hüttenweg. Bei der Einmündung des Zustiegs aus dem Tal bleiben Sie geradeaus (Wegweiser „Chünetta, Morteratsch"). Gleich danach zeigt das Schild „Aussichtspunkt" links auf die 5 Minuten entfernte Kuppe der **Chünetta** 04 (2.083 m), die einen schönen Rückblick zu den Gletscherbergen bietet. Der Hüttenweg führt dann über ein paar Stufen zur nächsten Gabelung, von der Sie rechts Richtung „Morteratsch" absteigen. Vorbei an einer kleinen Hütte und über Gletscherschliffe kommen Sie nach knapp 2 Stunden nach **Morteratsch** 01 zurück.

DIAVOLEZZA – MUNT PERS • 3.207 m

Der verlorene Berg der schönen Teufelin

 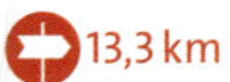13,3 km 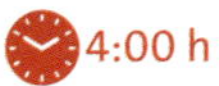4:00 h 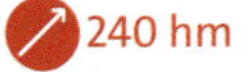240 hm 1180 hm 47

START | Talstation der Diavolezza-Seilbahn (2.093 m) im Val Bernina, 8 km von Pontresina/Puntraschigna Richtung Berninapass; Bahnstation, Postauto-Haltestelle und grosser Parkplatz; Auffahrt zur Bergstation (2.973 m, www.diavolezza.ch). [GPS: UTM Zone 32 x: 574.160 m y: 5.140.315 m].
CHARAKTER | Kurze, aber hochalpine Bergtour und ein längerer Abstieg auf steinigen Pfaden, nur bei guten Verhältnissen ratsam. Das Berghaus Diavolezza ist während der Seilbahn-Betriebszeiten geöffnet.

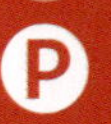

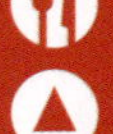
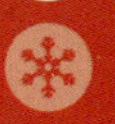

Auf der Diavolezza muss man einfach gewesen sein, allein schon wegen der Sicht auf die schönsten Gletschergipfel der Ostalpen. Bei dem heutigen Rummel kann man sich kaum vorstellen, dass man den Ort einst fürchtete. Der Sage nach war die Diavolezza eine Teufelin, allerdings eine bildhübsche, die gern in den Bergseen badete. Das verdrehte natürlich so manchem Burschen den Kopf, doch wer ihr nachstieg, verschwand auf Nimmerwiedersehen. So erging es auch einem gewissen Aratsch aus Pontresina, und daher erklingt noch heute in Sturmnächten der Klageruf „Mort ais Aratsch“ (Aratsch ist tot) aus der Tiefe des grossen Gletschers. Leicht erklärbar, wenngleich nicht weniger schauerlich, ist auch der Name des Berges, der nordwestlich der Diavolezza aufragt und ein noch schöneres Berninapanorama verspricht. Für die Einheimischen ist der Munt Pers der „verlorene Berg“. Bei gutem Wetter, schnee- und eisfreien Verhältnissen ist der Weg hinauf nicht zu verfehlen, allein schon deshalb, weil man ihn kaum alleine begehen wird. Stille geniesst man viel eher, wenn man zu Fuss ins Val Bernina absteigt – nach einem Stück durchs Skigebiet durch erstaunlich ursprünglich gebliebenes Bergland.

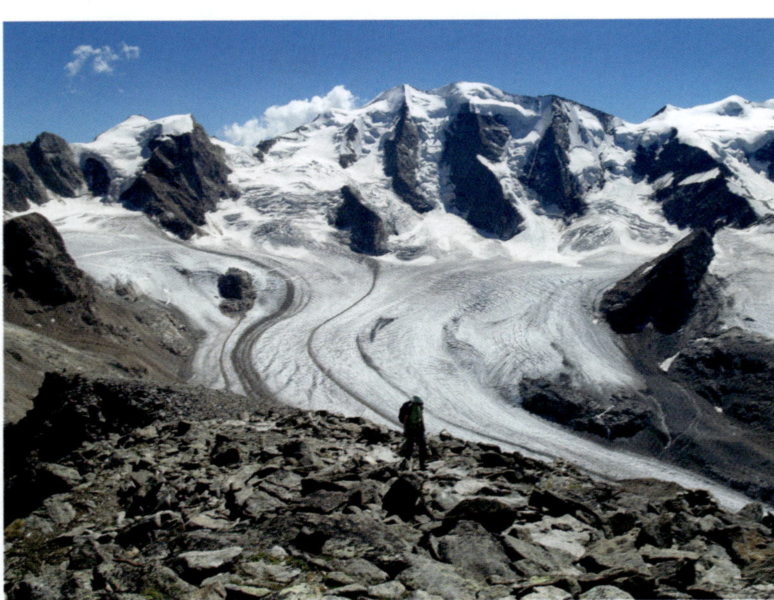

Der Munt Pers ist eine grandiose Aussichtsloge vor dem Piz Palü.

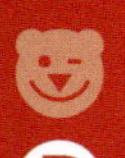
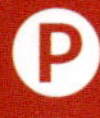

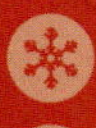

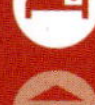

▶ Von der **Bergstation der Diavolezza-Seilbahn** 01 (2.973 m) wandern wir auf dem beschilderten Pfad Richtung „Munt Pers“ links neben dem schroffen Südostkamm des Berges in die Schutthänge seiner Südflanke.

Dort wandern wir in Kehren zum Blockgipfel des **Munt Pers** 02 (3.207 m) hinauf. Nach knapp 1 Stunde Aufstiegszeit geniessen wir dort ein überwältigendes Panorama von der Bergwelt um den Berninapass mit seinen Seen über den fernen Ortler und die Ötztaler Alpen bis zu den Dreitausendern um den Albula- und den Julierpass, zum nahen Piz Languard und durch das Val Bernina hinaus nach Samedan. Den Höhepunkt bildet aber natürlich die Traumsicht zum firnglänzenden Piz Cambrena, zu den Eisbalkonen des Piz Palü und vom Piz Bernina bis zum Piz Morteratsch. Faszinierend ist auch der Tiefblick auf den immer noch riesigen Vadret Pers und auf den Vadret da Morteratsch.

Abstieg auf derselben Route in 45 Minuten zur **Bergstation der Diavolezza-Seilbahn** 01. Danach könnten wir natürlich in der Gondel talwärts schweben – interessanter ist allerdings der Abstieg auf dem Pfad, der in südöstlicher Richtung auf den nahen **Sass Queder** 03 (3.066 m) zusteuert.

Nach dem kurzen 70-Höhenmeter-Abstecher auf diesen Geröllkopf darf man einen zweiten Dreitausender ins Tourenbuch eintragen und den Piz Palü aus einer leicht veränderten Perspektive betrachten. Aus dem Sattel vor dem Berg wandern wir nordwärts durch den Schutt neben den Firnresten des kleinen Diavolezzagletschers und einer Sesselbahn hinab. Über eine Steilstufe und einem felsigen Rücken gelangen wir zur Abzweigung (2.609 m) über dem Lej da Diavolezza. Von dort wandern wir rechts ins unberührte Val d’Arlas hinunter, biegen über dem Talgrund nochmals rechts ab und erreichen bald darauf den winzigen Lej d’Arlas (2.343 m). Der Pfad führt weiter zum **Lej Pitschen** 04 (2.224 m), dem kleinsten der drei Seen im Val Bernina. Dort biegen wir links ab und wandern auf einem rauen Fahrweg zur **Talstation der Diavolezza-Seilbahn** 05 (2.093 m) hinab.

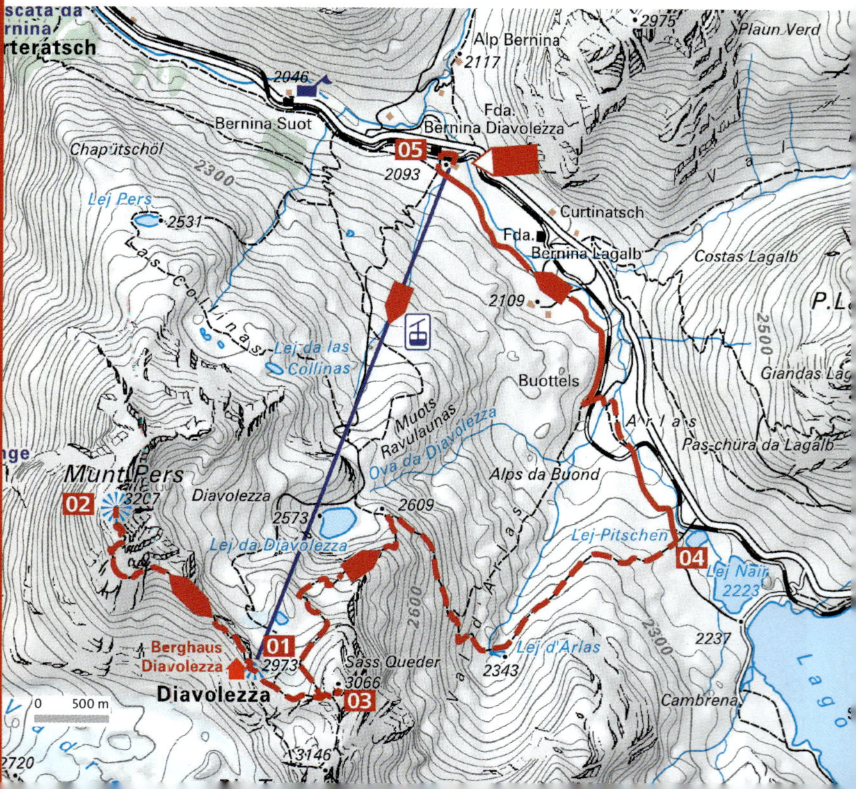

ZUR FUORCLA SURLEJ • 2.755 m

Einer der berühmtesten Aussichtspunkte der Alpen

 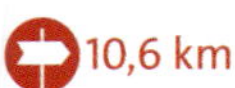 10,6 km 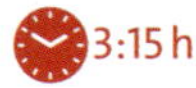 3:15 h 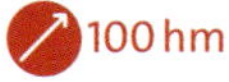 100 hm 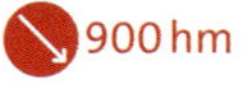 900 hm  46

START | Silvaplana (1.860 m), Talstation der Luftseilbahn Corvatsch im Ortssteil Surlej; Haltestelle des Engadin Bus, Parkplatz. Auffahrt zur Mittelstation Murtèl (2.699 m), www.corvatsch.ch. [GPS: UTM Zone 32 x: 563.285 m y: 5.142.432 m]
CHARAKTER | Kurzer Aufstieg und langer Abstieg auf guten Pfaden (T2). Einkehrmöglichkeit bei der Mittelstation, im Berghaus Fuorcla Surlej und im Restaurant am Lej dals Chöds/Hahnensee.

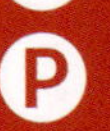

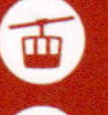

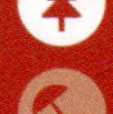

Der wohl berühmteste Bernina- und Biancogratblick lässt sich auch bei hausgemachter Hüttenkost oder bei einer Tasse Kaffee und einer Nusstorte geniessen – ganz entspannt nach dem Emporschweben in der Seilbahngondel und einem kurzen Alpinspaziergang. Dabei ist man allerdings nur selten allein – das gletscherweisse Naturgemälde, das in jedem Buch, jedem Prospekt und jeder Webseite für das Oberengadin wirbt, wollen eben alle auch einmal in natura sehen. Sehr beliebt, aber doch ruhiger ist die Bergab-Wanderstrecke zum Hahnensee. Dort hat man dann auch genug Zeit für das Bergpanorama auf der Nordseite – so schön sieht man die Oberengadiner Seenplatte nicht alle Tage!

▶ Startpunkt ist die **Seilbahn-Mittelstation Murtèl** 01 (2.699 m), von dort führt der breite, beschilderte Weg zur Fuorcla Surlej erst kurz bergab, von einer Gabelung nach rechts durch Schutthänge und über einen Moränenrücken ins weite Kar von Murtèl. Rechts oben ist die Bergstation der Luftseilbahn mit ihrem Sendemasten zu sehen, darunter schmilzt das Eis des Vadret dal Corvatsch dahin. Zuletzt geht's rechts über ein paar Kehren hinauf zur **Fuorcla Surlej** 02 (2.755 m). In dieser Scharte steht ein gastliches Berghaus. So muss man nach kaum 1 Stunde Gehzeit entscheiden, ob man die zu Recht berühmte Aussicht zum weissen Dreigestirn Piz Bernina – Piz Scerscen – Piz Roseg und in den ebenso wild vergletscherten Talschluss des Val Roseg von der Berghausterrasse betrachten möchte oder vom daneben gelegenen Seelein – das fungiert bei Windstille auch als Bergspiegel.

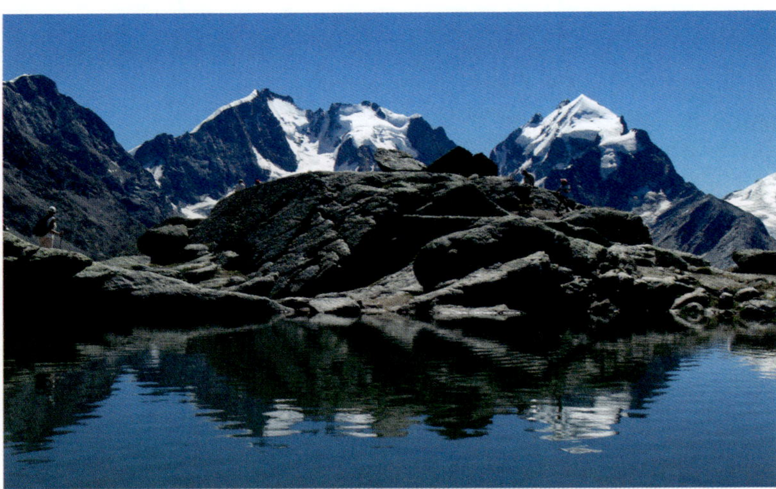

Eis im Spiegel – Piz Bernina (mit dem Biancograt), Piz Scerscen, Piz Roseg.

Abstieg zunächst auf der Anstiegsroute. Von der Abzweigung über dem Murtèl-Kar gehen Sie dann jedoch rechts Richtung „Lej dals Chöds, Surlej" weiter und marschieren an seinem östlichen Rand der weiten Mulde bergab.

Auch bei der folgenden Gabelung bleiben Sie rechts. Über Margun Vegl steigt der Pfad wieder etwas an, unterquert einen Lift und führt dann durch die Westhänge des Piz Surlej (3.187 m) zu einer kleinen Anhöhe. Dahinter geht's steiler im Zickzack durch Geröll abwärts, bis Sie mit dem **Crap Alv** (2.291 m) – dem „weissen Felsen" – einen letzten tollen Aussichtsplatz über der Engadiner Seenplatte erreichen. Danach führt der Pfad ins Reich der Arven und zu einer Abzweigung bei einem winzigen Wasserauge hinab. Ein paar Schritte weiter rechts gelangen Sie zum romantisch gelegenen **Lej dals Chöds** 03 (2.153 m) mit seiner empfehlenswerten Einkehrstation; 1½ Stunden Gehzeit ab der Fuorcla Surlej.

Der weitere Abstieg nach Surlej führt dagegen nach links. Er zieht an der Kuppe des Crap Nair vorbei und schlängelt sich dann steiler durch das **Val Verda** in die Wälder unter dem Crap Alv hinab. Bei einer kleinen Lichtung treffen Sie auf einen Fahrweg, dem Sie zu einer Abzweigung folgen.

Links kommen Sie durch den **God Mez** zur **Talstation der Seilbahn** 04 (1.860 m) hinüber; rechts könnte man direkt nach **Silvaplana-Surlej** absteigen; jeweils rund 45 Minuten.

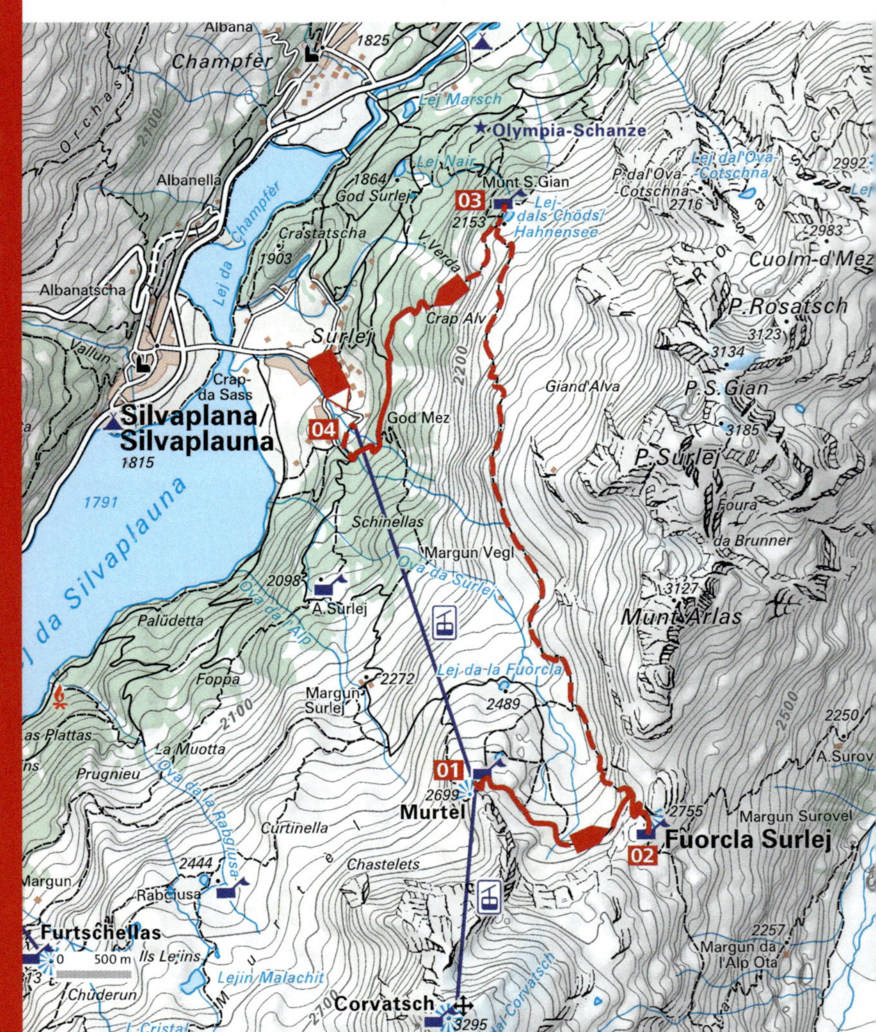

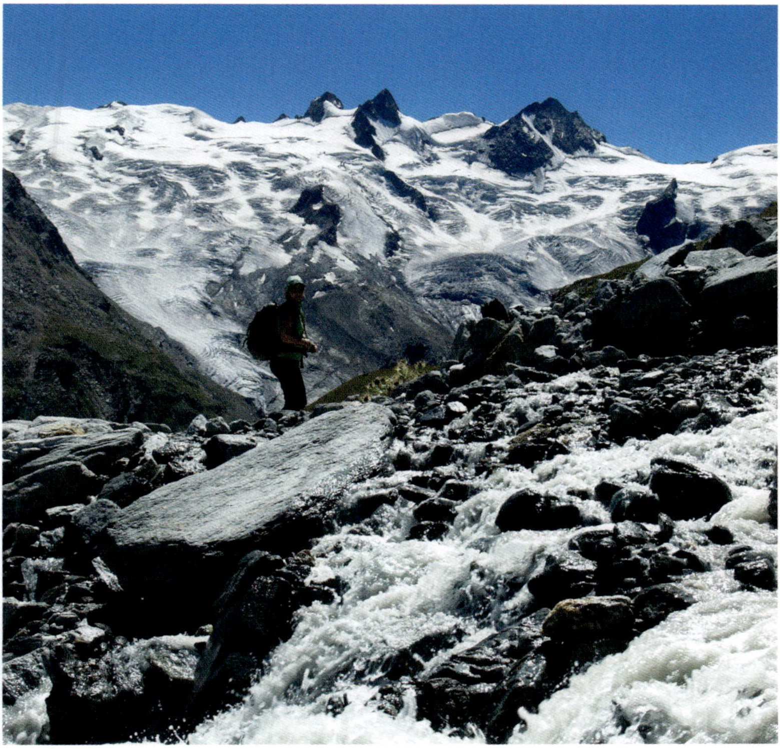

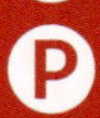

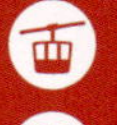

Wildes Wasser und weite Gletscherpracht über dem Val Roseg.

Der grossartige Höhenweg zur Chamanna Coaz

Von der Fuorcla Surlej kann man noch gut 2 Stunden lang in die wilde Gletscherlandschaft hineinwandern. Dabei folgt man zunächst der Beschilderung „Val Roseg" nach Süden hinab, biegt aber schon nach 300 m rechts auf den beschilderten Hüttenzugang zur Chamanna Coaz ab. Dieser Pfad führt durch die weiten Schutt- und Grashänge über dem Val Roseg hinab; bald wird in der Tiefe der lange See, den die abschmelzenden Gletscher hinterlassen haben, sichtbar. Von der folgenden Gabelung geht's rechts weiter. Die Route steigt nun wieder etwas an und überquert im Vallun da Murtèl unter dem Piz Corvatsch einen Gletscherbach, der an heissen Hochsommernachmittagen stark anschwellen kann. Über den flachen Plaun dals Süts gelangen Sie zu einer dritten Abzweigung (2.645 m), von der Sie weiter südwärts, flach und sogar wieder sanft absteigend zur gastlichen **Chamanna Coaz** (2.611 m) des Schweizer Alpenclubs gelangen. Die Rast im Angesicht des zerrissenen Vadret da Roseg und mit Blick zum firngekrönten Piz Roseg wird allen Besuchern unvergesslich bleiben.

Für den **Rückweg zur Fuorcla Surlej** sollte man ebenfalls mindestens 2 Stunden Gehzeit einplanen. Man kann aber auch ins **Val Roseg** hinunterwandern – dafür empfiehlt sich der Weg von der zweiten Abzweigung über Margun da l'Alp Ota zur Alp Ota Suot, denn der erste Abstiegspfad direkt zum Gletschersee ist steil und unten sehr steinig. Von der Hütte bis zum Hotel Roseg ist man etwa 2½ Stunden unterwegs, dazu kommen dann noch der fast 2 Stunden dauernde Talmarsch nach Pontresina (der sich mit der Pferdekutsche abkürzen lässt) und die etwas umständliche Rückreise per Bahn und Engadin Bus.

ZUM LÄGH DAL LUNGHIN • 2.485 m

Wo man den Inn trinken kann

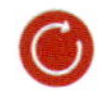 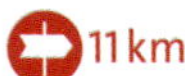 11 km 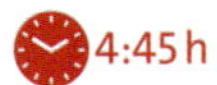 4:45 h 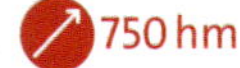 750 hm 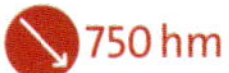 750 hm  46

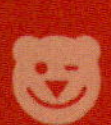

START | Maloja, Ortsteil Cadlägh/Capolago (1.801 m) am Westufer des Lej da Segl/Silsersees; Postauto-Haltestelle am westlichen Ortsrand, Parkplatz an der Ortseinfahrt gegenüber dem Seeufer.
[GPS: UTM Zone 32 x: 554.093 m y: 5.139.780 m]
CHARAKTER | Beeindruckende Bergwanderung auf guten, aber stellenweise steilen, felsigen und ausgesetzten Pfaden, die Trittsicherheit und Schwindelfreiheit erfordern (T3). Unterwegs keine Einkehrmöglichkeit.

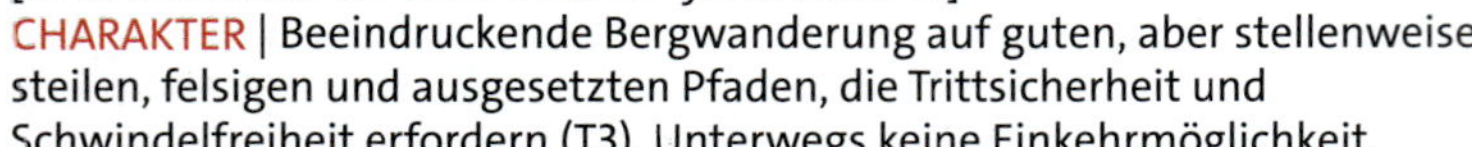

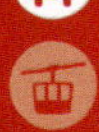
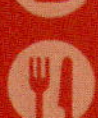
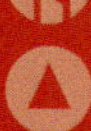
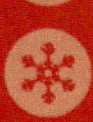

517 km weit fliesst der Inn durch die Schweiz, Österreich und Deutschland, bevor er in der bayerischen Stadt Passau in die Donau mündet. Als En – das Wort soll aus dem Keltischen stammen und soviel wie „Wasser" bedeuten – entspringt er oberhalb des Malojapasses in einem 400 m langen und 100 m breiten Gebirgsssee, der im Bergeller Dialekt **Lägh dal Lunghin** heisst. Der Aufstieg in seine Felsmulde zählt zu den aussichtsreichsten Bergwanderungen im Engadin.

Nach einem Schluck des dort noch trinkwasserklaren Innwassers lässt sich die „Kinderstube" eines der längsten Alpenflüsse dann noch ein Stück erkunden. Beim Abstieg neben dem munteren Bächlein kann man sich kaum vorstellen, dass der Inn mit einer mittleren Wassermenge von 738 Kubikmetern pro Sekunde fast so viel Wasser führt wie die Elbe. Immerhin füllt er schon nach seinen ersten 3 km den **Lej da Segl/Silsersee**, an dessen Westufer Sie zu dieser Tour starten.

▶ Folgen Sie vom Parkplatz **Cadlägh/ Capolago** 01 (1.801 m) der Beschilderung „Splüga, Grevasalvas", indem Sie die Kantonsstrasse überqueren. Zwischen den Leitplanken und dem See-ufer führt ein kaum ausgetretener, aber mit einigen Holzpflöcken markierter Wiesenpfad 400 m Richtung Sils. Kurz nach der Brücke über einen kleinen Wasserlauf gehen Sie links nochmals über die Fahrbahn zu einem weiteren Parkplatz. Ein paar Schritte links darüber steht bei einer Rastbank der nächste Wegweiser Richtung „Splüga, Grevasalvas". Von dort steigt ein Pfad durch die teils bewaldeten Hänge zur Alp Splüga (1.880 m) an. Flach geht's weiter zu einem Sattel, hinter dem ein Hochmoor liegt. Nach einem kurzem Abstieg durch einen Graben erreichen Sie die Schotterstrasse (Via Engiadina), die links zu den Alphütten von **Grevasalvas** 02 (1.940 m) hinaufzieht. Das einstige Maiensäss der Bauern von Soglio im Bergell liegt in einer Mulde unter den steilen Felsflanken des Piz d'Emmat Dadaint (2.928 m) und des Piz Lagrev (3.165 m).

Dort biegen Sie gemäss dem Wegweiser „Pass Lunghin, Piz Grevasalvas" rechts ab und steigen auf einem steilen Pfad unter überhängenden Felsen zu einem Sattel (2.011 m) an. Dort zweigen Sie links Richtung „Pass Lunghin" ab und wandern durch die Grashänge hoch über Grevasalvas aufwärts (Blick zum Piz Corvatsch, zum Piz da la Margna und zu den Bergeller Alpen mit dem Fornogletscher). Die Abzweigungen zur Fuorcla Grevasalvas und zum Lej Nair bleiben unbeachtet. Vom Plateau des **Plaun Grand** (2.322 m) steigen Sie zu einem winzigen See an. Ein paar Meter weiter oben erreichen Sie den Sattel zwischen dem mächtigen Piz Grevasalvas (2.931 m) und der Kuppe von Muotta Radonda (2.484 m) an. Von dort erblickt man auch den Piz Bernina, den Piz Roseg mit seiner charakteristischen Schneekuppe und die Bergeller Granitgipfel um den Piz Badile.

In der Folge durchquert der schmale Pfad die sehr steile Gras-, Fels- und Schuttflanke unter dem Piz Grevasalvas, in der man sich vom Tiefblick auf Maloja nicht

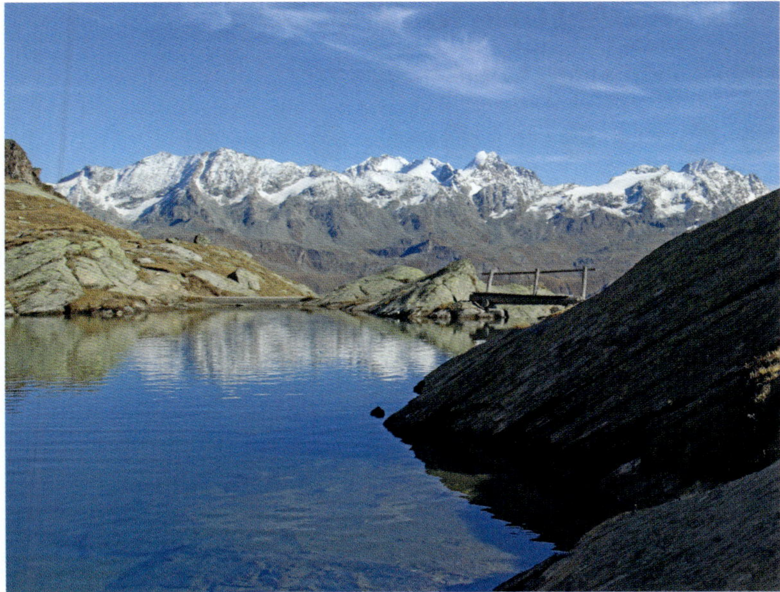

Die Gletschergipfel der Berninagruppe im Spiegel des Lägh dal Lunghin.

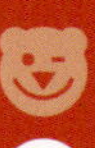
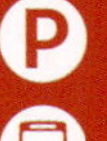
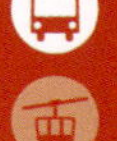

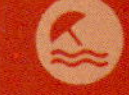

ablenken lassen sollte. Etwa 2 Stunden nach dem Start in Grevasalvas stehen Sie am Ufer des stillen **Lägh dal Lunghin** **03** (2.485 m).

Nach dem Steg über seinem Abfluss – hier kann man den Inn noch trinken! – führt der Abstiegspfad nach Maloja links über eine Steilstufe hinab. Er überquert den Bach nochmals und schlängelt sich dann in vielen Kehren zum Plan di Zoch (1945 m) hinunter. Dort treffen Sie auf die **Via Engiadina**, der Sie nach links folgen.

Gemäss dem Wegweiser „Cadlägh nach 50 m rechts" biegen Sie bald wieder rechts ab und wandern zum Parkplatz vor **Cadlägh/Capolago** **01** zurück.

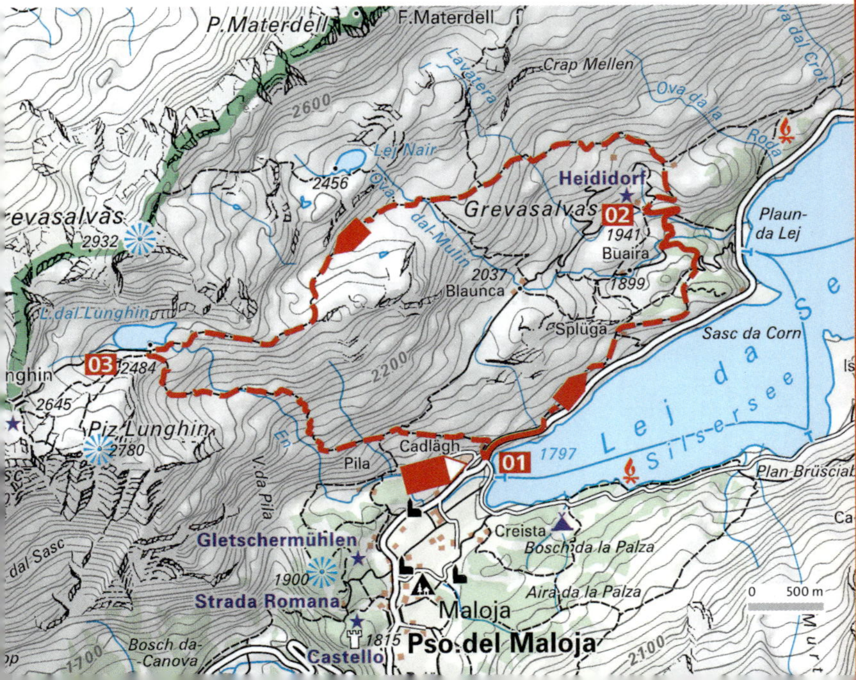

VON CASTASEGNA NACH SOGLIO

Kulturwandern unter Kastanienbäumen

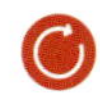  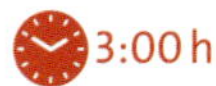 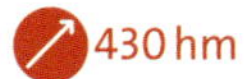 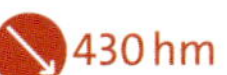 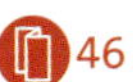

6,6 km | 3:00 h | 430 hm | 430 hm | 46

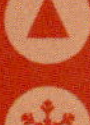
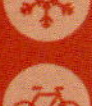

START | Castasegna (690 m); Postauto-Haltestelle, kleine Parkplätze neben dem Kreisverkehr an der östlichen Ortszufahrt vor der Grenze und beim Umspannwerk oberhalb des Ortes (von der westlichen Ortseinfahrt rechts nach der Beschilderung „Kraftwerk Castasegna" abzweigen).
[GPS: UTM Zone 32 x: 539.699 m y: 5.131.303 m]
CHARAKTER | Interessante Rundwanderung auf Nebenstrassen und stellenweise steilen Pfaden (T2). Einkehrmöglichkeiten in Castasegna und Soglio.

In den obersten Bereichen des Bergells liegt Gletschereis, das gut 30 km und 3.000 Höhenmeter weiter unten, im italienischen Alpenstädtchen Chiavenna, inmitten mediterraner Vegetation endet.

Palmen wachsen auch schon in Castasegna, dem untersten Dorf des schweizerischen Bergell-Anteils. Bekannter ist der schmucke Ort allerdings für den Brentan, einen der grössten Edelkastanienwälder Europas. Den sollte man unbedingt zu Fuss durchstreifen, was sich gut mit einer Wanderung ins Dorf Soglio verbinden lässt – dort spielen die Marroni ja ebenfalls bis heute eine grosse Rolle.

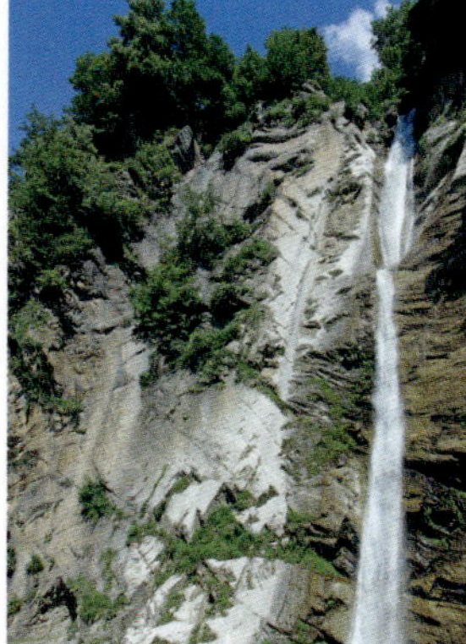

Stürzendes Wasser bei Soglio.

▶ Vom Parkplatz beim Kreisverkehr neben der Grenze führt eine schmale Asphaltstrasse zur **Posta** im Zentrum von **Castasegna** 01 (690 m) hinauf. 100 m weiter links befindet sich die **Postauto-Haltestelle.** Dazwischen – neben der Villa Garbald, dem einzigen Bau des Architekten Gottfried Semper südlich der Alpen – zweigt eine schmale Seitengasse bergwärts ab (Wegweiser „Brentan, Soglio, Via Bregaglia"). Sie führt in die ab 1957 angelegte Angestelltensiedlung der Bergeller Kraftwerke, wo bunte Info-Stelen den Beginn des Kastanienlehrpfads anzeigen. Er führt neben einigen Cascine (kleinen Hütten, in denen Kastanien getrocknet werden) zum Parkplatz beim Umspannwerk hinauf. 70 m geradeaus weiter durch die Siedlung und links gemäss der Beschilderung „Dascciun, Soglio" zu einem weiteren Parkplatz beim Eingang des Kavernenkraftwerks.

Von dort gelangen Sie rechts in den Brentan. Auf dem Fahrweg erreichen Sie unter grossen Kastanienbäumen eine Abzweigung, von der Sie dem Wegweiser „Dascciun" nach links folgen. Ein Pfad führt im Zickzack durch die steilen und stellenweise auch felsigen Waldhänge hinauf zur **Alp Caslac** 02 (954 m), die das Stammhaus der hier lange herrschenden Familie Salis gewesen sein soll. Daher wurde hier am Ende des 19. Jahrhunderts ein „Gedächtnisturm" errichtet. Weiter oben stehen die Hütten der **Alp Dascciun** 03 (1.108 m), bei denen Sie eine herrliche Aussicht zu den Bergeller Alpen geniessen. Ein Fahrweg führt nun rechts über einen flachen Wiesen- und Wald-

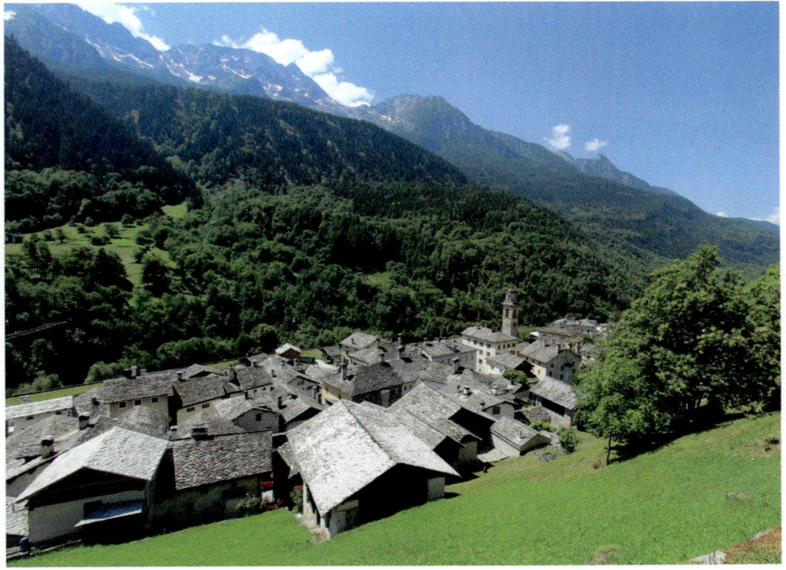

Castasegna – Blick vom Brentan in den italienischen Bergell-Abschnitt.

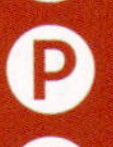
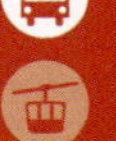

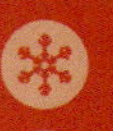

balkon ins noch 30 Minuten entfernte **Soglio** 04 (1.097 m). Nach der kleinen Schlucht der Caroggia erreichen Sie die ersten Häuser des bezaubernden Dorfes.

Abstieg vom Parkplatz (Postauto-Haltestelle) am unteren Ortsrand auf der Zufahrtsstrasse, von der nach 200 m – oberhalb einer Hütte – links ein beschilderter Abkürzungspfad (Via Bregaglia) Richtung Casaccia abzweigt. Er passiert die Fahrbahn noch zweimal kurz und erreicht dann die Cascine von Plazza. Ein paar Schritte weiter unten lohnt sich ein kurzer **Abstecher** nach links in den grossen **Kastanienwald** unterhalb von Soglio – zwischen den alten Bäumen erscheinen die Bergeller Granitgipfel besonders eindrucksvoll. Die Via Bregaglia Richtung „Castasegna" folgt jedoch dem rechts abzweigenden Fahrweg in den Wald und zum hohen Wasserfall der Caroggia, der durch einen Tunnel umgangen wird. Danach wandern Sie wieder in den Brentan und auf der Zugangsroute nach **Castasegna** 01 hinunter.

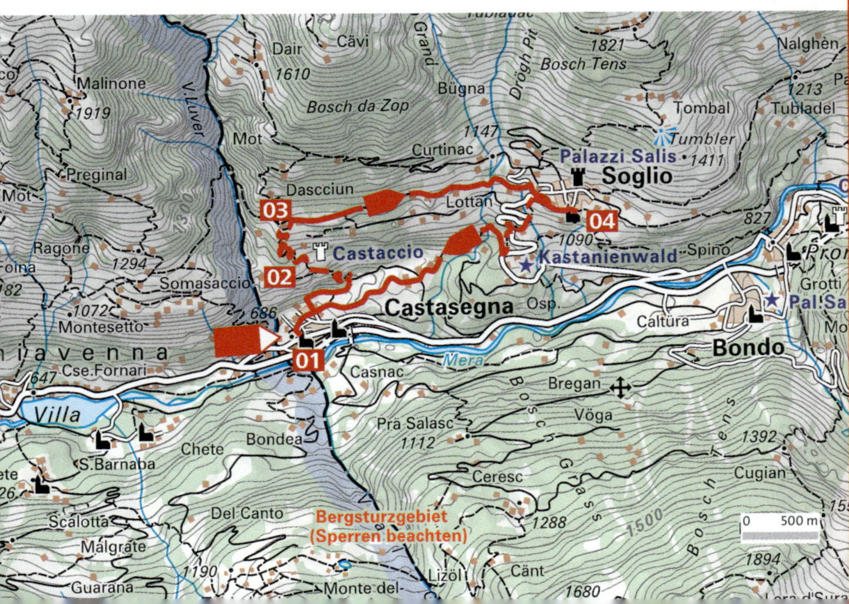

ZUM LAC DE TANEY

Ein kleines Naturwunder hoch über dem Genfersee

 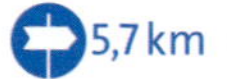 5,7 km  2:30 h 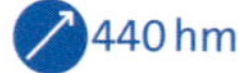 440 hm 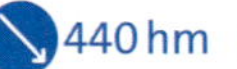 440 hm  39

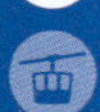

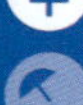

START | Miex (970 m), westlich oberhalb von Vouvry im unteren Rhonetal, gebührenpflichtiger Parkplatz Le Flon 800 m westlich des Dorfes, 1080 m; Haltestelle des CarPostal (Linie 131 vom Bahnhof Vouvry).
[GPS: UTM Zone 32 x: 334.604 m y: 5.133.830 m]
CHARAKTER | Landschaftlich zauberhafte Wanderung auf Forststrassen und stellenweise steilen, steinigen Pfaden (T1). Einkehr- und Nächtigungsmöglichkeit am See.

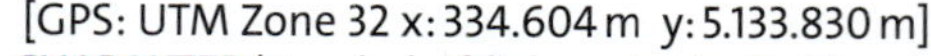

Die Voralpenlandschaft des Chablais im Süden des Léman, des Genfersees, ist so ganz anders als das Hochgebirge des restlichen Wallis. Mit dem Lac de Taney birgt sie ein fast mystisch wirkendes Wanderziel für die ganze Familie.

▶ Beim Plarkplatz **Le Flon** 01 finden Sie den Wegweiser „Col de Taney, Taney“, der nach rechts zeigt. Von dem breiten Schotterweg, der in den Wald führt, zweigen Sie schon nach wenigen Schritten links auf einen steinigen Pfad ab und wandern ziemlich steil bergwärts. Unterwegs treffen Sie dreimal auf den rauen Fahrweg, dem Sie nach 50 Minuten links über den Waldsattel des **Col de Taney** 02 (1440 m) folgen. Dahinter geht's flach in 10 Minuten an einigen Ferienhäusern vorbei zum Westufer des wunderbar gelegenen **Lac de Taney** 03 (1415 m).

Bei den beiden Einkehrstationen biegen Sie rechts Richtung „Prélagine, Miex Vesenard“ auf die Tour du Lac ab. Vorbei an einer kleinen Halbinsel führt der Pfad in die steilen Blockwaldhänge über den Felsabstürzen des Nordufers. Nach einem kurzen Anstieg bleiben Sie bei einer Gabelung rechts und wandern zur Ostbucht des Sees hinunter. Von dort kommen Sie rechts auf einem Fahrweg wieder zum **Col de Taney** 02. 45 Minuten.

Abstieg nach **Le Flon** 01 auf der Aufstiegsroute in 45 Minuten.

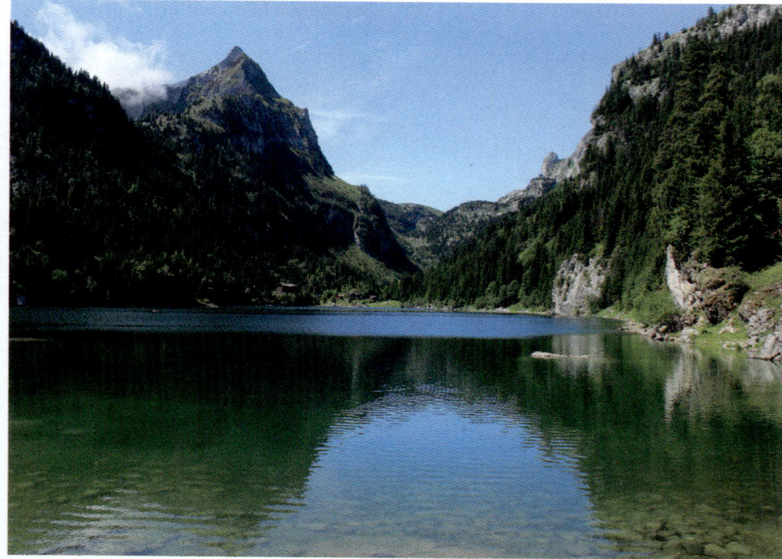

Les Cornettes de Bise über dem See.

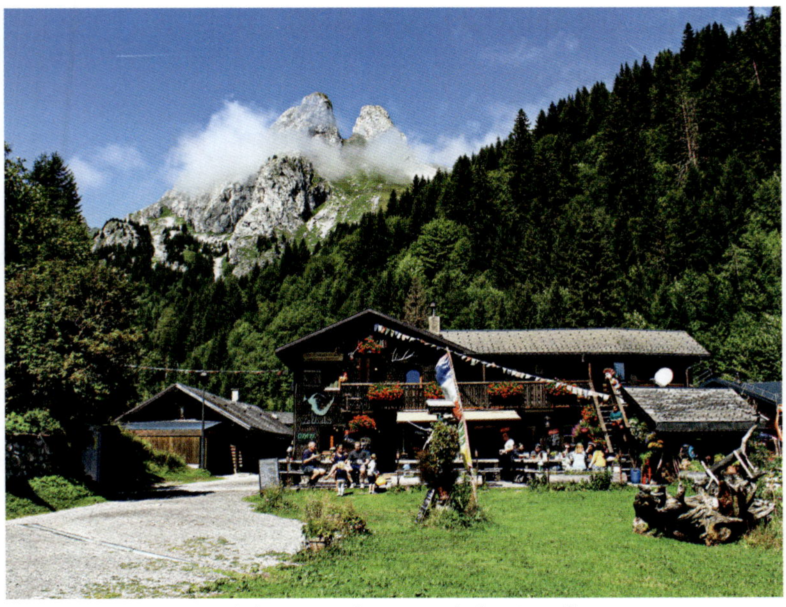

Auch Einkehrstationen gibt's am Fuss der 2.215 m hohen Jumelles.

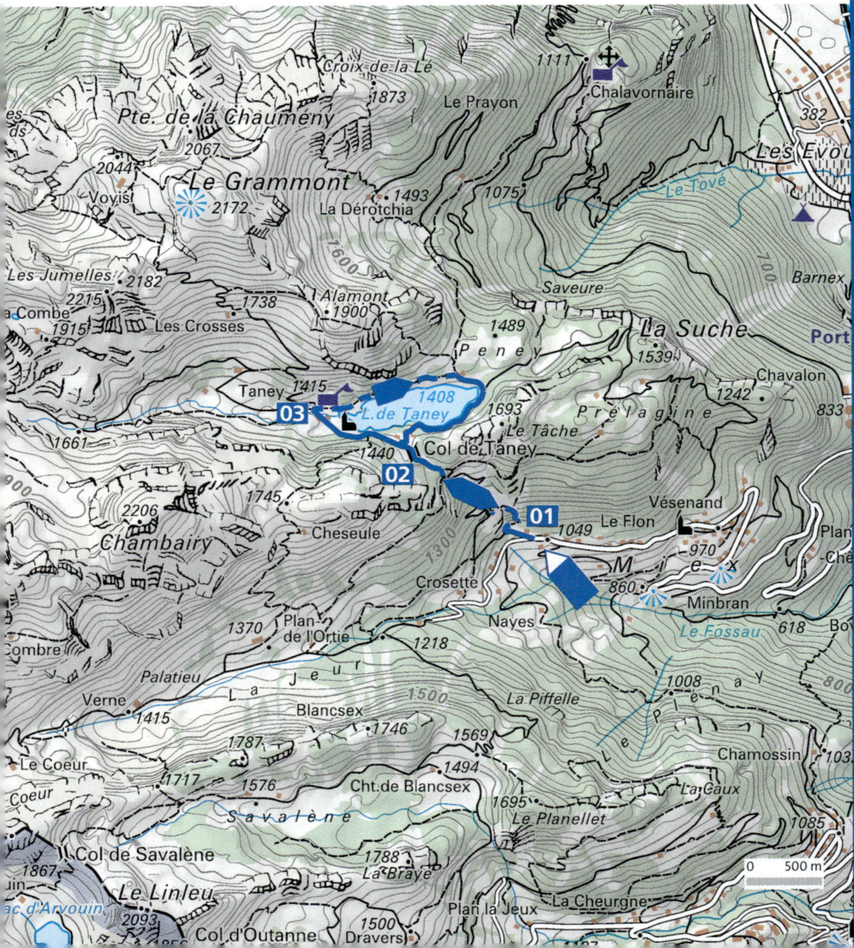

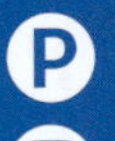

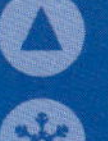

67

TOUR DE GRAND CHAVALARD

Rund um den grossen Berg über dem Rhôneknie

 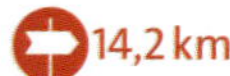 14,2 km 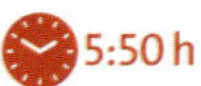 5:50 h 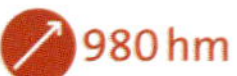 980 hm  980 hm 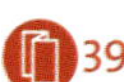 39

START | Ovronnaz (1.368 m), Talstation der Sesselbahn (télésiège); Parkplatz, Bushaltestelle „croisée du centre“ (Linie 312, 314 ab Leytron) 500 m weiter unten. Auffahrt zur Bergstation Jorasse (1.929 m), Talfahrt ebenfalls mit der Sesselbahn (www.ovronnaz.ch/telesiege). Alternativ kann man mit dem Auto von Fully auf einer schmalen, anfangs geteerten Strasse zum Parkplatz L'Erié (1.880 m) hinauffahren. [GPS: UTM Zone 32 x: 358.107 m y: 5.118.399 m]
CHARAKTER | Bergumrundung auf teils felsigen und ausgesetzten Höhenpfaden, die Trittsicherheit und Schwindelfreiheit erfordern (T3).

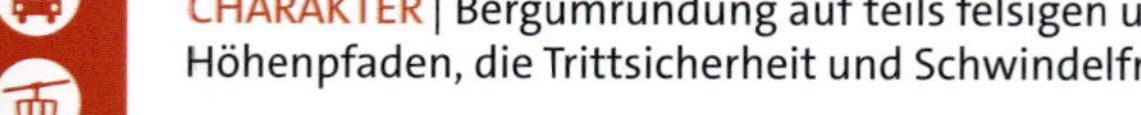

Unter den grossen Gipfeln ganz im Westen der Berner Alpen nimmt der Grand Chavalard eine besondere Stellung ein. Der 2.899 m hohe Kalkriese dominiert das Rhôneknie bei Martigny unangefochten und selbst der Lac Supérieur de Fully auf seiner Westseite liegt noch 1,5 Kilometer über dem Talboden. Das nutzte man schon im Jahr 1912 für den Bau eines Kraftwerks in Fully. Wie weit das Wasser durch die Druckrohrleitung hinabstürzt, erahnt man auch bei der Wanderung durch die Südflanke des Berges. Nur wenige Pfade bieten einen so unvermittelten Tiefblick und dazu noch eine Sicht bis zur Mont-Blanc-Gruppe. Er ist ein Teilabschnitt der Tour de Grand Chavalard, einer der schönsten Rundrouten im Unterwallis.

▶ Bei der **Station Jorasse** 01 (1.929 m) folgen Sie der Beschilderung „Petit Pré, Euloi, Col de Fenestral, Tour du Grand Chavalard“ nach links. Ein breiter, an kurzen Stellen mit Ketten und Seilen gesicherter Pfad führt durch Lärchenwald zu einer Anhöhe, von der Sie links zu den nahe gelegenen Hütten der **Alpage du Petit Pré** 02 (1.998 m) absteigen.

Von dort geht es rechts Richtung „Euloi, Col de Fenestral“ weiter. Durch einen Felseinschnitt wandern Sie in weiteren 30 Minuten hinauf zur Hochweide von Euloi (2.090 m), über der neben mächtigen Kalkbergen auch die markante Felsspitze des Tête Séri (Schwarzkopf) aufragt. Vom hinteren Bereich dieses 700 m breiten Beckens, in dem sich während der Schneeschmelze ein See bildet und das Wasser unterirdisch abfliesst, beginnt der Aufstieg durch Gras- und Schutthänge zum **Col de Fenestral** 03 (2.434 m). Neben dem Rückblick bis zum Bietschorn fasziniert dort vor allem das Panorama der Mont-Blanc-Gruppe mit dem höchsten Alpengipfel (4.810 m) und dem Glacier du Trient über dem 1914 aufgestauten Lac Supérieur de Fully. Ein paar Meter unterhalb des Sattels lädt die moderne Cabane du Fenestral zur Einkehr oder zum Übernachten ein.

Nun folgt der Abstieg auf der linken Seite des Talkessels zwischen der Dent de Morcles (2.968 m) und dem Grand Chavalard (2.901 m). Oberhalb des Stausees gelangen Sie zum Talboden, auf dem sich der Abstecher rechts zur **Cabane de Sorniot** 04 (2.065 m) in der gleichnamigen Colonie (Ferienheim) und der dahinter verlaufenden Bisse de la Vardette lohnt.

Dann geht's links auf einem Fahrweg zu den Schutthalden über der Mulde des kleineren Lac Inférieur de Fully, wo der stellenweise etwas ausgesetzte Pfad Richtung „L'Erié“ links abzweigt. Damit beginnt der eindrückliche Wegabschnitt durch die Südseite des Grand Chavalard – 2,3 km leicht abfallend durch grasige, später auch mit Lärchen bewachsene Steilhänge, zwischen Felsbändern und Wandabstürzen 1.500 m über dem Rhônetal, mit Blick vom Grand Combin bis zum Weisshorn. Der Weg ist so breit, dass er sogar mit Mountainbikes befahren wird, aber durchaus luftig; einige Rinnen können bei Schneelage heikel sein.

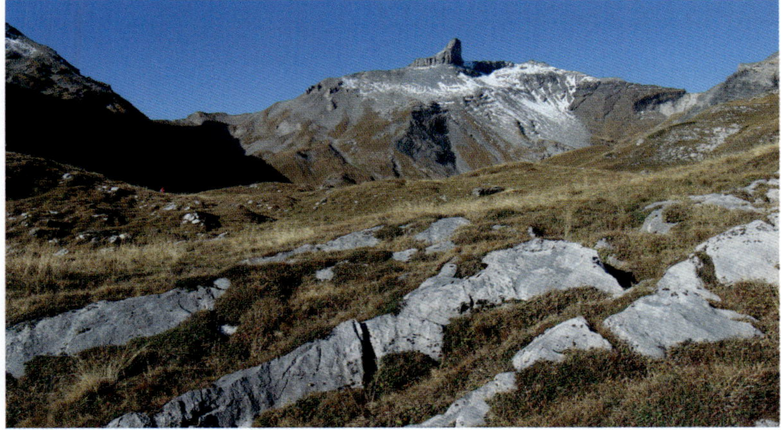

Über der Hochweide von Euloi fährt der Tête Séri in die Luft.

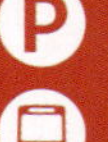

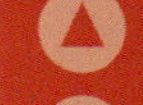

Nach 1¼ Stunden zweigen Sie beim Parkplatz **L'Erié** 05 (1.852 m) links ab und queren die Rinne Lui Chardonne, dann wandern Sie durch die ähnlich steile und felsstarrende Ostseite des Grand Chavalard ins Hochtal zwischen dem Grand Château (2.496 m) und dem Aussichtshügel La Saya (2.182 m). In seinem oberen Bereich passieren Sie das gastliche Gîte Lui d'Août (1.959 m) und erreichen kurz danach wieder die **Alpage du Petit Pré** 02.

Auf dem Zugangsweg geht's in 20 Minuten zurück zur **Station Jorasse** 01.

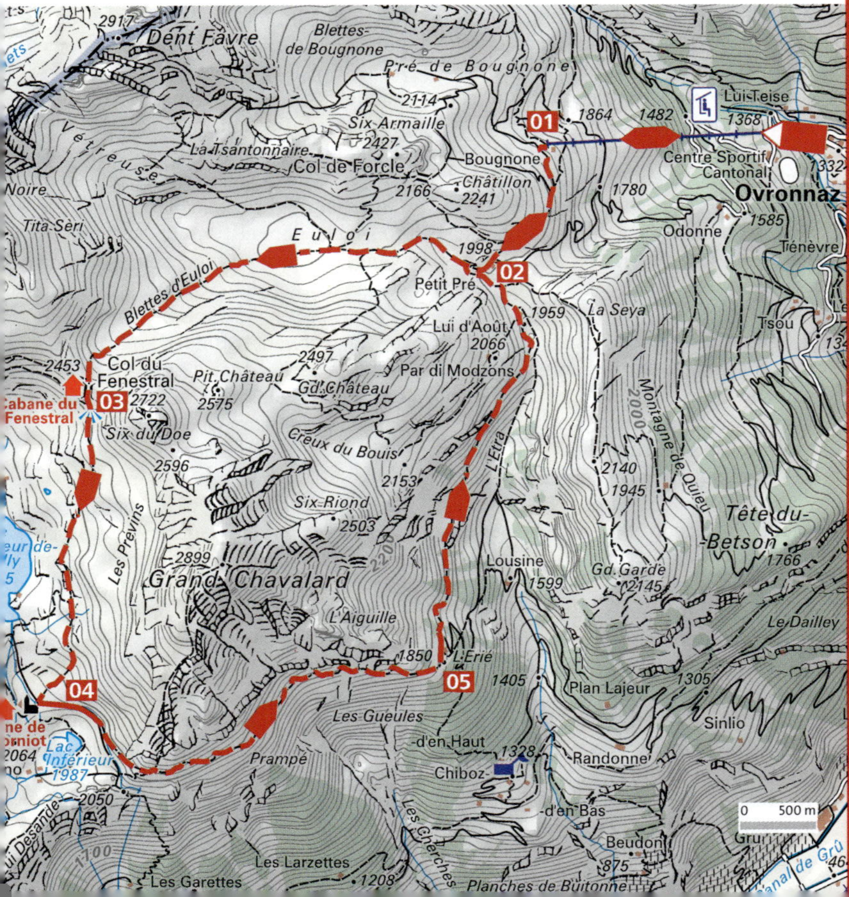

68

LAPIS DE TSANFLEURON

Die weisse Wüste

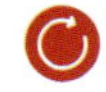 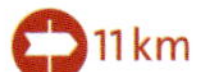  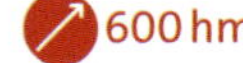 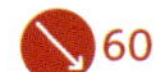 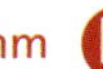 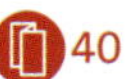

11 km | 3:35 h | 600 hm | 600 hm | 40

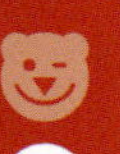

START | Tsanfleuron (2.110 m), Parkplatz an der abenteuerlichen Strasse von Saviese zum Sanetschsee; mit dem CarPostal (Linie 344 ab Sion) kann man eine Station weiter zum Col du Sanetsch fahren.
[GPS: UTM Zone 32 x: 369.050 m y: 5.131.364 m]

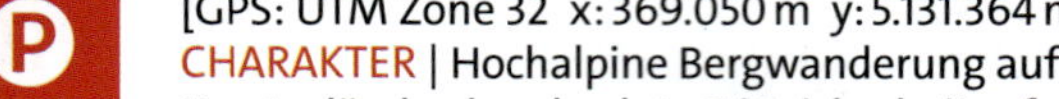

CHARAKTER | Hochalpine Bergwanderung auf Pfaden durch stark zerklüftetes Karstgelände, das absolute Trittsicherheit erfordert (T3). Nur bei sicherem Wetter ratsam! Einkehren und übernachten kann man in der Cabane de Prarochet.

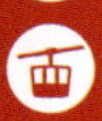

Der bis zu 3.209 m hoch aufragende Kalkstock der Diablerets („Teufelshörner") ist das westlichste Gletschermassiv der Berner Alpen. Der als Skigebiet erschlossene Glacier de Tsanfleuron liegt auf einer fast 7 km langen, sanft nach Osten geneigten Hochfläche. Seit 1850 hat das Eis mehr als die Hälfte seiner Fläche verloren, dabei aber viele kleine Seen im Kalkgestein hinterlassen. Das löst sich durch die im Wasser enthaltene Kohlensäure auf und so entstanden all die Klüfte, Dolinentrichter und vor allem die scharfkantigen Karrenplatten, die das Gehen in der Karstlandschaft so mühsam machen. Ausserdem wird die Orientierung bei Nebel fast unmöglich – liegt Schnee, dann kann man sich selbst bei Sonnenschein rasch verirren, da die Farbmarkierungen am Felsboden nicht zu sehen sind.

Bei guten Verhältnissen ist eine Wanderung durch diese Karstwildnis jedoch ein ganz besonderes Erlebnis, bei dem man auch entdeckt, warum sie im lokalen Dialekt „Lapis de Tsanfleuron" (eine hoch gelegene, bühende Weide) genannt wird. Zwischen den Felsen findet man immer wieder blühende Pflanzen, Grasinseln und sogar grüne Schwemmebenen.

▶ Sie starten die Wanderung an der **Haltestelle Tsanfleuron** 01 (1.520 m), dort wandern Sie gemäss der Beschilderung „Col du Sanetsch, Cabane de Prarochet" auf einer Schotterstrasse zur nahen **Alpage de Tsanfleuron** (2.113 m) und rechts (parallel zur Fahrbahn) über die Weiden des Plan de la Fontaine dem **Col du Sanetsch** 02 (Col de Sénin, 2.253 m) entgegen. Wer bei der Bushaltestelle auf diesem Wiesensattel losmarschiert, folgt dem Wegweiser „Cabane de Prarochet, Tour St Martin" auf einem Fahrweg nach Westen, bis nach 250 m der Weg von Tsanfleuron einmündet.

Dann geht's auf einem Pfad neben dem Karstgebiet ins flache, grüne Tal am Fuss des Mont Brun (Sanetschhorn) – dort entspringt die Sarine (Saane). Über eine Anhöhe gelangen Sie in eine weitere Mulde mit einem kleinen, oft ausgetrockneten See und ins schutterfüllte Vorfeld des Glacier de Tsanfleuron, wo 2019 ein Bergsturz niederging; über dem Gletscher zeigt sich die markante Quille du Diable, der Felsturm St-Martin. Nun wendet sich der Pfad nach links und steigt zwischen dem Schutt und den kahlen Karstfelsen der Lapis de Tsanfleuron an. Nach etwa 1½ Stunden erreichen Sie inmitten der Karstöde die **Cabane de Prarochet** 03 (2.562 m). Schöner Blick über den Gletscher zum Oldenhorn, zum Arpelistock und zum Wildhorn.

Das Schild „Col du Sanetsch, Tsanfleuron" und ein kurzes gemauertes Wegstück zeigen den Rückweg nach Osten an – er folgt zunächst dem Jeep-Zufahrtsweg der Hütte durchs Geröll. Nach 100 m finden Sie den Schriftzug „Sanetsch" auf dem Boden; nach weiteren 300 m bleiben Sie bei der Abzweigung der Jeepspur zum Refuge l'Espace links. 45 m danach folgen Sie jedoch dem Wegweiser „Derborence, Tsanfleuron" nach rechts und wandern – genau auf die Farbzeichen achtend – über grosse, geschichtete und stellenweise

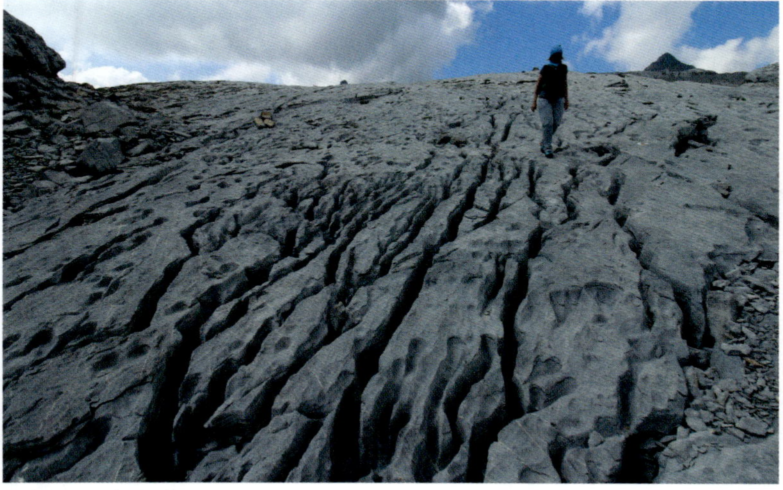

Stolpern verboten!

stark zerklüftete Felsplatten bergab, auf das Massiv der La Fava (2.612 m) zu. Wo das Gelände nach 500 m wieder grün wird, passieren Sie den nächsten Wegweiser Richtung „Tsanfleuron". Danach wenden Sie sich nach links und passieren die rote Aufschrift „Col" am Boden (die rechts wegführende Route mit der Beschriftung „Gode" bleibt unbeachtet). Es folgt der Abstieg in eine lange Talsenke zwischen niedrigen Felsabbrüchen, erst durch rötliches Gestein und weiter unten durch steinige Wiesen, wo der **Cemin Sanetsch Muveran** (Nr. 82) einmündet.

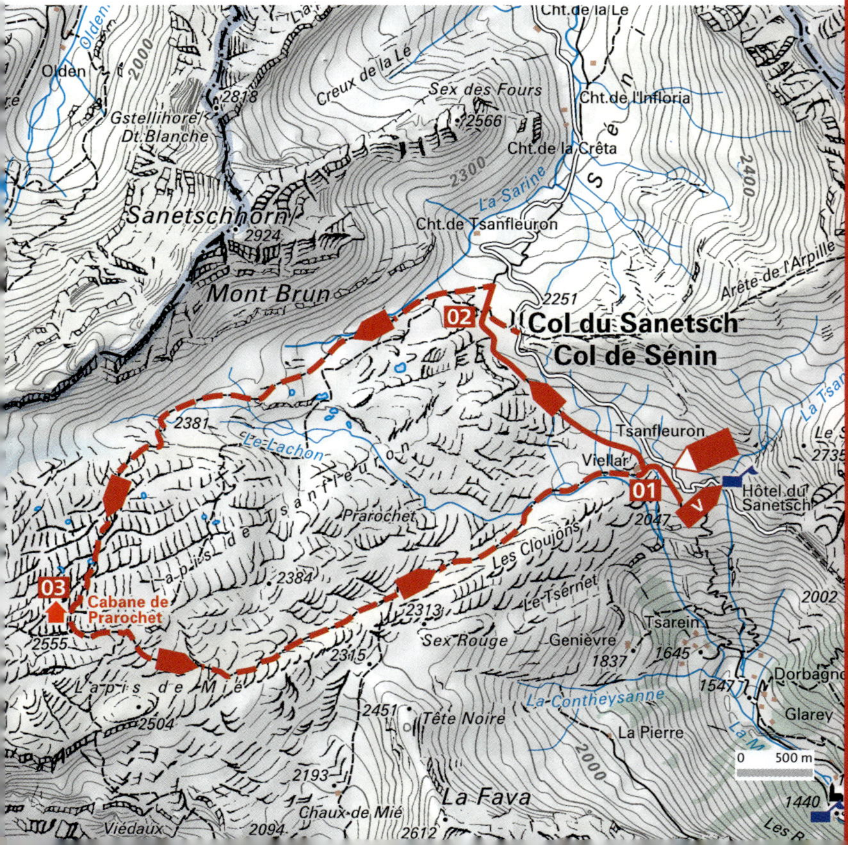

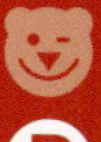
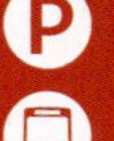
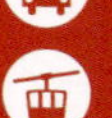
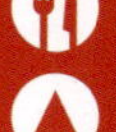

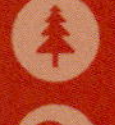

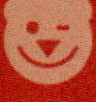
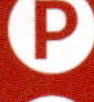

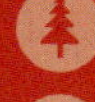

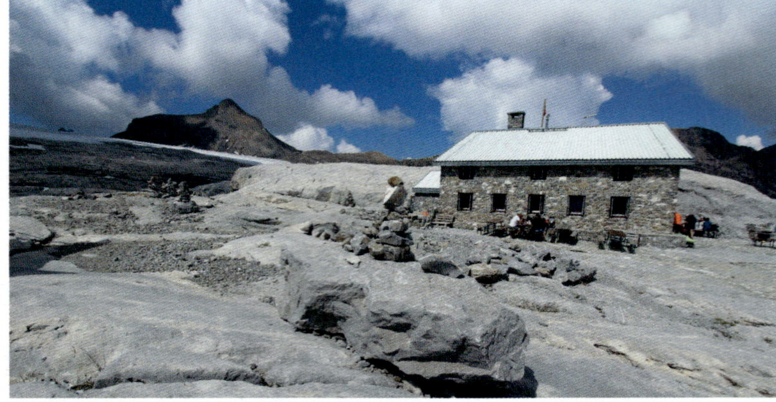
Gastlichkeit in der Karstwüste.

Auf diesem wandern Sie geradeaus noch knapp 2 km bis zu den flachen Weiden der **Alpage de Tsanfleuron** weiter. Nach gut 1½ Stunden erreichen Sie schliesslich wieder die **Haltestelle Tsanfleuron** 01 an der Strasse zum Col du Sanetsch.

Variante: Ein beschilderter Pfad führt von dort zum 20 Minuten entfernten Hotel du Sanetsch hinab – Nächtigungsmöglichkeit, gute Einkehr auf aussichtsreicher Terrasse! In 10 Minuten kommen Sie von dort zu seiner Bushaltestelle an der Sanetschpass-Strasse.

Ausflug zum Lac de Derborence

Gewaltige Naturereignisse prägten die Jahre 1714 und 1749. Bergstürze vom Diablerets-Massiv verschütteten damals die Täler der Lizerne und der Dorbonne, wobei Hütten zerstört wurden und mehrere Hirten ihr Leben verloren; hinter den Trümmermassen entstand sogar ein neuer See. Dies schrieben die Menschen dem Teufel zu und mieden das Gebiet lange Zeit. So entstand am Lac de Derborence ein Urwald. Erreichbar ist dieses Kleinod von Conthey auf einer schmalen Strasse mit Tunnels, die im Winter gesperrt ist; im Sommer Busverbindung von Sion (Linie 331 nach Aven, weiter mit der Linie 332). Ein Wanderweg führt hoch über dem Tal der Lizerne bis zum Refuge du Lac Derborence (Gehzeit ca. 5 Std.).

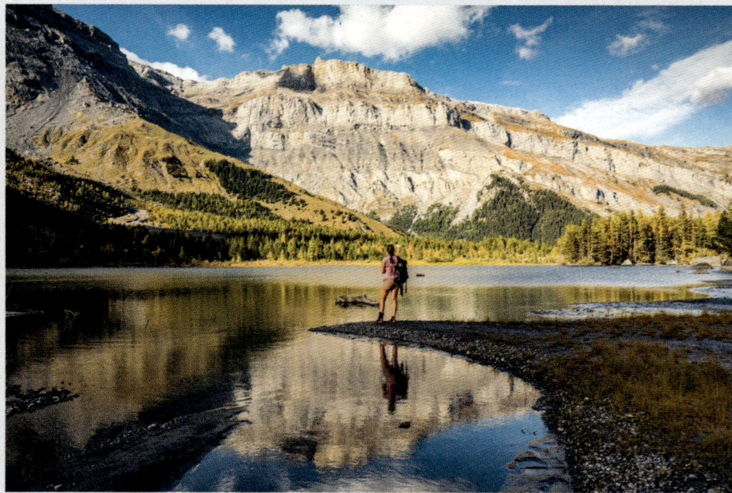

VON DER ERMITAGE DE LONGEBORGNE ZU DEN ERDPYRAMIDEN

Überraschungen im unteren Val d'Hérens

 9,9 km 3:40 h 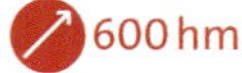600 hm 50 hm 40

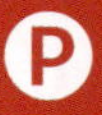

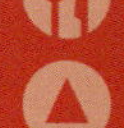
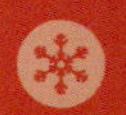

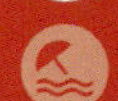

START | Bramois südöstlich von Sion (511 m), Parkplatz am Südrand des Ortes, Zufahrt mit dem CarPostal ab Sion (Linie 386, 388) zur Haltestelle Pont de Bramois. Rückfahrt von Euseigne mit dem CarPostal (Linie 381 – um sich das Umsteigen in Sion zu ersparen, steigt man am besten schon an der Haltestelle „Bramois, La Crettaz" aus und geht auf dem Chemin de la Crête in 15 Minuten zum Startpunkt zurück). [GPS: UTM Zone 32 x: 415.410 m y: 5.167.960 m].
CHARAKTER | Erlebnisreiche Talwanderung auf Nebenstrassen und stellenweise steilen Pfaden; zwei ausgesetzte, aber mit Geländern gesicherte Felspassagen erfordern Schwindelfreiheit. Unterwegs keine Einkehrmöglichkeit.

Das rund 30 km lange Val d'Hérens (Eringertal) ist nicht nur für seine hochalpine Bergwelt im Herzen der Walliser Alpen bekannt, sondern auch für die uralte Haustierrasse der schwarzen Eringerrinder – und für die Erdpyramiden beim Dorf Euseigne, die die Erosion seit dem Ende der letzten Eiszeit aus dem abgelagerten Moränenschutt zaubert. Grössere Steinblöcke wirken wie Regenschirme und schützen das brüchige Material vor der Abtragung, bis schlanke Türme und vergängliche Spitzen entstehen.

Die schönste Wanderung dorthin beginnt ganz unten an der Talmündung, wo sich in den Felswänden der Borgneschlucht die 500 Jahre alte Einsiedelei Longeborgne verbirgt. Die unzähligen Votivbilder in ihren beiden Höhlenkapellen bezeugen die ungebrochene Wallfahrtstradition dieses bezaubernden Ortes der Stille, von dem man sich kaum losreissen kann.

▶ Von der Rue du Vieux-Village in **Bramois** 01 (511 m) folgen wir den braunen Wegweisern „Notre Dame de Longeborgne" auf dem Chemin du Creux-de-Nax nach Süden, vorbei am Parkplatz. Von einer Kreuzung geht's geradeaus auf dem Chemin du Creux-de-Nax weiter, bis wir nach 120 m rechts Richtung „Euseigne, Ermitage de Longeborge" auf den Chemin de Longeborgne abzweigen.

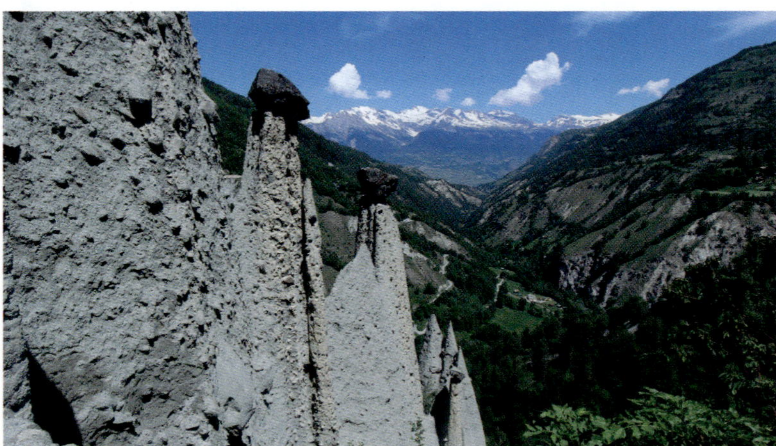

Seltsame Steinfiguren wachen über dem unteren Val d'Hérens – die Erdpyramiden.

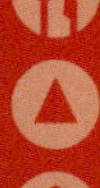

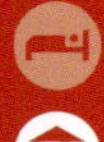

Vorbei am Restaurant Les Pèlerins und kleinen Kapellen wandern wir zwischen Rebbergen taleinwärts. Von der nächsten Gabelung lohnt sich der Abstecher zur **Ermitage de Longeborgne** **02** (585 m). Von der Terrasse vor dem kleinen Heiligtum geniesst man einen eindrücklichen Blick in die Schlucht der Borgne (30 Min.).
Nach der Rückkehr zur erwähnten Gabelung gehen wir links – gemäss der Beschilderung „Plan des Biolles, Combioula, Euseigne" – auf einem Pfad zur Borgne hinunter. Dort führt links ein anfangs breiterer Weg oberhalb des Flusses und seiner Hochwassermauer in die tiefe, aber bewaldete Felsschlucht. Nach ca. 600 m gelangt man über zwei steile Leitern zu einem Holzsteg. Jenseits steigen wir auf Treppen neben dem Wasserfall des Torrent du Croux zur Abzweigung am **Plan des Biolles** **03** (658 m) an.

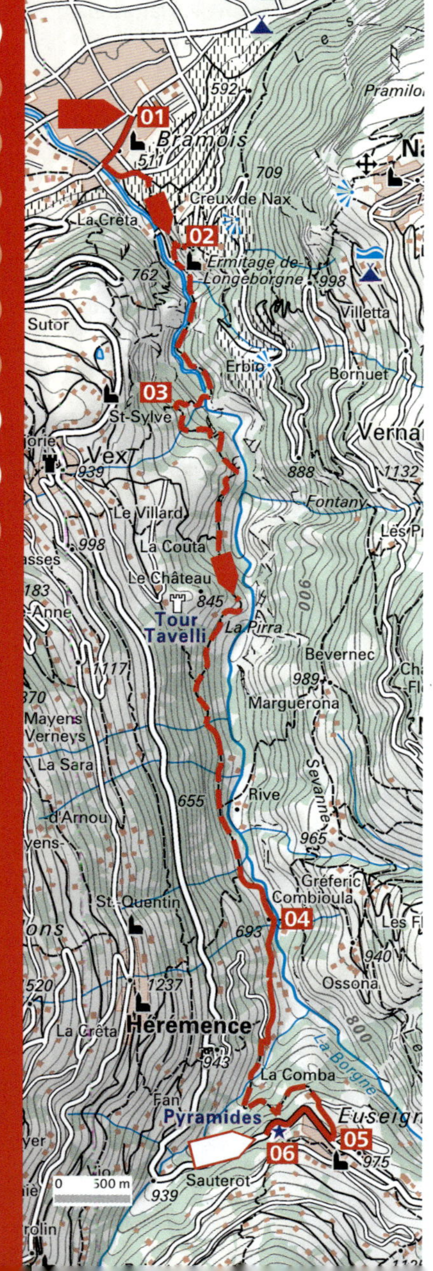

Nun geht's links Richtung „Plan du Moulin, Combioula, Euseigne" weiter, über den Bach und ausgesetzte, aber mit Holzgeländern abgesicherte Felspassagen hoch über der Schlucht. Bei der Gabelung am Plan du Moulin (647 m) zweigen wir links ab und wandern durch steile Wiesen, Laubwald und Föhrenbestände. Auch bei den nächsten Abzweigungen folgen wir stets den Wegweisern „Euseigne". Nach einem Graben treffen wir auf einen Fahrweg, der links zur Borgne führt.

Dort entdecken (und riechen) wir warme Schwefelquellen im Ufergeröll, in denen man sogar baden kann, und ereichen die Brücke von **Combioula** **04** (693 m, 1¼ Std.). Danach kommen wir nahe einer Kläranlage zu einem asphaltierten Fahrweg, dem wir rechts 400 m bergauf folgen. Dann geht's links auf dem Chemin des Flanards auf Naturbelag weiter – schon im einmündenden Val d'Herémence und mit Blick auf die Erdpyramiden. Der Fahrweg übersetzt die Dixence, schlängelt sich unter dem steinernen Naturwunder empor und endet schliesslich am Ortsrand von **Euseigne** **05** (967 m). Oben an der Dorfstrasse befindet sich die Bushaltestelle.

Wer die **Erdpyramiden** **06** (998 m) aus der Nähe betrachten möchte, zweigt am besten schon unterhalb des Dorfzentrums – 300 m nach dem Beginn des Asphaltbelags bei den ersten Häusern – rechts zur Hauptstrasse hinauf. Man muss der Fahrbahn 200 m bis zum Tunnel durch das steinerne Naturwunder folgen – weitere 160 m dahinter findet man einen Rastplatz und die Bushaltestelle „Pyramides d'Euseigne" (15 Min.).

AUF DEN GEMMIPASS • 2.268 m

Der berühmteste Passweg der Schweiz?

 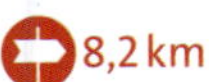 8,2 km 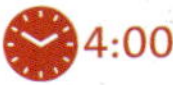 4:00 h 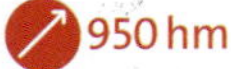 950 hm 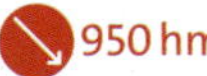 950 hm  41

START | Leukerbad (1.401 m); Bushaltestelle, gebührenpflichtige Parkplätze bzw. Parkhaus Sportarena. Talfahrt eventuell mit der Gemmibahn (www.gemmi.ch). [GPS: UTM Zone 32 x: 394.292 m y: 5.137.335 m]
CHARAKTER | Sehr eindrückliche Bergwanderung durch eine 600 m hohe Felsflanke, durch die ein breiter und mit Geländern gesicherter Weg verläuft (Schwindelfreiheit erforderlich, T2) – im Spätherbst wird das Geländer abgebaut. Einkehren kann man in Leukerbad und im Restaurant des Hotels Wildstrubel.

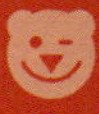
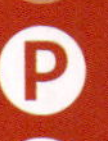

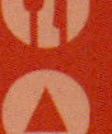
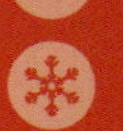

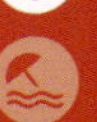

Ob sich der Name „Gemmi“ vom französischen Begriff „chemin“ (= Pfad, Weg) herleitet oder von „gémir“ (= seufzen, stöhnen), darüber streiten die Experten bis heute. Mancher Seufzer wird auf dem Passweg von Leukerbad nach Kandersteg sicher schon ertönt sein, denn er wurde anno 1739 mitten durch eine schier senkrechte Riesenwand gesprengt. Immerhin ist er so breit, dass ihn sogar die Kühe, die den Sommer am Daubensee jenseits des Passes verbringen, begehen. Betuchte Gäste wurden einst in Sänften emporgetragen – laut Mark Twain mitunter „seekrank und bleich und weiss wie der Schnee des Mont Blanc“. Geniessen werden diesen einzigartigen Weg auch heute nur schwindelfreie Bergfreunde.

▶ In **Leukerbad** 01 (2.346 m) weist vor dem Sportplatz ein Wegweiser die Richtung zum „Gemmipass“ an. Auf der Lichtenstrasse geht's zur Abzweigung unterhalb der Talstation der Gemmibahn und von dort links auf der Gemmistrasse bergwärts (Route Nr. 40). Eine Hochspannungsleitung wird unterquert, ein Schild zeigt an, ob der geschotterte Gemmiweg offen ist. Über Wiesen und durch Wald gelangen Sie zum Fuss der riesigen Wandflucht auf etwa 1.700 m. Von dort windet er sich – nun mit Stufen und einem fast durchgehenden Geländer versehen – über das unterste Felsband zu einem Aussichtsplatz empor und in eine wilde Schlucht hinein. Links daneben geht's in engen Kehren über den Härd zur Blabi Flueh und zum Schwii-Balmu aufwärts. Durch steile Felsfluchten und vorbei am Warm Loch kommen Sie zum Grasbalkon der **Undri Schmitte** (ca. 2.000 m, Abzweig des Klettersteigs). Der Gemmiweg führt rechts zur nächsten Felsstufe mit einem

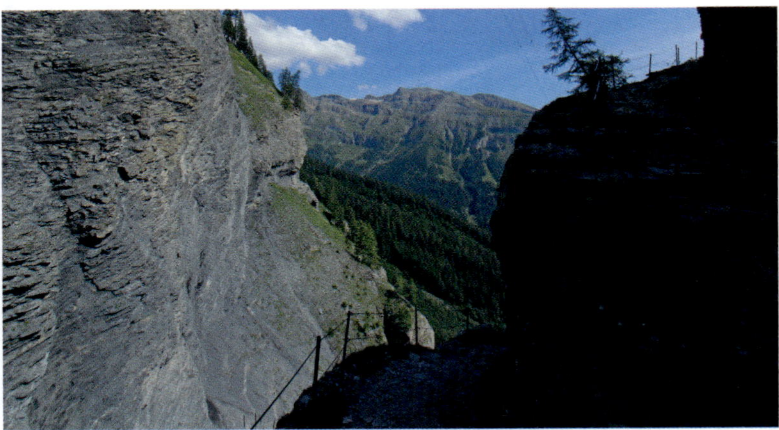

Der Gemmiweg schlängelt sich durch vertikale Wildnis empor.

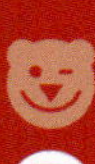

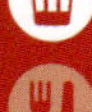
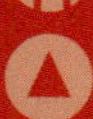
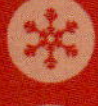

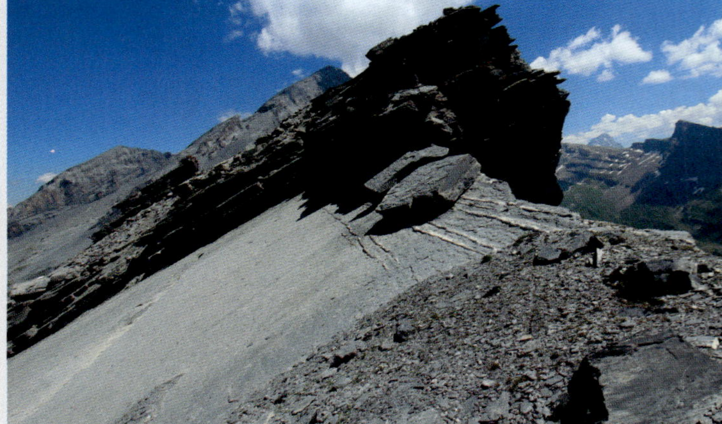

Auf das Kleine Plattenhorn • 2.605 m

Eine spannende Ergänzung zur Gemmi-Wanderung ist die Ersteigung des Kleinen Plattenhorns. Dabei handelt es sich um den westlichen Vorgipfel der Plattenhörner, die zwischen dem Gemmipass und dem 3.448 m hohen Rinderhorn aufragen. Vom geschmiedeten Gipfelkreuz blickt man 1,2 km nach Leukerbad hinunter – dazu kommt die Schau zu den Bergriesen der Walliser Alpen bzw. zum Daubensee mit seiner wilden Bergumrahmung. Der Aufstieg durch die felsige Nordwestflanke erfordert Trittsicherheit und Schwindelfreiheit (T3) und dauert etwa 45 Minuten. Dabei kommt man den schrägen, glatten Kalkplatten, denen der Berg seinen Namen verdankt, ganz nahe. Abstieg auf der gleichen Route in 30 Minuten.

Kreuz (Denkmal 1861), die er durch eine kleinere Schlucht überwindet. Vom Wiesenboden der Obri Schmittu (2.187 m) wandern Sie durch ein Schuttkar und die oberste Felszone (Gräppi Stutz) bis zum **Gemmipass** 02 (2.268 m) hinauf. Von dort geht's rechts – vorbei am einstigen Berghotel – zur nahen **Bergstation der Gemmibahn** (2.346 m) beim Berghotel Wildstrubel hinauf.

Der **Abstieg** erfolgt auf derselben Route in 1½ Stunden – oder man fährt mit der Seilbahn ins Tal.

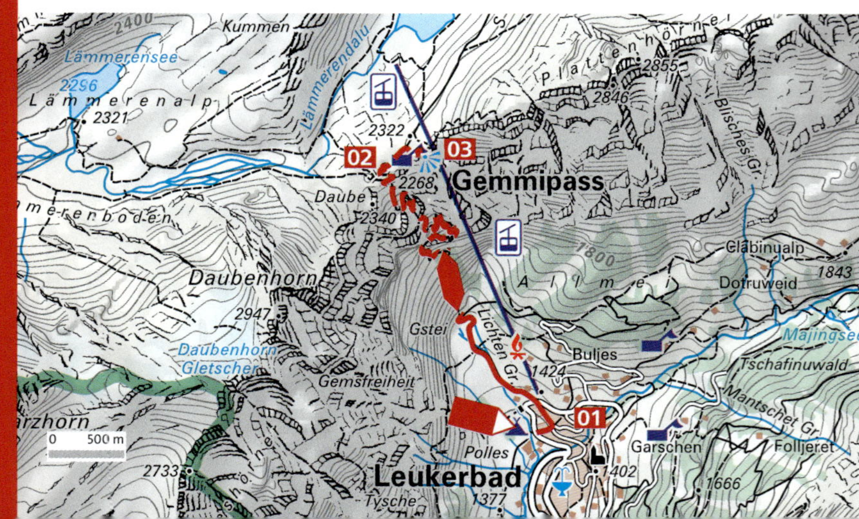

ZUR ANENHÜTTE • 2.358 m

Ins Gletscherreich des Lötschentals

  10,7 km  4:00 h 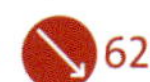 620 hm  620 hm 31

START | Parkplatz (1.763 m) nahe der Fafleralp am Ende der Strasse durchs Lötschental; Postauto-Haltestelle. [GPS: UTM Zone 32 x: 412.611 m y: 5.142.945 m]
CHARAKTER | Berg- und Hüttenwanderung auf guten Pfaden (T2). Einkehr- und Übernachtungsmöglichkeit in der Anenhütte.

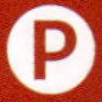

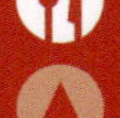
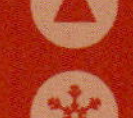

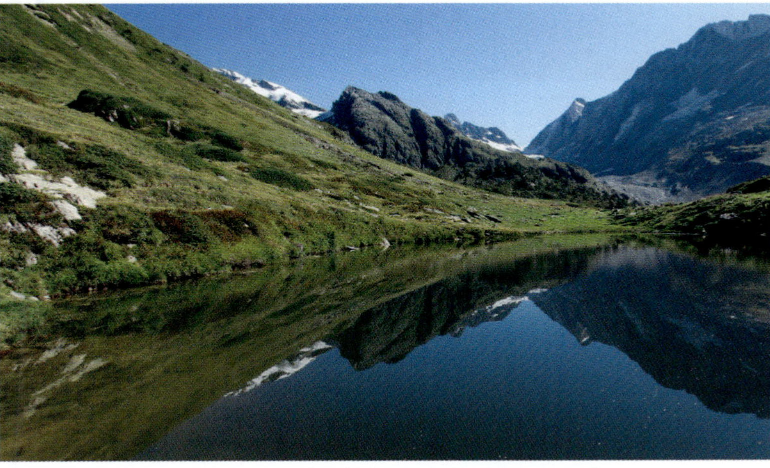

Die Gletscherberge über der Lötschenlücke spiegeln sich im Guggisee.

Im hinteren Lötschental verlocken mehrere Wege zu einem Besuch der Anenhütte. Das 2008 vom Ingenieur und Bergführer Peter Tscherrig realisierte Schutzhaus gilt als eines der exklusivsten der Alpen – architektonisch visionär, energieautark und doch eine gemütliche Bergunterkunft. Erbaut wurde es im Angesicht des weissen Anungletschers, der sich weiter unten (noch) mit der schuttbedeckten Zunge des Langgletschers vereinigt. Darüber erheben sich die gewaltigen Berge beiderseits der Lötschenlücke, darunter zwei fast gleich hohe Breithörner.

▶ Vom Parkplatz der **Fafleralp** 01 folgen Sie dem Wegweiser „Anenhütte“, wandern auf einem breiten Kiesweg an den Hütten der Alp Gletscherstafel vorbei und zweigen vor der Brücke links auf den Pfad Richtung „Guggistafel, Guggisee“ ab. Zwischen Felsen gelangen Sie in einen Graben, in dem Sie nochmals links abbiegen, um zur Alp Guggistafel (1.915 m) anzusteigen. Dort biegen Sie rechts ab und wandern durch kuppiges Wald- und Weidegelände zum **Guggisee** 02 (2.007 m).

In der Folge wandern Sie ins **Jegi-Tal** (2.108 m) am Fuss des Breithorns. Nach der kleinen Schlucht des Anunbachs beginnt links ein letzter steilerer Aufstieg Richtung „Anenhütte, Anensee“. Über Grashänge und zwischen Felsen schlängelt sich der Pfad auf eine aussichtsreiche Kuppe – dort thront die **Anenhütte** 03 (2.358 m).

Nach dem Besuch des winzigen Anensees steigen Sie rechts zu einem Rücken unterhalb der Hütte ab. Links bricht eine Wand zum Langgletscher hin ab (Klettersteig). Weiter unten queren Sie eine Flanke und erreichen eine Gabelung, von der Sie links ins Tal gelangen. Dort geht's durch Moränenschutt zur Holzbrücke über die Lonza und jenseits durch die ausgedehn-

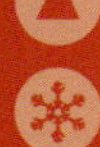

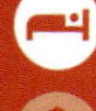

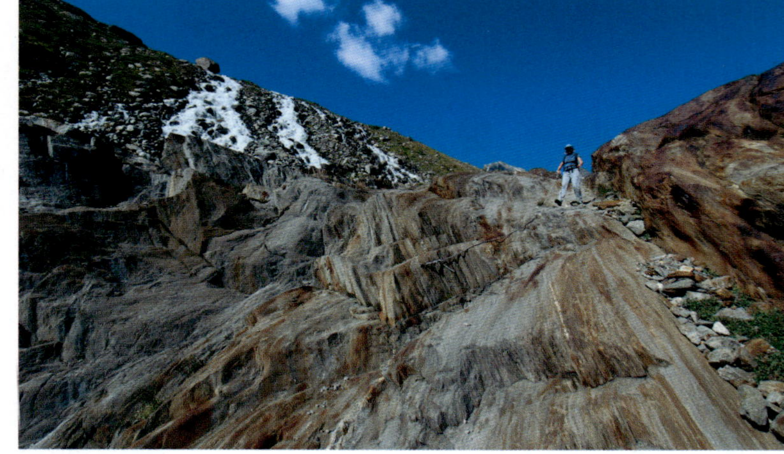

Fast wie im Science-Fiction-Film – unterwegs auf dem Gletscherweg.

ten Weiden der Gletscheralp am Fuss des Bietschhorns talaus, vorbei am glasklaren **Grundsee** **04** (1.845 m). Nach etwa 1½ Stunden führt der Weg rechts über die Lonza zur Alp Gletscherstafel und hinaus zur **Fafleralp** **01**.

Variante Gletschererlebnisweg: Seit 2013 gibt es den faszinierenden Gletschererlebnisweg, dessen Begehung jedoch Trittsicherheit und Schwindelfreiheit voraussetzt (T4). Der Zugang von der Fafleralp erfolgt am Grundsee vorbei. Nach der zweiten Lonzabrücke erreicht man eine Gabelung, von der Sie dem blauen Schild „Gletschererlebnisweg" nach rechts folgen. Von der nächsten Abzweigung wandern Sie rechts zu einem Moränenkamm, über den Sie zum Einstieg des Klettersteigs und zum Steg über einen Gletscherbach gelangen. Es folgt der Aufstieg über rötliche, vom Gletscher abgeschliffene Gneisplatten (Seile). Hoch über der zerfallenden Zunge des Langgletschers geht's zuletzt links empor, bis ein mit „Glacier" beschrifteter Stichpfad rechts im Auf und Ab zu einem Aussichtsplatz über dem Eis führt (ein paar glatte Felsstufen verlangen dort Geschick).

Die **Route zur Anenhütte** zieht dagegen links hinauf und krönt die Tour zuletzt mit einer herrlichen Sicht über die gesamte Gletscherarena; Gehzeit 3 Std.

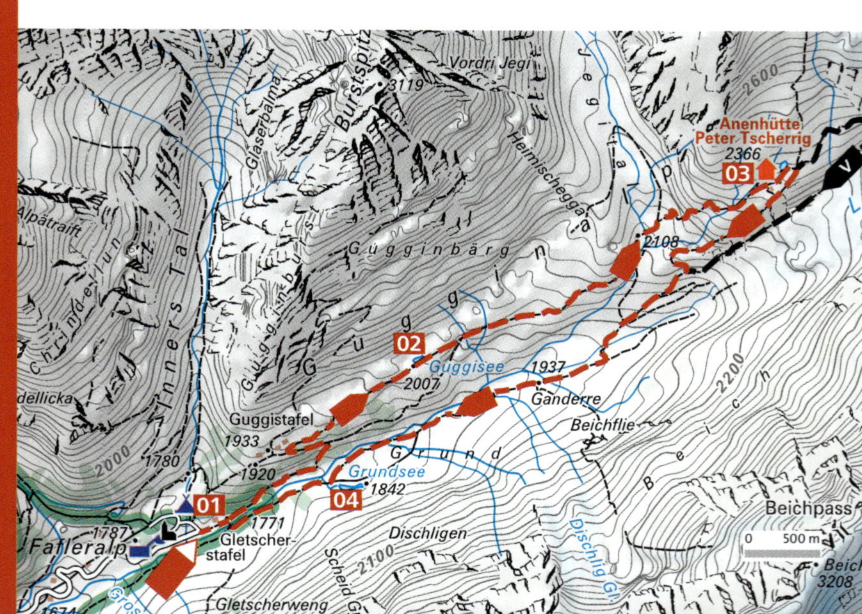

VON DER BELALP ZUR RIEDERALP

Über die Hängebrücke vor dem Aletschgletscher

 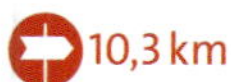 10,3 km 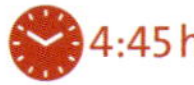 4:45 h  700 hm 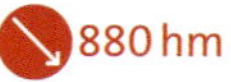 880 hm  41

START | Brig, Bahnhof (678 m). Mit dem Postauto nach Blatten (Linie 623); Auffahrt mit der Luftseilbahn zur Belalp (2.098 m; www.belalp.ch). Talfahrt von der Riederalp (1.925 m) nach Mörel (759 m) mit der Luftseilbahn (www.aletscharena.ch); mit der Matterhorn-Gotthard-Bahn nach Brig (Rundfahrtticket erhältlich). [GPS: UTM Zone 32 x: 421.897 m y: 5.134.447 m]
CHARAKTER | Bergwanderung im Vorfeld des Aletschgletschers auf Wegen, Pfaden und über eine Hängebrücke; einige mit Ketten gesicherte Stellen erfordern Trittsicherheit und Schwindelfreiheit (T2). Einkehrmöglichkeit auf der Belalp, in den Hotels Belalp und Riederfurka, im Tee-Salon der Villa Cassel und auf der Riederalp.

Einst überquerte man auf dem Weg von der Belalp zur Riederalp die Zunge des Aletschgletschers. Als der immer weiter zurückschmolz, wurde der Bau einer Hängebrücke notwendig. Die luftige Stahlkonstruktion über der Massaschlucht steht durchaus in der Tradition der Alpbewirtschafter, die schon vor Jahrhunderten kühne Wege bauten, um ihre Rinder, Schafe und Ziegen zu den Hochweiden treiben zu können. Solchen historischen Routen folgt man auch im Verlauf dieses „Wanderklassikers", der mit dem Aussichtspunkt am Aletschbord, zwei versteckten Miniaturseen und dem finalen Aufstieg durch den Aletschwald noch weitere landschaftliche Höhepunkte verspricht.

▶ Von der **Station Belalp** 01 (2.098 m) folgen Sie dem Wegweiser „Riederfurka via Hängebrücke" auf dem Fahrweg durch die Hänge. Nach gut 500 m zweigen Sie in **Bruchegg** (2.128 m) links Richtung „Sparrhorn, Lüsgersee" ab. Oberhalb der Ferienhäuser wandern Sie rechts („Lüsgersee, Hotel Belalp Aletschbord") zu dem kleinen Gewässer und zur Fär-

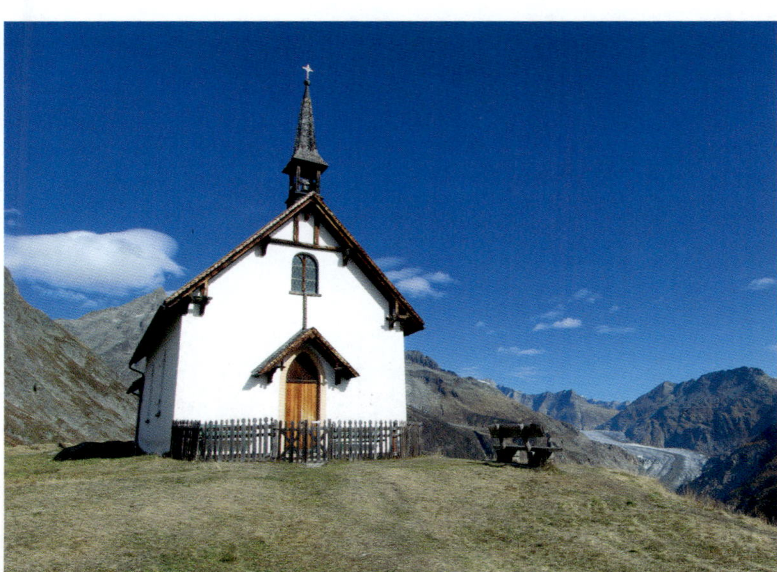

Die Kapelle auf dem Aletschboden.

richa Lüsga (steinerner Schafpferch). Dort treffen Sie wieder auf den Fahrweg, der links zum **Hotel Belalp** 02 (2.136 m) führt.

Vom **Aletschbord** (Blick zum Aletschgletscher und bis zum Matterhorn) wandern Sie nun Richtung „Aletschji, Hängebrücke" über die „Steigglen", den historischen Treibweg zu den Alpen des Üsser- und Inner-Aletschji, bergab. Interessant sind die Pflästerung mit den hochkant gestellten Steinen („Bicki") und die mit Trockenmauern gestützte Zickzack-Strecke, die eine Geländestufe überwindet. Am **Hirmi** (1.971 m) zweigen Sie rechts Richtung „Riederfurka via Hängebrücke" ab und kommen zwischen Felsen (Ketten) zum Aletschji (1.756 m, Kapelle) hinunter. In der Folge steigt der Weg etwas zu den Moorwiesen am Leng Acher an und erreicht das Felsgelände, das der Aletschgletscher vor ungefähr

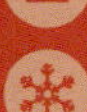

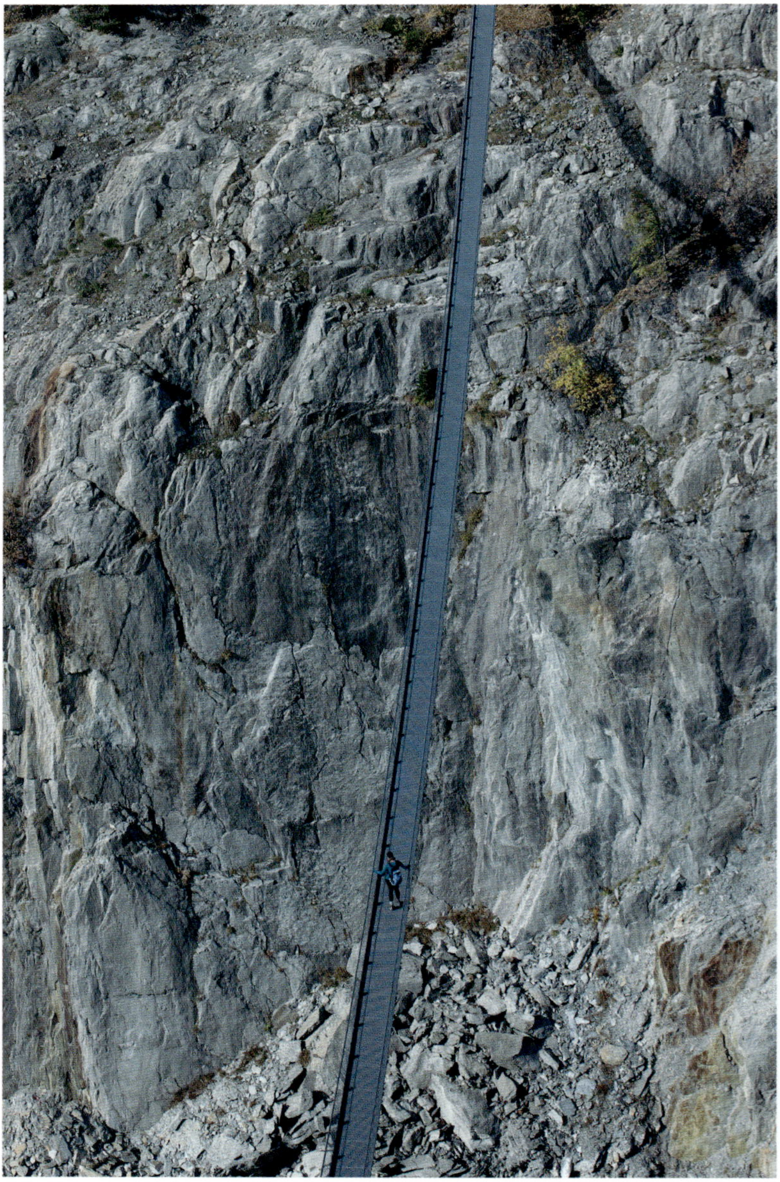

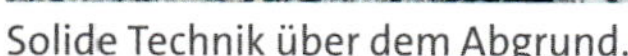

Solide Technik über dem Abgrund.

150 Jahren abgeschliffen hat. Von einer Wegkehre führt ein kurzer Stich-pfad zu einem Aussichtsplatz (1.700 m) über den Oberaletschgletscher und der Massaschlucht. Nach einem weiteren Abstieg (Stufen) erreichen Sie die 124 m lange **Hängebrücke** 03 (1.540m), die die Massa in 80 m Höhe überspannt.

Jenseits führt der Pfad links empor, wobei eine Wand auf zwei Holzstämmen traversiert wird (Stahlseile). Vorbei am kleinen Grünsee (Schutzgebiet) gelangen Sie zu einer Gabelung, an der Sie dem Wegweiser „Teiffe Wald, Riederfurka" rechts durch einen Graben abwärts folgen. Dann geht's durch unterschiedlich steile Waldhänge wieder bergauf. Bei der Abzweigung im **Teiffe Wald** (1.813 m) halten Sie sich nach links, bei der nächsten Gabelung rechts. Auch bei einer dritten Wegteilung (1.990 m) bleiben Sie rechts und wandern zuletzt durch einen Wiesenstreifen (Rückblick zum Grossen Fusshorn und zum Geisshorn) zum Hotel im weiten Sattel der **Riederfurka** 04 (2.065 m) hinauf.

200 m weiter rechts steht die 1902 im viktorianischen Stil erbaute **Villa Cassel** (Naturschutzzentrum). Von der Riederfurka gelangen Sie dann ostwärts in 20 Minuten zur **Riederalp** 05 (1.925 m) mit der Seilbahnstation Riederalp West hinab (zur Station Riederalp Mitte brauchen Sie 10 Min. länger).

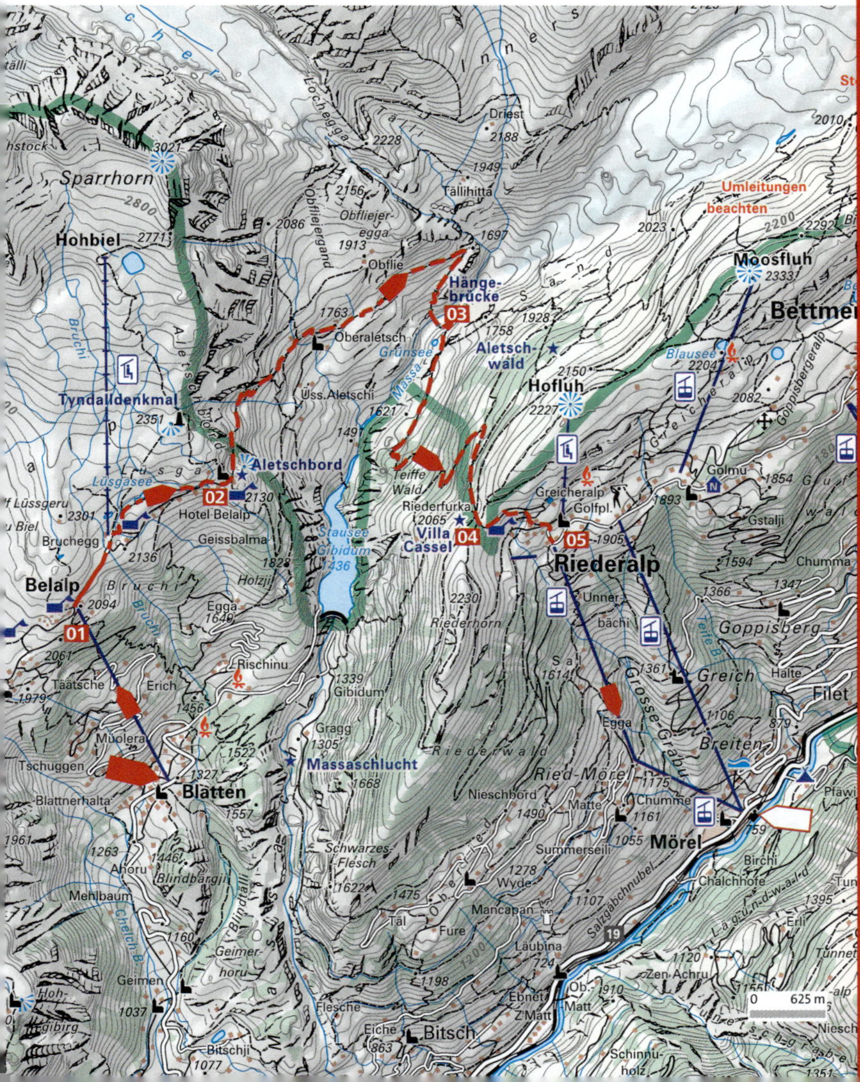

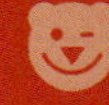
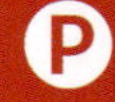

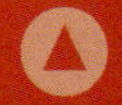
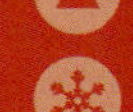

73

AUF UND UM DAS EGGISHORN • 2.926 m

Arktische Impressionen im Reich des Aletschgletschers

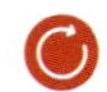 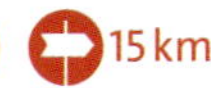 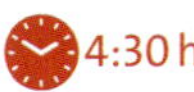 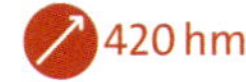 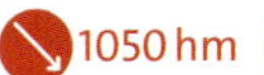 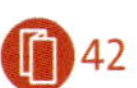

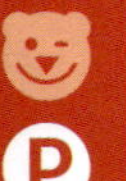

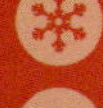

START | Fiesch, Luftseilbahn Fiesch – Eggishorn, 1049 m; Bahnhof, Parkplatz. Auffahrt zur Station Eggishorn, 2893 m; Talfahrt von der Fiescheralp. Seilbahn-Neubau geplant, Aktuelles unter www.aletscharena.ch.
[GPS: UTM Zone 32 x: 433.611 m y: 5.139.447 m]
CHARAKTER | Hochalpine Bergwanderung, die Trittsicherheit und Schwindelfreiheit erfordert (T2). Bei Schneelage und Vereisung gefährlich! Im Sommer ist die Gletscherstube geöffnet.

Wer vom Jungfraujoch am Fuss der 4158 Meter hohen Jungfrau über das Eis des Jungfraufirns hinabwandert, erreicht nach gut sieben Kilometern den sogenannten Konkordiaplatz. Dort münden auch der Grosse Aletschfirn, das Ewigschneefäld und der Grüneggfirn ein – sie alle bilden den Grossen Aletschgletscher, auf dem man weitere sieben Kilometer zum einstigen Märjelensee marschieren kann.

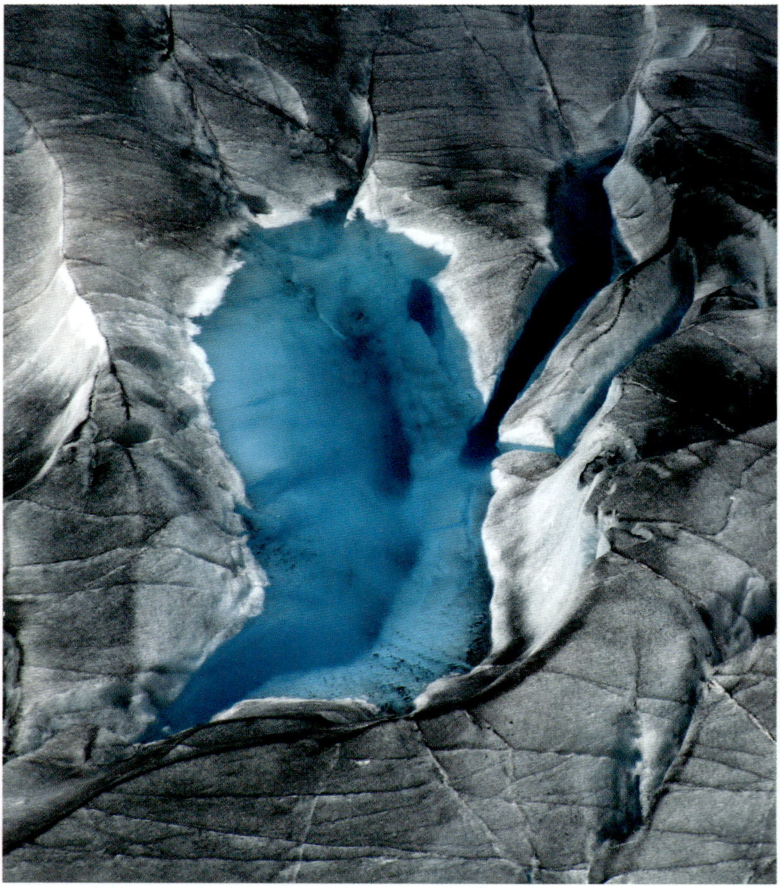

Was für eine Laune der Natur – ein Minisee mitten auf dem Eisstrom.

Von dort ist das Ende der Gletscherzunge immer noch sechs Kilometer entfernt. Damit ist dieser Eisstrom der längste der Alpen. Doch auch er wird immer kürzer und verliert stark an Masse, was man an den abgeschliffenen Felsen und den Schuttflanken der riesigen Seitenmoränen erkennt. Besonders gut lassen sich all diese Veränderungen vom Eggishorn aus studieren. Von diesem felsigen Gipfel im Norden der Fiescheralp überblickt man den gesamten Aletschgletscher – und weite Teile der Walliser Bergwelt.

▶ Schon von der **Bergstation Eggishorn** 01 geniessen Sie das Panorama des Aletschgletschers (Aussichtsterrasse). Dies steigert sich beim 15-minütigen Übergang zum **Eggishorn** 02 (2926 m) noch um einiges – von der Horli-Hitta steigt man einige Meter ab, dann führt der breite, mit Steinplatten ausgelegte Gipfelweg durch steile Felsblockflanken bis zum Gipfelkreuz hinauf. Der Rückweg nimmt ebenfalls ca. 15 Minuten in Anspruch.

Der Abstieg zum Aletschgletscher erfolgt gemäss dem Wegweiser „Tälligrat, Märjela Gletscherstube“ auf einem Pfad durch die Südostflanke des Eggishorns. Er führt durch Schutt zu einer Liftstation und zu einer Kreuzung (2623 m) hinab. Dort wenden Sie sich nach links und wandern durch ein Kar zum breiten Tälligrat (2610 m) mit seinem kleinen See hinüber (Blick zur Zunge des Fieschergletschers). Geradeaus geht's Richtung „Märjela Gletscherstube“ weiter und bald links durch den Hang abwärts. Von der nächsten Gabelung gelangen Sie links zum Damm des Märjelen-Stausees und zur gastlichen Berghütte **Gletscherstube** 03 (2357 m) hinunter. 1:10 h.

Links gelangen Sie auf dem Aletsch Panoramaweg (Nr. 39) in 20 Minuten durch das Hochtal von Märjela mit seinen kleinen Seen und Wollgraswiesen zum **Aletschgletscher** 04 (2266 m). Während seines letzten Hochstands im 19. Jahrhundert staute der Gletscher hier einen See auf, der 1,6 km lang wurde. Immer wieder floss sein Wasser plötzlich durch Gletscherspalten ab und verursachte damit Hochwasserschäden im Rhonetal. Abhilfe sollte ein 1895 fertiggesteller Abfluss-Stollen schaffen – er entschärfte die Lage allerdings nur im Jahr darauf, dann begann das Eis zu schmelzen. Heute ist der Märjelensee längst ausgelaufen und das Schmelzwasser verschwindet meist ohne Stau unter dem zerklüfteten Gletscherrand. Vor diesem sollte man einen Respektabstand wahren, denn immer wieder fallen unvermittelt Steine und Eisbrocken herunter.

350 m vor dem Gletscher zweigt der Aletsch Panoramaweg Richtung „Roti Chumme, Moosfluh“ links ab. Er führt auf eine felsige Anhöhe (2347 m) und dann durch steile, teils felsige und teils grasige Hänge über dem Eisstrom talauswärts. Jenseits öffnet sich das riesige Kar des (schon stark abgeschmolzenen) Mittelaletschgletschers am Fuss des Aletschhorns. Bei der Gabelung unterhalb der Roti Chumme (2369 m) bleiben Sie dann rechts (Wegweiser „Biel, Moosfluh, Bettmeralp“) und damit auf dem Höhenweg, der bald durch Moränenschutt führt.

Von der folgenden Abzweigung (ca. 2371 m) geht's links Richtung „Hohbalm, Fiescheralp, Kühboden“ gut 100 Höhenmeter aufwärts (der rechte Pfad ist wegen Steinschlaggefahr gesperrt). Im Bereich der **Hohbalm** 05 (2490 m) geniessen Sie einen letzten Blick aufs grosse Eis. 1:45 h. Nun überschreiten Sie den breiten Rücken unter dem Bettmerhorn nach links (Osten) und folgen dabei den Schildern „Fiescheralp, Kühboden“, ignorieren die links abzweigende Route zur Seilbahnstation Bettmerhorn und bleiben bei der nächsten Gabelung geradeaus.

Gleich danach wandern Sie unter der Seilbahn durch und – nochmals links abzweigend – durch die Hänge zwischen dem Bettmerhorn und dem schmalen Schönbodensee abwärts. Über den Chiebode (Kühboden) gelangen Sie links zur **Fiescheralp** 06 (2209 m) hinüber. 45 Minuten.

Variante: Von der Gletscherstube führt ein Schotterfahrweg unter dem Staudamm vorbei zum Portal des Tälligrattunnels. Durch diesen etwa 900 m langen, elektrisch beleuchteten Stollen gelangen Sie ins Obers Tälli auf der Südseite des Tälligrats und von dort weiter zur Seilbahnstation der Fiescheralp. 2:00 h.

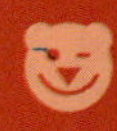
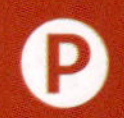

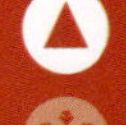

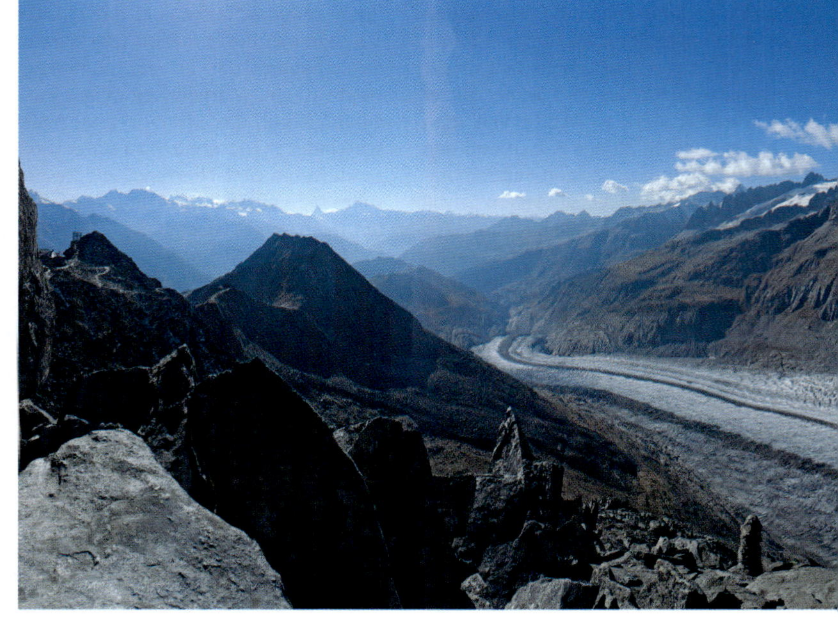

Aletschgletscher-Panorama vom Zungenende bis zum Jungfraujoch.

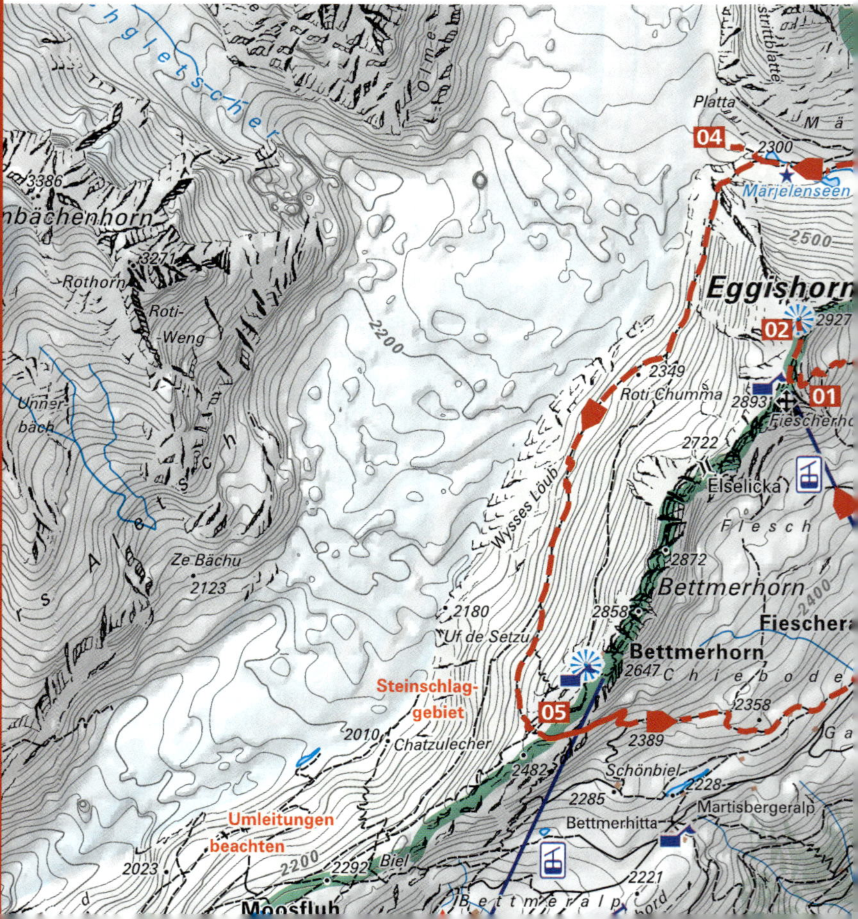

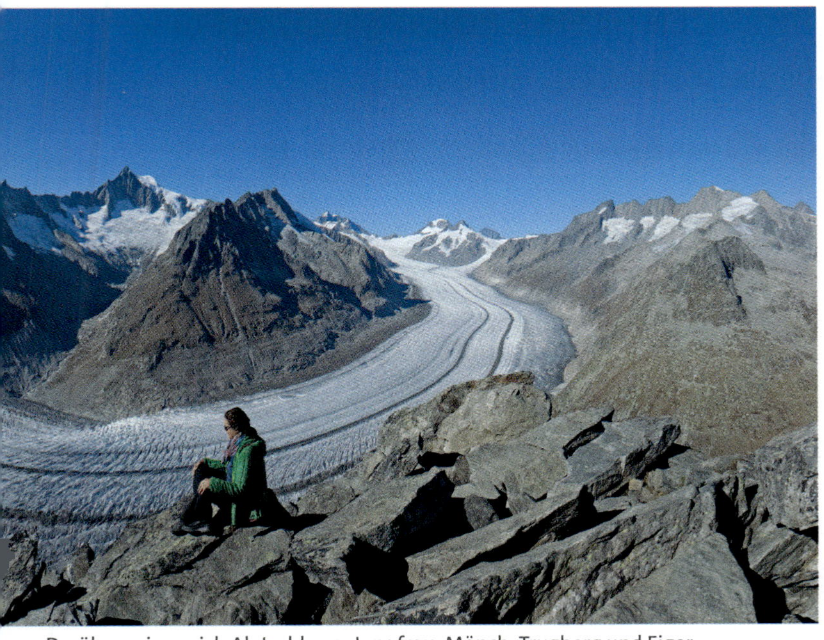

Darüber zeigen sich Aletschhorn, Jungfrau, Mönch, Trugberg und Eiger.

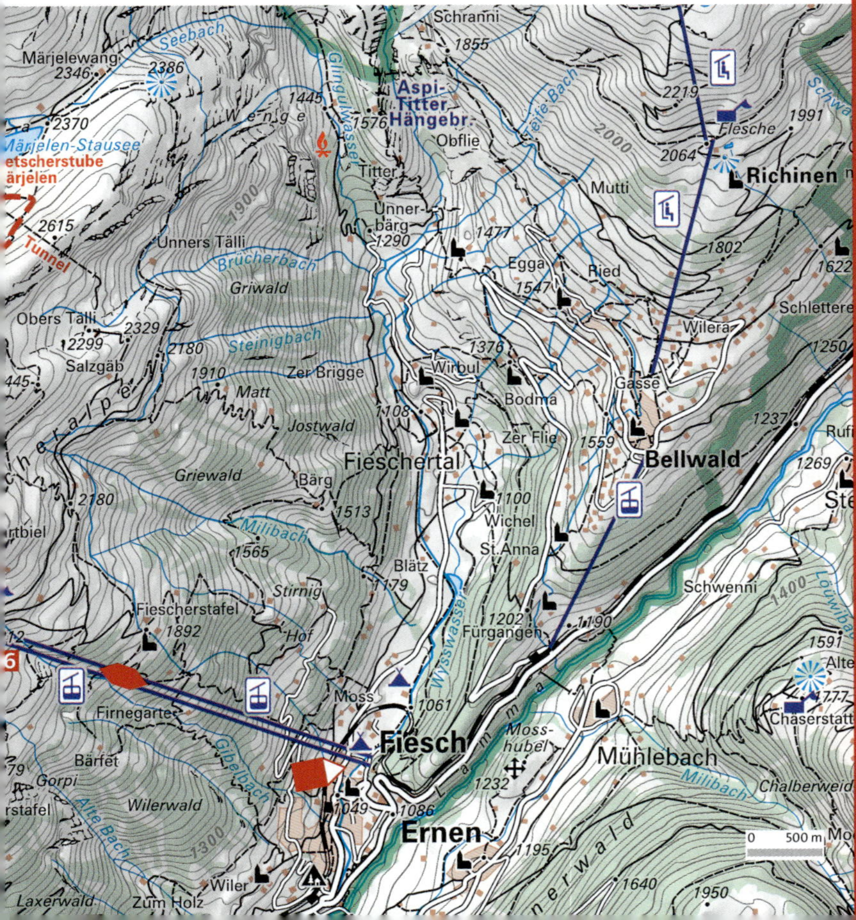

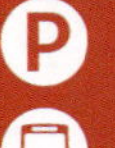
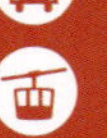
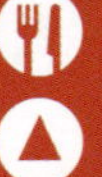
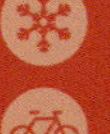

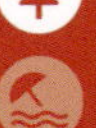

ÜBER DEN BETTMERGRAT • 2.852 m

Der UNESCO-Höhenweg über dem Aletschgletscher

 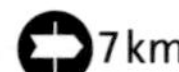 7 km 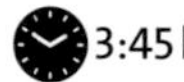 3:45 h 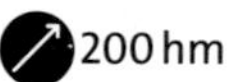 200 hm 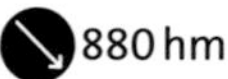 880 hm 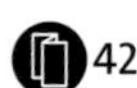 42

START | Fiesch, Luftseilbahn Fiesch – Eggishorn, 1049 m; Bahnhof, Parkplatz. Auffahrt zur Station Eggishorn, 2893 m; Talfahrt von der Fiescheralp. Seilbahn-Neubau geplant, Aktuelles unter www.aletscharena.ch.
[GPS: UTM Zone 32 x: 433.603 m y: 5.139.452 m]
CHARAKTER | Hochalpine Gratüberschreitung auf ausgesetzten Pfaden mit gesicherten Passagen, kurz auch weglos (T4); nur bei sicherem Wetter ratsam, bei Schneelage und Vereisung sehr gefährlich. Mit der Gondelbahn Bettmeralp – Bettmerhorn und der Luftseilbahn Betten – Bettmeralp lässt sich die Tour abkürzen. Einkehrmöglichkeit auf der Fiescheralp und bei den Stationen am Eggis- bzw. am Bettmerhorn.

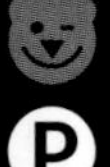
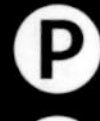

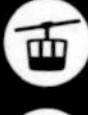
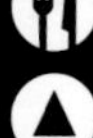

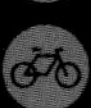

Die Hänge der Fiescher-, der Bettmer- und der Riederalp im Südosten des Aletschgletschers wurden mit Liften und Skipisten erschlossen. Die dem Eisstrom zugewandte Seite des Kammes zwischen dem Eggishorn und der Riederfurka gehört dagegen schon zum Bereich des UNESCO-Welterbes Schweizer Alpen Jungfrau-Aletsch. Daher heisst die Route über den Bettmergrat auch „UNESCO-Welterbeweg" – das ist jedoch kein Spaziergang, sondern eine luftige Gratüberschreitung direkt über dem Gletschereis.

▶ Auch bei dieser Tour erklimmt man von der **Bergstation Eggishorn** 01 wohl zunächst das nahe **Eggishorn** 02 (2926 m, siehe Tour 8). 30 Minuten hin und zurück.

Der Übergang zum Bettmergrat beginnt mit dem blauen Wegweiser „Elselicka, Bettmerhorn" nahe der **Bergstation Eggishorn** 01. Von der Aussichtsplattform wandern Sie auf der Skipiste, die durch die steile Felsflanke hoch über dem Aletschgletscher gesprengt wurde, nach Süden zu einer Scharte hinab. Es folgen ein kurzer betonierter Wegabschnitt und der Zickzack-Abstieg in den grasigen Sattel der **Elselicka** 03 (2721 m, Holzkreuz). 30 Minuten.

Südwestlich ragt darüber der dunkelfelsige Bettmergrat auf. Darunter steigen Sie weglos, aber der weiss-blau-weissen Signalisation folgend, durch Blockschutt zu einem steilen Felsaufschwung an. Dieser wird mit Hilfe von Stahlseilen und einigen Metallklammern erklommen. Oberhalb davon legt sich das Gelände etwas zurück und bald führt die Route nach links und auf dem schmalen, aber flachen Blockgrat nach Süden. Nach der Überwindung eines kürzeren Aufschwungs, einer kleinen Kluft und einer glatten Platte (Stahlseile, Trittstifte) wird der höchste Punkt der Gratschneide (2872) erreicht.

Gleich danach steigen Sie kurz in einer Felsscharte ab, dann zieht der gezackte Grat zur unscheinbaren Kuppe des **Bettmerhorns** 04 (2857 m).

Das weiter unten, auf 2786 m, stehende Gipfelkreuz erblicken Sie erst, nachdem Sie bei einer kleinen Wetterstation vorbeigekommen sind. Den wieder steileren Abstieg zur **Bergstation Bettmeralp** 05 (2647 m) erleichtern Stahlseil-Geländer, Holzstege und Stufen. 2:30 h.

Vom Stationsgebäude und dem runden Restaurant wandern Sie Richtung „Fiescheralp" auf bzw. neben der Skipiste bergab. Nach etwa 800 m biegen Sie im Bereich der **Hohbalm** 06 (2490 m) links ab und folgen nun stets der Beschilderung „Fiescheralp, Kühboden". Wie bei Tour 8 gelangen Sie durch die Hänge zwischen dem Bettmerhorn und dem Schönbodensee zur **Fiescheralp** 07 (2209 m). 1:15 h.

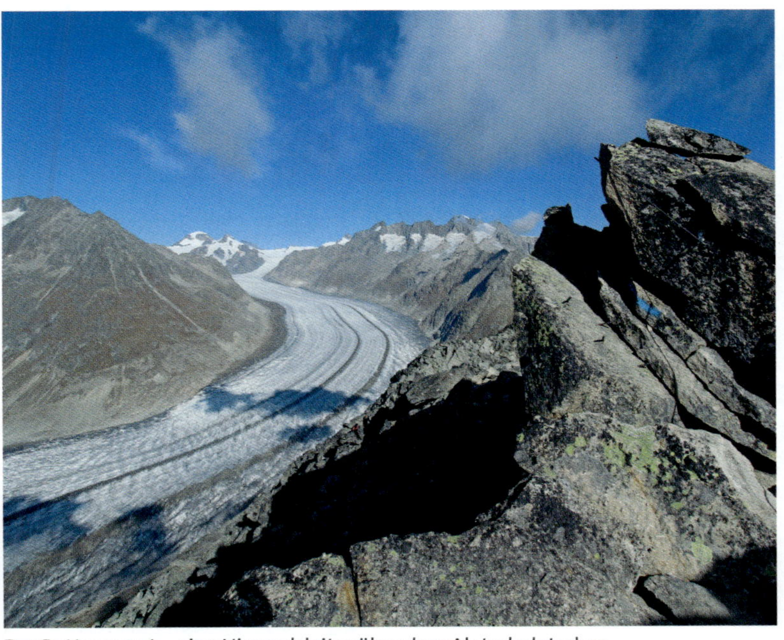

Der Bettmergrat – eine Himmelsleiter über dem Aletschgletscher.

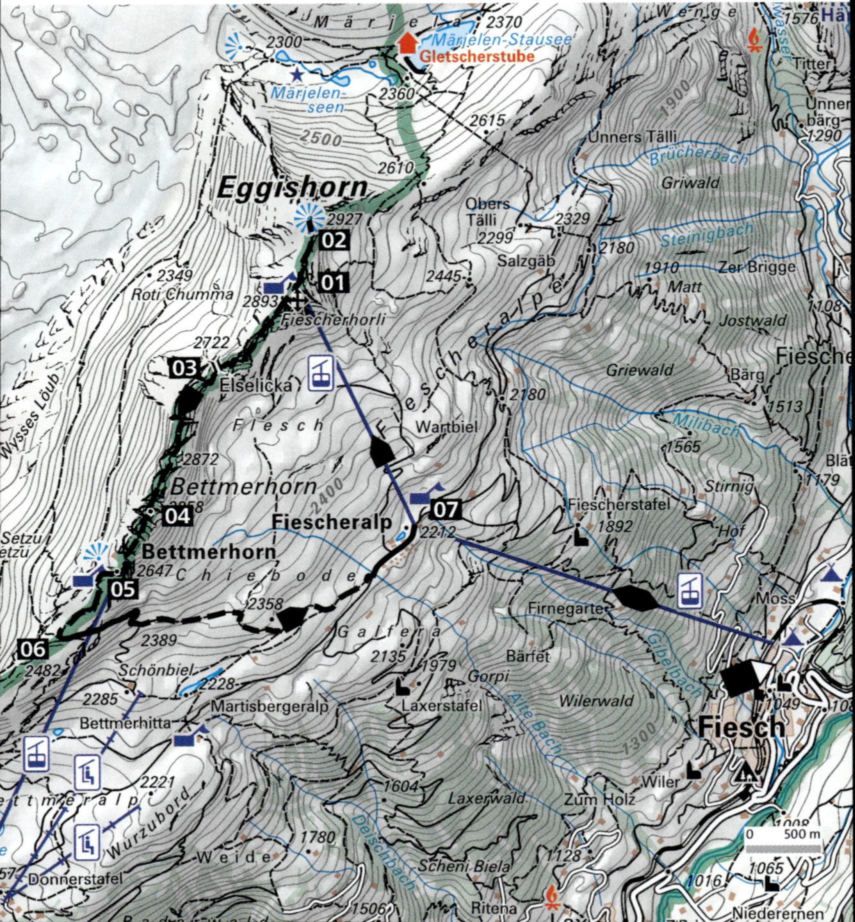

75

LES COLS DU GRAND-ST-BERNARD

Seen und Pässe zwischen Grand Combin und Mont Blanc

 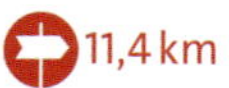 11,4 km 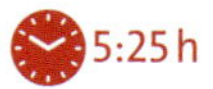 5:25 h 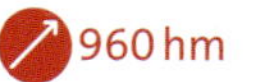 960 hm 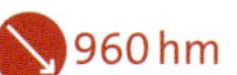 960 hm  48

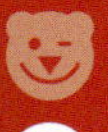
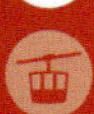

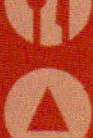
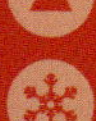
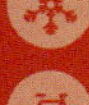

START | Col du Grand-St-Bernard (2.469 m); Parkplätze, Haltestelle der TMR-Buslinie 211 vom Bahnhof Orsières.
[GPS: UTM Zone 32 x: 358.067 m y: 5.081.157 m]

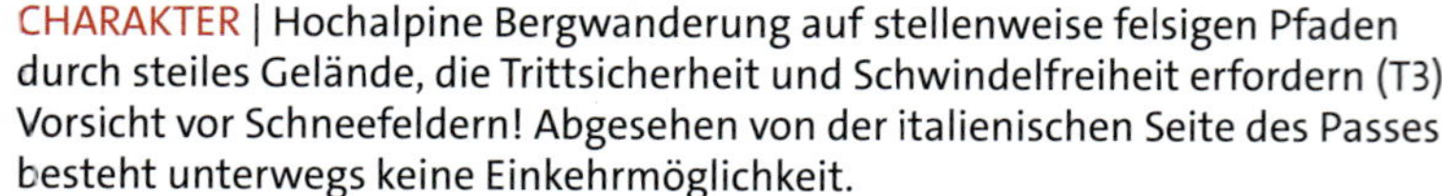
CHARAKTER | Hochalpine Bergwanderung auf stellenweise felsigen Pfaden durch steiles Gelände, die Trittsicherheit und Schwindelfreiheit erfordern (T3); Vorsicht vor Schneefeldern! Abgesehen von der italienischen Seite des Passes besteht unterwegs keine Einkehrmöglichkeit.

Der Grosse St. Bernhard ist mit 2.469 m der dritthöchste Strassenpass in der Schweiz und die wichtigste Verkehrsverbindung zwischen der Westschweiz und Italien. Von Martigny im Rhônetal führt die Passstrasse ins piemontesische Aostatal. Die Wanderung ist zugleich eine Etappe der Weitwanderwege Alpenpässe-Weg und Via Francigena.

▶ Vom Hospiz am **Col du Grand-St-Bernard** 01 wandern Sie auf dem Weg oberhalb der Strasse (oder am Südufer des Sees) über die italienische Grenze zur Statue des heiligen Bernhard, die auf einem Steinhügel über dem Hotel Italia steht. Dort beginnt ein Stück des römerzeitlichen Passweges, der aus dem Fels gehauen wurde und zur Passstrasse hinunterführt.

Jenseits folgen Sie dem anfangs neu gepflästerten Wanderweg, von dem Sie nach knapp 400 m rechts auf den Pfad Nr. 13A Richtung „Fenêtre de Ferret, Lacs de Fenêtre" abzweigen und bald darauf die Strasse nochmals überschreiten.

Vorbei an der **Alpage Lo Baou** 02 (2.356 m) geht's nun gemäss der Beschilderung „La Fouly, Fenêtre de Ferret" mit weiss-rot-weisser Markierung durch ein grünes Kar und über glatte Steinplatten zwischen zerklüfteten Felsbergen empor (ein links abzweigender Pfad wird ignoriert). Nach 1¼ Stunden erreichen Sie den **Sattel Fenêtre de Ferret** 03 (2.698 m). Bei klarer Luft werfen sich im Westen die Grande Jorasses und der 22 km entfernte Mont Blanc in Pose.

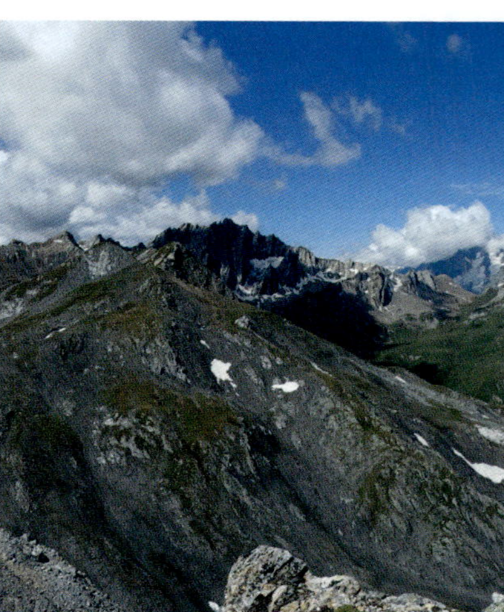
Seenzauber über dem Val de Ferret – die

Der zweite Abstieg führt – nun wieder in der Schweiz – in 35 Minuten nordwärts zwischen hellem Schutt und dunklem Gestein, durch eine Mulde und über einen Rücken zu den schön gelegenen **Lacs de Fenêtre** 04 (2.408 m) hinunter.

Beim Kreuz über dem Abfluss des untersten und grössten der drei Seen (2.456 m) zweigen Sie rechts Richtung „Col du Bastillon" auf den Chemin des cols alpins (Nr. 6) ab. Gleich darauf geht's nochmals nach rechts und dann auf einem guten Bergpfad in 45 Minuten durch Gras- und Geröllhänge hinauf zum **Col du Bastillon** 05 (2.761 m).

Von seinen schräg gestellten Gesteinsplatten wandern Sie nun gemäss dem Wegweiser „Col des Chevaux, Col du

Gd. St. Bernard“ ins weite Kar um den Grand und den Petit Lé hinunter – direkt dem Grand Combin und der Felsmauer des Mont Vélan entgegen. Zwischen den beiden Seen gelangen Sie in die **Combe de Drône** **06** (2.408 m) hinab.

In diesem Tal zweigen Sie bei einem Felsblock rechts auf den Chemin des Chevaux ab, der unter der Pointe de Drône zu einer Schuttrinne ansteigt. Daneben geht es in ausgesetztem Felsgelände und im Zickzack durch Schutt zum grasigen Einschnitt des **Pas de Chevaux** **07** (2.720 m) empor.

Jenseits öffnet sich nun ein weiteres Kar, unter dem die Passstrasse durch die Comba Martchanda verläuft. Im sanften Abstieg gelangen Sie durch Gras-, Schutt- und Felshänge oberhalb winziger Seen zum Ostkamm des Grande Chenalette (2570 m). Danach wandern Sie an einem Karboden vorbei und zur Strasse hinab.

Sie erreichen die Fahrbahn etwa 150 m vor dem berühmten Hospiz am **Col du Grand-St-Bernard** **01** über eine kleine, mit einer Kette gesicherten Felsstufe.

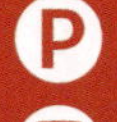

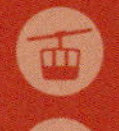
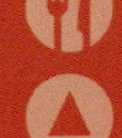

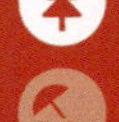

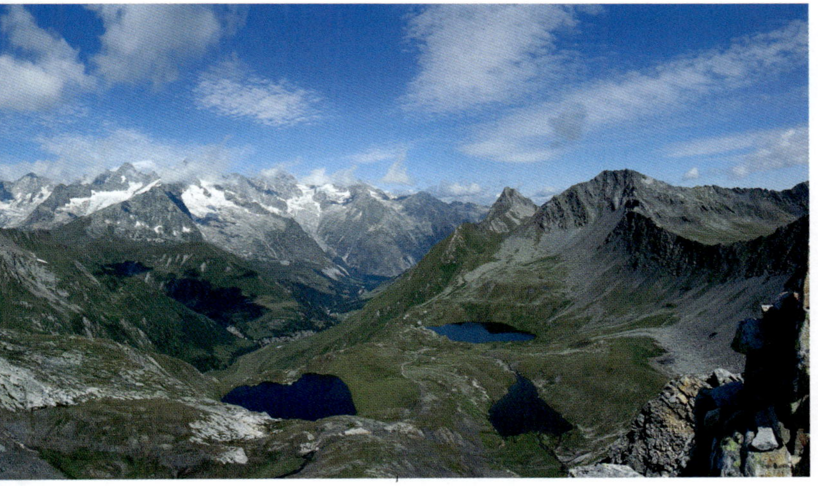

tintenblauen Lacs de Fenêtre. Den Hintergrund bildet die Mont-Blanc-Gruppe.

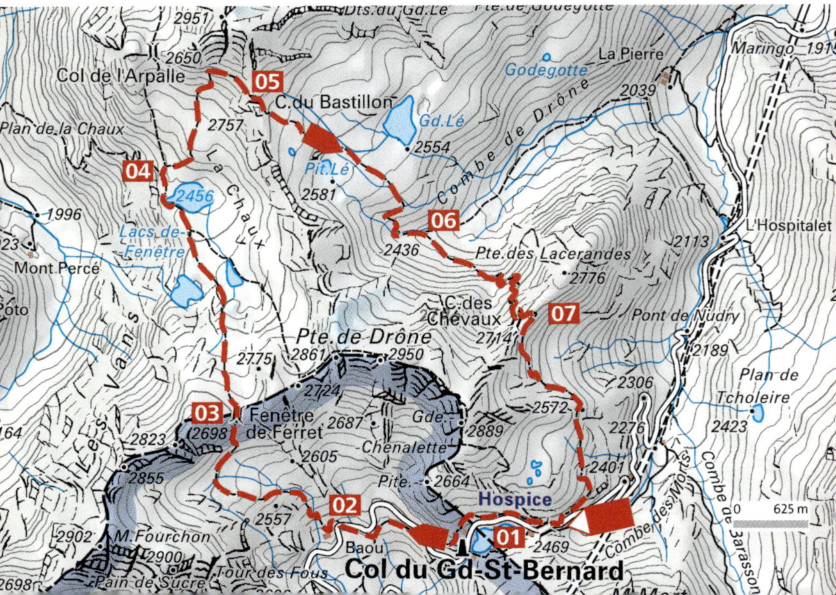

76

ZUM COL DES OTANES • 2.846M

Die arktische Welt des Grand Combin

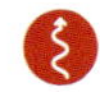 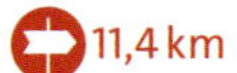 11,4 km 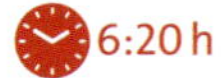 6:20 h 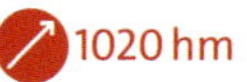 1020 hm 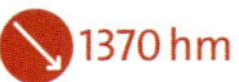 1370 hm  48

START | Mauvoisin, 1841 m (siehe Tour 74). Entweder fährt man vor der Tour von Fionnay mit dem Postauto dorthin oder nach dem Abstieg (Linie 253).
[GPS: UTM Zone 32 x: 371.460 m y: 5.095.577 m]

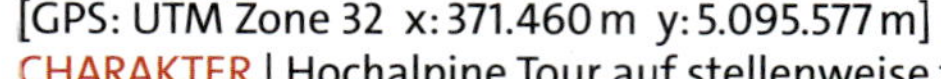

CHARAKTER | Hochalpine Tour auf stellenweise felsigen, an einigen Stellen mit Ketten und Leitern entschärften Pfaden, die Trittsicherheit und Schwindelfreiheit erfordern (T3). Einkehren und übernachten kann man in der Cabane FXB Panossière.

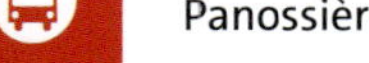

Das Gebiet um den 9 Kilometer langen Glacier de Corbassiè, den grössten Talgletscher des Unterwallis, ist eine der schönsten Bergregionen der Alpen und wird immer wieder mit dem Himalaya verglichen. Das ist kein Wunder, denn die Gletscherkaskaden, die vom Grand Combin auf den riesigen Eisstrom herabfliessen, bieten ein erhabenes Bild. Dieses Bergmassiv weist mehrere Gipfel auf, die höchsten davon sind der Combin de Valsorey (4183 m), der Combin de la Tsessette (4134 m) und der Combin de Grafeneire (4314 m). Besonders eindrücklich ist ihr Anblick vom Col des Otanes. Über diese Senke (die eigentlich aus zwei Scharten besteht) führt der alpine Pfad von Mauvoisin zur Cabane FXB Panossière, auf der sich eine Nächtigung in arktischem Ambiente sehr empfiehlt. Der Hüttenweg nach Fionnay ist zwar ziemlich steil (und setzt die Rückfahrt per Bus voraus), hält aber noch zwei Überraschungen bereit: eine moderne Hängebrücke und eine alte Wasserleitung.

▶ Vom Parkplatz beim Hotel in **Mauvoisin** 01 folgen Sie der Beschilderung des Chemin des cols alpins (Nr. 6) und dem Wegweiser „Col des Otanes, Panossière" etwa 120 m auf der Strasse zurück und dann links hinauf, bis nach weiteren 100 m rechts der Pfad zum Col des Otanes abzweigt. Er führt zum Fuss einer felsigen Flanke, über die er sich emporschlängelt (Blick zum Stausee). Auf etwa 2050 m geht's rechts ins Kar Les Tsantons, wo Sie von der Gabelung auf Pazanou (2140 m) rechts weitergehen. Durch Schutt-, Grashänge und einige Rinnen gelangen Sie auf die Anhöhe La Tseumette (2297 m), wo Sie links abzweigen. Weiter geht's durch raues Gelände in ein Schutt- und Felskar hinauf. Dort wendet sich der Pfad nach links und steigt unter den Wänden der Otanes an (Sicherungen); im oberen Bereich liegt bis in den Sommer hinein Schneefelder. Nach gut 3:00 h erreichen Sie eine Einsenkung (2845 m), von der Sie bereits den vergletscherten Petit Combin (3668 m) und den Combin de Corbassière (3716 m) sehen. Um den Prachtblick zum Grand Combin über dem Glacier de Corbassière geniessen zu können, müssen Sie noch 350 m neben der Mulde des schon fast abgeschmolzenen Glacier des Otanes und durch Schutt zum **Col des Otanes** 02 (2846 m) am Fuss des Grand Tavé (3158 m) hinüberqueren.

Dort steht der Wegweiser, der den Abstieg Richtung „Panossière" mit 30 Minuten angibt. In Kehren geht's rasch durch steinig-grasiges Gelände zur Seitenmoräne des Gletscherstroms und damit zum Standort der alten Schutzhütte (2665 m) hinunter. Von dort sind es rechts noch 550 m bis zur **Cabane FXB Panossière** 03 (2645 m) – das „FXB" steht für den 1986 verunglückten Hubschrauberpiloten François-Xavier Bagnoud.

Die Beschilderung „Fionnay, Passerelle de Corbassière" zeigt die Abstiegsrichtung an. Durch Schutt und im Grasgelände rechts des Moränenwalls gelangen Sie zur Gabelung neben dem Zungenende des Gletschers hinunter. Von dort lohnt sich der Abstecher nach links zur 2014 eröffneten **Passerelle de Corbassière** 04 (2365 m): Die 210 m lange Hängebrücke überspannt

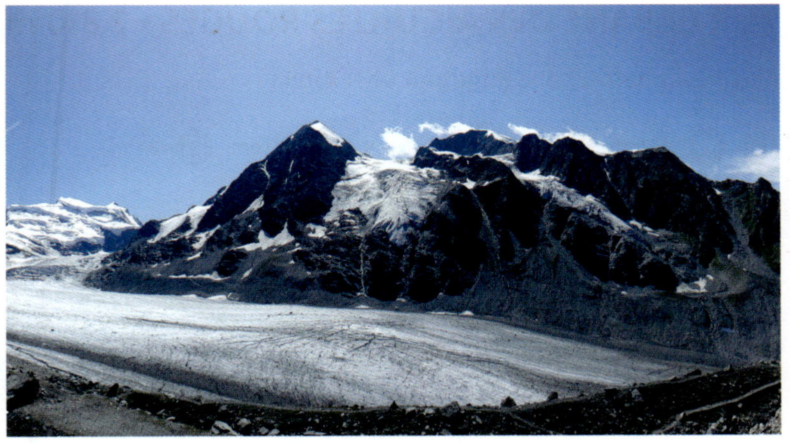

Es gibt nicht viele Hüttenterrassen wie die der Cabane FXB Panossière.

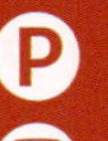

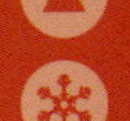

das Vorfeld des Eistroms und seinen Abfluss in 70 m Höhe. 40 Minuten.

Wieder zurück an der Gabelung geht's links Richtung „Fionnay" abwärts. Über den Plan Goli erreichen Sie Les Plans und damit die 2010 renovierte Bisse de Corbassière. Diese Wasserleitung führt durch steile, teils felsige Hänge unter der Becca de Corbassière; der spannende Begleitweg weist mit Geländern gesicherte Stege und Stufen auf. Vor der Alp Vers le Grenier de Corbassière (1968 m) lädt ein Holztisch („Mon Repos") zu einer Rast ein. Dann schlängelt sich der Pfad rechts durch eine Steilstufe und Erlengebüsch zu einer Wiese hinunter. Auch der letzte Abstieg durch lichten Wald ist sehr steil, bis Sie rechts abzweigen und nach **Fionnay** 05 (1490 m) hinabwandern. 2:00 h.

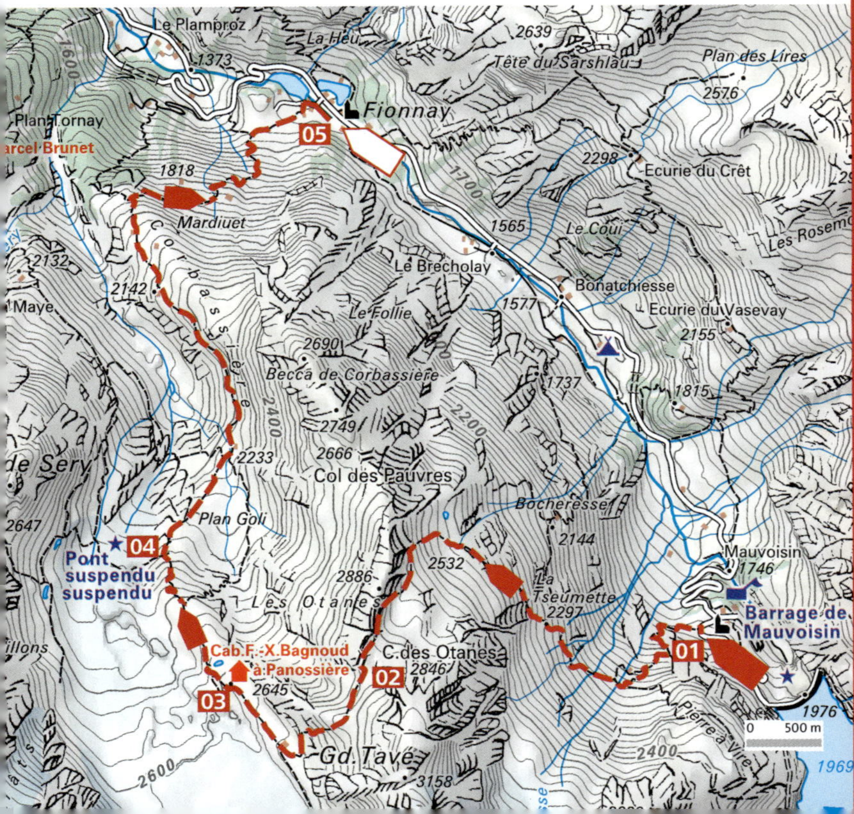

77

ZUR CABANE DES AIGUILLES ROUGES • 2.810 m

Eine traumhaft schöne Rundtour über Arolla

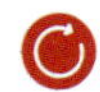  12,9 km  6:30 h  940 hm  940 hm  48

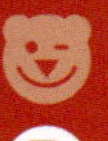

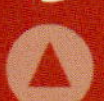

START | Arolla, 2006 m; Zufahrt von Les Haudères im hinteren Val d'Herens, Bushaltestelle Poste (Linie 382 vom Bahnhof Sion), gebührenpflichtiger Parkplatz etwas weiter oben bei der Skilift- Station Guitza.
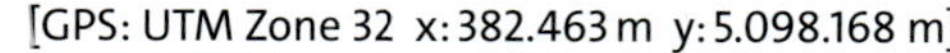
[GPS: UTM Zone 32 x: 382.463 m y: 5.098.168 m]
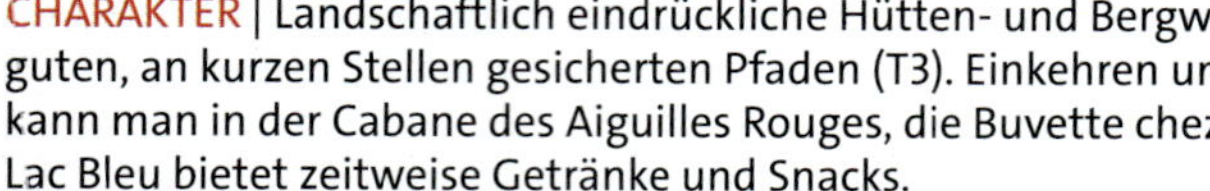
CHARAKTER | Landschaftlich eindrückliche Hütten- und Bergwanderung auf guten, an kurzen Stellen gesicherten Pfaden (T3). Einkehren und übernachten kann man in der Cabane des Aiguilles Rouges, die Buvette chez Léon nahe dem Lac Bleu bietet zeitweise Getränke und Snacks.

Der 2000 Meter hoch gelegene Talschluss von Arolla ist eine der wildesten Landschaften der Walliser Alpen. Schon im Mittelalter bestand dort, in unmittelbarer Nähe zerklüfteter Gletscher, eine Alp; um die Mitte des 19. Jahrhunderts entstanden dort die ersten Hotels. Diese Rundtour führt Sie von den Arven (arolle), die dem Tal seinen Namen gaben, in die hochalpine Region und zu zwei grundverschiedenen Seen.

▶ Von der Haltestelle des Car Postal in **Arolla** 01 folgen Sie dem Wegweiser „Tête du Tronc, Pra Gra, Remointse, Aiguilles Rouges" am Sportgeschäft vorbei und zu einer Rechtskurve hinauf. Von dort geht's links auf einen Waldweg zum Grand Hôtel empor, davor rechts wieder zur Strasse und 100 m bergauf, bis Sie rechts zum **Parkplatz** 02 (2035 m) gelangen. An seinem hinteren Rand beginnt nicht nur der Sentier des Marmottes, sondern auch der Wanderpfad Richtung „Aiguilles Rouges". Von einer nahen Gabelung steigen Sie links zu einem Fahrweg an und folgen diesem einige Schritte nach rechts. Dann führt der Pfad rechts durch Arvenwald zu den Weiden über der Alp Tsalè de Pragra hinauf. Dort kreuzen Sie die Alpstrasse noch zwei Mal und wandern weiter zur Alpage Remointse de Pra Gra (2479 m). Rechts bringt Sie der nächste Anstieg zur Gabelung bei einer Lacke über dem Rücken dem **Le Troûco** 03 (2554 m), der zu einem aussichtsreichen Abstecher nach rechts verlockt. Von dort erblicken Sie bereits den Lac Bleu, das zu Recht berühmte Zwischenziel beim Abstieg. 1:50 h.

Nach der kurzen Rückkehr zur Abzweigung geht's rechts in das mit Schutt erfüllte Hochtal zwischen den Felsflanken der Rousette und den Aiguilles Rouge d'Arolla. Danach erklimmen Sie eine kleine Anhöhe und queren teils felsige Hänge (Ketten, Holzsteg), bis Sie nach einem letzten kurzen Aufstieg die **Cabane des Aiguilles Rouges** 04 (2810 m) erreichen. Vor dem Steinbau, der mit einem Zubau ergänzt wurde, geniesst man einen fantastischen Blick über den Talschluss von Arolla mit dem 3637 m hohen Mont Collon und bis zum Weisshorn; dahinter liegen Berge von Moränenschutt am Fuss der Aiguilles Rouge. 1:00 h.

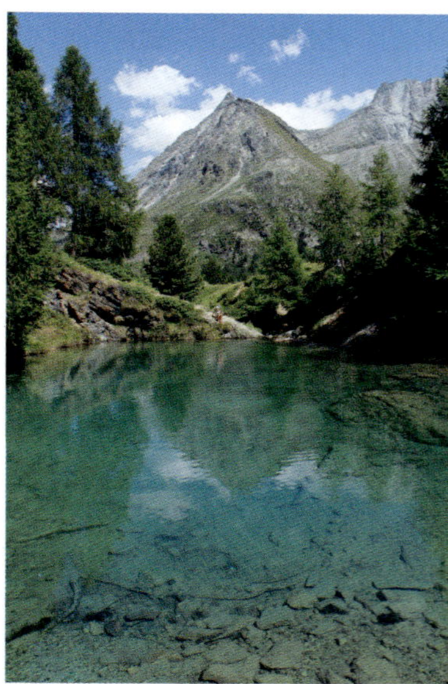

Der einzigartige Lac Bleu.

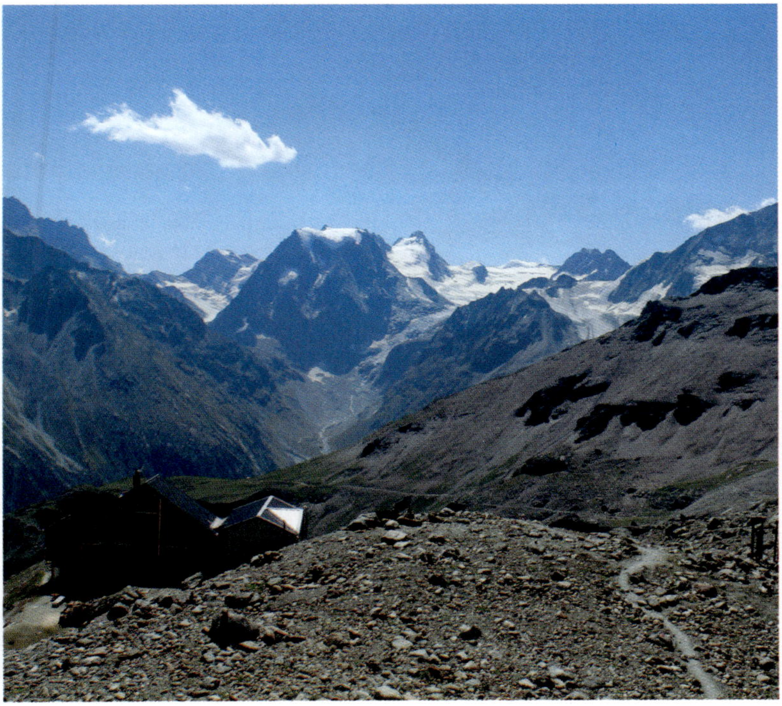

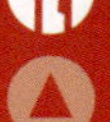
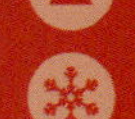

Das Schutzhaus vor der Eislandschaft um den Mont Collon.

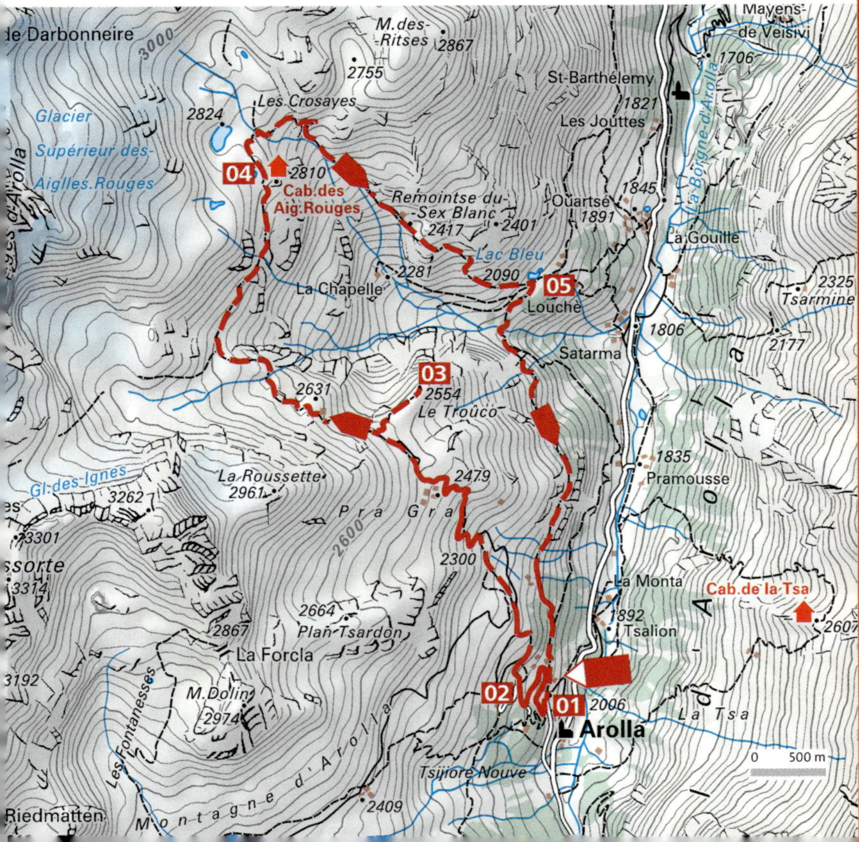

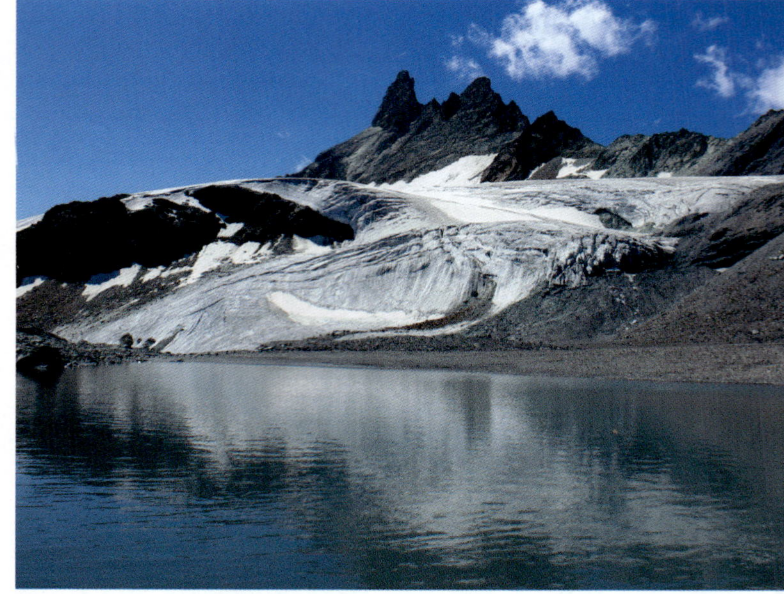

Felseleganz und Gletscherglanz – die Aiguilles Rouges d'Arolla.

Der Pfad Richtung „Louché, Lac Bleu" führt nun neben einer Kunstinstallation und meist ausgetrockneten Miniseen zu einer ca. 200 m entfernten Anhöhe. In der ausgedehnten Geröllwüste, die der schmelzende Glacier Supérior des Aigulilles Rouges hinterlassen hat, verbirgt sich der milchig-blaue Lac de Crosayes. Rechts geht's zum Holzsteg über den Gletscherbach hinab. Dann führt der Pfad durch Geröllhalden und dann durch steile Grashänge neben dem Tal des Torrent de la Chapelle abwärts. Nach einer kleinen Hütte und einer Anhöhe mit zwei Holzkreuzen wandern Sie durch Arvenbestände zum **Lac Bleu** 05 (2090 m) im Alpgebiet Le Louché hinunter. Das zauberhafte Naturwunder ist vor allem an Wochenenden gut besucht. 1:20 h.

Von dort nehmen Sie den Pfad Richtung „Arolla", der durch Wald zum Gletscherbach (2049 m) hinabführt. Jenseits geht's zu einer Gabelung hinauf: Während der linke, einfachere Weg nach Arolla fast bis ins Tal hinunterzieht, steigt der landschaftlich viel eindrücklichere Chemin difficile rechts noch 100 Höhenmeter an (Holzstege) und durchquert in der Folge steile, teils felsige Waldhänge, raue Gräben und eine Bergsturzzone (Ketten). Nach knapp 1,5 km gehen Sie von einem Abzweig links hinunter; von der nächsten Gabelung steigt die Route wieder etwas zum **Parkplatz** 02 an. Davor zieht der direkte Pfad nach Arolla links hinab, passiert das Chalet de la Jeunesse und endet mit ein paar Stufen zwischen den Häusern von **Arolla** 01. 1:15 h.

Variante: Der blau-weiss signalisierte Pfad, der oberhalb der Hütte links ins Schuttgelände führt, ermöglicht einen lohnenden Abstecher ins hochalpine Gelände. Man quert den Gletscherbach etwas weiter oben (kein Steg!) und erklimmt einen markanten Moränenwall, auf dem man weiter ansteigen sollte – dort erweitert sich das Panorama u. a. um den Pigne d'Arolla, das Matterhorn und die Dent Blanche, während sich der Gletscher am Fuss der Auguilles Rouges in voller Pracht zeigt. Auf gut 3000 m findet man einen kleinen See. Aufstiegszeit ca. 1:00 h, Abstieg in 45 Minuten.

Geübte Bergsteiger werden die nach rechts führende Pfadspur auf den Mont de l'Etoile (3369 m) ins Auge fassen (T4, grün-weiss markiert, steiles Schuttgelände, zuletzt ausgesetzter Gratübergang, zusätzlich 1:00 h). Geradeaus lässt sich die vergletscherte Pointe de Vouasson (3490 m) über die Pointe de Darbonneire erklimmen (T5, 1:30 h).

ZUR CABANE DE MOIRY • 2.825 m

Ohne grosse Mühe ins Gletscherreich

  5,1 km 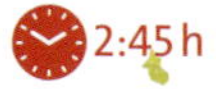 2:45 h 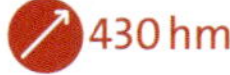 430 hm  430 hm 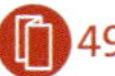 49

START | Parkplatz im Süden des Lac de Moiry, 2360 m; Car Postal von Grimentz (Linie 455) bis Moiry, Glacier.[GPS: UTM Zone 32 x: 390.196 m y: 5.106.855 m]
CHARAKTER | Hochalpine Hüttenwanderung auf einem guten Pfad (kurze gesicherte Passage, T3). Einkehren und übernachten kann man in der Cabanne de Moiry.

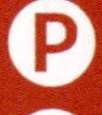

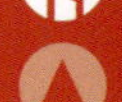
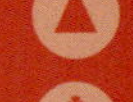

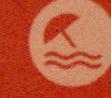

Wandernde und Alpinisten lieben die Cabane de Moiry der Sektion Montreux des Schweizer Alpen-Clubs gleichermassen. Das heimelige, 1924 erbaute Steinhaus steht mit seinem Erweiterungsbau von 2010 hoch über der flachen Zunge des ungefähr sechs Quadratkilometer grossen Glacier de Moiry – und wie eine Aussichtsloge direkt vor seinem gigantischen, wenn auch schon etwas löchrigen Eisbruch. Es gibt kaum ein zweites Hüttenziel in einer derart spektakulären Gebirgslandschaft, das so rasch erreicht werden kann.

▶ Vom **Parkplatz** 01 führt der mit „Fêta d'Août, Moiry" beschilderte Weg oberhalb des kleinen Lac de Châteaupré taleinwärts, dem Glacier de Moiry entgegen. Von der Abzweigung zur Fêta d'Août geht's geradeaus zur Seitenmoräne des Gletschers hinauf. Der Pfad folgt ihrem Kamm 250 m und wechselt dann links durch eine Mulde zum Fuss der felsigigen Kuppe, auf der die Hütte thront. Zunächst erleichtern Ketten die Querung einer Schuttrinne, dann wandern Sie auf dem gut angelegten Pfad im Zickzack zur **Cabane de Moiry** 02 (2825 m) hinauf. Fantastisch ist der Blick von der Hüttenterrasse (oder durch die Panoramafenster des Zubaus) zum bizarr zerklüfteten „Eiswasserfall", zur eigenwillig schrägen „Gip-

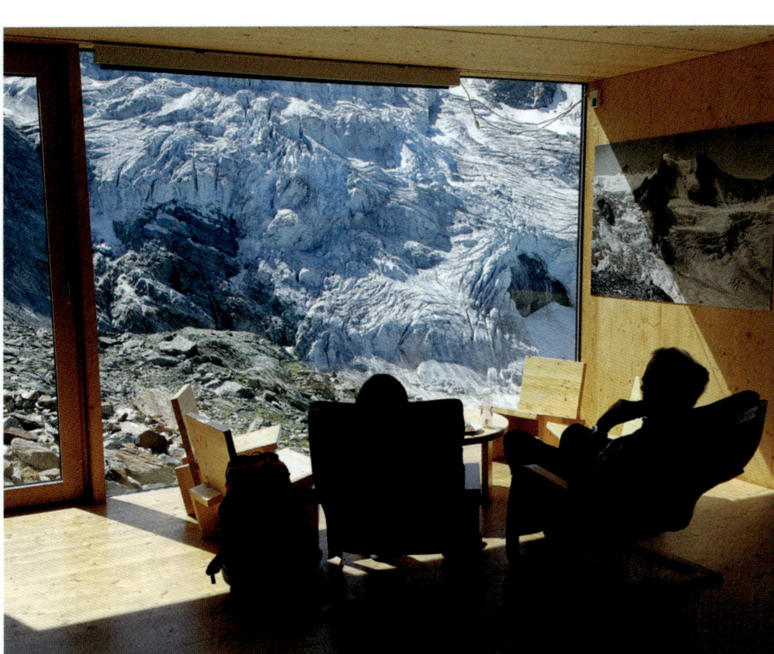

Der schier unglaubliche „Eisblick" aus der Cabane de Moiry.

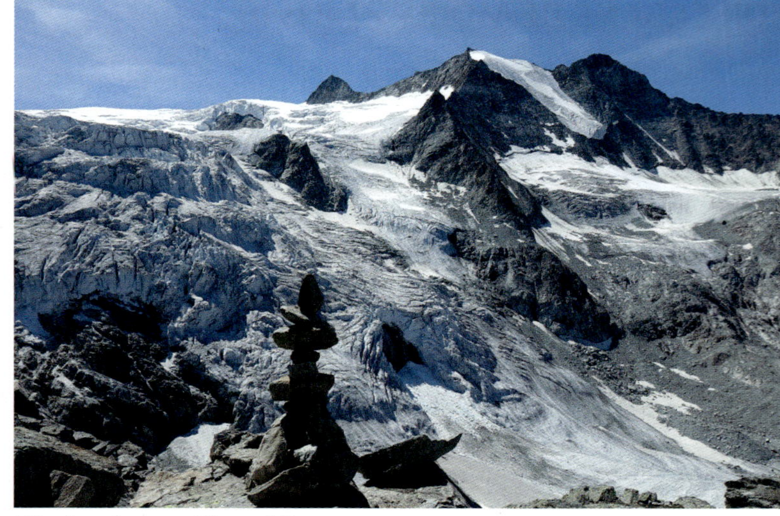

Wie ein gefrorener Wasserfall.

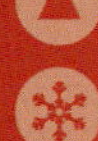

fel-Gletscherzunge“ der Poites du Mourti (3563 m) und zum ausgedehnten Firndach des Grand Cornier (3962 m). 1:30 h.
Wer will, kann auf der unmarkierten Pfadspur hinter der Hütte noch ein paar Minuten durch Blockfelder dem Gletscherbruch entgegenwandern.

Der **Abstieg** erfolgt dann auf derselben Route. 1:15 h.

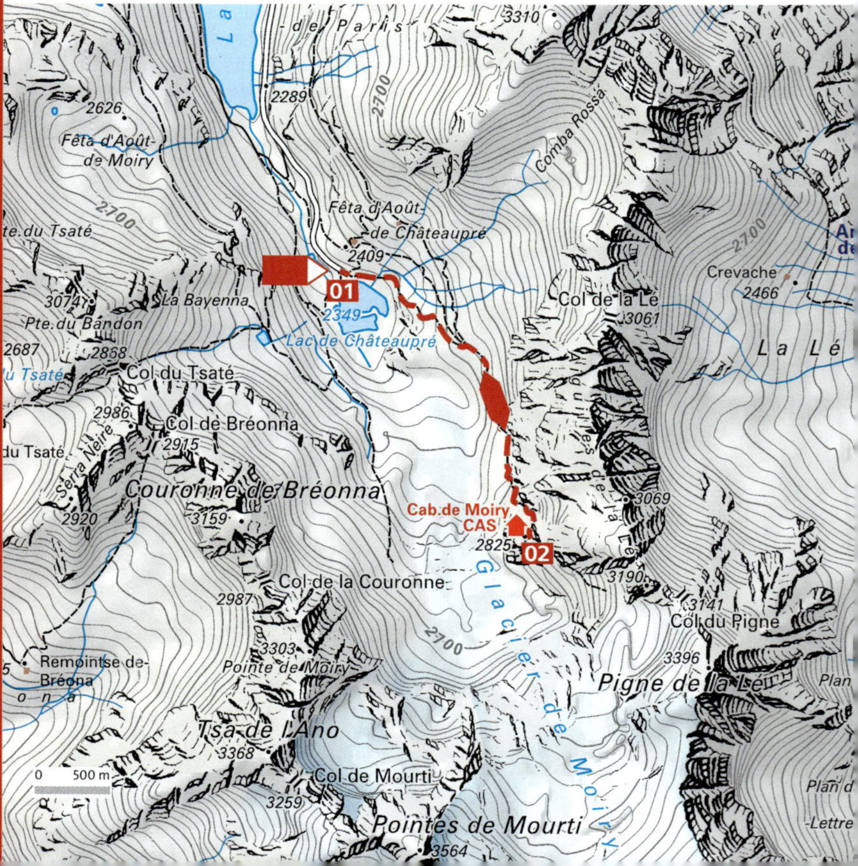

ZUR TURTMANNHÜTTE • 2.523 m

Unterwegs in einem der stillsten Walliser Täler

 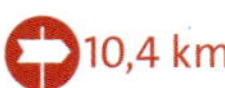 10,4 km 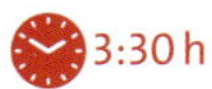 3:30 h 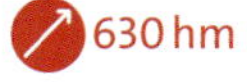 630 hm 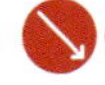 630 hm 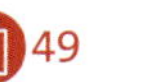 49

START | Gebührenpflichtiger Parkplatz Sentum (Vorder Sänntum) am Ende der schmalen Strasse von Turtmann ins Turtmanntal (1.902 m). Seilbahn Turtmann – Oberems, dann Bus bis Gruben bzw. auf Anfrage bis Sentum (www.turtmanntal.ch). [GPS: UTM Zone 32 x: 404.677 m y: 5.155.731 m].
CHARAKTER | Hochalpine Hüttenwanderung auf stellenweise felsigen Pfaden, die Trittsicherheit und Schwindelfreiheit erfordern. Einkehr und Übernachtung in der Turtmannhütte möglich.

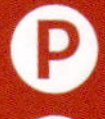

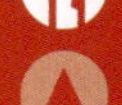
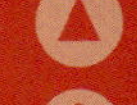

Das etwa 18 km lange und noch sehr naturnahe Turtmanntal, das die Walliser „Turtmaatelli“ nennen, ist nur im Sommer bewohnt. Entwässert wird es von der Turtmänna, die den riesigen Gletschern unter dem 4.151 m hohen Bishorn entspringt. Inmitten dieser wilden Landschaft bietet die Turtmannhütte des Schweizer Alpen-Clubs Rast und ein Dach überm Kopf. Wer hätte gedacht, dass es dort eine so luftige Schwarzwälder Torte gibt?

▶ Vom **Parkplatz Sentum** 01 (1.902 m) führt ein Fahrweg mit der Beschilderung „Turtmannhütte SAC, Via Schluchtweg“ links durch Weiden und Wald zu einer Hütte aufwärts. Auf einem Pfad kommen wir zu einer Gabelung, von der wir rechts auf dem beschilderten Schluchtweg weitergehen.

Die schmale Spur führt am Rand der Klamm der Turtmänna durch felsiges Gelände (Ketten) zu einer Naturbrücke

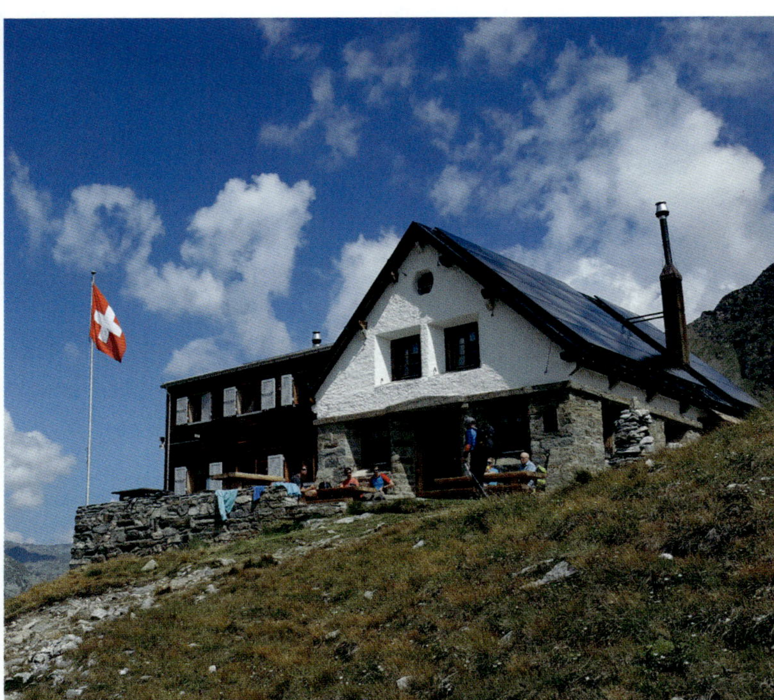

Ein naturkundlich und kulinarisch empfehlenswertes Wanderziel.

aus herabgestürzten Felsblöcken, über die wir zu einer Alpstrasse gelangen. Auf dieser geht es links zum **Turtmann-Stausee** 02 (2.189 m) hinauf; 1 Stunde. Rechts daran vorbei kommen wir zum Damm eines Schutt-Rückhaltebeckens. Jenseits führt ein Fahrweg durch Moränengelände aufwärts, dessen Kehren bald auf einem Pfad abgkürzt werden. Auf etwa 2.300 m Höhe schwenken wir rechts auf den beschilderten Steinmannliweg ein. Diese Route zieht im Angesicht der zerklüfteten Zunge des Turtmanngletschers südwärts ins schutterfüllte Vorfeld des Bruneggglertschers. Von der Abzweigung zum Klettergarten wandern wir links empor, bis wir nach 1 Stunde die aussichtsreich gelegene **Turtmannhütte** 03 (2.523 m) erreichen.

Für den **Abstieg** wählen wir am besten den **Sommerweg**, der unterhalb der Hütte rechts zu einer Felspassage (Stahlseil) und dann durch steile Hänge im Bereich der Materialseilbahn abwärts führt. Unten wandern wir auf dem Fahrweg wieder zum **Stausee** 02 und weiter talauswärts zum **Parkplatz Sentum** 01.

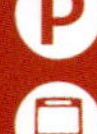

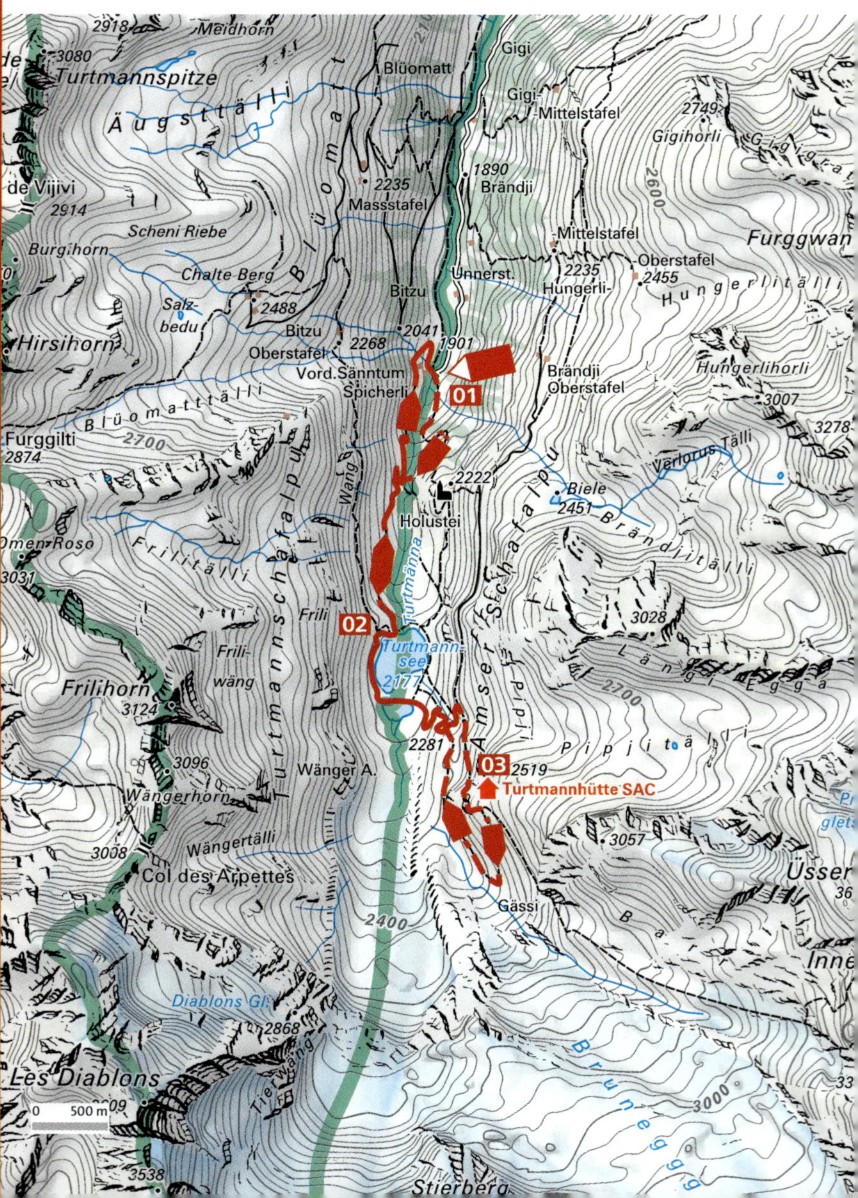

VON JUNGU ZUR MOOSALP

Ein prachtvoller Höhenweg über dem Mattertal

  9,7 km 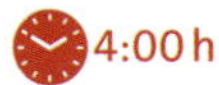 4:00 h 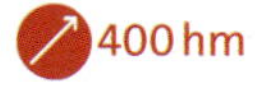 400 hm 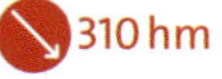 310 hm 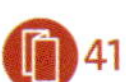 41

START | St. Niklaus (1.193 m); Bahnstation, Parkplatz bei der Talstation der Jungenbahn. Auffahrt nach Jungen (Jungu; 1.988 m; www.jungenbahn.ch). Von der Moosalp mit dem Postauto nach Stalden und mit der Bahn zurück nach St. Niklaus. [GPS: UTM Zone 32 x: 407.578 m y: 5.114.537 m]
CHARAKTER | Höhenwanderung auf einem gesicherten Pfad durch steiles Felsgelände, dann auf einfachen Wegen (T3/T2). Die Tour lässt sich abkürzen, indem man nach Schalb absteigt, um mit der (offenen!) Luftseilbahn nach Embd und weiter zur Bahnstation Kalpetran hinunterzufahren (www.embd.ch). Einkehren kann man nur in Jungen und auf der Moosalp.

An schönen Wochenenden gibt's mitunter Stau vor dem Einsteigen in die Vier-Personen-Gondel, die von St. Niklaus über wilde Felsflanken zur Alpsiedlung Jungen hinaufsurrt. Doch es lohnt sich, das einzigartige Hüttenensemble 800 m über dem Mattertal zu besuchen – und noch mehr, von dort zur Moosalp hinüberzuwandern. Diese Route bietet grossartige Ausblicke von den Zermatter und Saaser Gletscherbergen bis zu den Berner Alpen. Anfangs muss man sich auf ein bisschen Magenkribbeln im steilen Fels einstellen, während der zweite Abschnitt den Spuren einer der längsten Wasserleitungen im Wallis folgt.

▶ Kurz hinter der Seilbahnstation in **Jungen (Jungu** 01 (1.988 m) zweigen Sie rechts Richtung „Embd, Moosalp" ab. Vorbei am Bergrestaurant und einem Teich kommen Sie zur nächsten Gabelung. Dort folgen Sie dem Schild „Embd, Moosalp" nach rechts und wandern auf einem stellenweise recht luftigen Pfad durch steile Waldhänge und Felsflanken hinauf (Hal-

P

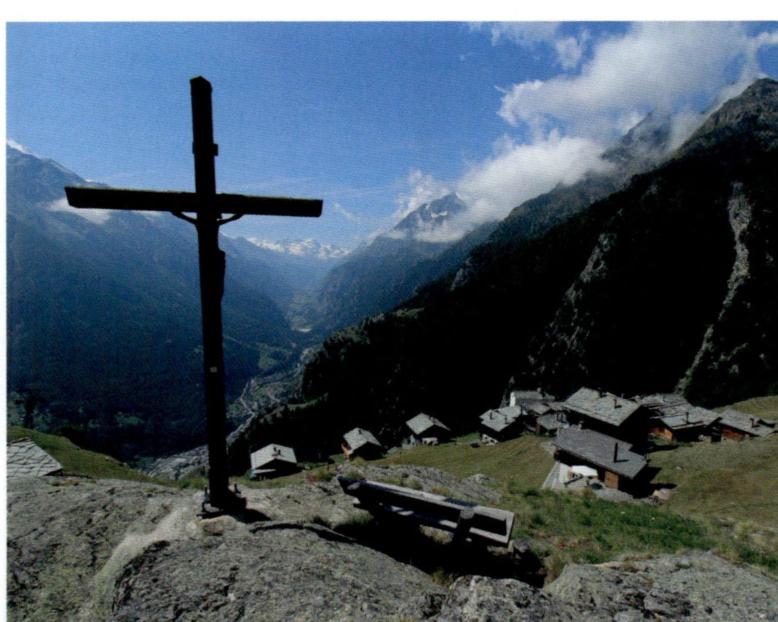

Jungen über dem Mattertal.

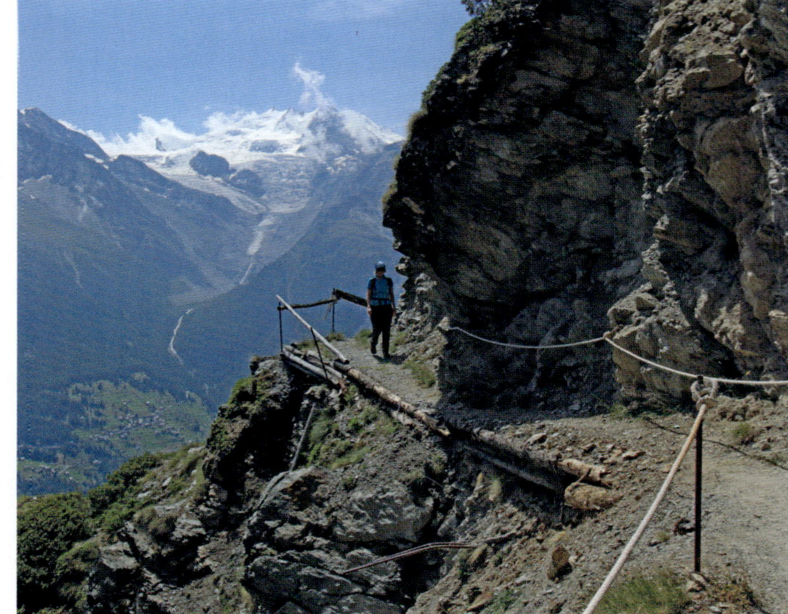

Der Felsenweg mit Blick übers Mattertal zum Riedgletscher.

teseil, kurze Holzstege). Herrlicher Blick zum Nadelgrat über dem Riedgletscher und zum Breithorn über dem Mattertal. Nach etwa 1 Stunde erreichen Sie eine Rastbank unter einem Überhang („Siegfried-Schtei“) und gleich darauf am **Obri Äbi** 02 (2.190 m) den höchsten Punkt der Tour.

Unterwegs ins Augstbordtal.

Der Abstiegsweg führt gemäss der Beschilderung „Moosalp, Chalte Brunne“ durch einen licht bewaldeten, mit Grünerlen bewachsenen Hang ins Augstbordtal. Von der Abzweigung zum Augstbordpass geht's rechts zum Steg über den Embdbach. Jenseits wandern Sie durch Schutt, Waldhänge und einen Graben auf eine kleine Anhöhe (1.970 m), von der man rechts nach Schalb absteigen könnte. Der Weg zur Moosalp führt dagegen links durch Lärchenwald hinauf zum einstigen Kanal der Suone Augstborderi. Diesem folgen Sie nach rechts über die Hänge oberhalb von Schalb (herrlicher Blick zum Balfrin und zum Weisshorn). Im Anschluss wandern Sie auf einem breiten Weg zur nächsten Abzweigung hinab und links über den Tschongbach zur **Stallung Pletsche** 03 (2.005 m).

Neben den Hütten steigt der Höhenweg links Richtung „Moosalp“ kurz an und führt rechts über eine Weide. Dann geht's auf breiter Trasse zu einer Kuppe (rechts Aussichtspunkt), durch Wald und unter Felsen bis zum Törbelbach (2.050 m) und unter zwei Skiliften durch.

Nach 1 Stunde erreichen Sie die zwei Restaurants auf der **Moosalp** 04 (2.048 m, Postauto-Haltestelle).

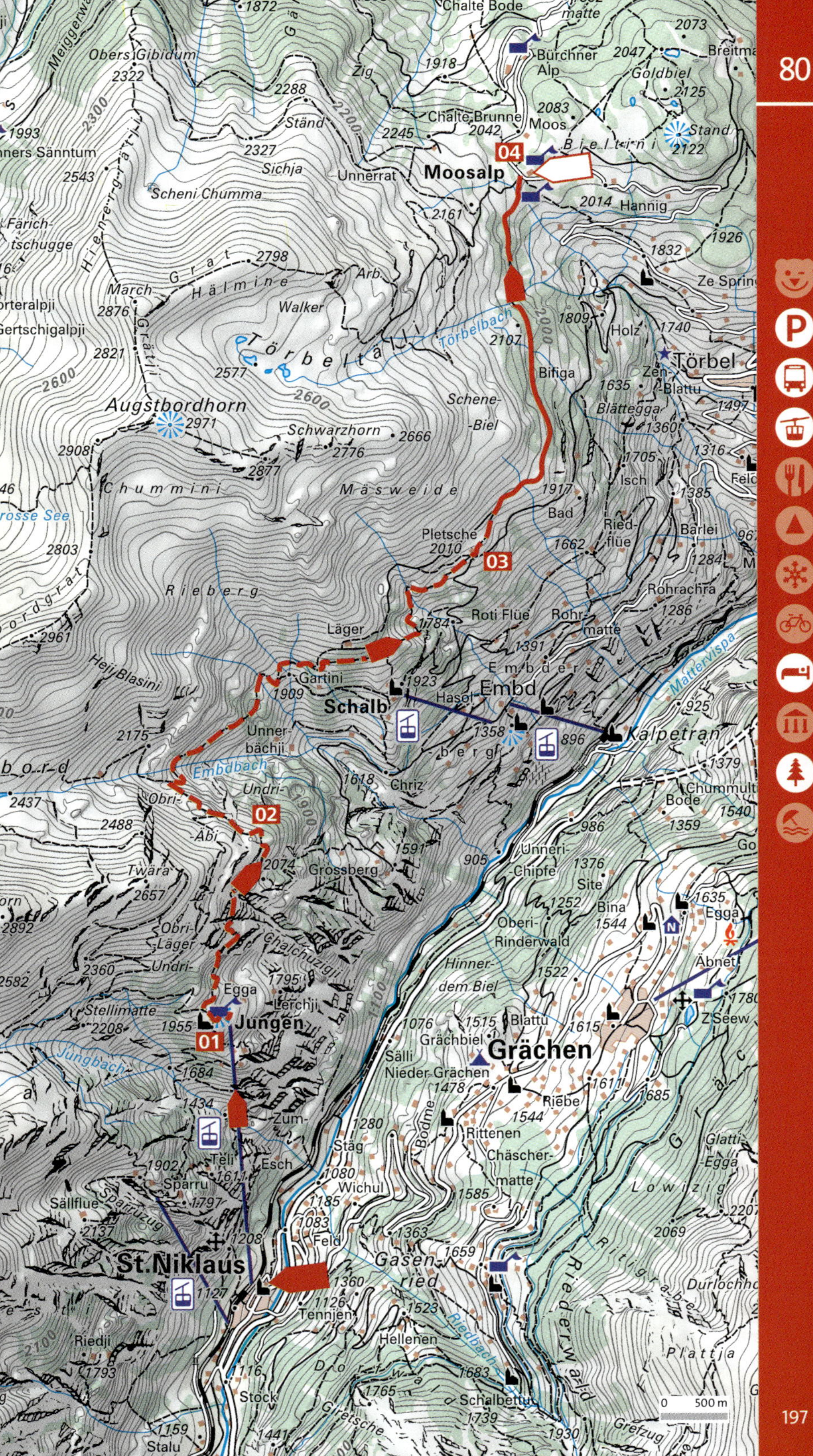
Chalte Bode
Bürchner Alp
Goldbiel
Breitmatt
Stand
2122
Moos
Chalte Brunne
Moosalp
04
Unnerrat
Hannig
Obers Gibidum
Ständ
Sichja
Scheni Chumma
Hienergrätji
Hälmine
Grat
Walker
Arb
March
Grätji
Törbeltal
Törbelbach
Augstbordhorn
2971
Schwarzhorn
2776
Chummini
Mäsweide
Schene-Biel
Bifiga
Holz
Törbel
Zen-Blattu
Blättegga
Isch
Bad
Ried-flüe
Barlei
Pletsche
2010
03
Rieberg
Rohrachra
Roti Flüe
Rohrmatte
Läger
1784
Gartini
1909
Schalb
1923
Hasel
Embd
Embder Berg
Kalpetran
Mattervispa
Unnerbächji
Embdbach
Chriz
Undri-Äbi
Obri-Äbi
02
2074
Grossberg
Twära
Obri-Läger
Undri-Läger
Chalchuzügji
Egga
Lerchji
Jungen
01
Stellimatte
Jungbach
Zum-Esch
Täli
Sparru
Sällflue
Sparruzug
St. Niklaus
Riedji
Tennjen
Stock
Stalu
Medji
Unneri-Chipfe
Site
Bina
Oberi-Rinderwald
Hinner-dem Biel
Grächbiel
Blattu
Grächen
Sälli
Nieder Grächen
Riebe
Rittenen
Chäscher-matte
Stäg
Wichul
Feld
Gasenried
Riedbach
Hellenen
Schalbettu
Riederwald
Grefzug
Plattja
Lowizig
Ritzigrabe
Durlochhorn
Glatti-Egga
Egga
Äbnet
Z'Seew
Chummulti
Bode
Ze Spring
Feld
0 500 m

STELLISEE – FLUHALP – FINDELN

Im Reich des Findelgletschers

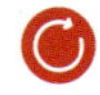 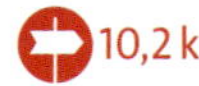 10,2 km  5:00 h 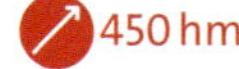 450 hm 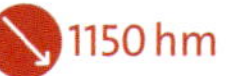 1150 hm  49

START | Zermatt (1.605 m), Talstation der Standseilbahn Sunnegga – Rothorn; Auffahrt zur Station Sunnegga (2.288 m; www.zermatt.ch).
[GPS: UTM Zone 32 x: 403.163 m y: 5.097.527 m]
CHARAKTER | Landschaftlich sehr schöne Alp- und Seenwanderung auf guten Pfaden, die an kurzen Stellen Trittsicherheit und Schwindelfreiheit erfordern (T2). Einkehrmöglichkeiten: Bergrestaurant Fluhalp und in den Restaurants in Findeln.

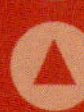

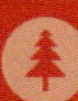

Die Wanderung von der Sunegga zur Fluhalp und zum Weiler Findeln, wo einst die höchstgelegenen Kornfelder des Mattertals lagen – das ist eine Tour zum Eis und zu dem, was es in den letzten 10.000 Jahren zurückgelassen hat. Zum Erbe der Gletscher zählen auch der Stelli- und der Grindjisee, die als Spiegel für das Matterhorn fungieren. Dazwischen lädt der ungewöhnlich grosse Moränenwall des Findelgletschers zu einem alpinen Abstecher ein.

▶ Vor der Station **Sunnegga** 01 folgen Sie der Beschilderung „Stellisee, Fluealp" auf dem Murmelweg über dem Leisee in eine Mulde und auf eine kleine Anhöhe unterhalb der Seilbahnstation Blauherd. Dahinter erreichen Sie eine nicht beschilderte Weggabelung, von der Sie rechts weitergehen. Nach einer kurzen Felspassage queren Sie eine Schotterstrasse. Wenige Minuten danach stehen Sie am Westufer des knapp 250 m langen **Stellisees** 02 (2537 m). 1:00 h.

Auf einem Hügel am Fuss des Strahlhorns erblickt man schon das **Restaurant Fluhalp** 03 (2615 m), zu dem man auf der Strasse bzw. einem Pfad in 30 Minuten ansteigt.

Von dort wandern Sie Richtung „Furggji, Pfulwe" noch 500 m über den Alpboden (verfallene Hütten) und erklimmen dann rechts den **Moränenwall** 04 des Findelgletschers (2700 m). Der Blick über den 6 km langen Eisstrom zum Strahlhorn (4190 m), zum Weissgrat und zum Matterhorn ist grossartig – doch Vorsicht, das lockere Geröll ist tückisch, halten Sie Abstand zur Abbruchkante. 30 Minuten.

Nach dem Abstieg zum Alpboden zweigen Sie dort links ab, gehen auf einem Pfad flach unter dem Moränenwall weiter und steigen dann neben grossen Felsblöcken zur Einmündung des Weges vom Bergrestaurant Fluhalp ab. Geradeaus geht's Richtung „Findeln, Ze Gassen, Winkelmatten" hinab (der Pfad links über den Moränenkamm ist z.T. abgerutscht und daher sehr gefährlich). Durch die Mulde („Tällinen") gelangen Sie hinunter zu einer Schotterstrasse, der Sie nach links folgen (Skipiste, Wegweiser „Findeln Ze Gasse, Winkelmatten"). Neben der Moräne geht's weiter abwärts, bis nach rechts ein kurzer Pfad zum kleinen, von Lärchen umgebenen **Grindjisee** 05 (2334 m) führt, den der Gletscher mit seinem Moränenmaterial aufgestaut hat. 1:00 h.

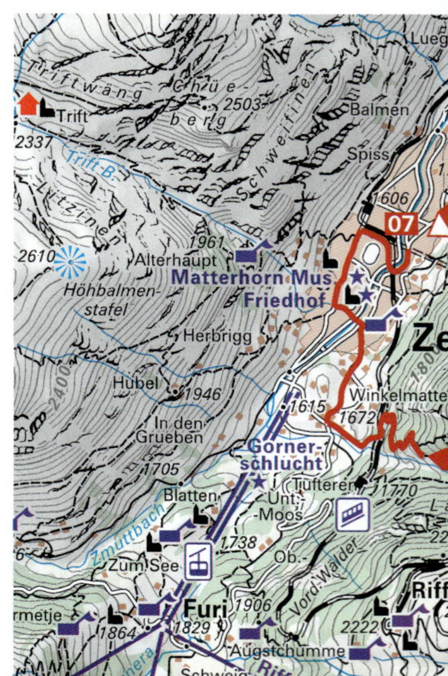

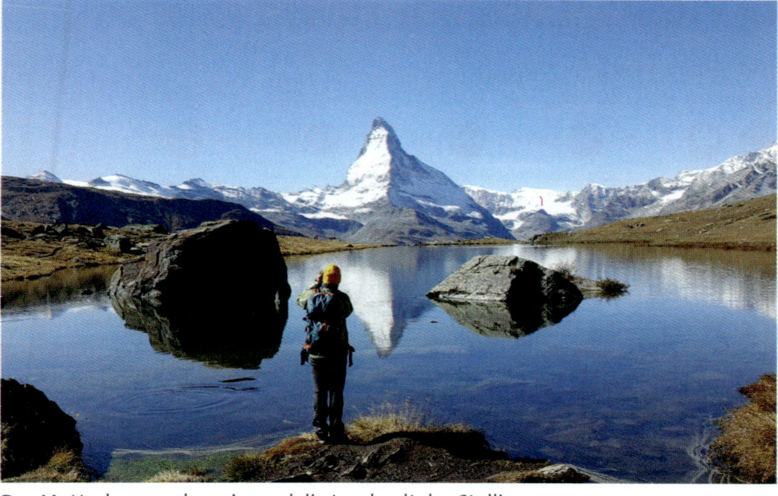

Das Matterhorn mal zwei – und die Inselwelt des Stellisees.

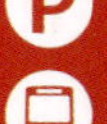

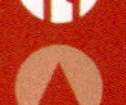
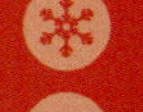
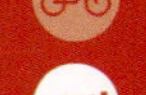

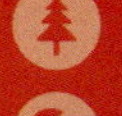

Von dort steigen Sie links durch steile, teils auch felsige Hänge an und schwenken dann links auf einen weiteren Pfad Richtung „Findeln, Eggen“ ein. Dieser führt über dem Mossjesee zu den Hütten von Eggen (2177 m) hinab. Danach folgen Sie dem Schild „Findeln Wildi, Winkelmatten, Zermatt“ links zu einem Fahrweg hinab und diesem weiter abwärts, bis Sie nach weiteren 45 Minuten den Weiler **Findeln Ze Gassen** 06 (2051 m) erreichen. Dort laden mehrere gute Einkehrstationen zur Stärkung ein – mein persönlicher Tipp ist das kleine, feine Restaurant Enzian gleich neben der Kapelle. Zuletzt wandern Sie auf dem breiten Abstiegsweg Richtung „Winkelmatten, Zermatt“ durch die Gras- und Waldhänge über dem Findelbach bergab. Unten wird die Gornergratbahn überquert, bald danach erreichen Sie die ersten Häuser von Winkelmatten und die Kapelle dieses Zermatter Ortsteils (1672 m). Von dort geht's rechts auf der Staldenstrasse und dem links abzweigenden Wiestibodenweg ins Zentrum von **Zermatt** 07 (1605 m) hinunter. 1:15 h.

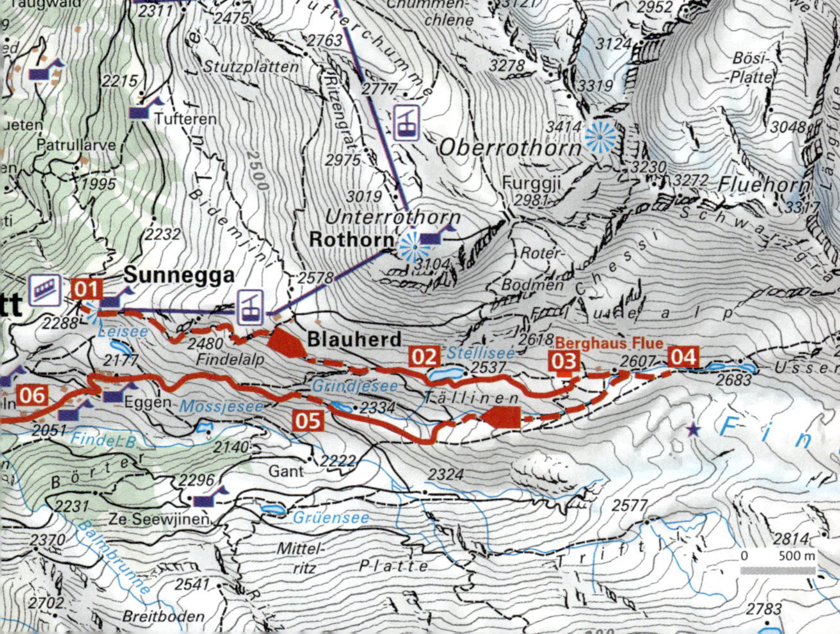

DER HÖHBALMEN-HÖHENWEG

Die stille Seite von Zermatt

 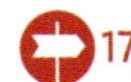 17,7 km 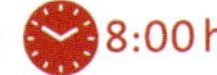 8:00 h 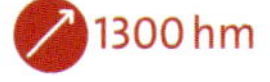 1300 hm 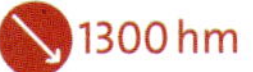 1300 hm 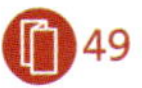 49

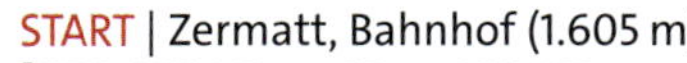

START | Zermatt, Bahnhof (1.605 m).
[GPS: UTM Zone 32 x: 403.163 m y: 5.097.527 m]
CHARAKTER | Lange und sehr aussichtsreiche Bergwanderung auf Alpstrassen und Pfaden, die Trittsicherheit und Schwindelfreiheit erfordern (T2).

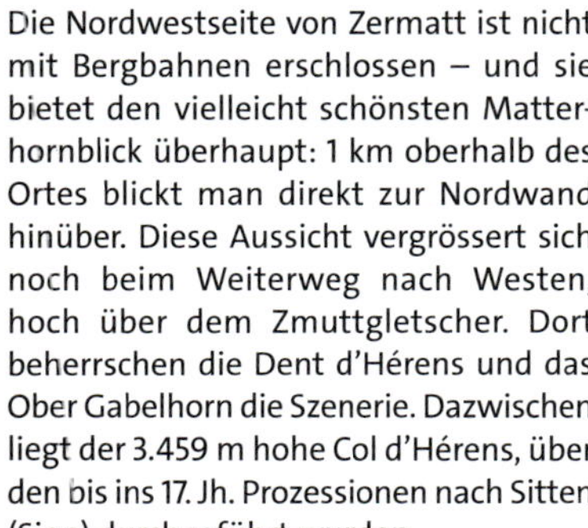

Die Nordwestseite von Zermatt ist nicht mit Bergbahnen erschlossen – und sie bietet den vielleicht schönsten Matterhornblick überhaupt: 1 km oberhalb des Ortes blickt man direkt zur Nordwand hinüber. Diese Aussicht vergrössert sich noch beim Weiterweg nach Westen, hoch über dem Zmuttgletscher. Dort beherrschen die Dent d'Hérens und das Ober Gabelhorn die Szenerie. Dazwischen liegt der 3.459 m hohe Col d'Hérens, über den bis ins 17. Jh. Prozessionen nach Sitten (Sion) durchgeführt wurden.

▶ Vom Bahnhof in **Zermatt** 01 (1.605 m) gehen Sie auf der Bahnhofstrasse zum Kirchplatz, folgen dem Wegweiser „Zmutt, Schönbielhütte" am Gemeindehaus vorbei und halten sich vor dem Restaurant du Pont nach rechts. 100 m danach schwenken Sie rechts Richtung „Hubel" in die Schälpmattgasse ein (Kulturweg). Nach weiteren 150 m geht's rechts steil zu den Flüe-Wiesen und zu einer Gabelung hinauf. Dort biegen Sie links ab und wandern zu den alten Stadeln von Herbrigg (1.752 m). Nun zweigen Sie rechts zum **Hubel** 02 (1.960 m) ab – auch dort finden Sie alte Alphütten, darunter sechs, die aus Lawinenschutzgründen in einer Reihe gebaut wurden.

Darüber geht's rechts Richtung „Alterhaupt, Trift" durch steilere Hänge empor. Nach einer Felspassage biegen Sie auf 2.124 m scharf links ab, wandern in einen Graben hinauf und gelangen in Kehren auf die Hochfläche des **Höhbalmen** 03 (2.665 m). Dort erwartet Sie ein weites Panorama von der Mischabel über das Matterhorn bis zum Dent d'Hérens, dazu kommt im Norden das Mettelhorn. Der Höhenweg führt nun links Richtung „Chalbermatten, Zmutt" durch Schafweiden und Schutt zum gut 2 km entfernten **Schwarzläger** (2.741 m). Bald danach steigen Sie über die Grashänge von Arben ab (herrliche Sicht zur Nordwand des Dent d'Hérens). Nach 1¾ Stunden erreichen Sie die **Seitenmoräne** 04 (2.327 m) des mit Schutt bedeckten Zmuttgletschers, vor der Sie links (Wegweiser „Zmutt, Furi, Zermatt") abbiegen.

Im weiteren Abstieg können Sie den Wasserfall des (umgeleiteten) Arbenbachs vor der Matterhorn-Kulisse bewundern. Da weiter unten die direkte Route nach Zmutt wegen anhaltender Steinschlaggefahr gesperrt ist, muss man den Wegweisern „Stafelalp, Furi, Matterhorn-Trail" rechts zum kleinen Stausee am flachen

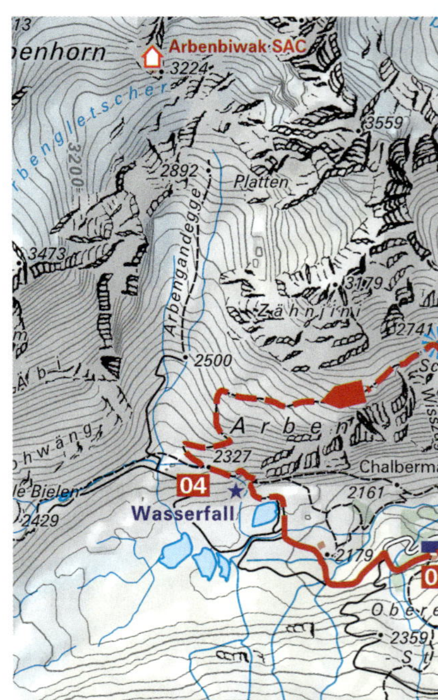

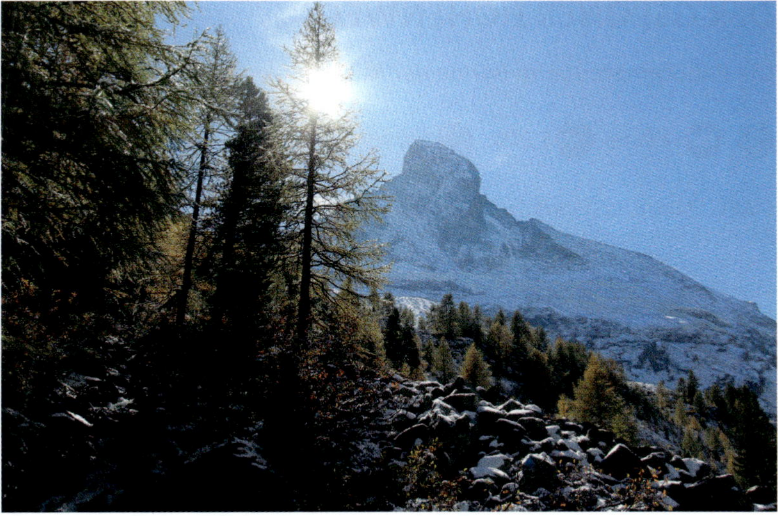

Natürlich schweift der Blick auch von der Staffelalp matterhornwärts.

Talboden (2.216 m) folgen. Auf einer Schotterstrasse geht's über den abgeleiteten Zmuttbach, an einem flachen Gebäude vorbei und geradeaus Richtung „Stafelalp“ über eine weitere Brücke. Von der folgenden Kreuzung leitet Sie die Beschilderung zum nahen **Restaurant Stafelalp** 05 (2.198 m).

Nun wandern Sie auf dem breiten Matterhorn-Trail Richtung „Furi“ durch den Lärchenwald abwärts und an einer Abzweigung vorbei wieder zur Strasse, der Sie rechts zur nahen Talstation einer Sesselbahn folgen. Bei der Gabelung davor bleiben Sie links und wandern 1 km talauswärts, vorbei an einem weiteren Stausee. Vor einem Tunnel zweigen Sie links Richtung „Zmutt, Zermatt“ ab, gehen über den Damm und gelangen jenseits auf einem Weg in den nahen **Weiler Zmutt** 06 (1.937 m). Von dort folgen Sie dem Edelweissweg durch Wiesen und Wälder weiter talauswärts bis nach **Zermatt** 01.

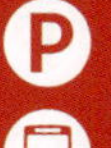

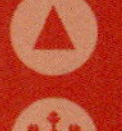

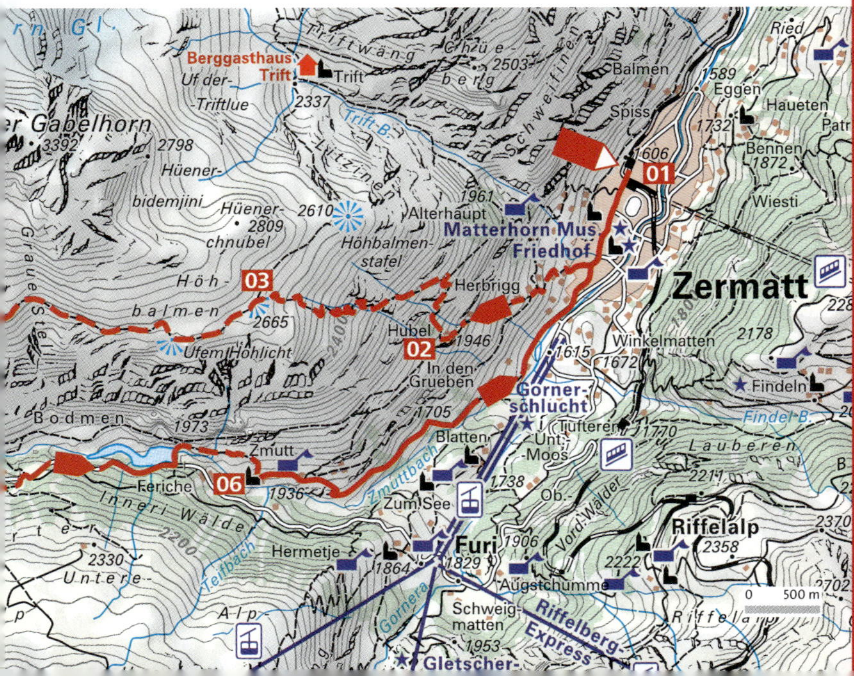

DER GSPONER HÖHENWEG

Die Panoramaroute im Banne der Mischabelgruppe

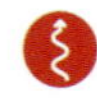 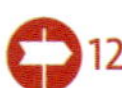 12,8 km  5:20 h 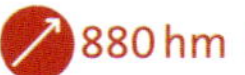 880 hm  370 hm 41, 49

START | Stalden, Talstation der Luftseilbahn nach Staldenried gegenüber dem Bahnhof, 800 m; gebührenpflichtige Parkplätze im Ort. Auffahrt nach Gspon, 1895 m (www.staldenried.ch); Talfahrt vom Kreuzboden mit der Bergbahn Hohsaas nach Saas-Grund (www.hohsaas.info), dann per Postauto (Linie 511) nach Stalden. Die teuren Seilbahntickets erspart man sich mit der SaastalCard, die man ab einer Übernachtung im Saastal erhält.[GPS: UTM Zone 32 x: 412.911 m y: 5.120.430 m]
CHARAKTER | Langer Höhenweg auf Wegen und Pfaden, die durch steile Schutthalden führen (T3, Trittsicherheit und Schwindelfreiheit notwendig, oft Schneerinnen). Einkehrmöglichkeit in Gspon und am Kreuzboden, dazwischen oft im Alp-Beizli Hoferälpji.

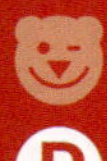
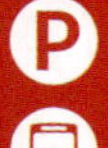
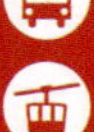

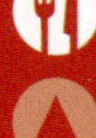
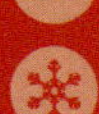

Der Gsponer Höhenweg ist eine der ganz grossen Panoramarouten der Alpen. Während der langen Wanderung hoch über dem Saastal steigert sich die Sicht zu den vergletscherten Viertausendern der Mischabelgruppe auf wundersame Weise, aber auch Bietschhorn und Weissmies sorgen für optische Paukenschläge. Darüber vergisst man fast, dass dieser Pfad einst den einzigen halbwegs sicheren Zugang in den hinteren Talbereich bot. Doch schon die Walser mussten hier auf ihrem Weg zu neuen Heimstätten schwindelfrei sein und gefährliche Murbrüche überwinden. Man sollte den Gsponer Höhenweg auch heute nicht unterschätzen – aber mit guter Kondition und Wetterglück wird man im stetigen Auf und Ab durch die Weiden, Steilflanken und Blockhalden im Westabfall des Fletschhorns ein unvergessliches Bergerlebnis geniessen.

▶ Vor der Seilbahnstation im Weiler **Gspon** 01 finden Sie die Wegweiser „Oberfinilu, Färiga, Chrizbode“ und die Markierung des Alpenpässe-Weges (Nr. 6) – diese weisen rechts zum Gsponer Höhenweg. Zuerst wandern Sie auf der Strasse in die nahe Siedlung Ze Hiischinu (1864 m) hinab und von dort links sanft in schöne Lärchen- und Zirbenwälder hinauf. Oberhalb der Hütten von Bord (1904 m), Gafina, Finilu (2039 m, schöne Kapelle) gelangen Sie in den Graben der Mässlowina. Nach der Einmündung des Suonenwanderweges Gsponeri queren Sie die nächste wilde Geröllrinne, über der die Wasserleitung frei hängt (Steinschlaggefahr!), und gelangen zur Alphütte Schwarzwald (2200 m). Durch Waldhänge und Blockhalden erreichen Sie eine kurze seilgesicherte Felspassage, die Alp Färiga (2271 m) und den Mattwaldbach. Nach der Überwindung des Blockgewirrs am Rotgufer haben Sie auf dem **Siwibode** 02 (2244 m) einen traumhaft schönen Aussichtsplatz zur „Halbzeit“ der Tour erreicht. 2:45 h.

Weiter geht's südwärts Richtung „Kreuzboden“, und zwar durch lichten Wald und über einen mit einem Geländer gesicherte Abschnitt über eine schräge Felsplatte, die einen Tiefblick zur Rundkirche von Saas-Balen bietet. Nach knapp 45 Minuten zweigt der Alpenpässe-Weg (Nr. 6) auf der Lichtung am **Lind Bodu** 03 (2230 m) rechts ab (dies wäre ein Abstiegsweg ins Tal – 1:45 h nach Saas-Balen bzw. 2:00 h nach Saas-Grund).

Richtung „Kreuzboden“ bleiben Sie jedoch geradeaus auf dem Höhenweg, der bald im Wald eine Alpstrasse erreicht. Diese führt zu den nahen Hütten des Hoferälpji (2260 m), wo man im Sommer oft einkehren kann. Von dort wandern Sie wieder auf einem Pfad über den Fellbach zur benachbarten Alp Grüebe (2280 m), von der man ebenfalls ins Tal absteigen könnte. Der Höhenweg zum Kreuzboden hält nun einen letzten Aufstieg bereit. In der Folge durchquert man auf gut 2400 m Seehöhe die gewaltige Blockhalde im Südwesten des Jegihorns. Das Gelände ist dort ständig ein wenig in Bewegung, sodass die Auf-und-Ab-Route immer wieder neu angelegt werden muss. Vom prachtvollen Aussichtspunkt über dem Hanning (2445 m) geht's dann links durch eine Felsflanke zum **Kreuzboden** 04 (2400 m) hinab. Der berühmte Panoramablick über den kleinen, künstlich angelegten See nahe der Seilbahn-Bergstation krönt die lange Wanderung hoch über dem Saastal vor der Talfahrt. 1:50 h.

Variante: Einen um etwa 30 Minuten längeren, aber sehr schönen „Einstieg" bietet der mit braunen Tafeln beschilderte Sounenwanderweg entlang der Gsponeri, einer der höchstgelegenen Suonen im Wallis. Er führt zum Badeteich über Gspon, über eine Steilstufe und an einem kleinen Wasserfall vorbei; kurze Abschnitte sind recht ausgesetzt, aber teils gesichert.

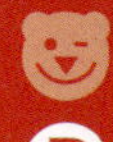
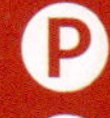

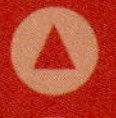

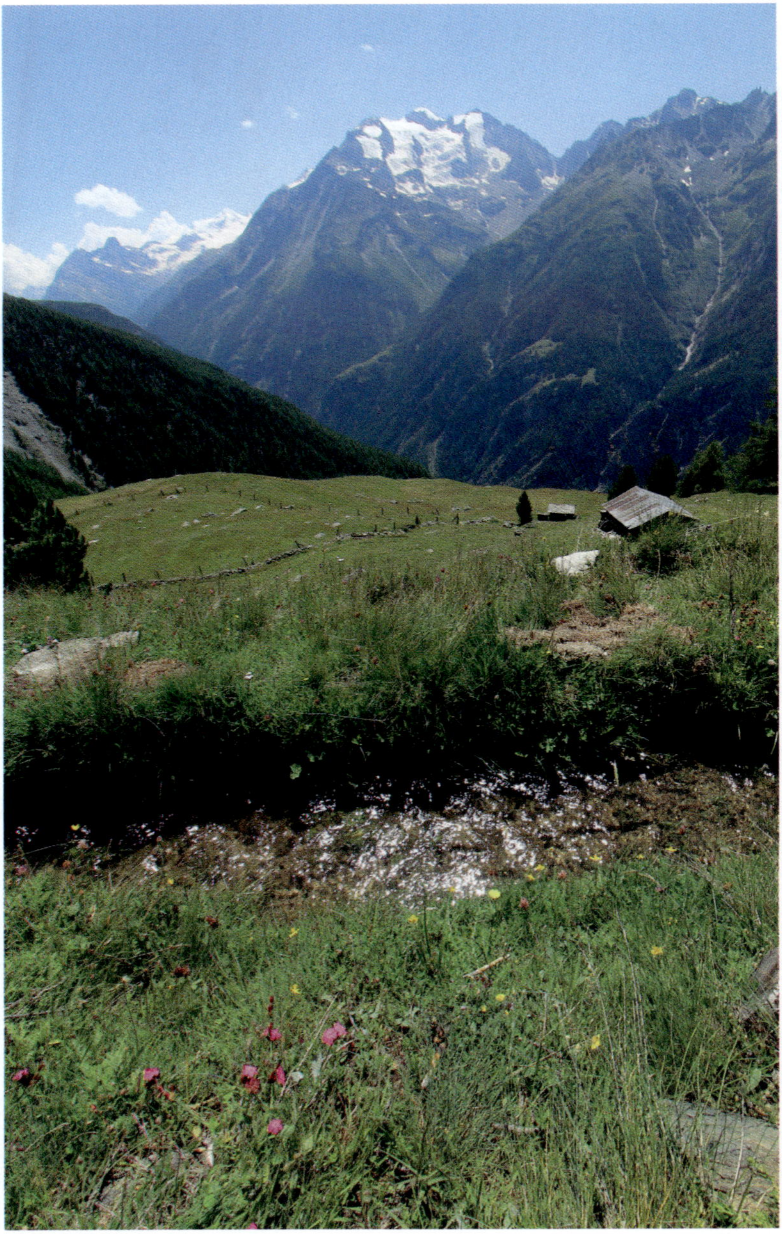

Balfrin-Blick von der Gsponeri.

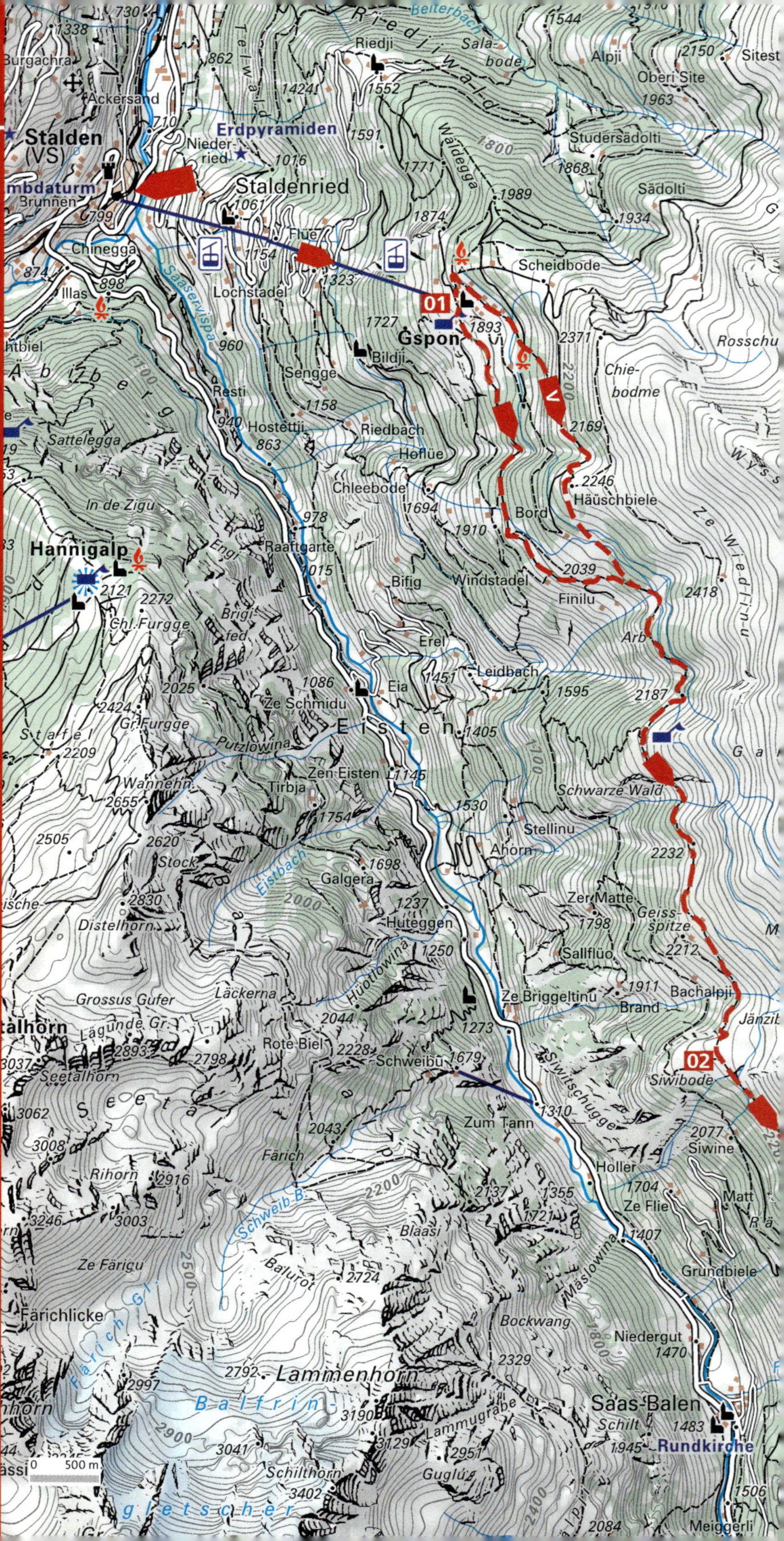

Stalden (VS)
Staldenried
Erdpyramiden
Gspon
01
02
Hannigalp
Eisten
Saas-Balen
Rundkirche
Lammenhorn
Balfrin-gletscher
Seetalhorn
Schilthorn
Ze Wiedinu
Schwarze Wald
Bachalpji
Siwibode
Saaservispa

0 500 m

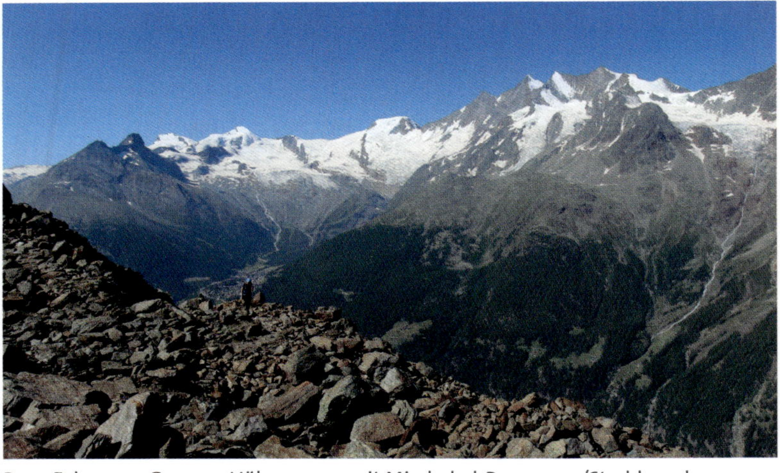

Raue Felsen am Gsponer Höhenweg – mit Mischabel-Panorama (Strahl- und Allalinhorn, Alphubel, Täschhorn, Dom, Lenzspitze und Nadelhorn).

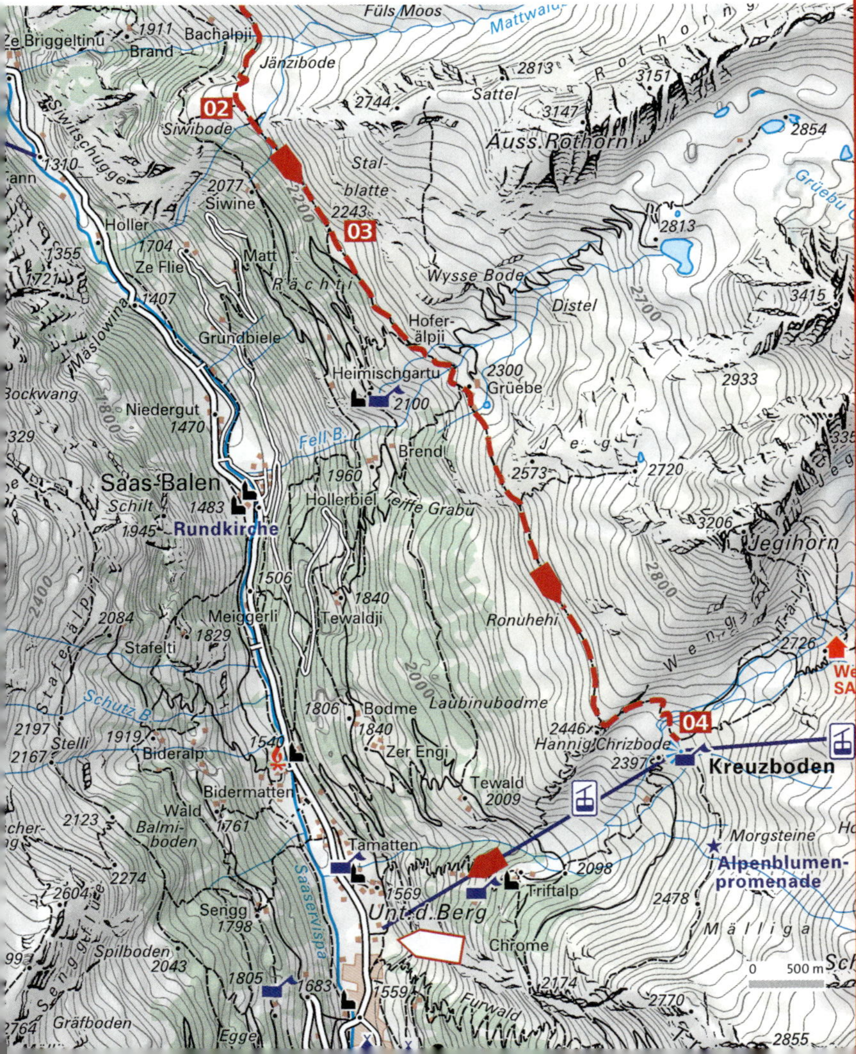

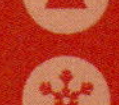

MÄLLIG • 2.700 m – GIBIDUM • 2.763 m

Der Steinwildpfad über Saas-Fee

  8,5 km  3:30 h 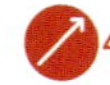 480 hm  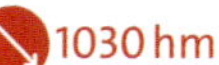 1030 hm  49

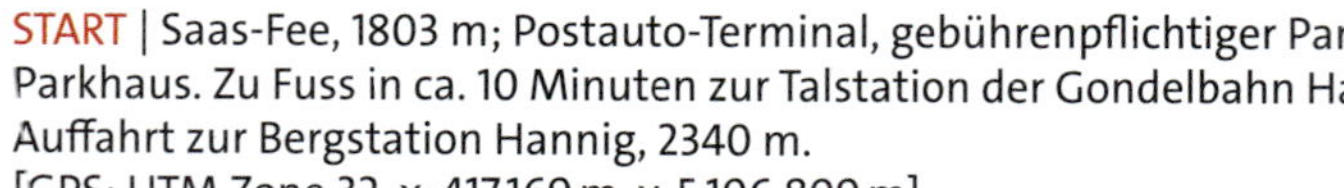

START | Saas-Fee, 1803 m; Postauto-Terminal, gebührenpflichtiger Parkplatz/ Parkhaus. Zu Fuss in ca. 10 Minuten zur Talstation der Gondelbahn Hannig; Auffahrt zur Bergstation Hannig, 2340 m.
[GPS: UTM Zone 32 x: 417.169 m y: 5.106.809 m]
CHARAKTER | Erlebnisreiche Bergwanderung auf stellenweise steilen Pfaden (T2/T3). Unterwegs keine Einkehrmöglichkeit.

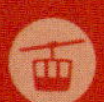

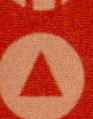
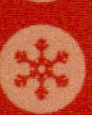

Die Hannigalp ist das kleinste der Saaser Bergbahngebiete, über dem auch nur vergleichsweise bescheidene Berge aufragen. Doch die bieten eine besonders schöne Aussicht – etwa zur Mischabelhütte, die sich wie ein „Adlerhorst" unter die Lenzspitze krallt. Nur zur Aufstiegshilfe in dieses kleine Paradies muss man erst einmal finden: Von der Tourist-Info in Saas-Fee geht man am besten auf der Oberen Dorfstrasse zum Haus der Geschenke, hinter dem man rechts zur Hannigstrasse gelangt – dort starten die Gondeln.

▶ Von der Bergstation **Hannig** 01 wandern Sie gemäss der Beschilderung „Mällig, Gibidum, Steinwildpfad" auf einem breiten Weg in Kehren durch den steilen, mit Lawinenverbauungen versehenen Hang hinauf. Auf einer grünen Verebnung lockt der Prachtblick zur Lenzspitze, dem Nadel- und dem Ulrichshorn über den beiden Zungen des Hohbalmgletschers zu einer ersten Rast. Nach dem kurzen Anstieg zur Felskuppe des **Mällig** 02 (2700 m) muss man beim Erklettern des höchsten Punktes ein wenig die Hände zu Hilfe

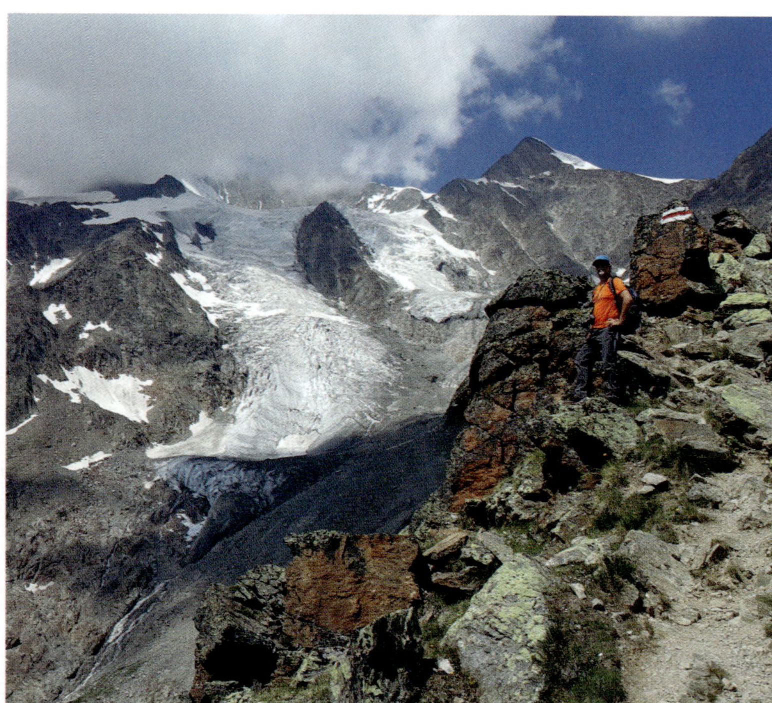

Der Hohbalmgletscher unter dem Ulrichshorn, gesehen vom Mällig.

nehmen, doch dafür geniesst man dann die Rundsicht von der Mischabelgruppe bis zum Weissmies umso mehr. 1:00 h. Unterhalb der Felsen führt der Pfad zu einem flachen Sattel mit Resten der „Chinesischen Mauer", einer alten Begrenzung zwischen den Gemeinden Saas-Fee und Saas-Balen. Darüber erhebt sich der 2763 m hohe Gipfel des **Gibidum** 03, auf dem nach 20 Minuten die nächste Pause fällig wird.

Nun wandern Sie auf dem breiten Rücken über der Senggflühe abwärts, vorbei an einer Wetterstation. Unter den Felsflanken des Gemshorns (3604) kann man oft Steinböcke beobachten – daher der Name des Weges. Danach geht's steil, aber mit Blick zum Bidergletscher, in die Gletscherweng hinunter. In diesem Kar wendet sich der Pfad nach rechts, quert unter Felsflanken zu Lawinenverbauungen hinüber und führt dann von einem kleinen Boden (2274 m) links in Kehren in den Wald hinab. Bei den Balmiböden (2120 m) treffen Sie auf den Grächener Höhenweg/Alpenpässe-Weg (Nr. 6), dem Sie rechts Richtung „Saas-Fee" folgen.

Durch den Biderwald und über den Senggboden (2040 m) geht's zur Wiese der Bärefalle (1886 m) abwärts. Der letzte Wegabschnitt verläuft auf einem alten Alpweg durch den Üssere Wald in die Siedlung Wildi (1820 m) im Norden von **Saas-Fee** 04 (1803 m). Auf der Wildi- und der Lomattenstrasse gelangen Sie schliesslich nach etwa 2:10 h ins Ortszentrum.

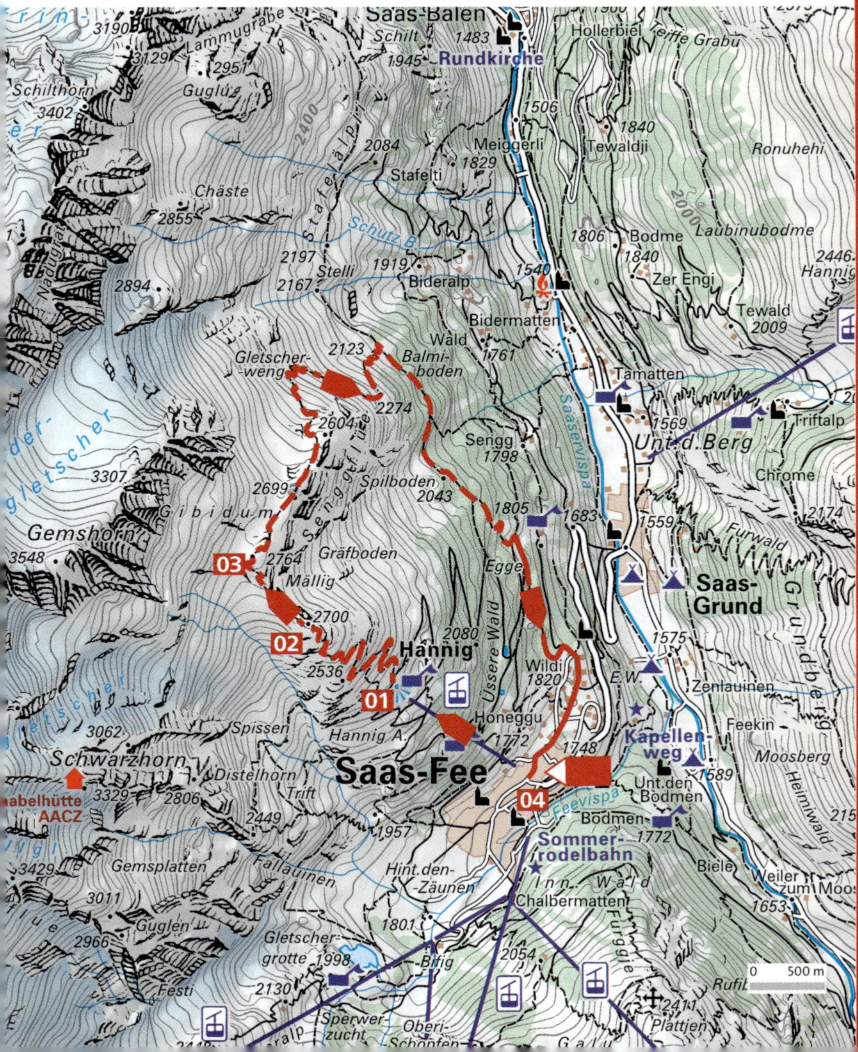

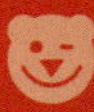
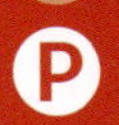

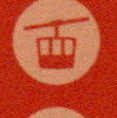
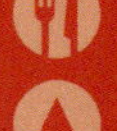
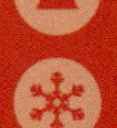

SAUMPFADE UND GLETSCHERBLICK

Aussichtsreiche Bergwanderung um den Nufenenstock

 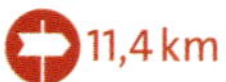 11,4 km  5:00 h 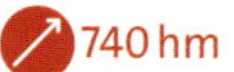 740 hm  740 hm 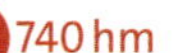  32

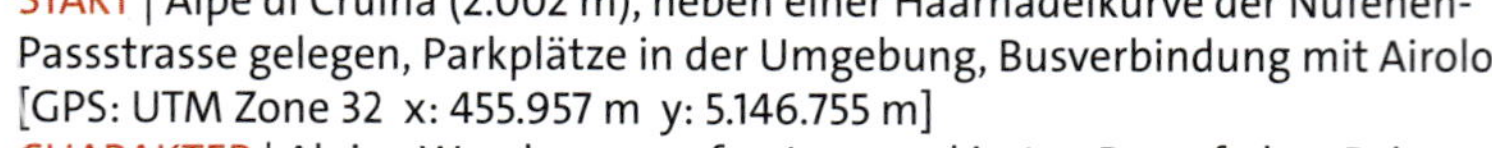
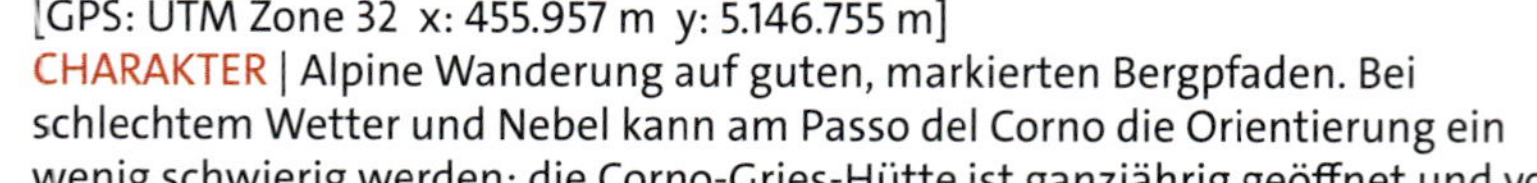

START | Alpe di Cruina (2.002 m), neben einer Haarnadelkurve der Nufenen-Passstrasse gelegen, Parkplätze in der Umgebung, Busverbindung mit Airolo. [GPS: UTM Zone 32 x: 455.957 m y: 5.146.755 m]
CHARAKTER | Alpine Wanderung auf guten, markierten Bergpfaden. Bei schlechtem Wetter und Nebel kann am Passo del Corno die Orientierung ein wenig schwierig werden; die Corno-Gries-Hütte ist ganzjährig geöffnet und von etwa Anfang Juli bis Ende September bewirtschaftet.

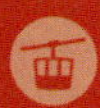

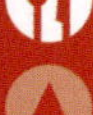
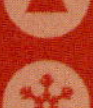
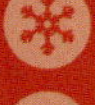

Die Wanderung beginnt im hintersten Abschnitt des Val Bedretto und führt in die grossartige Hochgebirgslandschaft des nördlichen Tessins.

▶ Unterhalb einer Kehre der Nufenenpass-Strasse steht der Steinbau der **Alpe di Cruina** 01 (2.002 m) – er dient als Ausgangspunkt dieser Rundwanderung in die nordwestlichste Ecke des Tessins. Bereits hier haben wir die schroffen Felsen der Scaglia di Corno vor Augen, der als markanter Gipfel den östlichsten Ausläufer des 2.866 m hohen Nufenenstocks bildet. Diesen Felsstock werden wir nun in der Folge umwandern. Zuerst durchqueren wir das stille Val Corno, um zu unserem ersten Ziel, der Corno-Gries-Hütte, zu gelangen. Schon nach wenigen Metern erreichen wir einen Wegweiser, bei dem wir dem Weg in Richtung Corno Gries folgen. Zunächst verläuft der Steig neben dem rauschenden Gebirgsbach des Val Corno, führt aber sogleich nach rechts in Hänge hinein. Nach dem ersten Steilstück quert der Weg die Materialseilbahn zur Hütte und folgt im weiteren Verlauf ihrer Trasse. Wir kommen an den Steinhütten Alpe Corno vorbei und durchqueren die sanfte Alp.

Nach etwas über 1 Stunde erreichen wir die **Corno-Gries-Hütte** 02 (2.338 m), die auf einer lawinensicheren Bergkuppe errichtet wurde. Die Hütte der Sektion Tessin des Schweizer Alpen-Clubs CAS wurde bereits 1927 errichtet und zuletzt 2007 modernisiert. Neben der Hütte zeigt uns ein Wegweiser die Route zum **Passo del Corno** 03 an. Der Weg führt an der nördlichen Talseite entlang. Richtung Passhöhe kennzeichnen Steinmänner zusätzlich zur weiss-rot-weissen Markierung den Pfad und können bei Schlechtwetter zur wertvollen Orientierungshilfe werden. Wir erreichen knapp vor der Passhöhe einen kleinen Bergsee, der links unterhalb unseres Weges auf 2.477 m Seehöhe liegt. Es ist der grössere der beiden natürlichen Corno-Gries-Seen, der fast die gesamte Talsohle ausfüllt.

Nach ausgiebiger Rast beginnen wir den Abstieg, der zunächst auf den Griessee zusteuert. In einer Spitzkehre zweigt der Weg zum Griespass (2.479 m) nach links ab, von dem der Übergang ins italienische Valle di Morasco bzw. Val Forrnazza möglich wäre. Nach gut 20 Minuten ab der Passhöhe des Pso. del Corno erreichen wir den gestauten **Griessee** (2.395 m) 04, unterhalb der zurückschmelzenden Gletscherzunge. Das Staubecken mit der 60 m hohen und 400 m langen Staumauer wird vor allem vom Schmelzwasser des 5 km langen Griesgletschers gespeist. Eine Stelle oberhalb des Staudammes ist durch einen grossen Steinhaufen gekennzeichnet. Von hier aus sehen wir auf die Nufenenstrasse, von der eine schmale Werksstrasse zur Staumauer führt. Da die Wegverbindung vom Griessee zur Nufenenstraße bzw. zur Nufenenpasshöhe wegen Steinschlag gesperrt ist, kehren wir auf derselben Route zum Ausgangspunkt zurück.

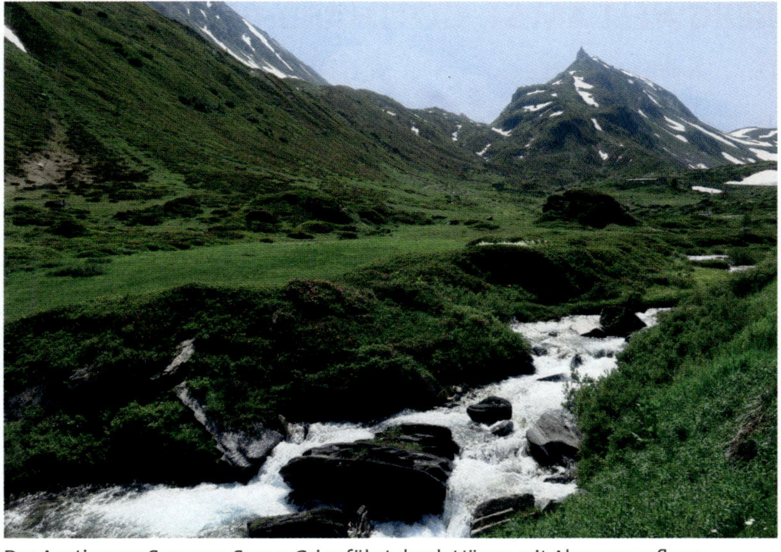

Der Anstieg zur Capanna Corno-Gries führt durch Hänge mit Alpenrosenfluren.

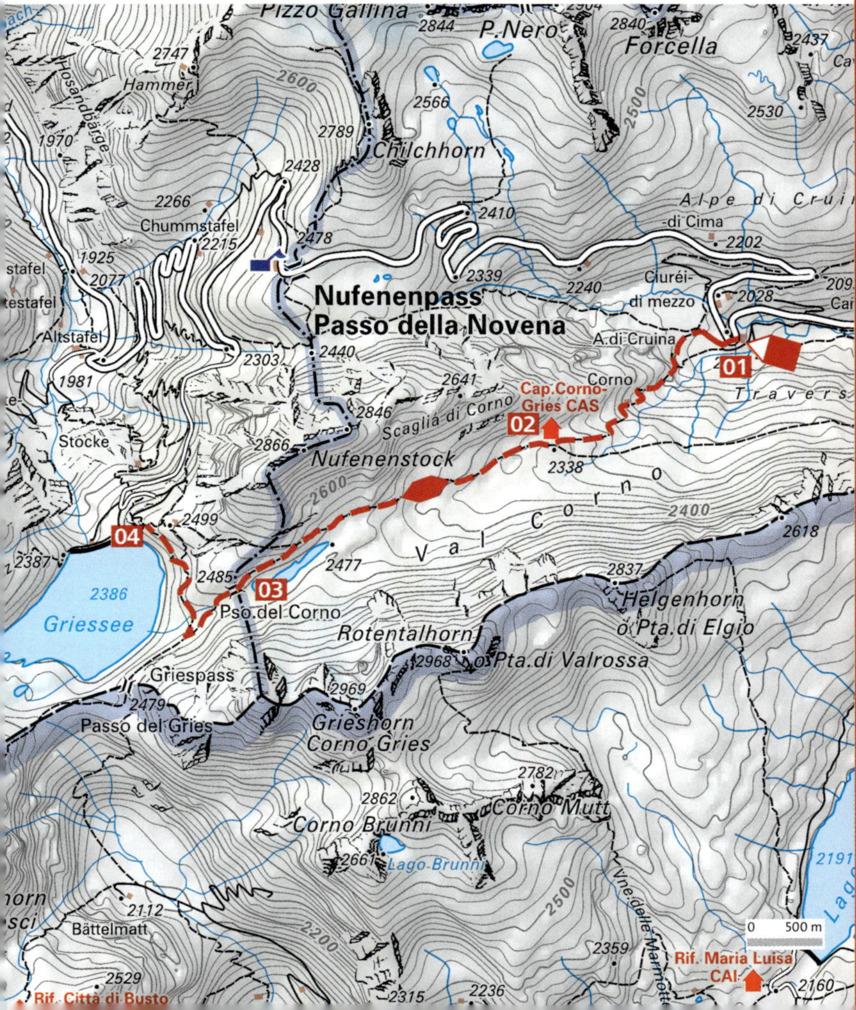

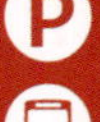
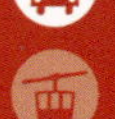
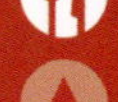
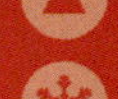

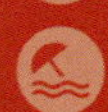

BERGWELT AM ST.-GOTTHARD-PASS

Der „Giro di Laghetti“

 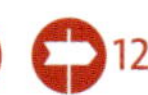 12,8 km  4:15 h 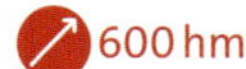 600 hm  600 hm  43

START | Hospiz am St.-Gotthard-Pass (2.091 m), unmittelbar am Lago della Piazza. [GPS: UTM Zone 32 x: 466.835 m y: 5.155.982 m]
CHARAKTER | Mittelschwere Rundwanderung auf schmalen Wirtschaftswegen, erdigen und steinigen Bergpfaden mit einigen teils befestigten Bachquerungen; durchgehend markiert und mit Wegweisern versehen.

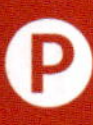

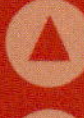
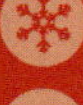

Die kurzweilige Runde führt uns durch die herrliche Bergwelt des St.-Gotthard-Passes und hat mehrere Gebirgsseen zum Ziel. Der „San Gottardo“ wurde bereits von den Römern als Übergang vom Süden in das zentrale Gebiet der Schweiz benutzt und stellt seit jeher einen symbolträchtigen Ort dar.

▶ Die Wanderung beginnt am Vorplatz des **Hospizes** 01 (2.091 m) mit dem Denkmal und folgt zunächst der alten Passstrasse in nördlicher Richtung. Bald kommen wir am höchsten Punkt der Passstelle mit 2.091 m vorbei und unterqueren wenig später den Wegweisern in Richtung „Lago di Lucendro“ folgend die neue Passstrasse. Dahinter bietet eine Schotterstrasse einen leichten Zustieg zum Beginn unserer Rundtour, die eigentlich erst am Aufstieg beim Stausee Lago di Lucendro beginnt. Die **Schotterstrasse** 02 bringt uns leicht abfallend an den Fuss der Staumauer (Diga di Lucendro, 2.080 m) heran und steigt an der Nordostseite mit einigen Serpentinen bergan. Auf einer Kuppe erinnert eine Kanone an die militärische Seite des St. Gotthard, die wir im Anschluss an die Tour mit der Besichtigung der heute zugänglichen Festungsanlagen kennenlernen können.

Sobald die letzte Kehre erreicht ist, flacht die nun schmale Strasse ab und erreicht eine Verzweigung, an der von rechts unser Rückweg einmündet. Wir bleiben am Fahrweg und sogleich öffnet sich das Panorama mit dem Lago di Lucendro (2.134 m) und der herrlichen Bergwelt. Nach einigen Hundert Metern entlang der „Promenade“ hoch über dem bis zu 100 m tiefen See verlassen wir den bequemen Weg bei einer **Abzweigung** 03 (2.180 m) und wechseln nach rechts auf den Bergpfad.

Entlang des stetig aufsteigenden Weges rückt unter uns der Lago di Lucendro immer weiter zurück, denn es gilt bis zum nächsten See etwas mehr als 300 Höhenmeter zu überwinden. Das Gelände wird zusehends felsiger und nach dem Überqueren eines Rückens erreichen wir die **Laghi della Valletta** 04 (2.468 m). Diese liegen in einer von den Gletschern geformten Wanne und schicken ihr Wasser in den Ri del Sasso di Meda, den wir am östlichen Seenrand überqueren. Wir steigen nun am Nordrand des Sees in Richtung Gatscholalücke hinauf und wenden uns bei der nächsten Weggabelung dem nach Nordosten abgehenden Pfad zu. Geradeaus würden wir zum Passo d'Orsirora ansteigen, der den Übergang in den Kanton Wallis ermöglicht.

Der Weg schlängelt sich über Hangrücken durch das felsige Gelände zum oberen **Lago d'Orsirora** 05 (2.444 m) hinab, dem bereits dritten Gewässer des „Giro di Laghetti“. Wir wandern am Ostufer des Sees, überqueren den Ablauf und steigen zu einem felsigen Rücken hinauf, der den **höchsten Punkt** 06 (2.470 m) unserer Tour bildet.

Den Markierungen folgend steigen wir in einen nach Osten abfallenden Hangeinschnitt hinein. Dieser bringt uns teils über Blockschutt rasch abwärts, um in nördlicher Richtung in einen nur leicht abwärts führenden Quergang zu schwenken. Ein gut begehbarer Erdweg

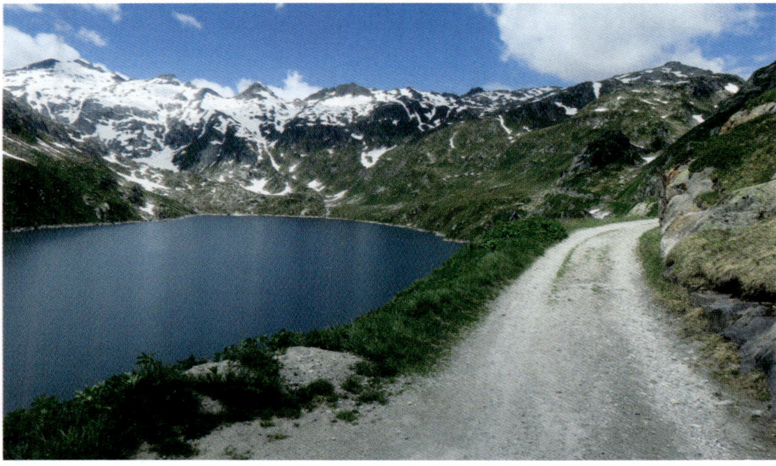

Der Wanderweg am Nordufer des Lago Lucendro.

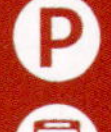
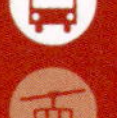
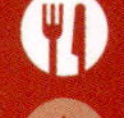
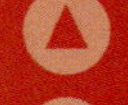

leitet uns in das Kar mit dem **Lago d'Orsino** **07**, zu dem die Route nun durch Blockgelände hinabsteigt. Der längliche, auf 2.286 m Seehöhe gelegene See wird an der Nordseite umgangen. Ungefähr auf halber Höhe folgen wir bei einer **Verzweigung** **08** (2.450 m) dem linken Pfad, der an der Nordseite der Felsbarriere, die den See aufstaut, abzusteigen beginnt. Viele kleine Serpentinen bringen uns an der Ostseite des Sees auf etwa 2.200 m Seehöhe hinab, wo wir nach der Überquerung des Abflusses des Lago d'Orsino zur privaten **Berghütte Cna di Ciacobbe** **09** (2.180 m) gelangen. Hier befindet sich auch ein kleines Staubecken, das der Stromerzeugung dient. Dieser markante Punkt leitet auch den letzten Abschnitt unserer Runde ein, der nun hoch über der St.-Gotthard-Talung mit der Passstrasse einem vergrabenen Wasserkanal folgt. Der fast ebene Pfad wird einige Male von Bachrunsen durchbrochen, die mit Erosionsschutt den Weg verlegt haben, aber leicht zu bewältigen sind. Nach knapp 30 Minuten entlang dieses Querganges steigen wir über den teilweise steilen, mit Stein- und Erdtreppen befestigten Steig zur **Schotterstrasse** **02** hinauf, die wir bereits vom Anmarsch kennen. Wir schwenken nach links in diese ein und folgen dem bekannten Verlauf retour zum Ausgangspunkt am **St.-Gotthard-Hospiz** **01**.

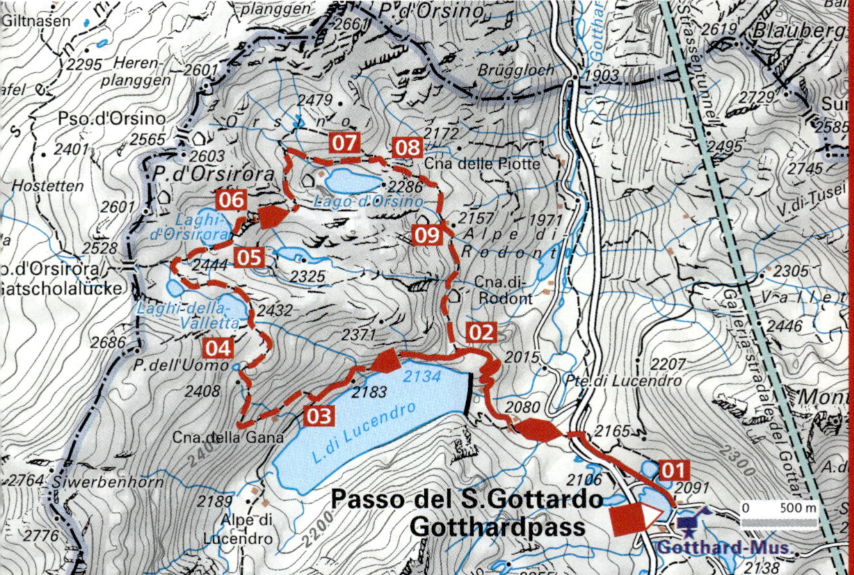

87

DREI-SEEN-RUNDE IM VORDEREN VAL PIORA

Lago Ritóm, Lago di Tom und Lago Cadagno

  13 km 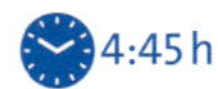 4:45 h 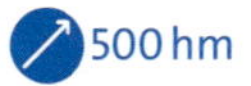 500 hm  500 hm 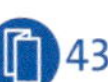 43

START | Piotta; Talstation – Ritóm im Valle Leventina ca. 5 km südlich von Airolo bzw. 10 km nördlich von Faido; Postbus-Anbindung von Airolo und Bellinzona. [GPS: UTM Zone 32 x: 475.058 m y: 5.151.597 m]
CHARAKTER | Leichte Rundwanderung auf guten Wegen und Steigen in etwa 2000 m Höhe mit mehreren kürzeren An- und Abstiegen; Restaurants in Piora (bei der Staumauer) und Cadagno di fuori; Capanna Cadagno.

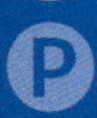

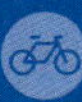

Bereits die Bergfahrt ist eine der Attraktionen dieser einfachen und reizvollen Höhenwanderung, denn mit einer Steigung von 87,8 % ist die Ritóm-Bahn eine der steilsten Bergbahnen der Welt. Auf nur 1.369 m Länge überwindet die Standseilbahn einen Höhenunterschied von 786 m und wurde ursprünglich zur Betreuung des Kraftwerkes gebaut. Nach etwa zehnminütiger atemberaubender Fahrt erreichen wir die Bergstation in 1.793 m Höhe.

▶ Von der **Bergstation** 01 (1.794 m) wandern wir zuerst leicht ansteigend hinauf nach Piora, das direkt am Südufer des **Lago Ritóm** 02 (1.850 m) liegt. Nach einer Kurve erkennen wir bald die Staumauer des Kraftwerkes Ritóm, wohin uns die kleine Strasse durch lichten Lärchenwald führt. Wir besteigen die Krone der Staumauer an ihrem westlichen Ende (Wegweiser) und geniessen einen schönen Blick über den fast 3 km langen Ritóm-Stausee.

Der Lago Ritóm.

Wir schlagen nach links den Weg Richtung Alpe Ritóm ein und wandern auf dem breiten Weg direkt am Seeufer entlang. Bei der **Alpe Ritóm** 03 nehmen wir den Weg, der Richtung Alpe di Tom abzweigt. Der Pfad führt uns durch reich strukturiertes Gelände, bis wir das Felsband erreichen, das den **Lago di Tom** 04 (2.026 m) auf natürliche Weise in einem Kar aufstaut. Von dem etwas erhöhten Standpunkt können wir die Herzform des Sees erkennen. Am westlichen Ufer steht das einfache Gebäude der Alpe di Tom, davor breitet sich ein kleiner Sandstrand aus, der im Sommer durchaus zu einem erfrischenden Bad einlädt.

Wer hier noch nicht rasten will, wendet sich, sobald der See auftaucht, nach Osten (Wegweiser Richtung Cadagno di Fuori und Capanna Cadagno) und steigt zum Sattel hinauf, der den Übergang ins nächste Kar mit dem Lago Cadagno ermöglicht. Ein kurzweiliger Abstieg mit herrlichem Panoramablick bringt uns ans Westufer des Bergsees. Hier ist eine kleine Siedlung aus Ferienhäusern entstanden, die ursprünglich einmal Alpgebäude waren und als **Cadagno di Fuori** (1.917 m) 05 bezeichnet werden. Wir umrunden den See an der Nordseite, kommen an einigen urigen Steinhütten vorbei, und schwenken nach einer Bachquerung auf den fast ebenen Weg in südliche Richtung, um auf die Gebäude der **Alpe di Piora** **06** (1.964 m) zuzusteuern. Nur 10 Gehminuten dahinter liegt auf einer Kuppe die **Capanna Cadagno** **07** (1.987 m), die von der SAT (Società Alpinistica Ticinese) bewirtschaftet wird und auf der ausladenden Terrasse im Sommer Tessiner Spezialitäten anbietet.

Wer den Abstecher zur Berghütte nicht machen will, geht direkt an der Alpe di Piora vorbei und ein Stück auf der Strasse abwärts bis zu einem Holzkreuz. Dort wenden wir uns nach Süden (Wegweiser Richtung Pinett, Piora und Passo Forca) und überqueren auf einer reizvollen Steinbrücke den Bach Murinascia Grande. Dahinter beginnt der Anstieg zu unserem nächsten Ziel, der Kuppe von Pinett. Nun wendet die Route nach Südwesten, während unter uns wieder die grosse Wasserfläche des Lago Ritóm auftaucht. Von einer Anhöhe aus folgt ein relativ steiler Abstieg, anschliessend geht es wieder sanft bergauf.

Nachdem wir einige markante Felsplatten passiert haben, führt der Weg plötzlich nach unten (Markierung beachten!). Es folgt ein steiler Anstieg auf einem durch aufgeschichtete Steine und Platten befestigten Weg bis zur Kuppe von **Pinett** **08** (2.070 m). Ein Abstecher zum aussichtsreichen Passo Forca (2.112 m) dauert hin und retour 20 Minuten.

Für unseren Rückweg nach Piora müssen wir uns rechts halten und steigen über den Rücken Canariscio dfi Ritóm zuzm See hinab, den wir beim Rifugio Lago Ritóm erreichen. Um zur Standseilbahn zu gelangen wenden wir nach links, kommen zur Verzweigung unterhalb der **Staumauer** **02** und benützen abermals nach links die vom Beginn der Tour bekannte Fahrstrasse bis zur **Bergstation der Ritóm-Bahn** **01**.

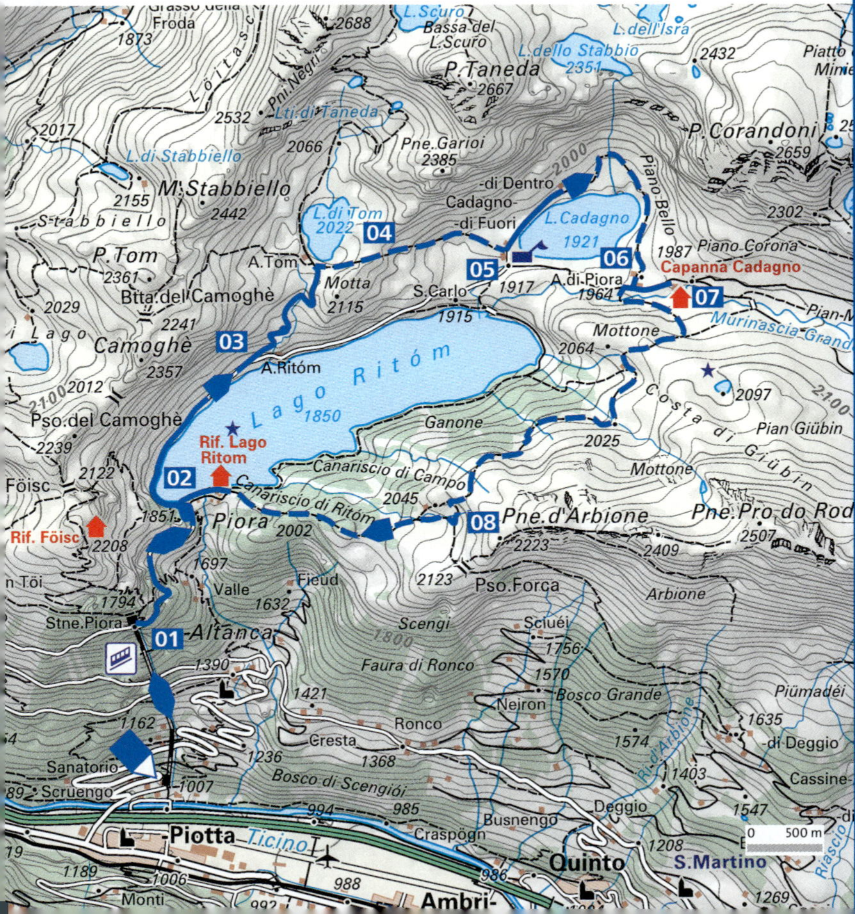

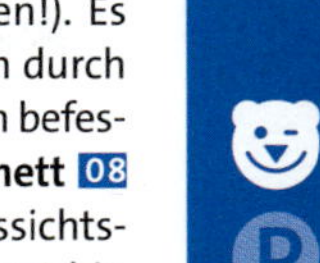
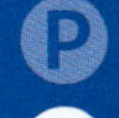

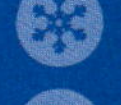

CAPANNA CADLIMO • 1.915 m

Seen und Gebirgstäler am Lukmanierpass

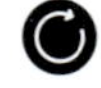 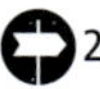 25,3 km 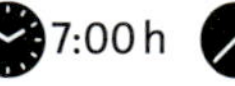 7:00 h 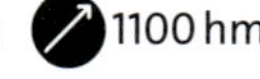 1100 hm 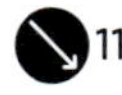 1100 hm 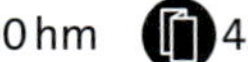 43

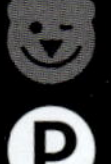

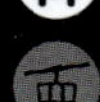

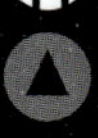
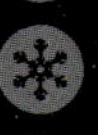

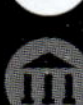

START | Lukmanierpass (1.915 m), Gasthaus und Parkplatz an der Südseite des Stausees Lai da Sontga Maria. [GPS: UTM Zone 32 x: 484.734 m y: 5.156.661 m]
CHARAKTER | Ausgedehnte Wanderrunde auf Schotterstrassen, Alpwegen, Wiesen- und alpinen Bergpfaden, der Hauptanstieg erfolgt ab dem Lago di Tom etwa auf halber Wegstrecke und umfasst steile Wegpassagen; rund um die Capanna Cadlimo geht es durch felsiges, hochalpines Gelände, Trittsicherheit ist hier notwendig; im unteren Val Cadlimo ab und zu rutschige Wegstücke; durchgehend mit Wegweisern markiert.

Ausgehend vom Lukmanierpass führt eine weitläufige Rundwanderung durch die Bergwelt zwischen der Passhöhe und dem Valle Leventina. Dabei durchqueren wir die drei Gebirgstäler – Val Piora, Val Termine und Val Cadlimo – und erreichen als Höhepunkt die Capanna Cadlimo, die auf 2.570 m Seehöhe liegt.

▶ Die ausgedehnte Runde beginnt unmittelbar an der **Passhöhe 01** (1.915 m), die durch ein grosses Gasthaus samt Parkplatz gekennzeichnet ist. Vom Parkplatz führt eine Schotterstrasse abwärts zum Stausee hinab, den wir an der Südseite erreichen. Der erste Abschnitt unserer Route nutzt die Fahrstrasse, die dem See entlang bis in den Ausgang des Val Termine führt. Am Eingang zum **Val Termine 02** (1.930 m) beginnt der eigentliche Rundweg, den wir bei einem Wegweiser – von rechts mündet der Rückweg ein –

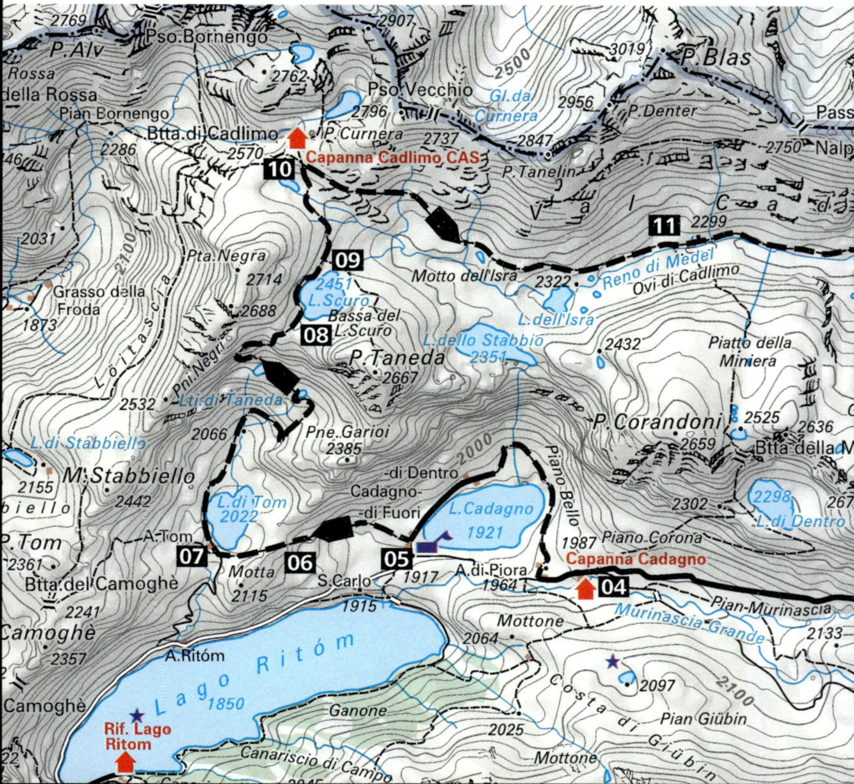

entlang dem holprigen, einem Bachbett ähnlichen Weg beginnen. Dieser steigt entlang des Wildbaches durch das Trogtal mässig an. Etwa bei der Querung auf die nördliche Talseite überschreiten wir den etwa 1.400 m in der Tiefe verlaufenden Gotthard-Basistunnel. Nach gut 1 Stunde erreichen wir den **Passo dell'Uomo** 03 (2.218 m) und damit die Wasserscheide zwischen Süd- und Nordalpen bzw. zwischen Ticino und Rhein. Die Landschaft öffnet sich zu einem weiten Wiesengelände.

Vorbei an einem Steinhaus geht es abwärts in das Val Piora, das wir in der Folge durchqueren. Der breite Wiesenweg verläuft über die Geländestufen weitgehend abwärts und erreicht die Pian Murinascia. Fast eben streben wir der **Capanna Cadagno** 04 (1.987 m) entgegen, die einen ersten Stützpunkt der Rundwanderung bildet. Sie steht auf einer kleinen Anhöhe oberhalb der Alpe Piora, auf der der berühmte Käse hergestellt wird.

Nach der Umrundung des Sees erreichen wir die **Alpe di Fuori** 05 (1.917 m), die aus einigen Ferienhäuschen besteht. An der Südseite mündet die Fahrstrasse ein, die vom Lago Ritóm bzw. von der Bergstation der Ritóm-Standseilbahn kommt. Wir biegen nach rechts auf den Wanderpfad ein, der hinauf zum **Sattel** 06 (2.077 m) führt, der den Übergang zum Kessel mit dem Lago di Tom herstellt. Ein kurzer Abstieg bringt uns zu den kleinen Steinhäusern der **Alpe Tom** 07 (2.022 m), die unmittelbar am Seeufer liegt. Im Sommer kann man hier ein kühles Bad nehmen.

Es folgt der Hauptanstieg unserer Tour zur Capanna di Cadlimo. Wir folgen noch eben dem Westufer des Sees, dann beginnt der Anstieg entlang des teils steilen Bergpfades, der durch die alpine Landschaft im Talschluss des Lago di Tom verläuft. Mit Serpentinen gewinnen wir rasch an Höhe und erreichen nach Überqueren eines Granitbuckels die Wanne der Laghetti di Taneda, die wir an der Nordseite auf teils felsigem Pfad umgehen. Mit etlichen Serpentinen erklimmen wir den **Basso del Lago Scuro** 08 (2.512 m), der den Übergang in das Becken des gleichnamigen Sees **Lago Scuro** 09 (2.451 m) und die Gebirgs-

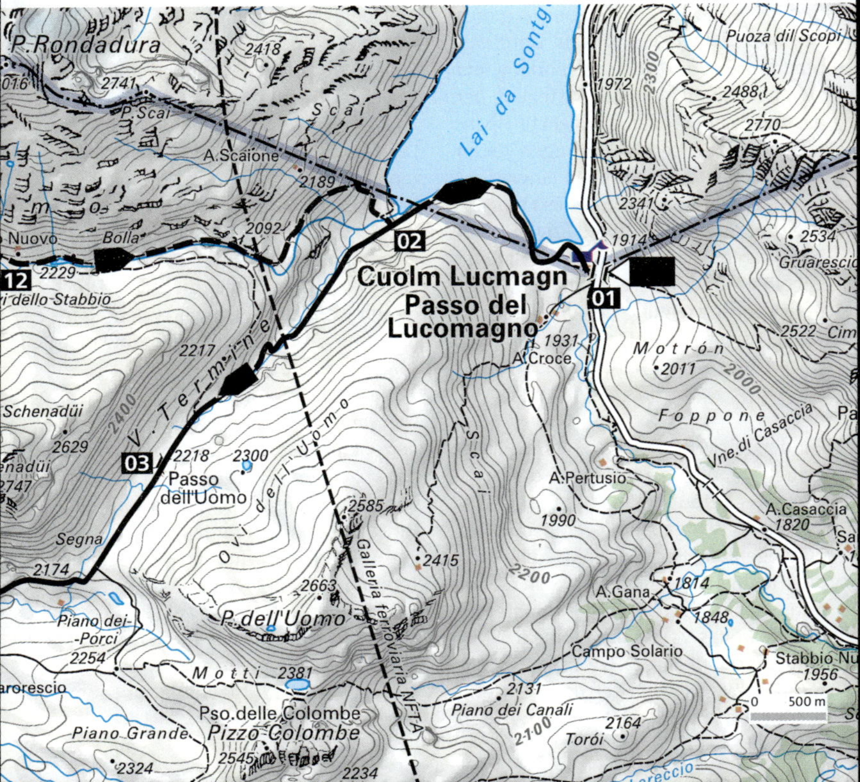

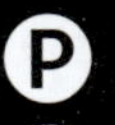
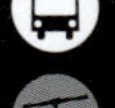

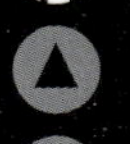
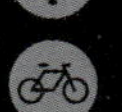

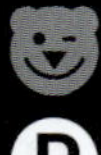

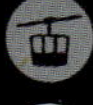
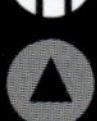
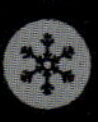

Das „Drei-Seen-Panorama".

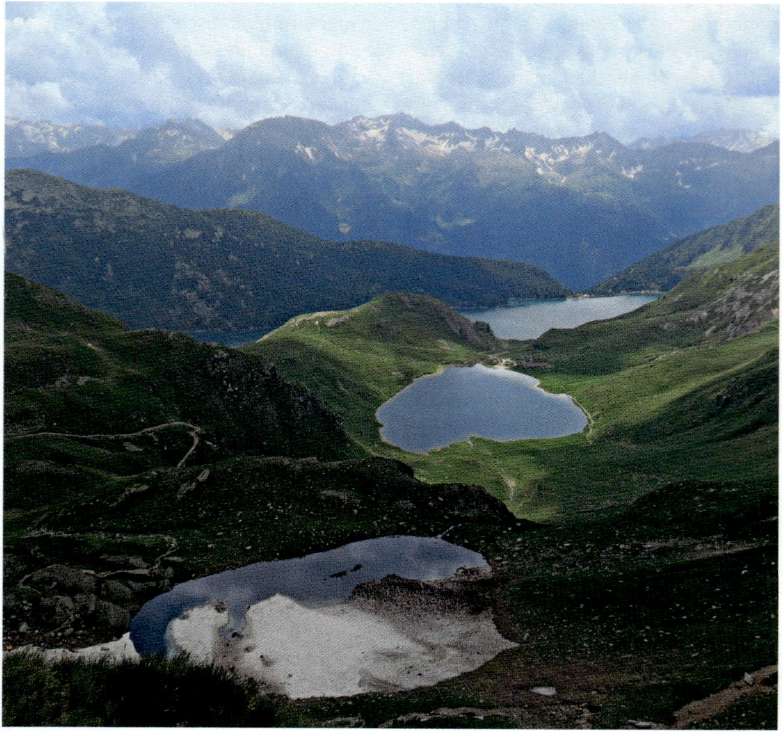

landschaft rund um die Schutzhütte von Cadlimo markiert. Wir haben sogleich den hochalpinen See vor uns. Der Bergpfad führt an der Westseite entlang und steigt zu einem weiteren Sattel auf, der das mit Schneefeldern bedeckte Hochtal begrenzt. Die Markierungen leiten uns über die felsigen Rippen hinweg zur Nordflanke, in der wir den letzten Anstieg zur **Capanna Cadlimo 10** (2.570 m) bewältigen. Die grosse Schutzhütte ist ein viel frequentierter alpiner Stützpunkt zur Besteigung der umliegenden Gipfel, aber auch als Etappe entlang des Hochgebirgs-Weitwanderweges „Via alta idra".

Für den Rückweg durch das Val Cadlimo gehen wir einige Meter auf dem Anstiegsweg retour und halten uns bei der folgenden Weggabelung geradeaus. Der gut begehbare Bergpfad läuft nun durch die Hochgebirgslandschaft mit leichtem Auf und Ab, aber insgesamt stetem Gefälle in das Val Cadlimo hinein. Nach dem **Lago dell'Isra** (2.322 m) zur Rechten des Weges begleitet uns der **Reno di Medel 11** (2.299 m). Wir überwinden einige Felsbuckel und kommen ins Gebiet der **Alpe Stabbio Nuovo 12** (2.229 m), die ein Aussiedler zu einer tibetischen Steinhütte umgebaut hat und eine Herde Yaks beaufsichtigt.

Die Talung wird enger und steiler, während unser Weg stets im Nordhang verläuft. Eine Stauwehr wird passiert, danach durchläuft der Pfad die nun schluchtähnliche Talung und steigt später vom Bachlauf weg zu einem Hangrücken an. Durch diesen wandern wir abwärts dem Startpunkt unserer eigentlichen Rundwanderung entgegen.

Die zuerst steile Passage läuft am Talboden oberhalb des Stausees am Lukmanierpass flach aus, überquert den Bach, der aus dem Val Termine kommt, mit einer Holzbrücke, und mündet in den steinigen Fahrweg am unteren **Ausgang des Termine-Tales 02**. Wir schwenken nach links auf den Schotterweg ein und kehren auf der vom Beginn der Rundwanderung bekannten Fahrstrasse entlang des Südufers des Lai da Sontga Maria zur **Lukmanier-Passhöhe 01** zurück.

DER GREINA-TRAIL

Nordische Landschaft im Nord-Tessin

 25,8 km 8:15 h 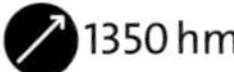1350 hm 1350 hm 43

START | Parkplatz (1.220 m) am Ende der Talstrasse beim Weiler Campo (Blenio), hier halten auch die Linienbusse sowie der Shuttle-Bus hinauf zur Staumauer am Lago di Luzzone oder ins Val Camadra bis ans Ende bei Pian Geirètt (Hinweise zu den Bussen: www.busalpin.ch). [GPS: UTM Zone 32 x: 495.655 m y: 5.156.226 m]
CHARAKTER | Gehtechnisch mittelschwere, durch die Länge jedoch schwierige Tour, die eine gute Ausdauer verlangt; am Abstieg durch die Scaletta ist absolute Trittsicherheit notwendig, ansonsten verläuft die Route auf gut trassierten und teilweise ausgebauten Bergpfaden sowie Schotterstrassen am Beginn und am Ende; Einkehr und Übernachtung ist in den beiden Hütten Capanna Motterascio sowie Capanna Scaletta möglich.

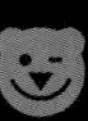
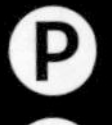

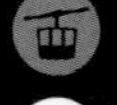
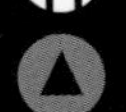
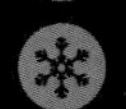
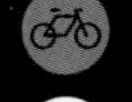

Im nordöstlichsten Eck des Kantons verbirgt sich die Greina-Hochebene, die abgesehen von den Gletscherregionen zu den schönsten Gegenden der Westalpen gezählt werden muss. Diese ausgedehnte Wanderrunde von immerhin mehr als 25 km Länge vereint grosszügige alpine Dimensionen mit der Schönheit und Stille einer nordischen Landschaft, die diese Tour zu einem unvergesslichen Erlebnis machen.

▶ Die Rundwanderung beginnt im Talschluss des Val Camadra, das bei Olivone vom Valle di Blenio abzweigt und durch eine tiefe Schlucht von diesem getrennt ist. Eine moderne Strasse samt Tunnel überwindet die kurze Strecke bis **Campo (Blenio)** 01 (1.220 m), wo die öffentliche Strasse mit einem Parkplatz samt Busstation endet.

Die Wegweiser zeigen an, dass zunächst der Weiler zu durchqueren ist, anschliessend folgt eine steile Passage am Waldrand entlang, die mehrere Serpentinen der Fahrstrasse in Richtung Lago di Luzzone abkürzt. Nach der Querung der Asphaltstrasse kommen wir an einem typischen Maiensäss vorbei und treffen danach wieder auf die Fahrstrasse. Wir schwenken nach rechts auf diese ein und folgen dem Verlauf bis zu den Tunnels oberhalb der Staumauer des **Lago di Luzzone** 02 (1.615 m), deren gewaltige Dimension die Kulisse des Tales in Anspruch nimmt. Wir wählen den rechten Durchstich, der nach 150 m den Parkplatz oberhalb der Staumauer mit dem kühnen Aussichtsrestaurant erreicht. Eine Treppe rechts des Platzes führt zur Staumauer hinab, die als Fahrstrasse und Gehweg benutzbar ist. Die Überquerung endet in einem etwa 800 m langen Tunnel, der das steil abfallende Gelände am südlichen Seeufer durchquert und auch für die Wanderer die Fortsetzung der Rundtour ermöglicht. Die Beleuchtung trägt zum problemlosen Durchqueren der kühlen Röhre bei, die uns zu den sanfteren, bewaldeten Hängen im hinteren Abschnitt des etwa 3 km langen Stausees bringt. Der bequeme Forstweg schlängelt sich fast eben durch die Uferhänge, durchläuft einige Einschnitte und kommt an einem herrlichen Wasserfall vorbei.

An der **Alpe Garzott** 03 (1.632 m), die im Sommer bewirtschaftet ist, endet die Waldstrasse mit einem Parkplatz, an dem unsere Route auf einen Wiesenweg wechselt. Nach der Umrundung von zwei bewaldeten Rücken führt uns die breit ausgebaute Route in die enge **Garzona-Schlucht** 04 (1.710 m), wobei einige teils steile Auf-und-Ab-Passagen zu bewältigen sind. An den steilsten Stellen ist der Weg mit Stahlseilen und einer Holzbrücke gesichert. Wir erreichen den Garzone-Bach, den wir auf einer modernen Hängebrücke queren. Es beginnt der Hüttenanstieg durch einen Lärchenwald bis zur Waldgrenze auf etwa 1.900 m Seehöhe. Der Pfad windet sich nun mit

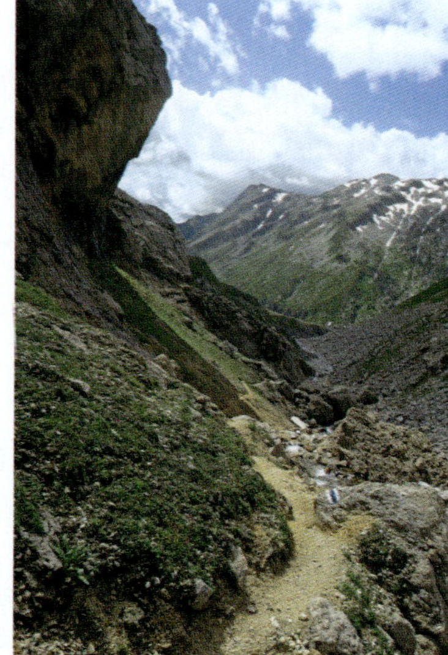

Die Scaletta-Schlucht.

Serpentinen durch das wellig gestufte Gelände. Nach einer weiteren steileren Passage rückt die **Capanna Motterascio** **05** (2.172 m) ins Blickfeld, die wir wenig später erreichen. Der alpine Stützpunkt mit dem modern gestalteten Anbau bietet eine unübertreffliche Aussicht nach Süden und ist wegen seiner Küche sehr beliebt. Die Hütte gehört der Sektion Lugano des Schweizer Alpenclubs SAC und kann von Mitte Juni bis Mitte Oktober bis zu 72 Personen beherbergen.

Wir haben damit auch den Südrand der Greina-Hochebene erreicht, von der uns nun nur noch etwa 45 Gehminuten trennen. Die Fortsetzung der Route führt rechts an der Hütte vorbei, jedoch nur mehr leicht ansteigend, mit Ausnahme eines Felsbandes, das mittels Eisenleiter erklommen wird. Den Eintritt zur alpinen Tundra bildet der Kreuzstein-Sattel, **Crap la Crusch** **06** auf 2.268 m.

Die weiten Moore der Alpe de Motterascia erstrecken sich über zwei Geländestufen. Hier entspringen drei alpine Wasserläufe, gegen Westen der Brenno, im Nordosten der Rein da Sumvitg und im Südwesten der Ri di Motterascia, womit die Greina zu einer bedeutenden Wasserscheide wird. Nur wenige Dezimeter entscheiden, ob das Wasser ins Mittelmeer oder zur Nordsee abfliesst.

Der nun fast ebene Weg durchquert teils mit Nassstellen das weitläufige Gelände, wobei wir stets leicht erhöht über den zentralen Mooren wandern. Kaum merklich erreichen wir eine leichte Anhöhe samt Wegweiser. Von hier steigen wir ein wenig zum mäandrierenden Bachlauf des Rein da Sumvitg hinab und erreichen knapp vor der Brückenquerung eine **Weggabelung** **07** (2.234 m). Unsere Rundtour setzt sich nach links fort, während es geradeaus nach Sumvitg/Surselva und zur Terri-Hütte geht. Diese Route überquert mit einer 65 m langen Stahl-Hängebrücke die Schlucht des Rein della Sumvitg. Wir steigen nun mit sanftem Verlauf über mehrere Geländewellen noch ca. 200 Hö-

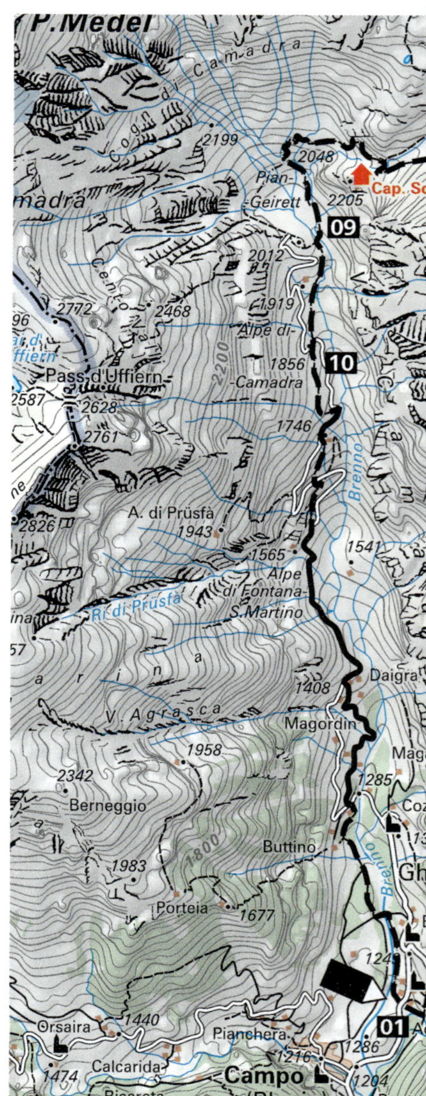

henmeter bis zum höchsten Punkt der Tour an, wobei wir in westlicher Richtung wandern und dem später schluchtartig verengten Tal des Rein da Sumvitg folgen.

Wir kommen an einer Selbstversorgerhütte vorbei, die inmitten der Kalksteinbänder errichtet wurde und über einen Trinkwasserbrunnen verfügt. Nach Überquerung des Passo della Greina (2.357 m) kommt man zu einer **Weggabelung** **08** (2.378 m). Geradeaus folgt man der einfachen, weiss-rot gekennzeichneten Route, die noch etwas ansteigt und anschliessend durch die Schutthänge zur Hütte hinabsteigt. Die Hütte **Capanna Scaletta** **09** (2.207 m) steht aussichtsreich auf

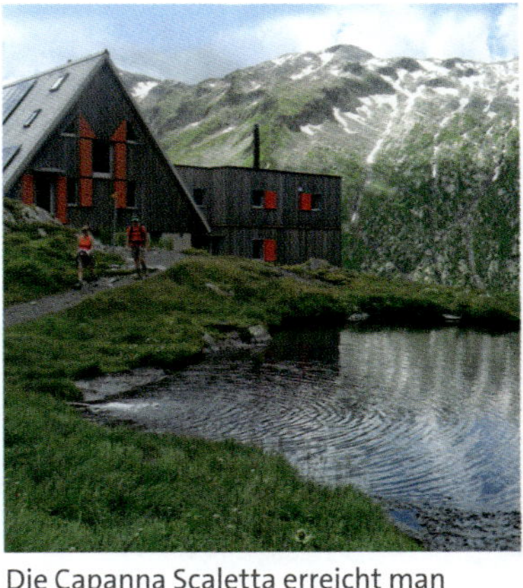

Die Capanna Scaletta erreicht man gegen Ende der Wanderung.

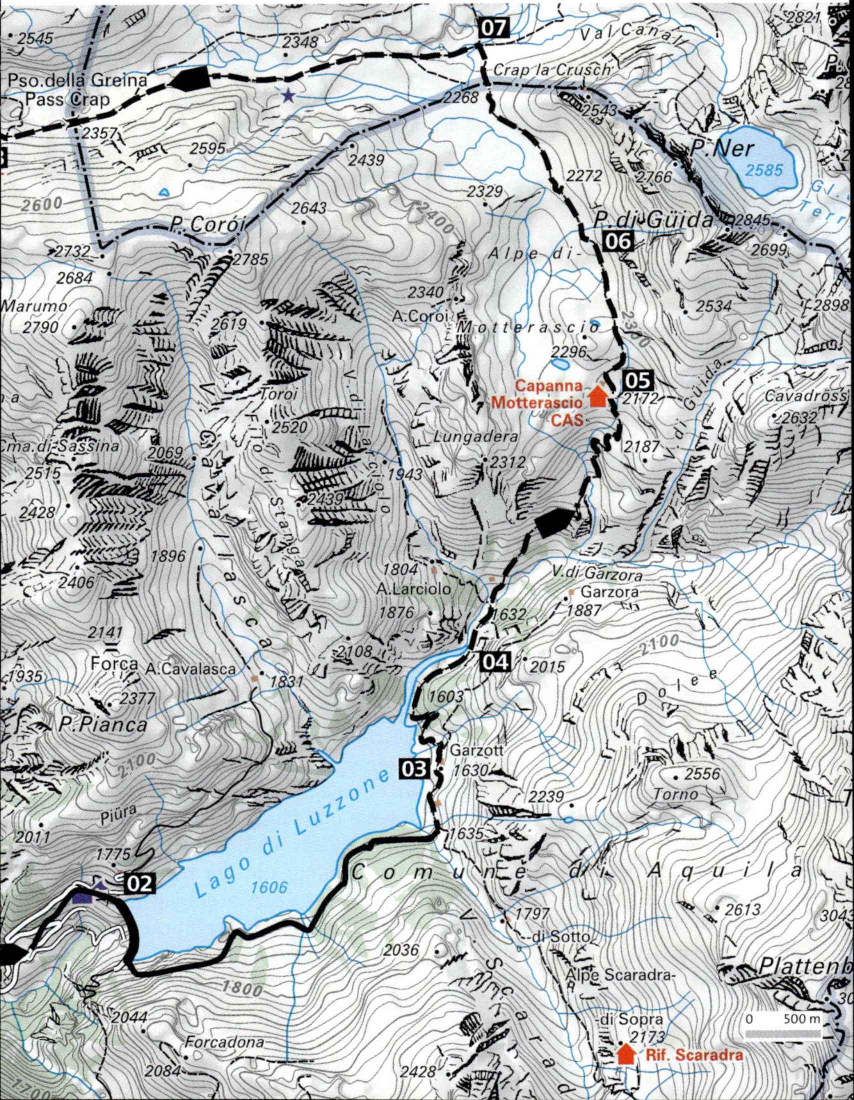

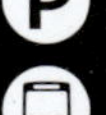
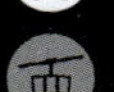

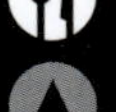
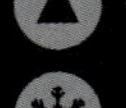
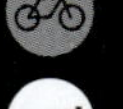
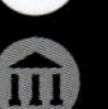

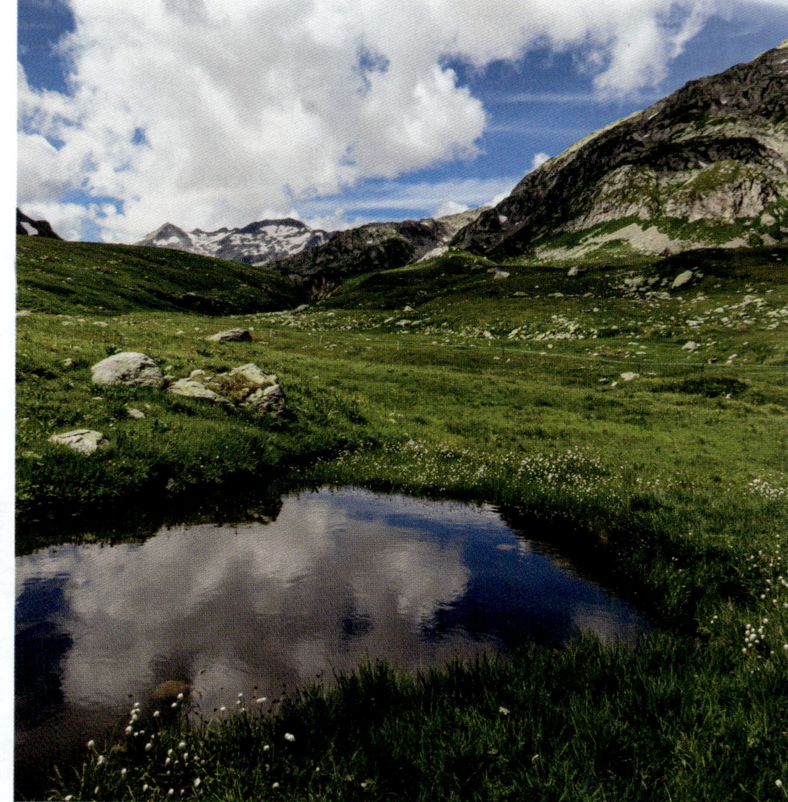

Die weitläufige Greina-Hochebene mit Tümpeln und Hochmooren.

einer Geländekante. Der ebenfalls modern ausgebaute Stützpunkt thront hoch über dem Camadra-Tal, durch das der Rückweg zum Ausgangspunkt verläuft. Sie wird von der Società Alpinistica Ticinese SAT, Sektion Lukmanier, betrieben und erhielt 2007 einen modernen Annex. Keine Hütte im Tessin liegt nördlicher. Sie bietet Platz für 58 Personen und wird im Sommer bewirtschaftet. Nun nimmt man den Weg wieder zurück hinauf Richtung Scaletta, wo eine Stahlbrücke den Brenno quert, um den Abstieg ins Tal zu beginnen.

Bei der Abzweigung wenden wir nach links und folgen dem steinigen Bergpfad mit zahlreichen Serpentinen ins Tal hinab, das nun zur Gänze einsehbar vor uns liegt. Der Weg schlängelt sich durch das alpine Gelände und führt den Markierungen folgend zum **Talboden Plan Geirètt** **10** (1.990 m), während etwas darüber die Fahrstrasse mit einem weiten Schotterplatz endet. Wir queren zweimal den Brenno auf massiven Brücken aus Granitstein und bleiben weiterhin am Wanderpfad, der das steinige, gestufte Gelände durchläuft. Dabei sind kleinere Bäche zu queren, die ab und zu mit Stegen ausgebaut sind. Der Weg überquert mehrmals die Fahrstrasse und kürzt die weit ausladenden Serpentinen mit steilen Passagen ab.

Der Weiler Daigra (1.408 m) wird auf der Strasse durchquert, danach verläuft unsere Route nach links und gleich wieder nach rechts abzweigend über einen geschwungenen Wiesenweg. Nach der Querung eines Seitenbaches gelangen wir ins bewaldete Gelände im Uferbereich des Brenno und folgen dem Forstweg. Nach einer neuerlichen Überquerung der Fahrstrasse bringt uns der breite Waldweg dem Weiler Cozzera entgegen, zu dem wir auf einer Strassenbrücke über den Brenno hinüberwechseln. Der am Ostufer entlangführende Wiesenweg bringt uns direkt zum Parkplatz und zur Busstation bei **Campo (Blenio)** **01** zurück.

RUND UM DIE CRISTALLINA-HÜTTE • 2.313 m

Wasser und Granit in hochalpinem Gelände

 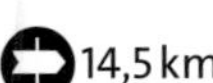14,5 km 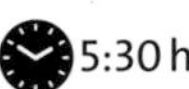5:30 h 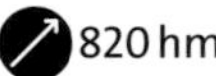820 hm 820 hm 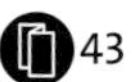43

START | Lago di Naret (2.313 m), Stausee im hintersten Val Lavizzara oberhalb des Val Sambuco. [GPS: UTM Zone 32 x: 467.136 m y: 5.147.811 m]
CHARAKTER | Rundwanderung auf hochalpinen Wegen, die durch felsiges Gelände, Schuttfächer und über Felsplatten führen, kurze Abschnitte am Abstieg zum Lago Nero sind mit Seilen gesichert, jedoch nicht ausgesetzt; Trittsicherheit ist erforderlich.
Hinweis: Wer ins Val Bedretto absteigt, sollte diesen Weg auch für den Aufstieg wählen und auf der Cristallina-Hütte übernachten, da es keine direkte Busverbindung zum Lago del Narèt gibt. Der Aufstieg aus dem Bedrettotal ist mit 3 ½ Stunden anzusetzen.

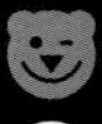
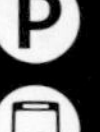
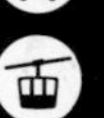

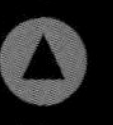
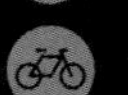

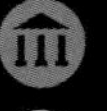
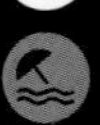

Diese Rundwanderung führt uns durch die Hochgebirgsnatur im nördlichsten Teil des Valle Maggia. Wir umrunden den bizarren Gipfel der Cristallina (2.911 m), einem der meistbesuchten Aussichtsberge im Tessin, und kommen an einigen kleineren und grösseren Bergseen vorbei.

Die Tour kann an drei Punkten begonnen werden: Zum einen an der Bergstation der Robièi-Seilbahn, dann am Lago del Narèt, der mit dem Auto aus dem Valle Maggia und Val Lavizzara zu erreichen ist. Der dritte Startpunkt ist die Cristallina-Hütte, die an dieser Wanderrunde liegt und über die klassische Aufstiegsroute von Ossasco im Bedrettotal erreicht werden kann. Diese wird hier als Variante für den Abstieg angeboten.

▶ Wir starten unsere Runde am Lago del Narèt unmittelbar an der **Staumauer 01** (2.313 m) und überqueren diese in südlicher Richtung. Das Gewässer gab es in kleinerem Ausmass schon vor dem Bau der beiden Staumauern, die 45 bzw. 80 m hoch sind. Am Ende der Werksstrasse folgt unsere Route dem Seenrundweg entlang der Südseite und führt anschliessend in einem Kar über Blockschutt zum **Passo del Lago del Narèt 02** (2.420 m). Wir überschreiten den Sattel und folgen dem schmalen Pfad durch das hochalpine Gelände, das mit Schuttfluren bewachsen und etwas mühsam zu begehen ist. Mit einem kurzen Abstieg erreichen wir die Boschetta del Lago Nero, die uns einen unverstellten Blick auf den Basòdino (3.272 m) eröffnet. Es folgt ein kurzer, steiler Abstieg zum **Lago Nero 03** (2.387 m), der teilweise rutschig und mit Seilsicherungen versehen ist.

Wir erreichen den See an der Nordwestseite und kommen zu einer beschilderten Weggabelung (2.376 m). Hier schwenken wir in nordwestliche Richtung und wandern mit leichtem Auf und Ab über Felsplatten und Wiesengelände bis zu einer **Verzweigung 04** auf 2.340 m. Hier mündet von links der Wanderweg ein, der von der Bergstation der Robièi-Seilbahn heraufkommt und sich mit dem Hüttenanstieg vereint.

Ein leichter Anstieg führt auf einen Sattel, bei dem wir ein wenig zur gletschergeformten Wanne mit dem **Lago Sfundau 05** (2.392 m) absteigen. Unsere Route führt an der Ostseite oberhalb des Sees vorbei, danach folgt der letzte Anstieg hinauf zum Passo Cristallina (2.568 m), wobei wir an einem weiteren kleinen Bergsee vorbeikommen. Die **Cristallina-Hütte 06** (2.575 m) wurde knapp oberhalb des Sattels errichtet und wirkt mit dem lang gezogenen Kubus ein wenig utopisch.

Nördlich des Passes, der den Übergang ins Val Bedretto bildet, leitet der Weg zuerst über eine Schutthalde hinab und biegt dann nach links in einen Querweg ein, der durch Felsflanken und Schutthän-

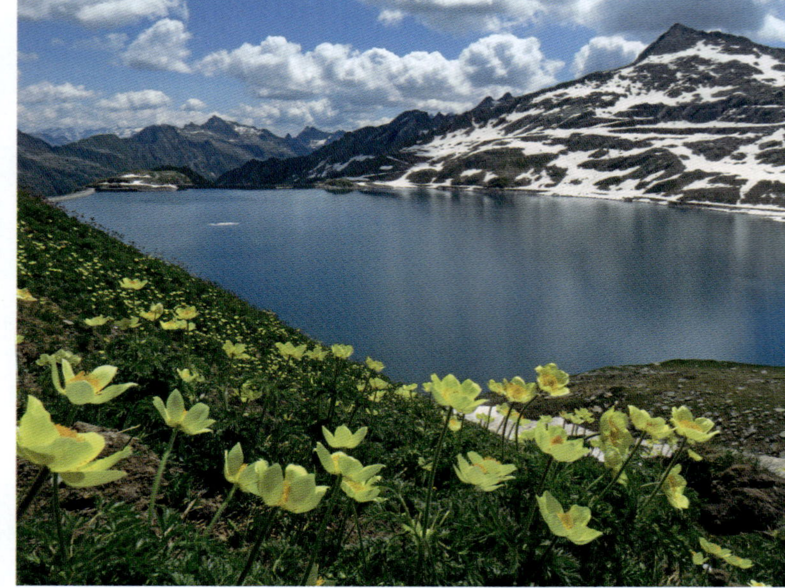

Ein Blütenmeer aus Schwefelanemonen am Lago del Narèt.

ge führt. Mit leichtem Gefälle streben wir auf eine Geländestufe zu, die wir in der Folge mit einigen Serpentinen überwinden.

Wir gelangen in das obere Val Torta, in dem gleich nach der Steilstufe etwa auf der Höhe der noch vorhandenen Fundamente der alten Cristallina-Hütte ein **Verbindungsweg 07** (2.349 m) abzweigt, der die steilen Felshänge oberhalb des Talschlusses quert und uns zum Aufstiegsweg zum Passo del Narèt bringt. Der mit leichtem Auf und Ab und etwas schroffem Verlauf angelegte Bergpfad mündet am Rande des weiten Schuttfächers unterhalb des Passo del Narèt in den Aufstiegsweg ein, der aus dem Val Torta heraufkommt.

Mit einigen Serpentinen und Querpassagen steigen wir den Steilhang hinauf und kommen knapp unterhalb des Sattels an einer Steinbaracke vorbei. Kurz danach ist der relativ flache Sattel des **Passo del Narèt 08** (2.438 m) erreicht.

Der Abstieg zum Lago del Narèt führt nach rechts vom Sattel weg und steigt mit einfachem Verlauf zum Seeufer hinab. Dort treffen wir auf den Seenrundweg und schwenken nach links auf diesen ein. Ein Gegenanstieg überwindet einen Felskopf an der Nordseite des Sees, danach bringt uns der Pfad direkt zur **Staumauer 01** hinab, bei der wir die Wanderung begonnen haben.

Abstieg ins Val Bedretto

Um nach Ossasco ins Val Bedretto abzusteigen, bleiben wir bei der Abzweigung am ehemaligen Standort der Cristallina-Hütte im oberen Teil des Val Torta auf dem Hauptweg, der anschliessend in das fast ebene Wiesengelände hinabführt. Wir treffen auf die zweite Weggabelung, bei der ein weiterer Pfad zum Passo del Narèt abzweigt und den Oberlauf des Ri di Cristallina ohne Brücke auf Trittsteinen überquert.

Es geht eine Weile über kleinere Bäche und an Flachmooren vorbei, ehe bei einem Wegweiser die nächste deutliche Steilstufe beginnt. Die Wegtrasse verläuft hier teils durch felsige Rinnen und über Serpentinen, ist aber mit guter Trittsicherheit ohne grosse Probleme begehbar. Anschliessend flacht das Gelände wieder ab. Der stellenweise eingetiefte Weg bringt uns an das Gelände der Alpe Cristallina heran. Es geht bis zu den Gebäuden der Alpe hinab, bei der wir auf den Höhenweg Pesciüm-Ronco treffen. Wir biegen nach rechts auf diesen ein und bleiben bei der nächsten Weggabelung auf dem nach rechts abwärts verlaufenden Fahrweg. Dieser verliert im Tal des Ri di Cristallina mit einigen Spitzkehren an Höhe. Beim Wegweiser auf 1.680 m biegen wir von der Fahrstrasse nach links ab und wechseln auf einen Waldsteig, der uns durch die oberen Hänge des Bedrettotales zu einer weiteren Verzweigung bringt. Hier wählen wir den rechten Weg wählen, der als bequemer Waldpfad mit einigen Serpentinen abwärts verläuft und uns unmittelbar in den Ort Ossasco bringt, der an der Talstrasse des Betdrettotales liegt. Die Bushaltestelle befindet sich unmittelbar neben dem Ende bzw. Beginn des Hüttenanstieges, zuvor queren wir den Ri di Cristallina, der im Hintergrund mit einem Wasserfall aus der engen Schlucht stürzt.

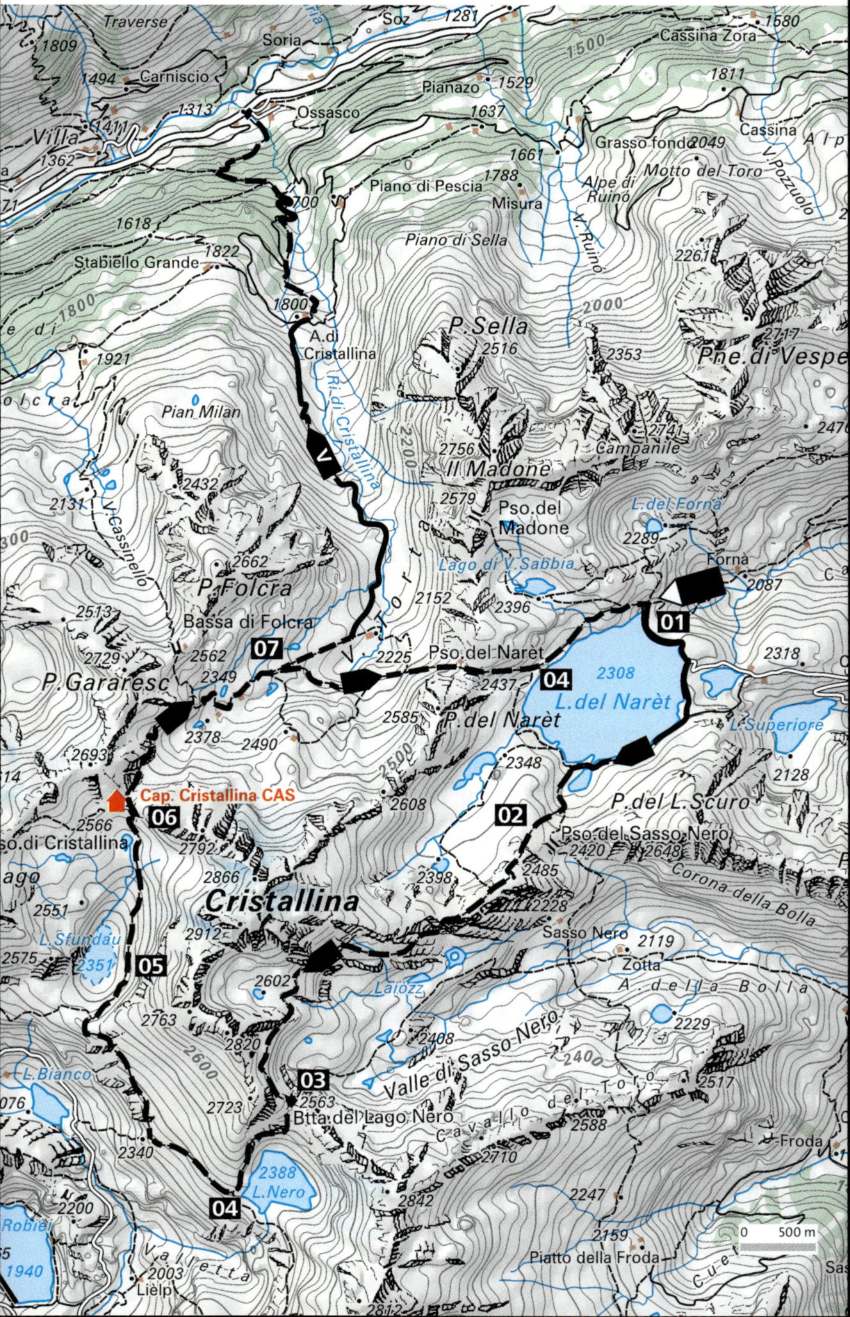

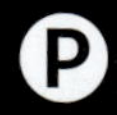

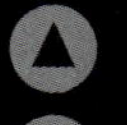

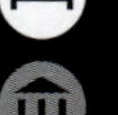

91

IM VALLE DI BOSCO GURIN

Von Bosco Gurin zur Alpe Mater

  12 km 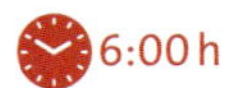 6:00 h 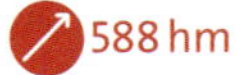 588 hm 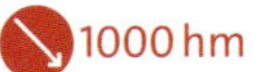 1000 hm  44

START | Dorfplatz von Bosco Gurin (1.503 m) am Ende der Talstrasse.
[GPS: UTM Zone 32 x: 461.001 m y: 5.129.308 m]
CHARAKTER | Alte Saumpfade und Bergpfade, auf wenigen Teilstrecken schmale Asphaltstrassen; vom Gelände her leichte bis mittelschwere Bergtour, ab und zu etwas verwachsene Wege. Das Queren der Blockfelder kann sich im Frühsommer, wenn noch letzte Schneereste vorhanden sind, etwas unangenehm gestalten, Trittsicherheit erforderlich; Gasthäuser in Bosco Gurin.

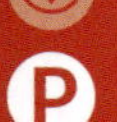

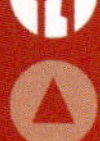
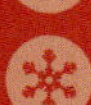

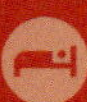
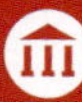

Bosco Gurin gilt als einer der ursprünglichsten Winkel des Tessins. Es ist das höchstgelegene, dauerhaft bewohnte Dorf des Kantons. Knapp 50 Bewohner halten sich ständig im Dorf auf, die zu einem Gutteil vom Tourismus leben. Die wichtigsten Sehenswürdigkeiten von Bosco Gurin bilden das Walserhaus, das ein Museum zu Kultur und Wirtschaftsleben beherbergt, und die Kapelle Maria zum Schnee, die der wiederholten Lawinenunglücke gedenkt.

▶ Wir verlassen das pittoreske **Bosco Gurin** 01 (1.503m) entlang der Asphaltstrasse, die auch beim Walserhaus vorbeiführt. Rechts oberhalb thront die Pfarrkirche über dem Ort, deren erste Mauern bereits um 1273 errichtet wurden. Die mässig ansteigende Strasse gelangt am Ortsrand zu einem Wegweiser, wo sich die Pfade zur Guriner Furka und zur Alpe Mater trennen. Wir folgen dem Wiesensteig nach rechts und wandern über zuerst freie Hänge dem Waldrand entgegen. Dann windet sich der etwas verwachsene Pfad durch den Bergwald bis zur **Alpe Endra Staful/Wolfstaffelalp** 02 (1.931 m). Sie liegt auf einem sonnigen Balkon zu Füssen des Pizzo d'Orsalia und bildet den Ausgangspunkt des Aufstieges zum Lago d'Orsalia.

Vorbei an den steinernen Alphütten folgen wir dem nun nur mehr mässig ansteigenden Pfad ostwärts bis zum schwach ausgeprägten **Sattel Cresta** 03, der mit 2.039 m auch den höchsten Punkt der Wanderung darstellt. Zuvor sind jedoch ein paar Bachrunsen und Blockfelder zu durchqueren, in denen die Route wegen der bereits ausgeblichenen Markierung nicht immer deutlich erkennbar ist und uns etwas Orientierungssinn abverlangt.

Von hier aus geht es nun stetig abwärts, um die nächsten Etappenziele zu erreichen. Wir queren zuerst baumfreie und später bewaldete Hänge, in denen der Weg im Hochsommer mit Hochstauden verwachsen sein kann. Den nächsten Wegpunkt bildet die **Alpe Mater** 04 (1.886 m), die aussichtsreich auf einem vorspringenden Bergrücken hoch über dem Valle di Bosco Gurin liegt. Der Weg wendet bei der Alp nach links und folgt dem Taleinschnitt hinüber zur **Alpe Corte Antico** 05 (1819 m), die wir nach etwa 30 Minuten ab der Alpe Mater erreichen.

Nun folgt der Hauptabstieg, der etwas unangenehm und sehr steil in unzähligen Serpentinen den Bergwald hinunter zu den Weiden und Alphütten von **Campiòi** 06 (1.456 m) führt. Am unteren Ende der Wiesenhänge schwenkt unsere Route nach links in den Bachtobel des Ri di Campiòi und verliert an Steilheit. Auf gut ausgebauten Serpentinen streben wir durch bewaldetes Gelände den oberen Häusern des Ortes **Camanói** 07 (1.136 m) zu. Von dort folgen wir der schmalen Asphaltstrasse taleinwärts bis zur **Brücke bei Corino** 08 (1.093 m) an der Talstrasse nach Bosco Gurin, wo sich auch die Haltestelle des Postbusses befindet. Wer zu Fuss zum Ausgangspunkt zurückkehren will, benützt den Bachweg, der südlich der Strassenbrücke auf der orografisch rechten Seite dem Bach folgt. Der Berg-

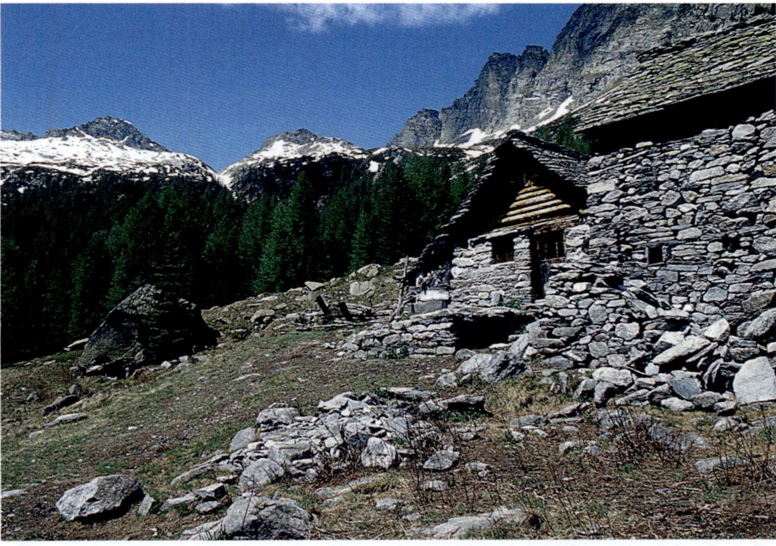

Die Alpe Mater ist ein Ziel dieser Wanderung im ruhigen Valle di Bosco.

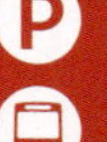

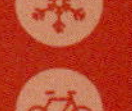

pfad geleitet uns entlang des tosenden Wildbaches zuerst mässig aufwärts, ehe wir nach 20 Minuten in die zauberhafte Landschaft des mittleren Valle di Bosco Gurin gelangen. Eine kleine Holzbrücke bringt uns auf die linke Bachseite, wo der Weg nun etwas anstrengender an Höhe gewinnt. Immerhin müssen von Corino aus beinahe 500 Höhenmeter bis nach Bosco Gurin überwunden werden.
Wir passieren die Alphütten von Geschanu (1.206 m) und später die Weiden von **Ubarab** **09** (1.294 m), ehe der Pfad entlang von Trockenmauern und nach der Querung von zwei Seitenbächen den Lärchenwald unterhalb von Bosco Gurin erreicht.

Mit einigen Windungen geht es zur Talstrasse aufwärts, der wir auf den letzten Metern nach **Bosco Gurin** **01** folgen und nach 6 Stunden die Wanderung bei der Postbushaltestelle gegenüber dem Gasthof Walser beenden.

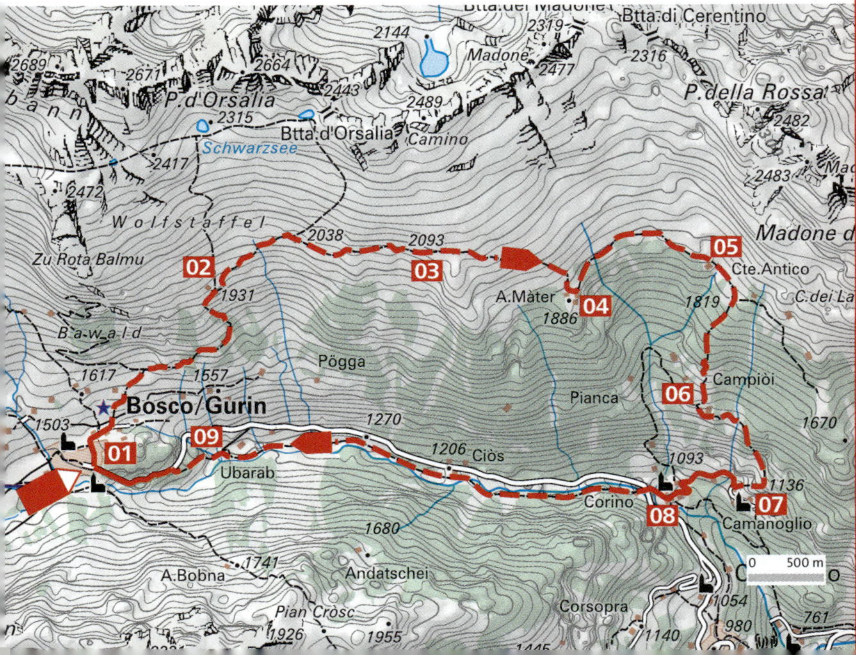

ZUM LAGO DI SASCÒLA • 421 m

Einer der schönsten Tessiner Bergseen

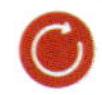  17 km  6:30h 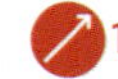 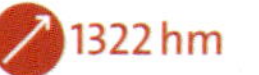 1322 hm 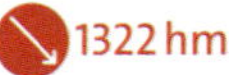 1322 hm  44

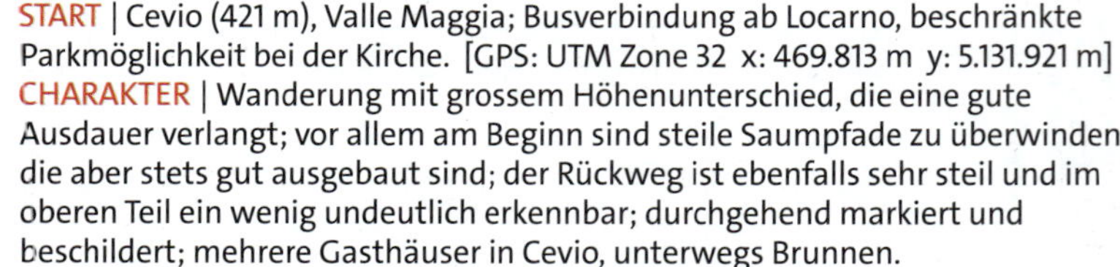

START | Cevio (421 m), Valle Maggia; Busverbindung ab Locarno, beschränkte Parkmöglichkeit bei der Kirche. [GPS: UTM Zone 32 x: 469.813 m y: 5.131.921 m]
CHARAKTER | Wanderung mit grossem Höhenunterschied, die eine gute Ausdauer verlangt; vor allem am Beginn sind steile Saumpfade zu überwinden, die aber stets gut ausgebaut sind; der Rückweg ist ebenfalls sehr steil und im oberen Teil ein wenig undeutlich erkennbar; durchgehend markiert und beschildert; mehrere Gasthäuser in Cevio, unterwegs Brunnen.

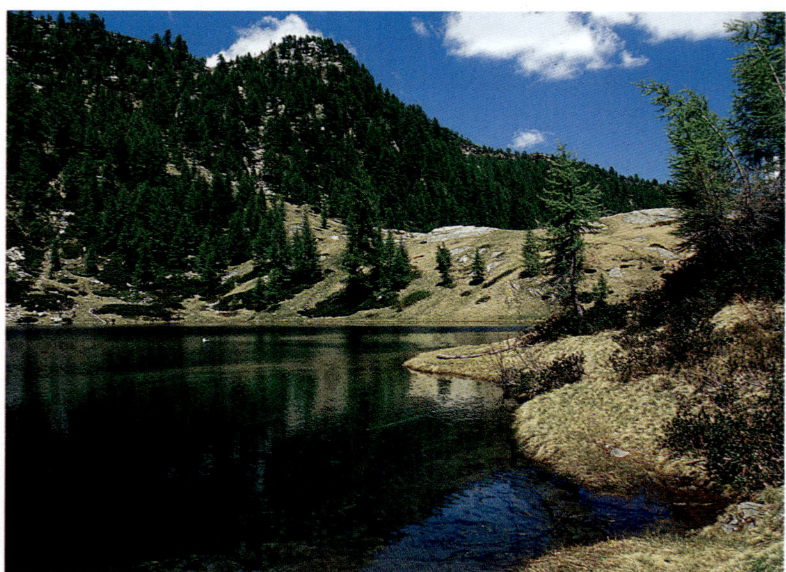

Der Lago di Sascòla liegt verträumt innerhalb einer Felswanne.

Der Lago di Sascòla zählt zusammen mit dem Lago d'Alzasca zu den schönsten Tessiner Bergseen und wird zudem noch über einen äusserst abwechslungsreichen Bergpfad erreicht, der in Cevio im Valle Maggia beginnt und bis zum Erreichen des Karsees einen stattlichen Höhenunterschied von etwas mehr als 1.300 Höhenmeter aufweist.

▶ Wir beginnen die Wanderung beim Vogteihaus von **Cevio** 01 (421 m), folgen der schmalen Strasse nach Boschetto und kommen zuerst an der Wallfahrtskirche Madonna del Ponte vorbei. Wir queren die Rovana, den Fluss, der aus dem Valle di Campo donnernd herabstürzt, und wenden uns nach etwa 100 m nach rechts von der Fahrstrasse ab.

Bei einem Eisentor beginnt der alte Saumpfad, der in zahlreichen Serpentinen den bewaldeten Hang hinaufführt. Bald erreichen wir die Häuser des **Maiensäss Lisself** 02 (842 m) und etwas später die 950 m hoch gelegenen Steinhütten von **Morella di Sotto** 03. Nun lassen die Serpentinen nach und der Weg zieht dem Hang entlang ins Tal des Ri del Boschetto. Bald kommen wir an die Weggabelung heran, bei der der Pfad zur Capanna Alzasca abzweigt. Wir halten uns aber rechts und steigen zum unteren Rand der **Alpwiesen von**

Morella 04 (1.126 m) auf. Nach der Querung einiger unbedeutender Bachrunsen erreicht unsere Route die Lichtungen von Cantina del Cortino (1.300 m) und später **Cantine** 05 (1.440 m). Durch lichten Lärchenwald aufsteigend kommen wir zu einer mit Steintrümmern übersäten Wiesenmulde, durch die unser Pfad schwach markiert hindurchläuft. Schon stürzt linker Hand ein kleiner Wasserfall herab, der bereits zum unmittelbaren Auslauf des Sascòla-Sees gehört. Wir schwenken nach rechts und steigen den letzten steilen Hang bis zum **Sattel Corte di Lago** 06 (1.748 m) auf.

Plötzlich liegt der malerische **Lago di Sascòla** 07 (1.740 m) vor uns, der einige

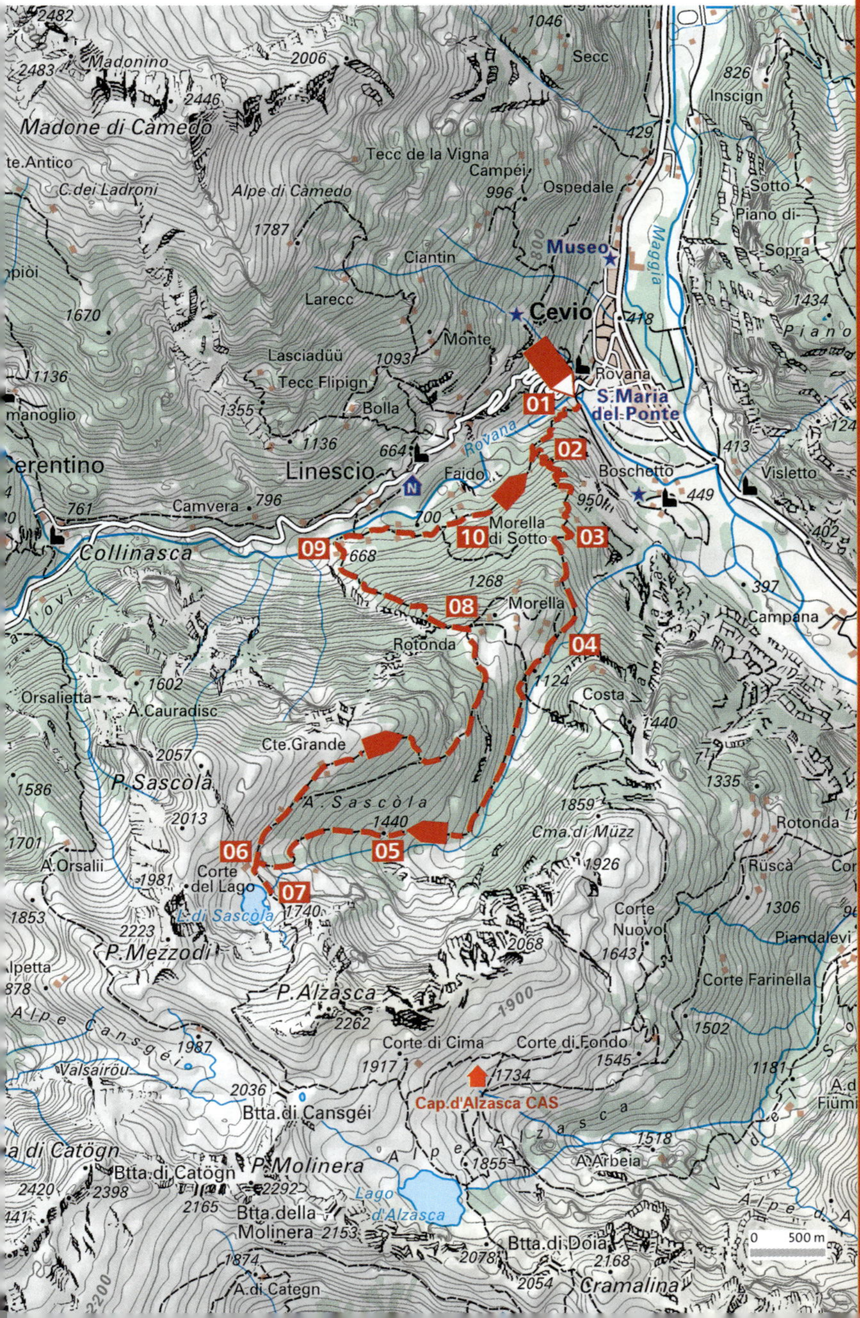

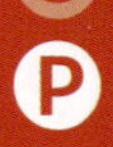

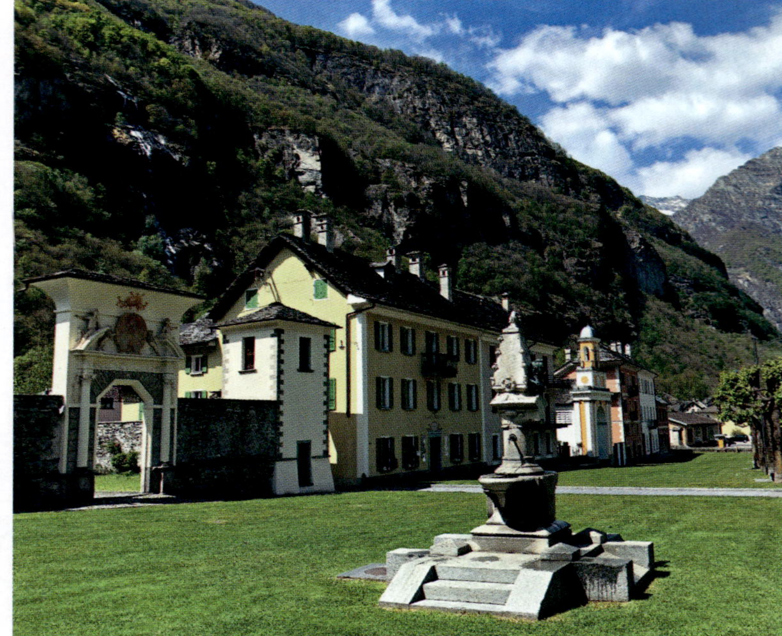

Cevio gilt als der Hauptort des Valle Maggia und war früher Sitz des Statthalters von Mailand.

Meter unterhalb des Sattels ein gletschergeschliffenes Karbecken einnimmt. An heissen Sommertagen lohnt sich ein erfrischendes Bad im klaren Wasser, das bis in den Mai hinein gefroren sein kann.

Unser Rückweg ins Tal beginnt am **Sattel Corte di Lago** 06 und schwenkt nach links auf einen etwas undeutlichen, aber mit einem Wegweiser versehenen Pfad. Wir queren den Osthang unterhalb des Pizzo Sascòla hinüber zur Alpe Corte Grande (1.730 m), die wir über die obere Wegvariante erreichen. Diese zweigt nach etwa 10 Minuten Gehzeit ab dem See vom Hauptweg ab, durchquert das Alpgebiet, um sich anschliessend mit undeutlichem Verlauf in zahllosen steilen Serpentinen abwärts zu bewegen und mit dem unteren Weg zu vereinen.

Wer dieses „Wagnis" nicht auf sich nehmen möchte, bleibt am Hauptweg, der zumeist durch Waldgelände führend nach etwa 1 Stunde Gehzeit ab dem See die Alpwiesen von **Rotonda** 08 (1.268 m) erreicht, einer vorgelagerten waldfreien Kuppe, die von einigen Steinhäuschen geziert wird. Wir durchqueren die Alpe, kommen an die Nordseite des Plateaus und wählen den Steig, der auf gut ausgebauter Trasse in zahllosen Serpentinen nach Tacitt hinabzieht. Entlang dieser Passage dürfen wir den Weg nicht verlassen, denn links und rechts bricht das Gelände von steilen Runsen und felsigen Schluchten durchfurcht gefährlich ab. Der kunstvoll in den Steilhang trassierte Pfad kommt an einem Brunnen und einer Kapelle vorbei, die zur Rast lädt.

Bei **Tacitt** 09 (668 m) angelangt haben wir seit dem See bereits mehr als 1.000 Höhenmeter verloren und befinden uns tief im äusseren Valle di Campo. Wir folgen nicht dem Steig nach Linescio, der mittels Steinbrücke die tiefe Schlucht der Rovana überquert, sondern steigen über eine steile Steintreppe wieder ein wenig den Hang hinauf. Nun folgen wir dem fast ebenen Pfad, passieren die verfallenen Steinhäuser sowie die intakte **Kapelle von Faido** 10 (700 m), einer ehemaligen Fraktion von Linescio, ehe wir knapp vor dem Ende der Wanderung in den Aufstiegsweg einmünden.

Die letzten 20 Minuten verlaufen auf diesem abwärts zurück nach **Cevio** 09, unserem Ausgangspunkt beim Vogteihaus.

DURCH DAS OBERE VAL VERZASCA

Von Sonogno nach Lavertezzo

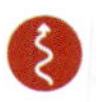  13 km 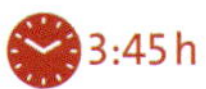 3:45 h 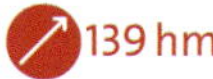 139 hm 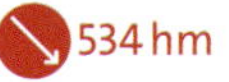 534 hm  44

START | Vega de San Mateo (835 m), Busbahnhof im Ortszentrum. [GPS: UTM Zone 32 x: 483.512 m y: 5.132.927 m]
CHARAKTER | Anspruchsvolle Streckenwanderung auf Dorfstrassen, Saumpfaden, Forst- und Feldwegen sowie Maultiersteigen; der Weg ist beschildert.

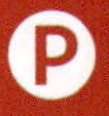

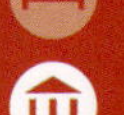

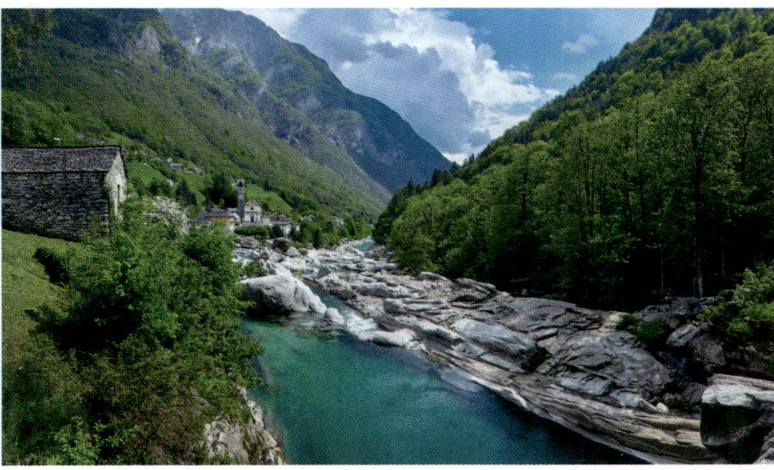

Der Verzasca-Fluss hat sich ein wildes Bachbett geschaffen.

Von allen Tälern des Tessins ist wohl das Val Verzasca am eindrucksvollsten und, sehen wir vom Stausee im vorderen Tal ab, noch sehr ursprünglich. Diese Streckenwanderung umfasst sicherlich den schönsten Abschnitt des Trogtales, denn hier hat der Fluss seine kunstvollen Gebilde, Gletschermühlen und Schluchten aus dem Granit und Schiefer herausgearbeitet. Die Wanderung ist kein Rundweg, wir kehren entweder mit dem Bus nach Locarno zurück oder fahren bis zum Parkplatz von Sonogno, wo wir den eigenen Pkw gebührenpflichtig abstellen können.

▶ Wir beginnen mit unserer Wanderung in **Sonogno** 01 (918 m). Im höchstgelegenen Dorf des Tales entspringt der Verzasca-Fluss. Rund um den Ort liegt die grösste ebene Fläche des Tales, die durch Flussaufschüttungen und Felsstürze entstanden ist. Der Hauptplatz ist zur Gänze von Granithäusern umgeben. Wir folgen dem Hauptweg, der weiter ins Val Redorta führt. Vorbei an der Grotto Redorta gelangen wir zum Gemeindebackofen, an dem eine Steintreppe zur klassizistischen Kirche (1850) hinabführt. Wir kommen zwischen Kirche und Kirchturm durch einen schmalen Durchgang auf den freien Platz vor der Kirche, wo wir nach rechts in unseren Wanderweg einbiegen, der zum Fluss hinunterführt. Wir überqueren den Fluss auf der modernen Stahlbrücke und steigen am gegenüberliegenden steilen Ufer ein wenig aufwärts. Auf einem etwas steinigen und ausgewaschenen Steig geht es über der Talsohle dem Wildbach entlang talauswärts. Nachdem wir Seitenbäche überquert haben, erreichen wir einen breiteren Feldweg, der durch Wiesengelände in Richtung Frasco führt. Wir stossen auf den Schuttfächer, der im Laufe der Zeit durch den Zusammenfluss der Verzasca mit dem Bach des Val Redorta entstanden ist. Heute hat sich dort eine Gebirgsaue gebildet. Wir bleiben

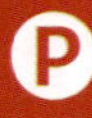

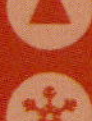

am rechten Ufer und folgen dem Pfad rechts unterhalb der Brücke. Nach etwa 800 m entlang des Ufers, vorbei an einigen Bildstöcken, treffen wir nach Überquerung eines weiteren Seitenbaches auf die Talstrasse.

Auf der Strassenbrücke überqueren wir die Verzasca und biegen unmittelbar am Ende des Geländers in den rechts der Brücke abwärtsführenden Uferweg ein. Dieser folgt eine Weile als mässig breiter Pfad dem Flussufer und durchquert den Auenwald.

Bald erreichen wir das verlassenen **Maiensäss Cordasc** 02 (835 m), in dem uns Steinstufen durch die verfallenen Steinhäuser geleiten. Über einen als Saumpfad befestigten Hangweg setzen wir die Wanderung fort und gelangen zu zwei Hängebrücken, die nach Gerra ans andere Ufer führen. Wir wandern über den Schuttkegel, nach ein paar Hundert Metern zuerst im Auengehölz des Schuttfächers, dann wieder entlang des Flusses, müssen wir die **Schlucht des Val Motto** auf einer modernen Stahlbrücke überqueren. Weiter führt der Weg entlang des Steilufers, durch Auenwaldabschnitte, über Schuttkegel und vorbei an ausgewaschenen Felsnasen. Nach Überwindung einer kleinen Anhöhe, die eine Engstelle umgeht, erreichen wir den Weiler **Alnasca** 03 (760 m).

Nach Durchquerung eines Wiesengrundes müssen wir am Ende der Weideflächen durch eine Felssturzlandschaft im Hang ein wenig ansteigen. Zwischen riesigen Felsblöcken schlängelt sich der Weg über den Schuttkegel hinauf. Bei den zwei Wegweisern halten wir uns in Richtung Lavertezzo. Bald beginnt der Abstieg durch das dicht bewaldete Geröllfeld mit den bis zu 10 m hohen Felsklötzen. Dieses Wegstück ist durch die rot-gelben Markierungen gut gekennzeichnet. Wir steigen teilweise über den durch Treppen befestigten steilen Hang ab und gelangen nah an die Schlucht der Verzasca heran. Der Weg führt unter einem Steindach hindurch und dann an einer steilen Felswand vorbei. Bald verbreitert sich der Weg wieder und verläuft leicht abfallend bis zur Doppelbogenbrücke der Verzascastrasse. Wir folgen der Strasse ca. 400 m taleinwärts auf die rechte Uferseite, bis wir in einer Spitzkehre auf ein verfallenes Gehöft treffen. Unmittelbar hinter der Bushaltestelle setzt sich der Pfad links von der Strasse abbiegend am rechten Ufer fort.

Wir kommen an **Ganne** 04 (675 m) vorbei, wo Steintische und Wassertröge aus Granit am Wegrand stehen. Anschliessend müssen wir Seitenbäche und Runsen queren, während der Weg ständig in den Flussauen der Verzasca entlangführt. Nach gut 1 km bewegtem Auf und Ab treffen wir auf die Weiden gegenüber von **Motta** 05 (600 m), die durch eine Hängebrücke mit dem Ort verbunden sind.

Nun haben wir den letzten Abschnitt der Wanderung erreicht. Dieser wird durch den ständig am Steilufer auf- und abführenden Weg gekennzeichnet. Plötzlich treffen wir auf eine 200 m breite Gerölllandschaft, die von sprudelnden Bächen durchflossen wird. Wir bahnen uns mit etwas Geschick und unter Zuhilfenahme der Hände den Weg, grössere Felsblöcke werden mit Stahlbrücken verbunden. Weiter verläuft der Weg gut befestigt. Bei einer 5 m in die Höhe ragenden Steinplatte verlassen wir das Bachbett und treten wieder in das Steilufer ein.

Nach wenigen Hundert Metern sehen wir die Bogenbrücke von Lavertezzo auftauchen. Der Weg senkt sich ab und nach der Überquerung einer Wiese biegt er zur **Ponte dei Salti** 06 (550 m) ein. Knapp oberhalb der Brücke tritt die Verzasca in die Schlucht ein. Der Fluss durchschneidet ein Serizit-Gneisband, das er zu den seltsamsten Formen abgeschliffen hat. Hier können wir im Sommer ein erfrischendes Bad nehmen. Unter der Brücke türmt sich ein Granitfelsen und trägt den mittleren Pfeiler der alten Steinbrücke. Oberhalb der Brücke wurde ein typisches Grotto errichtet, in dem die Erfrischungen auf Steintischen angeboten werden.

Nach 300 m auf der Asphaltstrasse erreichen wir in **Lavertezzo** 07 (536 m) die Busstation. Hier endet unsere Wanderung und wir kehren mit dem Postbus entweder nach Locarno oder zum Ausgangspunkt nach **Sonogno** 01 zurück.

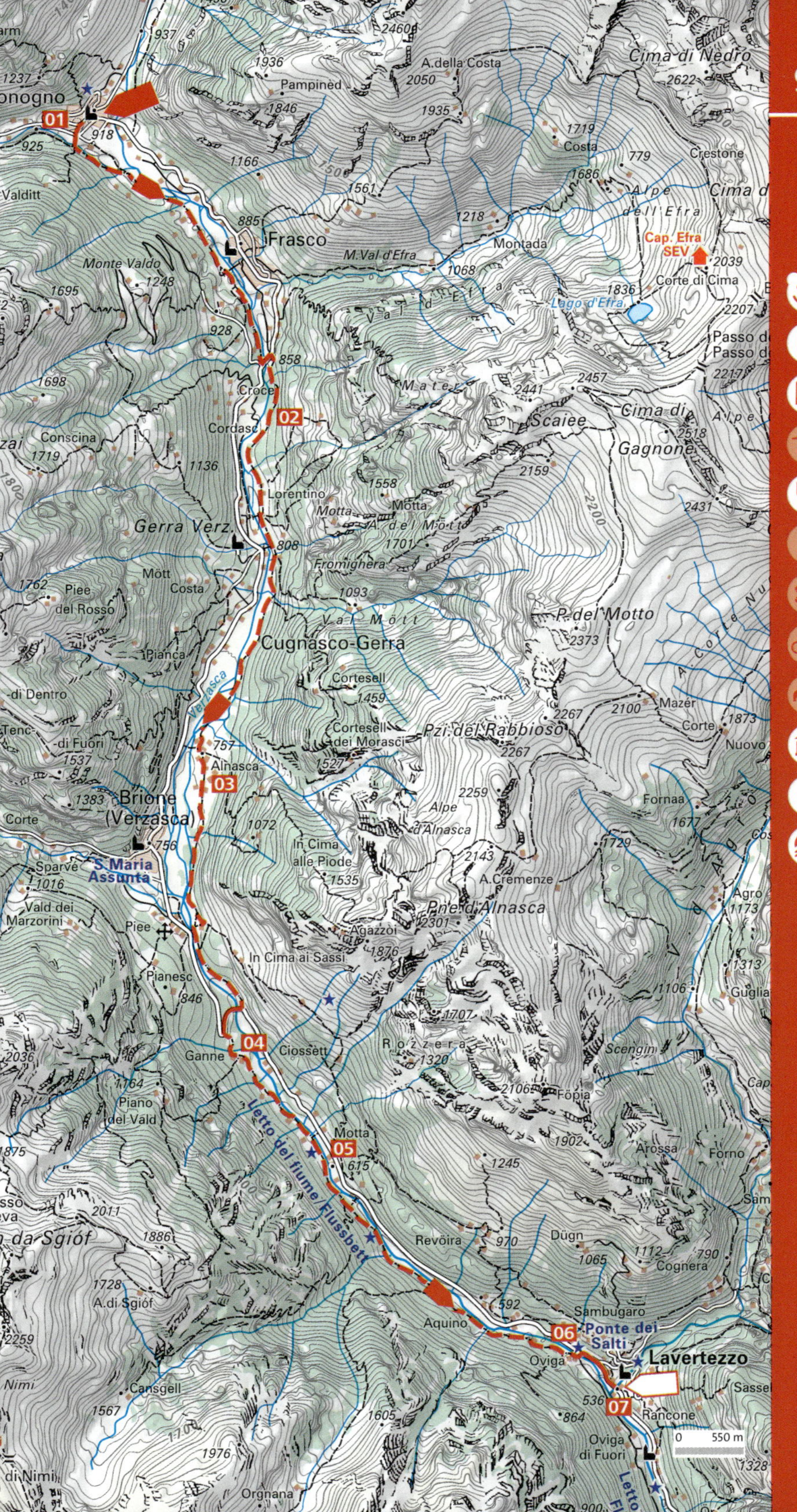
01
02
03
04
05
06
07
Frasco
Gerra Verz.
Cugnasco-Gerra
Brione (Verzasca)
S. Maria Assunta
Lavertezzo
Ponte dei Salti
Letto del fiume/Flussbett
Verzasca
Cap. Efra SEV
Lago d'Efra
Cima di Nedro
Cima di Gagnone
P. del Motto
Pzi del Rabbioso
Pne d'Alnasca
Alpe d'Alnasca
Scaiee
Motta
Revöira
Aquino
Oviga
Rancone
Ganne
Ciossett
Piee
Pianesc
0 550 m

CAPANNA ALPE SPLUGA • 1.838 m

Kammroute in die obere Etage

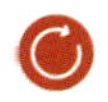  15,5 km 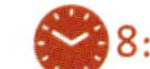 8:00 h 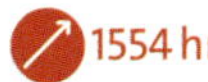 1554 hm  1554 hm  110

START | Giumaglio (353 m), Busverbindung mit Locarno.
[GPS: UTM Zone 32 x: 475.368 m y: 5.124.397 m]
CHARAKTER | Gute Wanderpfade, teilweise Treppenweg, aber steile und lange Tour, deshalb als 2-Tages-Tour empfehlenswert.

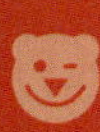
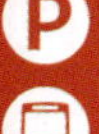

Die Tour führt zur Alpe Spluga, die aus einer stattlichen Anzahl granitgedeckter Steinhäuser besteht. Die vorbildlich renovierte Alpsiedlung wurde zur Wanderherberge für Selbstversorger umgebaut. In einem Haus befindet sich die Küche, in einem anderen die Schlaflager, aber von allen geniesst man einen ausserordentlichen Blick auf den in der Ferne schimmernden Lago Maggiore. Vorbildlich wurde die Alpsiedlung in den Jahren 2004/05 zur Wanderherberge für Selbstversorger umgebaut. In einem Haus die Küche, im anderen die Schlaflager; sodass man sich nirgends in die Quere kommt. In einer Vorratskammer befinden sich Lebensmittel und ein Getränkesortiment, das keine Wünsche offen lässt. Daneben ein Bad mit heisser Dusche! Soviel Engagement an freiwilliger Fronarbeit der Einheimischen will geschätzt werden. Selbstverständlich, das Refugium sauber zu hinterlassen und den Obolus in die Kasse zu zahlen.

Wer von den Hütten noch ein Stück Richtung Bocchetta del Sasso Bello spaziert, stösst auf ein Tälchen mit einem Mosaik aus Moortümpeln, mäandernden Bächlein und watteweichen Grasteppichen. Hier kann man sich eine kleine Auszeit in der Abgeschiedenheit der Tessiner Bergwelt gönnen.

▶ Von **Giumaglio** 01 (353 m) an der Kirche vorbei zum Waldrand oberhalb der Osteria dal Nito folgen wir dem Wegweiser „Cap. Spluga" einen steilen Treppenweg hinauf zum Aussichtspunkt von **Arnau** 02 (1.108 m). An der Weggabelung dahinter können wir uns entscheiden für die etwas längere Kammroute links oder die Talroute rechts über Cortone. Passt das Wetter, wählen wir die Kammroute für den Aufstieg und die Talroute dann später für den Abstieg. Oder eben umgekehrt, ganz nach Gusto.

Wer sich für links entscheidet, steigt nach **Costa** 03 (1.505 m) auf, wo man an einem Brunnen nochmals seine Trinkwasserflasche füllen kann. Linker Hand begeistert der Tiefblick ins Maggiatal, rechter Hand gibt der Wald bald den Blick zum Gebirgskamm frei, der das Maggia- vom Verzascatal trennt. Panoramareich setzt sich die Tour bis zur **Capanna Alpe Spluga** 04 (1.838 m) fort.

Für den **Rückweg** halten wir uns bei den Hütten links südöstlich nach **Cortone** 05 (1.593 m) hinunter. Tiefer unten über den Bach und jenseits von Valle am Waldhang entlang gen Süden, bis wir bei **Arnau** 02 wieder auf den uns bekannten Weg stossen.

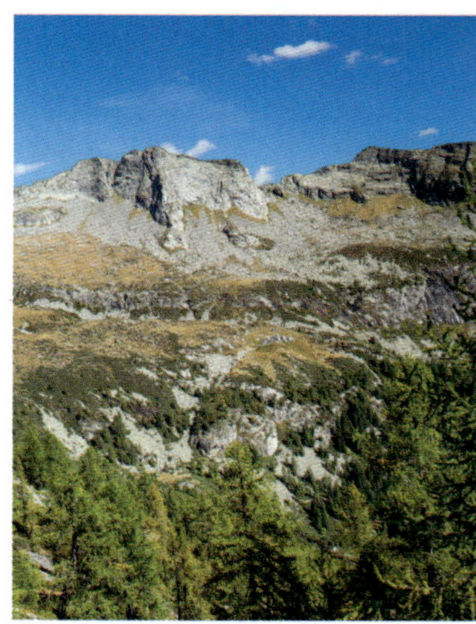

Blick von Costa zur Alpe Spluga.

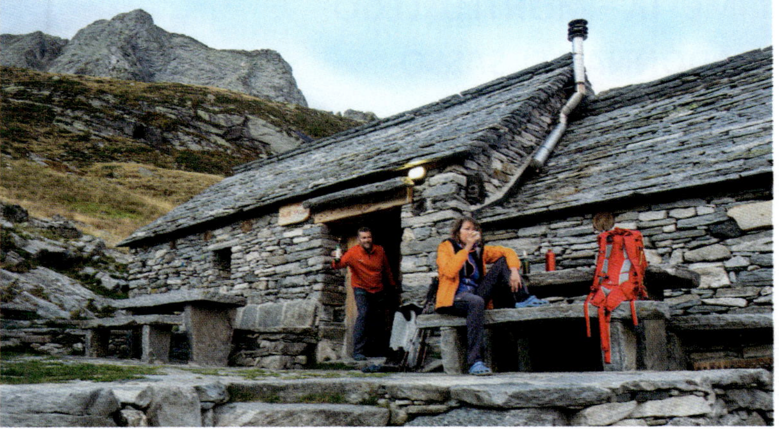

Die Alpe Spluga – eine der schönsten Selbstversorgerhütten.

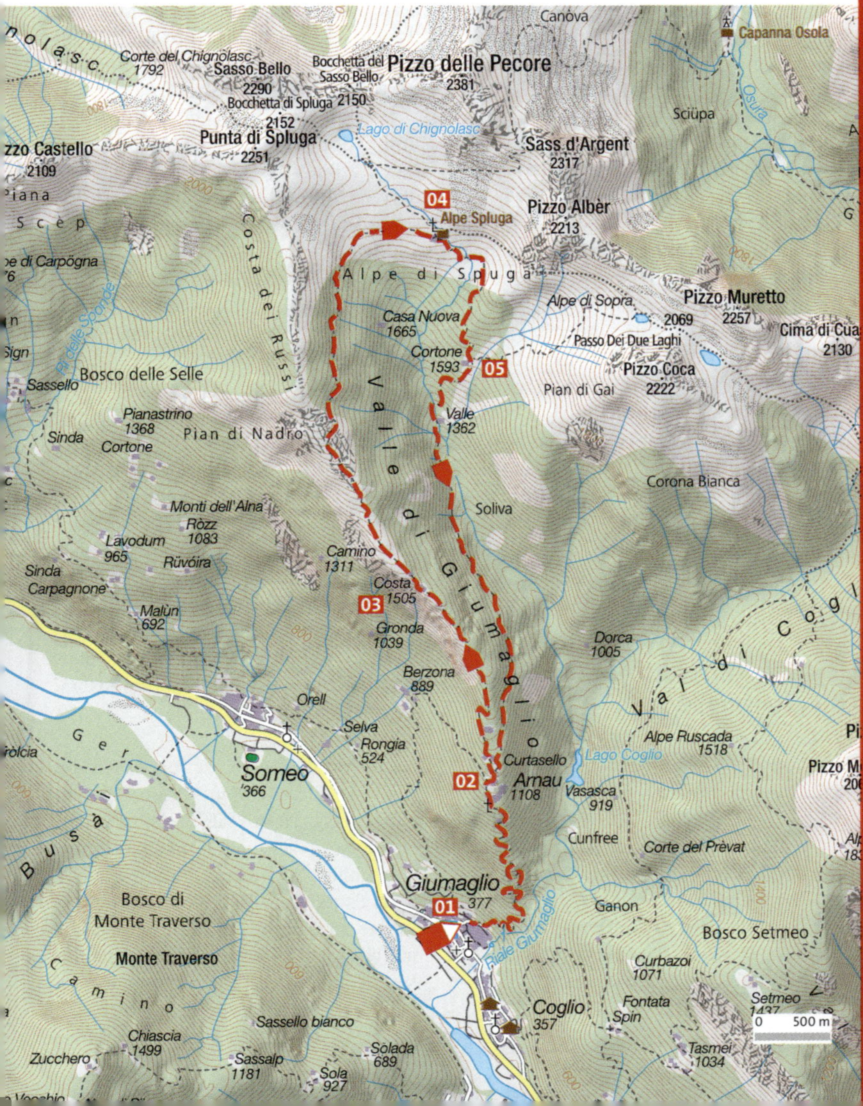

CIMETTA – MONTI DI LEGO – MADONNA DEL SASSO

Unterwegs am Hausberg Locarnos

 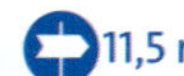 11,5 m 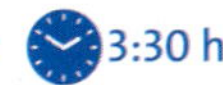 3:30 h 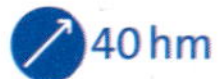 40 hm 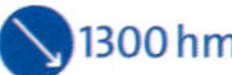 1300 hm 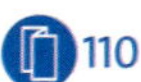 110

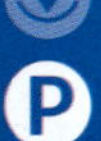

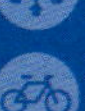

START | Bergstation Cimetta (1.650 m) . Zufahrt von Orselina/Madonna del Sasso per Gondel bis Cardada, dann Sessellift.
[GPS: UTM Zone 32 x: 483.770 m y: 5.116.390 m]
CHARAKTER | Ausgedehnte Panoramatour über im oberen Bereich steinige Wege. Ein Wechsel aus steilen Stiegen und bequemen Höhenwegen.

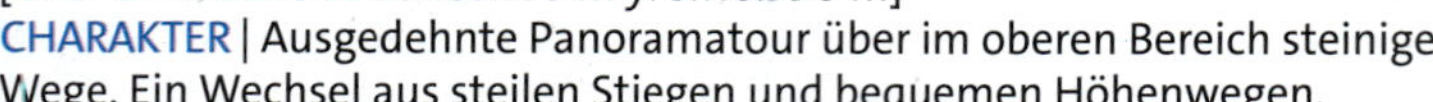

Sozusagen eine Downhill-Tour. Vom Gipfel der Cimetta steigen wir in weiten Schlaufen abwärts, geniessen dabei prächtige Panoramen und können in urigen Grotti die Spezialitäten der Region degustieren. Krönenden Abschluss der Wanderung liefert ein kulturelles Highlight: die Wallfahrtskirche Madonna del Sasso.

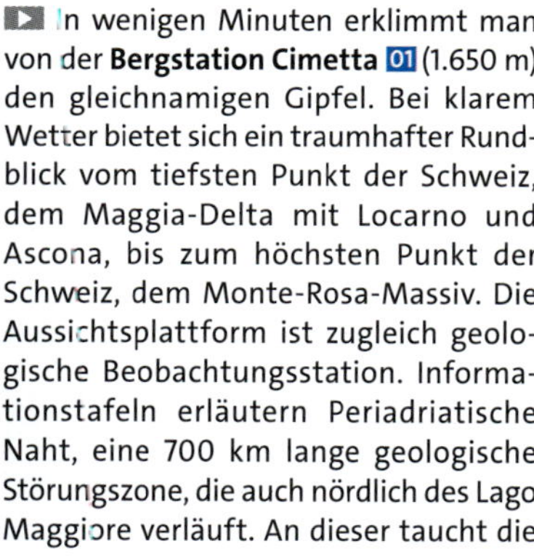

▶ In wenigen Minuten erklimmt man von der **Bergstation Cimetta** 01 (1.650 m) den gleichnamigen Gipfel. Bei klarem Wetter bietet sich ein traumhafter Rundblick vom tiefsten Punkt der Schweiz, dem Maggia-Delta mit Locarno und Ascona, bis zum höchsten Punkt der Schweiz, dem Monte-Rosa-Massiv. Die Aussichtsplattform ist zugleich geologische Beobachtungsstation. Informationstafeln erläutern Periadriatische Naht, eine 700 km lange geologische Störungszone, die auch nördlich des Lago Maggiore verläuft. An dieser taucht die afrikanische Kontinentalplatte unter der europäischen ab, wodurch die Auffaltung der Alpen bewirkt wird. Auch die unterschiedlichen Gesteinsarten entlang dieser Linie werden vorgestellt.

Aussichtsplattform „Passerelle“

Von der Bergstation der Seilbahn Orselina-Cardada lohnt sich der kurze Abstecher zur „Passerelle“, ein Steg, der zu einer über den Baumwipfeln schwebenden Aussichtsplattform führt und ein spektakuläres Panorama bietet: Zum See, ins Centovalli („Tal der hundert Täler“) und über einen Teil des Maggiatals.

Vom Gipfel steigen wir wieder zur Bergstation ab und folgen dem Wanderweg zur südöstlich liegenden **Alpe Cardada** 02 (1.496 m), mit der Capanna lo Stallone. Zu Spezialität der gemütlichen Hütte gehört die über offenem Feuer gebratene Polenta, die mit Tomaten, Rucola, Gorgonzola oder frischen Feigen zubereitet wird.

Gleich von der Hütte geht es links in den Wald (auch MTB-Strecke) hinunter und an einer Quelle vorbei zu einer Weggabelung, wo wir links Richtung Alpe di Lego einbiegen. Nun mehr oder weniger der Höhenlinie entlang bis zu einem Steinhaus und links weiter bis zum **Grotto Monti di Lego** 03, einem lauschigen Platz und von der Kapelle mit grandiosem Lago-Maggiore-Blick gesegnet. Eine Mulattiera führt uns westlich hinunter ins **Val Resa** 04 (864 m).

Vorbei am Al Grott Café folgen wir ein Stück der Strasse abwärts und biegen an der nächsten Linkskurve rechts in den Wanderweg Richtung Viona/Brione. Am Wegschild Sira (780 m) halten wir uns links. Es geht steil durch den Wald hinunter zu einem querlaufenden Weg, den wir rechts weitergehen. Vorbei am Wegschild Orècco (722 m) erreicht man ein Strässchen. Diesem rechts nach und abwärts, bis der Wanderweg in einer

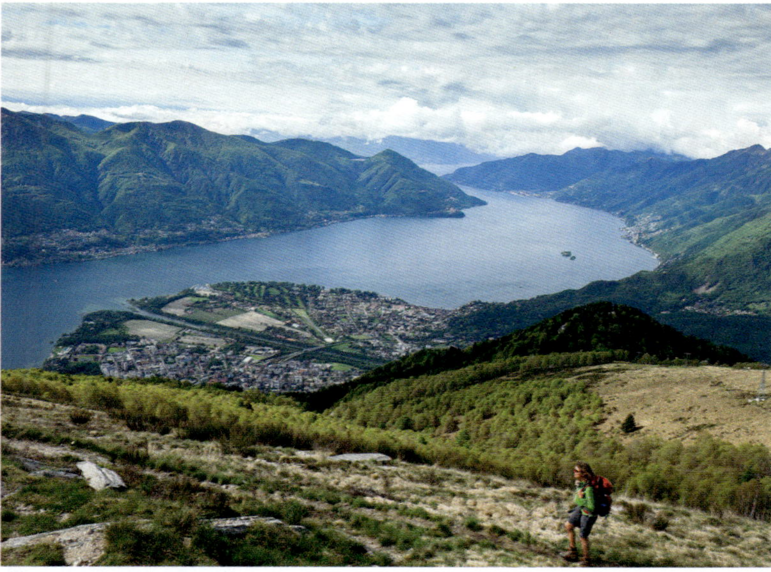

Auf dem Gipfel der Cimetta.

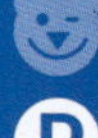
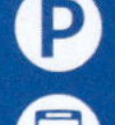

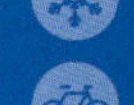

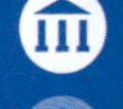

Linkskurve rechts abbiegt. Der Höhenlinie entlang passieren wir bei **Ronco di Bosco** 05 (546 m) das Grotto Ritrovo la Mondanina und gelangen schliesslich zu den obersten Häusern von Orselina und zur Via Eco. Kurz links, dann rechts steigen wir über die Scalinata, einen Treppenweg, hinauf zur **Madonna del Sasso** 06 (378 m) bzw. zur Talstation der Gondelbahn ab.

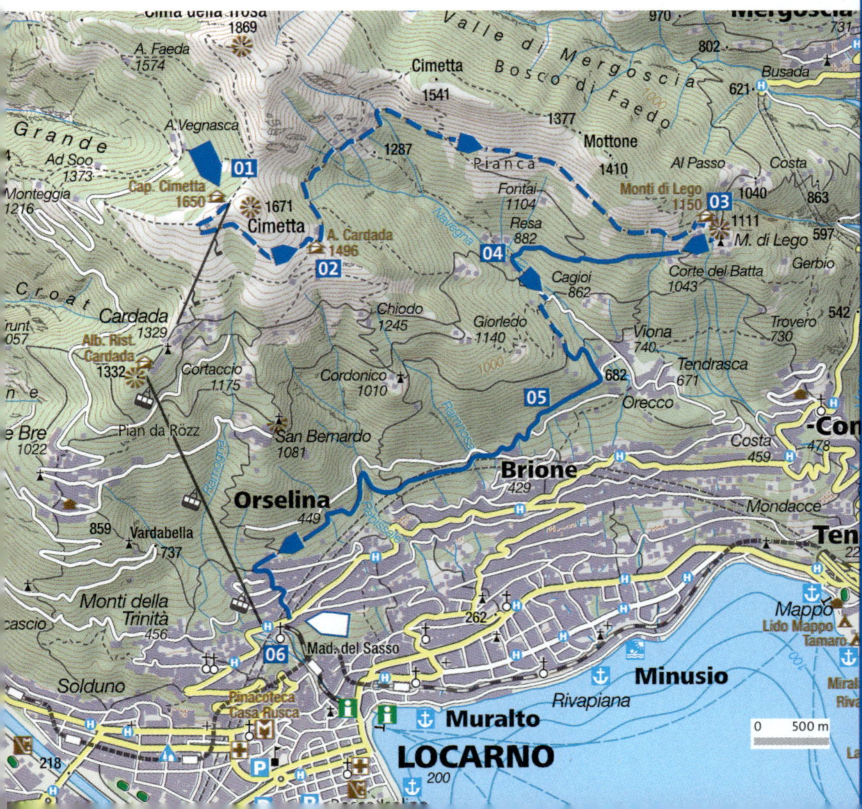

RASA – ASCONA

Über den Kamm, der das Centovalle vom Lago Maggiore trennt

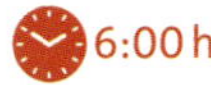

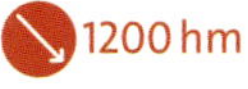

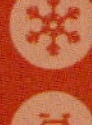
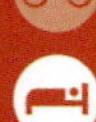
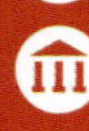

START | Rasa (898 m), auf einer Höhenterrasse im Centovalli gelegen, per Seilbahn von Verdasio erreichbar. [GPS: UTM Zone 32 x: 473.337 m y: 5.111.507 m]
CHARAKTER | Alppfade, längere Waldpartien wechseln sich mit Panoramastrecken ab. Im Aufstieg sorgen mehrere Tobel für etwas exponierte Passagen (Trittsicherheit wichtig). Abstieg abschnittsweise recht steil. Zuletzt Teerbelag.

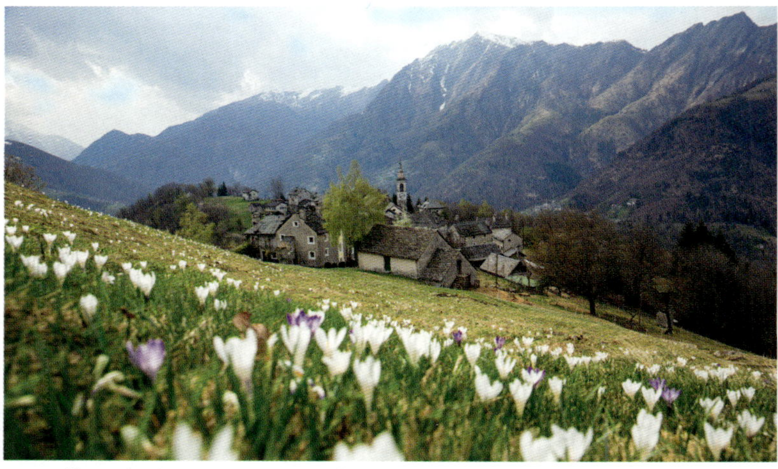

Wer Stille sucht, ist in Rasa genau richtig.

Am Lago Maggiore hat bereits der Sommer begonnen. In Rasa blüht gerade mal ein erster Kirschbaum, zeigt sich nur zaghaftes Grün an den Bäumen. Wie leicht man im Tal doch vergisst, wie lange in der Höhe der Winter dauern kann. Selbst im sonnenverwöhnten Tessin. Also für diese Tour nicht zu früh im Jahr starten, da nach strengen Wintern noch lange Schnee in den Tobeln liegen kann. Ver-

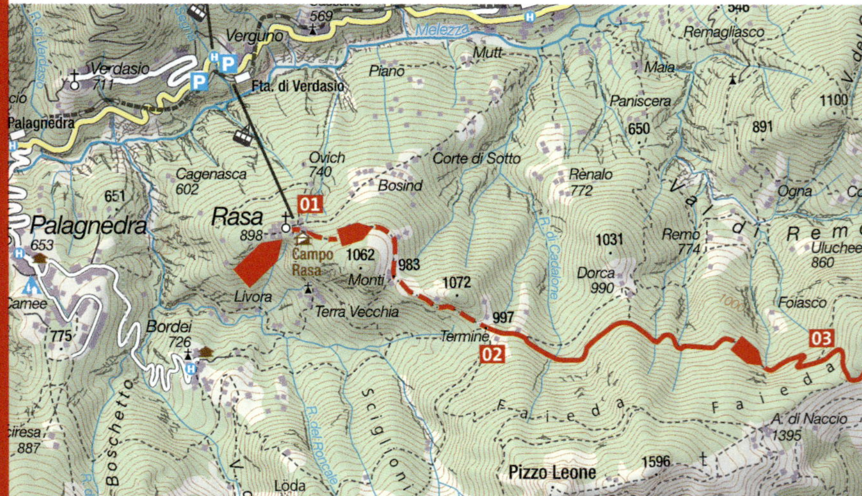

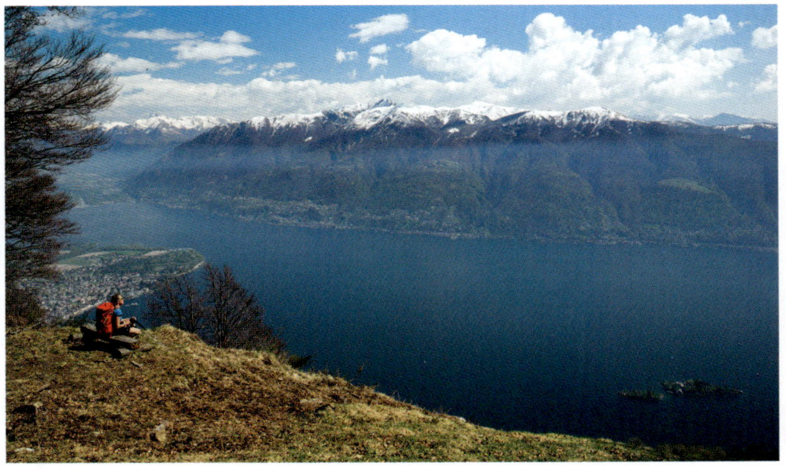

Aussichtsbank auf dem Weg zur Corona dei Pinci.

schnaufpause am Kamm, wo der Hang fast faltenfrei in den Lago Maggiore fällt. Welch ein Panorama! Boote ziehen weisse Gischtstreifen durch den Alpenfjord. Ewig könnte man hier sitzen und die Landschaft aufsaugen. Der aussichtsreiche Abstieg führt durch alle Vegetationsstufen. Es grünt und blüht durchs Jahr. Oben Soldanellen und Primeln, gefolgt von Narzissen und Forsythien, unten Rhododendren und Palmen. Ein Frühlingstraum im Mai/Juni.

▶ Von der Bergstation **Rasa** 01 (898 m) schlendern wir durch das hübsche Dorf. Hinter dem Ferienzentrum Campo Rasa steigt ein Pfad den Wiesenhang hinauf und führt zur Alpsiedlung von **Termine** 02 (997 m). Am Sattel nach den Häusern wird der Abzweig nach links und rechts ignoriert. Wir gehen weiter geradeaus leicht ansteigend durch mehrere Tobel, zuletzt steiler in Serpentinen den Waldhang hinauf zum **Kamm** 03 (1.300 m). Rechts liegen ganz nah die Hütten der Alpe di Naccio (1.395 m). Man könnte über diese noch einen Abstecher auf den Pizzo Leone (1.659 m) machen.

Ansonsten links weiter auf der Südostseite des Bergrückens über die **Alpe Casone** 04 (1.288 m) zum Aussichtsgipfel der **Corona dei Pinci** 05 (1.293 m). Für den Abstieg der Beschilderung „Monte Verità/Ascona" folgen.

Lohnenswert ist die Besichtigung des **Monte Verità** 06 (334 m). Zuletzt über den Treppenweg **Scalinata della Ruga** ins Dorfzentrum von **Ascona** 07 (196 m).

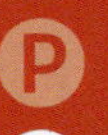
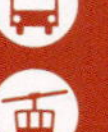

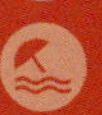

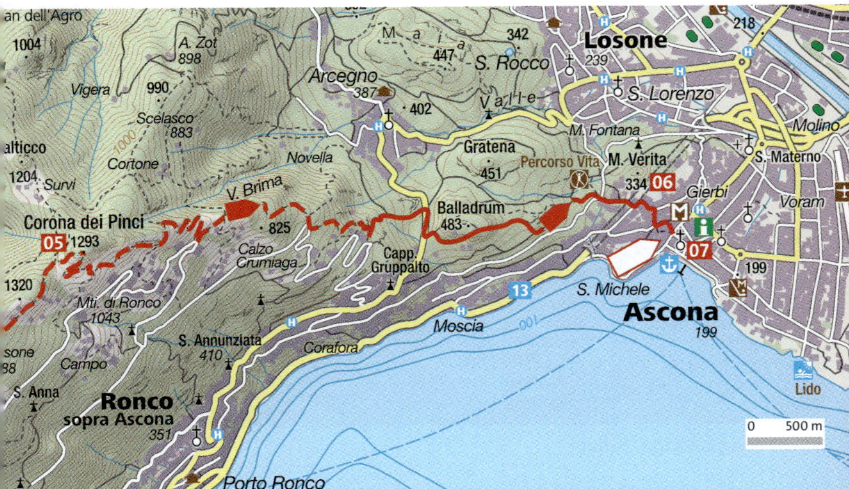

MONTE GRIDONE • 2.188 m

Schmugglerwege

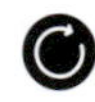 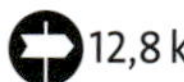 12,8 km  6:40 h 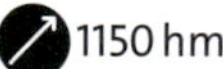 1150 hm  1150 hm  90

START | Parkplatz (1.000 m) unweit von Cortaccio. Zufahrt von Brissago 7 km. Parkplatz 800 m vor Erreichen des Maiensäss, also etwa bei 6,2 km. [GPS: UTM Zone 32 x: 475.530 m y: 5.106.180 m]
CHARAKTER | Alpine Bergtour mit steilem Zu- und Abstieg. Teils felsdurchsetztes Gelände, das gute Trittsicherheit und im Kammbereich auch Schwindelfreiheit voraussetzt.

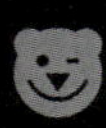
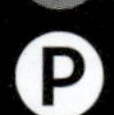
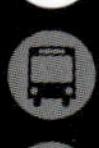
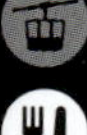

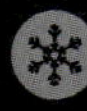

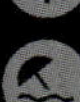

Der Kamm, der den Lago Maggiore vom Centovalli trennt, ist ein einziger Aussichtsbalkon. Er kulminiert im Monte Gridone. Unter seinem Gipfel balanciert das Rifugio Al Legn über der Steilküste. Den Lago wie einen Fjord glitzernd zu Füssen steigen wir auf steinigem Pfad dem Monte Gridone entgegen. Die Szenerie ist aufregend. Beim Steilabfall ins Centovalli kommt der Monte Rosa ins Bild. Einer Schneeburg gleich über den Graten des Nationalparks Val Grande und der Beginn einer ganzen Kette weiss bepuderter Viertausendergipfel – Eyecatcher, die vom Boden ablenken. Die Route selbst duldet abschnittsweise keine Ablenkung; Schrofen, Felsstufen, abschüssige Grasflanken auch für den nach Cannobio hinunterziehenden Kamm. Ein ideales Terrain für den Schmuggel, der zu Kriegszeiten florierte, trauten sich die Grenzsoldaten doch nicht so weit hinauf.

▶ Vom **Wanderparkplatz** **01** (1.000 m) folgen wir der Strasse bis zu ihrem Ende am Maiensäss **Cortaccio** **02** (1.067 m). Wir biegen im ersten Teil des Dörfchens links ein. Die Mulattiera führt über den Bach und steigt dann durch Kastanienwald bergwärts. Nach den Alphütten von Penzevione gabelt sich der Weg. Die rechte Route wäre zwar die steilere, doch aus-

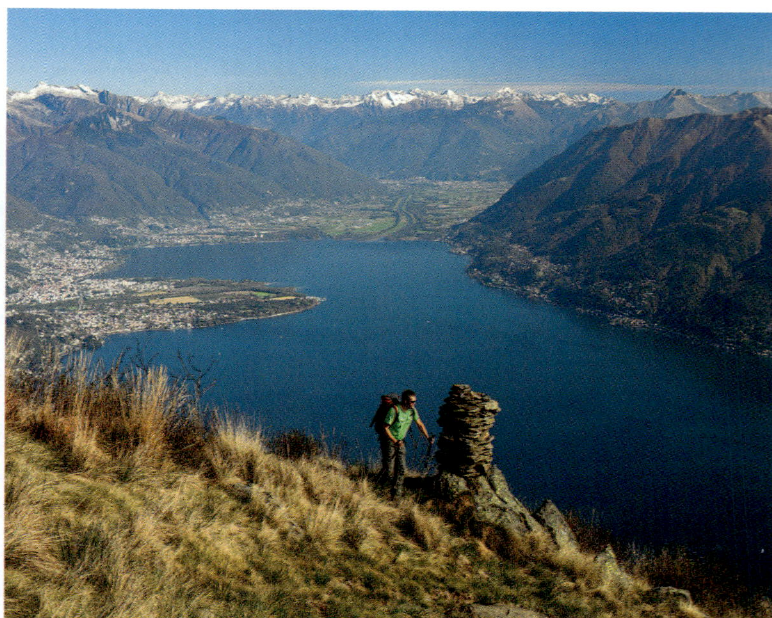

Am Abstieg zur Alpe Pianoni.

sichtsreichere. Die linke Route bleibt lange in einem Graben, lässt aber auch schöne Seeblicke zu, nur eben in einer Richtung. Beide Wege treffen sich am **Rifugio Al Legn 03** (1.785 m). Von der Hütte klettert der gut markierte Pfad dann zur Bocchetta di Valle, wo sich ein zehnminütiger Abstecher zum Aussichtspunkt Fumadiga (2.010 m) lohnt. Eine Alternative für solche, denen die Gipfeltour zu lang und anstrengend ist.

Von der Bocchetta (deutsch: Scharte) halten wir uns links. Die Markierungen leiten nordwestlich zu einer felsigen Rinne und durch diese auf den Grat, über den die Grenze verläuft. Nun nach rechts dem Kamm folgend zur „Caldera" (Niederschlagsmessstation) und hinunter in eine Scharte. Schliesslich in kräftigem Gegenanstieg auf den mit gewaltigem Gipfelkreuz gekrönten **Monte Gridone 04** (2.188 m), auch Monte Limidario genannt. Gewaltig sind vor allem die Tiefblicke ins Centovalli und zum Monte Rosa hinüber. Wir kehren am Kamm wieder dorthin

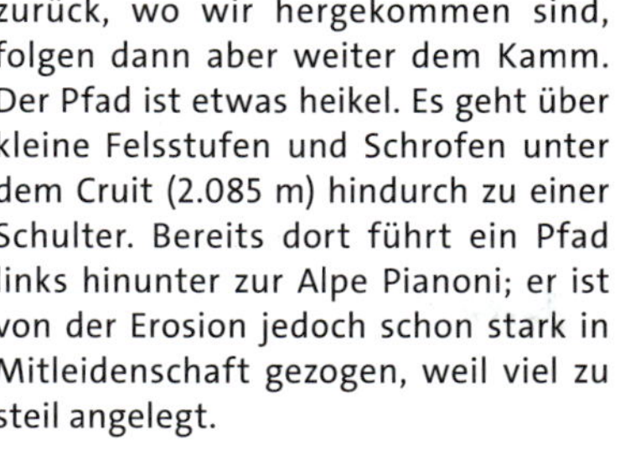

zurück, wo wir hergekommen sind, folgen dann aber weiter dem Kamm. Der Pfad ist etwas heikel. Es geht über kleine Felsstufen und Schrofen unter dem Cruit (2.085 m) hindurch zu einer Schulter. Bereits dort führt ein Pfad links hinunter zur Alpe Pianoni; er ist von der Erosion jedoch schon stark in Mitleidenschaft gezogen, weil viel zu steil angelegt.

Wir steigen noch etwas den Graskamm ab zum **Passo Percadugine 05** (1.646 m) und wenden uns erst dann links zur **Alpe Pianoni 06** (1.612 m). An den Hütten plätschert ein Brunnen, hier kann man Wasser nachfüllen. Der Weg folgt noch kurz der Höhenlinie und senkt sich dann zur **Alpe ResceRasca 07** (1.202 m).

Unterhalb der archaischen Siedlung wenden wir uns am Wegweiser links und treffen im Wald auf die Aufstiegsroute kurz vor Erreichen **Cortaccios 02**. Auf der Strasse geht man dann zurück zum **Wanderparkplatz 01**.

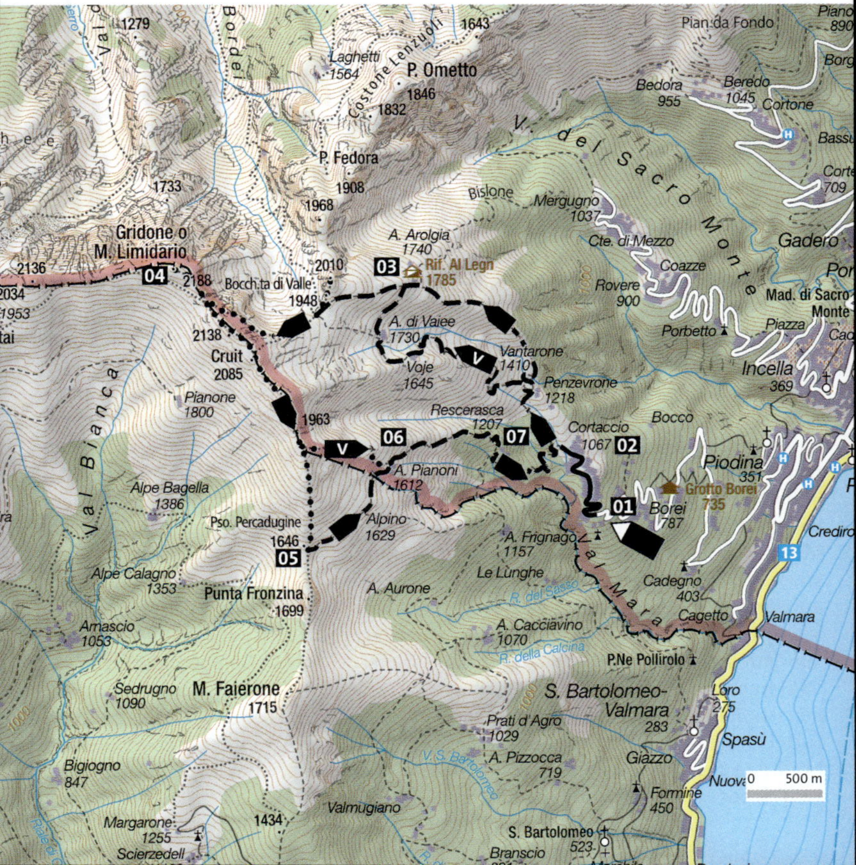

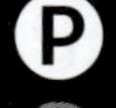
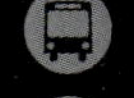

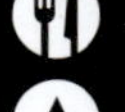
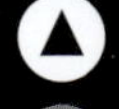
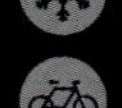
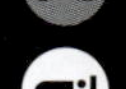
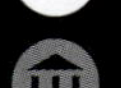

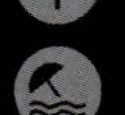

MONTE GAMBAROGNO • 1.734 m

Von der Alpe di Neggia zum Gipfel

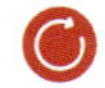  8 km  4:00 h 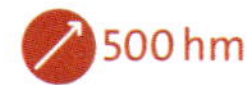 500 hm 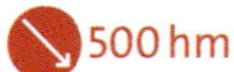 500 hm  50

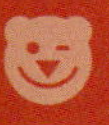

START | Passhöhe Alpe di Neggia (1.395 m), die man über eine Bergstrasse erreicht, die in Vira am Ufer des Lago Maggiore abzweigt.
[GPS: UTM Zone 32 x: 488.057 m y: 5.106.357 m]
CHARAKTER | Angenehme Bergwanderung auf guten Pfaden, die durchwegs markiert sind; Einkehrmöglichkeiten an der Alpe di Neggia und Alpe Cedullo.

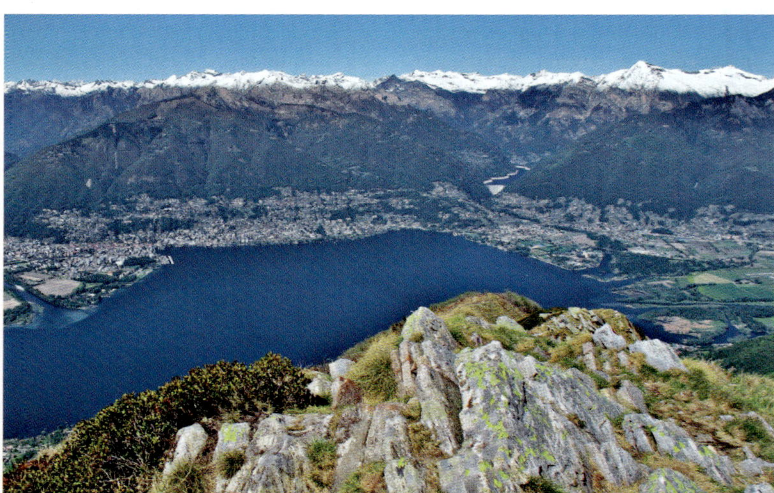

Der prächtige Ausblick vom Gipfel des Monte Gambarogno aus.

Das Gambarogno, die gebirgige Uferlandschaft im Nordosten des Lago Maggiore, gipfelt im Monte Gamborogno, der berauschende Tiefblicke auf den Lago Maggiore und sein Umland bietet.

▶ Der Weg beginnt direkt an der **Passhöhe der Alpe di Neggia** 01 (1.395 m) und folgt einer kleinen Schotterstrasse, die in nordwestlicher Richtung hinauszieht. Bei einer Kehre zweigt der Pfad auf den Monte Gambarogno von der Schotterstrasse ab und führt steil in Serpentinen aufwärts. Gegenüber zieht der lange Westgrat des Monte Tamaro hinauf, auf dem die Route des Bergpfades zum 1.961 m hohen Gipfel deutlich zu erkennen ist. Über einen wenig ausgeprägten Sattel hinweg wechselt der Weg auf die Nordseite des Monte Gambarogno.
Bald schon erkennen wir den wenig ausgeprägten Gipfel des Monte Gambarogno. Mit angenehmer Steigung geht es nun die Nordflanke des Berges empor, immer begleitet vom Ausblick auf den tief unter uns liegenden Lago Maggiore. Knapp unterhalb des Gipfels können wir bei zwei verlassenen Steinhäusern zum Aussichtspunkt hinaufsteigen, den jenes Gipfelkreuz ziert, das wir bereits vom Ausgangspunkt der Wanderung erkennen konnten. Eine Panoramakarte informiert uns über die Berggipfel der näheren und weiteren Umgebung. Von diesem Aussichtspunkt gelangen wir in wenigen Minuten auf den 1.734 m hohen Gipfel des **Monte Gambarogno** 02.

Nun geht es auf dem Anstiegsweg wieder einige Meter hinunter zur beschilderten Weggabelung. Vom Gipfel herabkommend biegen wir nach links Richtung

Alpe Cedullo und Sant'Anna ab. Durch Zwergstrauchheiden und mit herrlicher Aussicht auf den See geht es in nördlicher, später in westlicher Richtung den Berghang abwärts. Später taucht der Weg in einen dichten Buchenwald ein. Auf einer Lichtung liegt das Steingebäude der **Alpe Cedullo** 03 (1.287 m).

Ein Wegweiser zeigt uns die Richtung nach Sant'Anna an. Nach einem kleinen Anstieg erreichen wir die schlichte Kapelle, die sich auf der Lichtung eines bewaldeten Sattels befindet. **Sant'Anna** 04 (1.342 m) liegt am ehemaligen Saumpfad, der von Gerra am Lago Maggiore nach Indemini führt.

Neben der Kirche steht ein Wegweiser, der uns in südlicher Richtung nach Indemini weist. Die Route führt nun durch Buchen- und Birkenwald leicht abwärts. Bald gelangen wir ins Val Giona, das sich nach Süden hin öffnet und etwas nördlich von Luino in den Lago Maggiore mündet. Wir queren trockenes, waldloses Gebiet, das mit Ginster- und Schneeheidebüschen bewachsen ist, und kommen kurz vor einer Hochspannungsleitung zu einer **Weggabelung** 05 (1.220 m).

Wir können entweder in 30 Minuten nach Indemini absteigen oder zur Alpe di Neggia zurückkehren.

Richtung Alpe di Neggia folgt ein kurzer Anstieg, der mit einigen Serpentinen überwunden werden muss. Wir wandern durch einen schönen Lärchen-Fichten-Mischwald und queren kleinere Geröllfelder. Schliesslich erreichen wir nach rund 4 Stunden Gehzeit wieder unseren Ausgangspunkt, die **Alpe di Neggia** 01. Von dieser Anhöhe windet sich die schmale Strasse mit teils weit ausladenden Kehren nach Indemini hinunter und führt an vereinzelt stehenden Steinhäusern vorbei, zum Beispiel bei Monti Idacca.

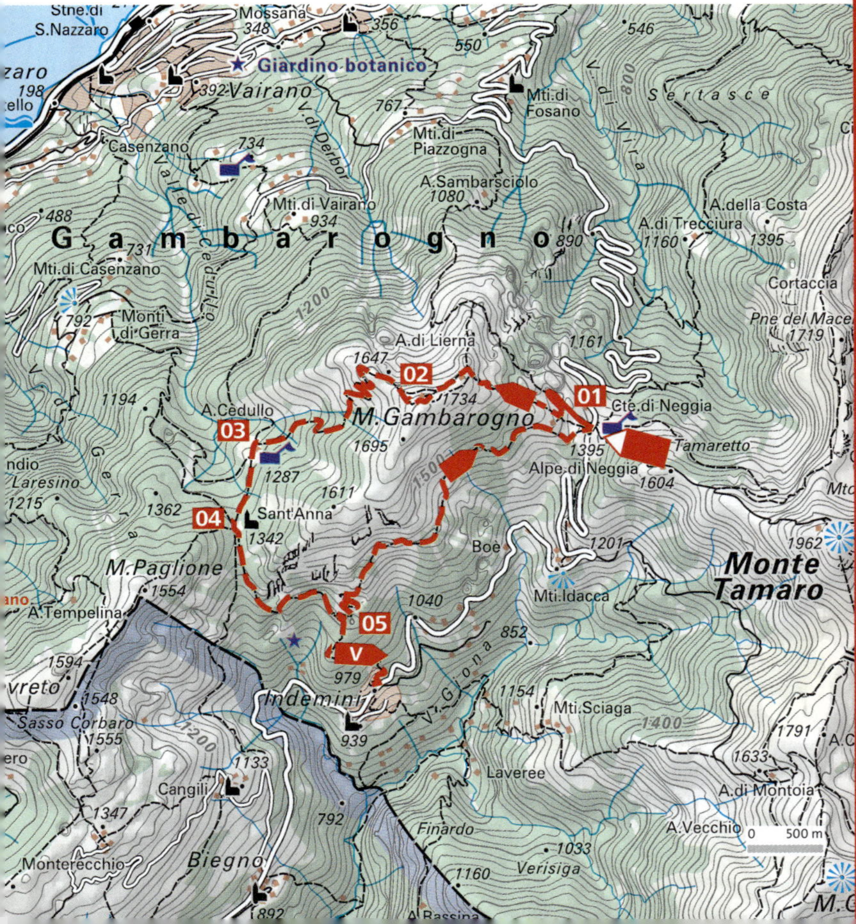

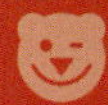
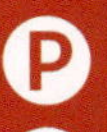

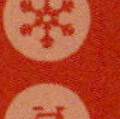

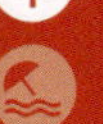

MONTE BRÈ • 915 m

Über den Monte Boglia zur Alpe Bolla

 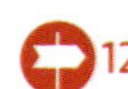 12,1 km 5:30 h 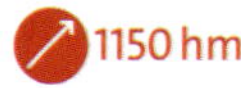 1150 hm 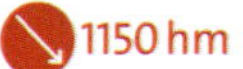 1150 hm  50

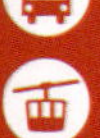

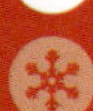

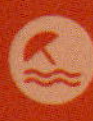

START | Bergstation (915 m) der Standseilbahn am Monte Brè. Keine Parkplätze an der Talstation, nur Grossparkplätze in Lugano (am nächsten ist der beim Stadtpark), in Brè gibt es einen Parkplatz.
[GPS: UTM Zone 32 x: 497.681 m y: 5.094.764 m]

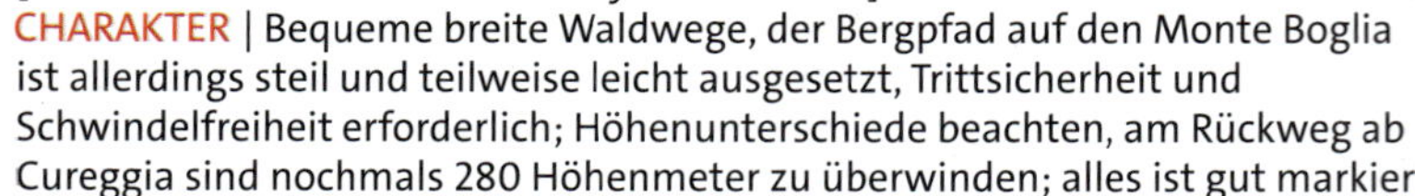

CHARAKTER | Bequeme breite Waldwege, der Bergpfad auf den Monte Boglia ist allerdings steil und teilweise leicht ausgesetzt, Trittsicherheit und Schwindelfreiheit erforderlich; Höhenunterschiede beachten, am Rückweg ab Cureggia sind nochmals 280 Höhenmeter zu überwinden; alles ist gut markiert.

Die Wanderung führt uns auf einem einmaligen Rundweg zu den aussichtsreichen Höhen des Luganer Hausbergs Monte Brè, den wir bequem mit der Standseilbahn erreichen. Von der Bergstation wandern wir zum Ort hinab und besteigen den Gipfel des Monte Boglia auf 1.516 m, einen weiteren Aussichtsberg des Tessins, um danach über die Alpe Bolla durch den Kastanienwald ins malerische Cureggia zu gelangen. Ein Gegenanstieg bringt uns zum Ort Brè und weiter zur Bergstation der Standseilbahn zurück.

▶ Vom **Bergrestaurant** 01 (880 m) am **Monte Brè** führt ein zuerst ebener, den Südhang anschneidender Weg hinüber nach **Brè sopra Lugano** 02 (800 m). Wenn wir die Ostseite des Berges erreicht haben, liegt das Örtchen auf dem sanften Sattel unter uns., zu dem wir über eine breite nach Osten gerichtete Treppe hinabsteigen. In das gemütliche Dörfchen kann von Lugano aus auch mit einer Buslinie erreicht werden, empfehlenswerter und romantischer ist jedoch die Bahnfahrt. Wir durchqueren den Ort, vorbei an der Pfarrkirche SS. Simone e Fedale und dem Albergo Brè, und halten uns bei der Osteria la Monti rechts auf einem gepflasterten und teilweise grasbedeckten Weg bergwärts. Über einen schmalen Steinweg wandern wir aus dem Dorf hinaus auf die Wiesenterrassen oberhalb von Brè. Wir kommen auf dem etwas steil ansteigenden Saumpfad viermal zu einer Asphaltstrasse, die als Zufahrt zu den Wasserfassungen erbaut wurde. Wir folgen dieser, die sich bald nach rechts zum 932 m hohen Hügel von Materone wendet.

Zum ersten Mal treten wir nahe an den östlichen Abbruch heran, auf dem weiter oben am Monte Boglia die Landesgrenze verläuft. Durch einen Birkenhain sehen wir auf den dunkelblauen nach Italien hineinreichenden Teil des Luganer Sees. Hier macht die Strasse eine Spitzkehre und zieht in westlicher Richtung in den bewaldeten Hang hinein. Bald sehen wir wieder auf das Dorf Brè. Am Ende der Strasse treten wir über eine etwas steile Rampe in den Buchenwald ein und beginnen den Aufstieg zur Quellfassung von Carbonera. Vorbei am Wegweiser von Trevach, bei dem ein nicht zu empfehlender steiler Bergpfad direkt zum Grat unterhalb des Monte Boglia führt, erreichen wir nach der Durchquerung einer Bachrunse **Carbonera** 03 (1.033 m).

Bei der Quelle gönnen wir uns einen erfrischenden Schluck und wenden bei der Weggabelung nach rechts. Wir wandern in östlicher Richtung im bewaldeten Hang auf einem schmalen Fahrweg aufwärts und treffen bei einem weiteren Brunnen auf dessen Ende. Ein schmaler Steig überwindet die letzte Steilstufe hinauf zum Sattel des **Sasso Rosso** 04 auf 1.317 m. Plötzlich stehen wir vor einem gewaltigen Abgrund, und unter uns liegt der Porlezza-Arm des Lago di Lugano. Der Weg verläuft nun eine Weile relativ eben dem Grat entlang und wird stellenweise durch Holzgeländer gegen den Abgrund gesichert.

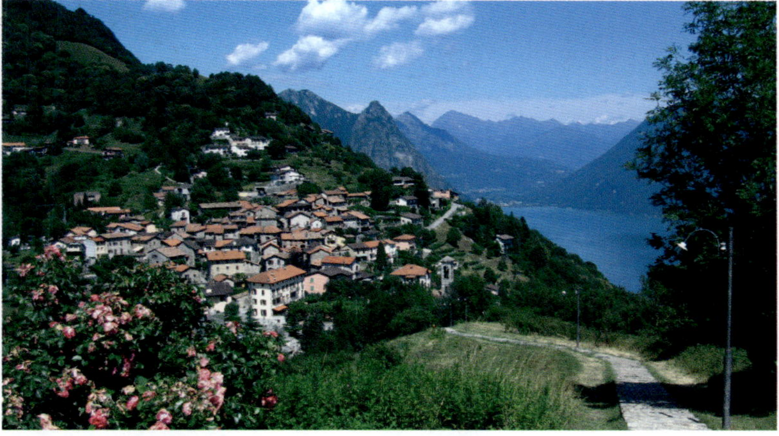

Das Bergdorf Brè hoch über dem Lago di Lugano.

An der Baumgrenze treten wir in die steilen Wiesenhänge unterhalb des Gipfels ein, die von einem weichen, aber steilen Pfad in zahlreichen Serpentinen durchzogen werden. Manchmal sind erdgefüllte Treppen ausgebildet. Wir schrauben uns immer höher und nach einem kleinen Vorberg erreichen wir den vom Gipfel ausgehenden Grat, an dessen Südende nochmals ein Aussichtsbalkon angelegt wurde. Wir folgen dem breit ausgetretenen Pfad dem Grat entlang bis zum Gipfel des **Monte Boglia** 05 (1.516 m). Auf dem Grat verläuft auch die Landesgrenze, der wir beim Abstieg noch öfter begegnen werden.

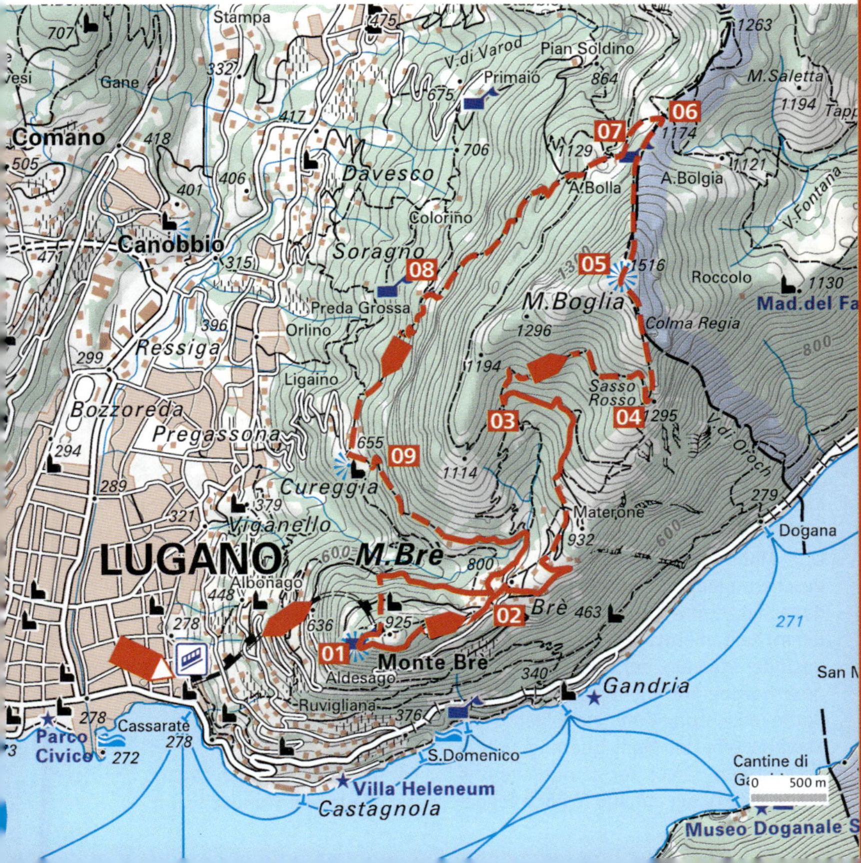

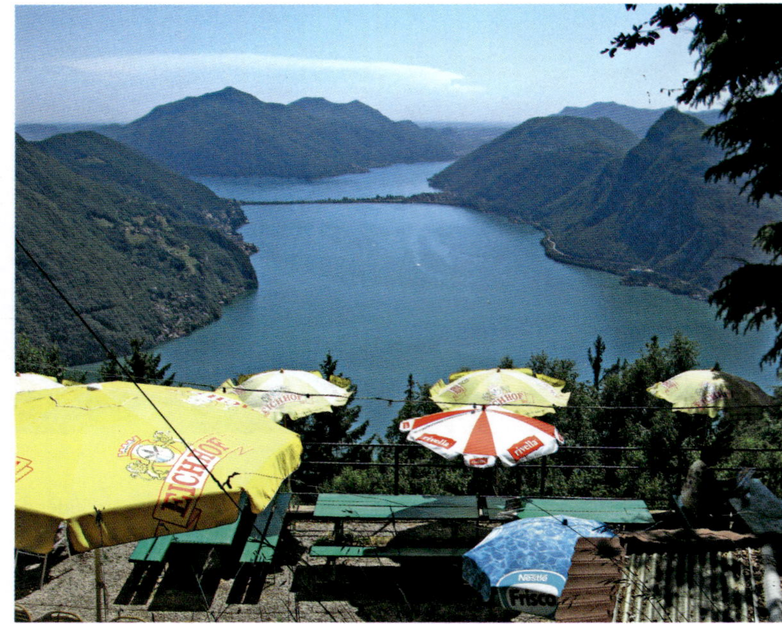

Das Bergrestaurant am Monte Brè mit Aussicht auf den Lago di Lugano.

Nach kurzer Rast beginnen wir mit dem Abstieg über den schmalen Nordgrat des Berges und gelangen bald auf flachere Hangabschnitte. Ein paar Serpentinen bringen uns rasch abwärts. Öfters fallen uns nun die nummerierten Grenzsteine auf, die die Landesgrenze zu Italien anzeigen. Plötzlich stehen wir oberhalb der Alpe Bolla und können das gesamte Alpgebiet überschauen. Nach wenigen Metern erreichen wir den Sattel von **Pian di Scagn** 06 (1.263 m). Beim direkt an der Landesgrenze stehenden Wegweiser können wir uns orientieren. In Richtung Norden beginnen die Übergänge zu den Denti della Vecchia, die weiter nach Cimadera ins Valle Colla führen.

Wir wandern vom Sattel des Pian di Scagn auf fast ebenem Weg in südlicher Richtung zur **Alpe Bolla** 07 (1.129 m) hinüber, die wir auch gleich erreichen. Der Alpboden wird auf einem leicht geschwungenen Weg durchquert, bald danach treffen wir auf einen Wegweiser, der im Kastanienwald liegt. Hier mündet auch der Pfad ein, der direkt von Carbonera herüberkommt, während wir der Route in Richtung Cureggia folgen. Stets abwärts, teils den Hang querend, teils in Serpentinen, strebt der gemütliche und breite Weg zu der auf 809 m hoch liegenden Lichtung von **Preda Grossa** 08 (809 m) entgegen. Wir treffen im Wald auf eine Grotte, die zum Verweilen einlädt.

Etwas oberhalb davon zieht der Weg weiter den Hang hinab und wird jetzt etwas breiter, da er als Fahrweg benutzt wird. Nach 30 Minuten betreten wir die **Hangterrassen von Cureggia** 09 (655 m). Bei dem einladenden Grotto Pierino halten wir uns links und gehen auf einer schmalen Asphaltstrasse an der Kirche San Gottardo vorbei, bis wir die letzte Villa des Örtchens erreicht haben.

Hier zweigt nach links ein Gehweg ab, der in den Wald führt und mit einigen Serpentinen den Anstieg nach Brè-Dorf überwindet. Auf diesem müssen wir nun noch fast 280 Höhenmeter aufwärtssteigen. Ab dem Gehöft von Promé haben wir den Anstieg hinter uns gelassen und wandern eben auf breiter und schattiger Fahrstrasse nach **Brè** 02. Nach der Querung des Cassonebaches mit einer Furt, erreichen wir den Ort und treffen bei der Osteria la Monti auf die **Bergstation** 01 und damit auf den Beginn unseres Rundgangs.

Für die Rückkehr nach Lugano benützen wir wieder die Standseilbahn.

MONTE SAN SALVATORE • 913 m

Von Melide auf den Zuckerhut Luganos

 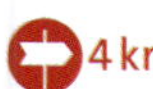 4 km  2:30 h  650 hm 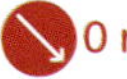 0 m  50

START | Melide (274 m) am Westufer des Lago di Lugano, an der Schnittstelle der Auto- und Eisenbahn gelegen. [GPS: UTM Zone 32 x: 495.934 m y: 5.089.137 m]
CHARAKTER | Aussichtsreiche, aber anstrengende Wanderung mit zwei längeren Steilstücken, die von der Südseite auf den exponiert stehenden Gipfel führt; durchgängig beschildert; gebührenpflichtige Parkplätze beim „Swissminiatur“. Bus-, Bahn- oder Schiffsverbindung mit Lugano und Mendrisio.

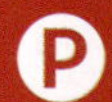

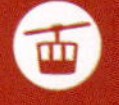

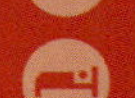

So schön der Blick auf den Monte San Salvatore von der Uferpromenade Luganos auch sein mag, die Aussicht vom Gipfel ist noch beeindruckender. Reizvoll ist auch der Anstieg von der Südseite, der durch eine südlich angehauchte Landschaft führt und auch den Ort Carona beinhaltet.

▶ In **Melide** 02 (274 m) zweigt westlich des Kreisverkehrs am Kopf des Melide-Dammes die Via Carona ab, die steil bergauf führt. Wir folgen der Strasse für 200 m. Der Wanderweg nach Carona beginnt mit einer kurzen Betonstiege (Wegweiser) und führt uns zunächst an Häusern und Gärten vorbei. Sobald wir etwas an Höhe gewonnen haben, wird der Blick auf den See, den Ort und den Melide-Damm frei. Landstrasse, Bahn und Autobahn zwängen sich über die enge, bereits 1847 erbaute künstliche Landbrücke, die als Hauptschlagader für den Nord-Süd-Verkehr durch das Tessin gilt.

Bald erreichen wir einen Laubmischwald, der sich über den gesamten Berghang erstreckt. In Serpentinen schlängelt sich der gut ausgebaute Weg steil hinauf, Ruhebänke laden zur Pause ein. An manchen Stellen ist der Weg mit Natursteinen gepflastert, oder es sind kleine Stufen angelegt. Nach rund 45 Minuten erreichen wir die ersten Häuser von Carona. Auf einem Teersträsschen nähern wir uns der Pfarrkirche San Giorgio, die schon von Weitem den Ortskern von **Carona** 02 (597 m) angezeigt hat.

Nun haben wir den waldbedeckten Sattel zwischen Monte San Salvatore im Norden und Monte Arbostora im Süden erreicht und damit die erste Steilstufe der Wanderung überwunden. Neben der Pfarrkirche von Carona zwängt sich die Strasse, der wir Richtung Ciona folgen werden, durch einen engen Durchgang. Wir folgen dem Wegweiser und bleiben zunächst auf einer wenig befahrenen Strasse, bis wir nach 15 Minuten ab Carona den Weiler Ciona erreichen. Dort leitet uns ein Hinweisschild nach rechts. Eine Gasse führt an der Kapelle Santa Maria delle Grazie (18. Jh.) vorbei. Nach dem Ort geht es etwas abwärts, bis wir in einen schattigen Buchenwald gelangen.

Von dort wandern wir wieder steil aufwärts dem Gipfelaufbau des Monte San Salvatore entgegen. Der Weg ist gut angelegt. Wenn wir dann die bunten Schirme des Terrassen-Restaurants am Monte San Salvatore sehen, haben wir den Anstieg fast geschafft. Nach 2½ Stunden stehen wir am 913 m hohen **Monte San Salvatore** 03, der aus einem riesigen Felsblock aus Dolomitgestein besteht.

Gleich neben dem Restaurant befindet sich die **Bergstation der Salvatore-Standseilbahn**, die von Paradiso heraufkommt. Bis zum Gipfelplateau mit der Kapelle San Salvatore sind es nur noch wenige Minuten. Das Dach der Kapelle ist zu einer Aussichtsterrasse ausgebaut. Es lohnt sich hinaufzusteigen, denn von dort oben ist die Sicht in alle Richtungen grossartig. Für den Rückweg nach Lugano-Paradiso können wir die Standseilbahn nehmen oder auf dem Hinweg zurück nach **Melide** 01 absteigen.

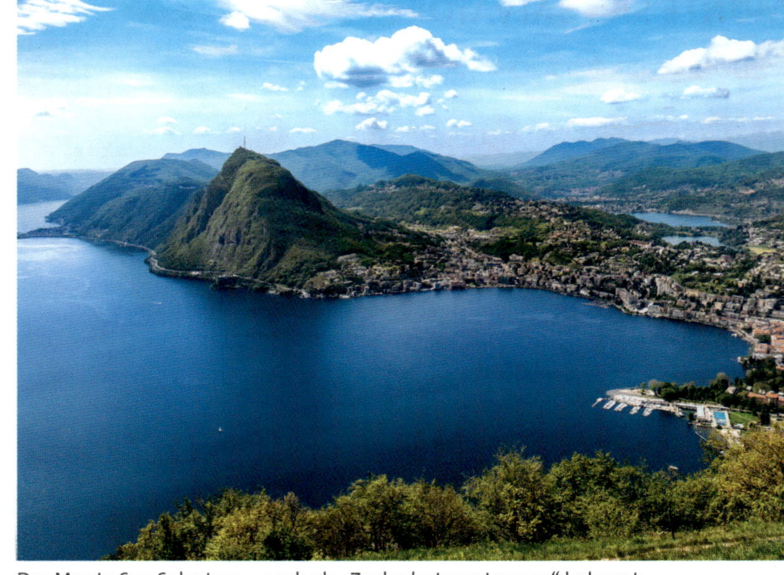

Der Monte San Salvatore – auch als „Zuckerhut von Lugano“ bekannt.

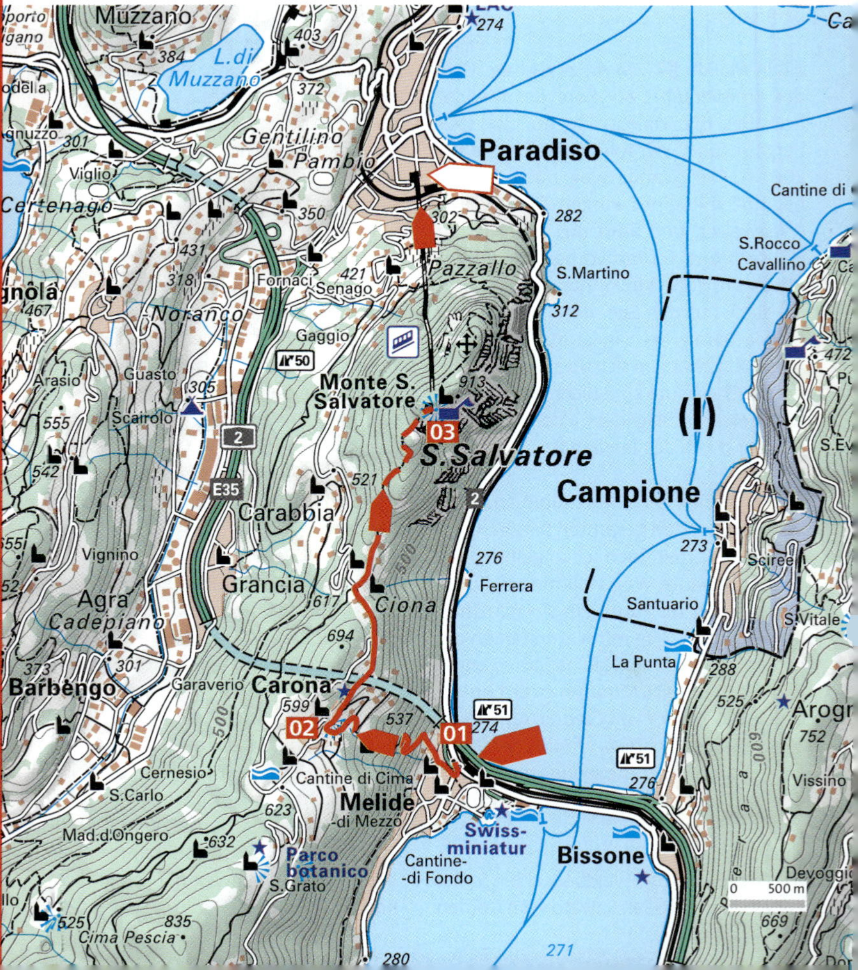

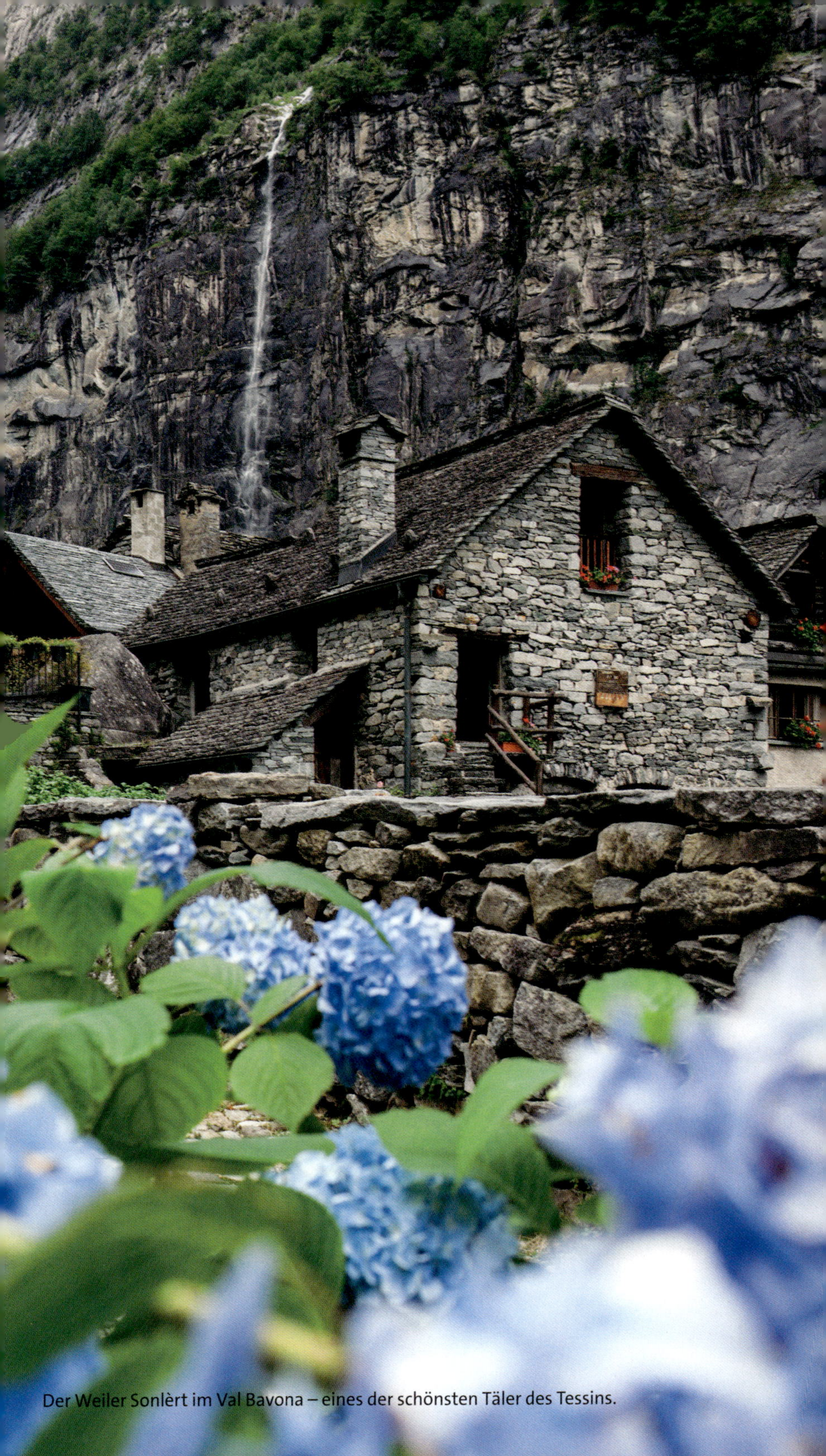

Der Weiler Sonlèrt im Val Bavona – eines der schönsten Täler des Tessins.

TOURISTENINFORMATIONEN

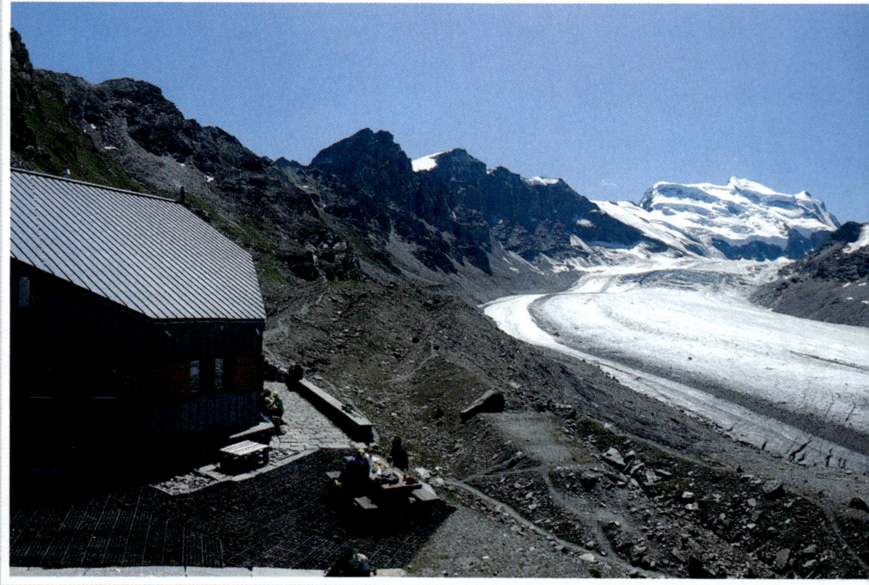

Im Wallis: Die Cabane FXB Panossière mit Blick auf den Glacier de Corbassière, das stark

Schweiz Tourist Info/Schweiz Tourismus
Überregionale Auskunftsstelle für
Schweiz Tourismus
CH-8027 Zürich
Tel. +41 (0)1 288 11 11
www.myswitzerland.com

Jura/Trois Lacs/Drei-Seen-Land
Werkhofstrasse 11
CH-2503 Biel/Bienne
Tel. +41 (0)32 328 40 10
www.j3l.ch

Freiburger Tourismusverband
Rte de la Glâne 107
CH-1701 Freiburg
Tel. +41 (0)26 407 70 20
www.fribourg.ch

Zürich.Zürichsee
Im Hauptbahnhof
CH-8001 Zürich
Tel. +41 (0)44 215 40 00
www.zuerich.com

Luzern-Vierwaldstättersee Tourist Information
Zentralstrasse 5
CH-6002 Luzern
Tel. +41 (0)41 227 17 17
www.luzern.com

Nidwalden Tourismus
Bahnhofplatz 2
CH-6370 Stans
Tel. +41 (0)41 610 88 33
www.nidwalden.com

Schweizer Mittelland Tourismus c/o Bern Tourismus
Bern Hauptbahnhof
Bahnhofplatz 10a
CH-3011 Bern
Tel. +41 (0)31 328 12 12
www.bern.com

Berner Oberland
c/o Volkswirtschaft Berner Oberland
Thunstrasse 34
CH-3700 Spiez
www.berneroberland.ch

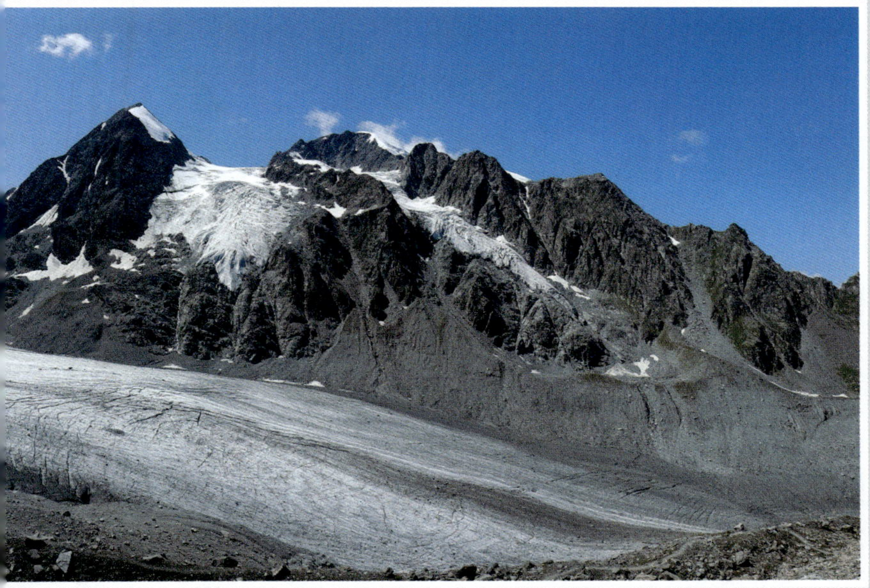

vergletscherte Bergmassiv Grand Combin und den Combin de Corbassière.

Vaud Promotion (Kanton Waadt)
Avenue Général-Guisan 48
CH-1009 Pully
Tel. +41 (0)21 613 26 26
www.myvaud.ch

Genève Tourisme
Bahnhof Genf Cornavin
Place de Cornavin 7
CH-1201 Genf
Tel. +41 (0)22 909 70 00
www.geneve.com

Valais/Wallis Promotion
Avenue de Tourbillon 11
CH-1951 Sion
Tel. +41 (0)27 327 36 00
www.valais.ch

St. Gallen-Bodensee Tourismus
Bankgasse 9
CH-9001 St. Gallen
Tel. +41 (0)71 227 37 37
st.gallen-bodensee.ch

Graubünden Ferien
Alexanderstrasse 24
CH-7001 Chur
Tel. +41 (0)81 254 24 24
www.graubuenden.ch

Ticino Turismo (Tessin)
Via C. Ghiringhelli 7
CH-6501 Bellinzona
Tel. +41 (0)91 825 70 56
www.ticino.ch

BUS, BAHN UND SCHIFFSVERKEHR

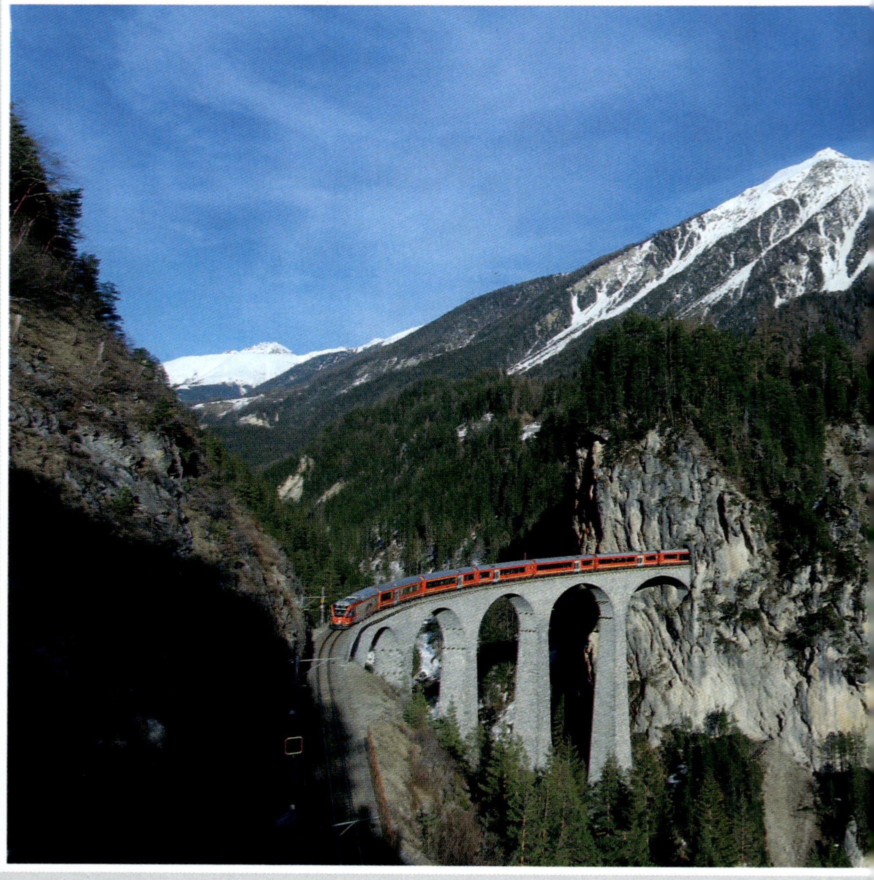

Graubünden: Das Landwasserviadukt – Bahn-Welterbe und Schluchtromantik.

Bus

PostAuto/CarPostal/AutoPostale
Die Postautos versorgen viele alpine Seitentäler, Gebiete ohne Bahnanschluss und touristische Ziele. Viele Wanderungen beginnen oder enden an einer Postauto-Haltestelle und machen so Streckenwanderungen möglich.
www.postauto.ch

Bahn

Schweizerische Bundesbahnen (SBB)
SBB Contact Center
Tel. 0848 44 66 88
www.sbb.ch

Gotthard Panorama Express
Verbindet Flüelen an der Südspitze des Vierwaldstättersees mit Lugano/Bellinzona im Tessin.
www.sbb.ch

Rätische Bahn
Bahnhofstrasse 25
CH-7001 Chur
Tel +41 (0)81 288 65 65
www.rhb.ch

Bernina Express
Die Rätische Bahn bietet eine der spektakulärsten Alpenüberquerungen: Der Zug fährt von Chur/St. Moritz über Valposchiavo nach Tirano – in Schlangenlinien, ohne

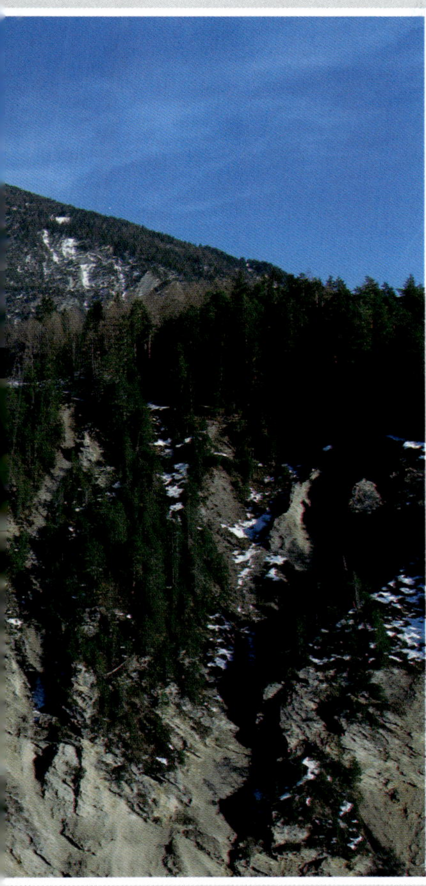

Zahnrad, durch 55 Tunnels, 196 Brücken und mit Steigungen von bis zu 70 Promille. Die Strecke von Thusis nach Tirano gehört zum UNESCO-Welterbe.
www.rhb.ch/de/panoramazuege/bernina-express

Matterhorn Gotthard Bahn
Die Bahn befährt eine 144 km lange Strecke von Zermatt nach Disentis und von Andermatt nach Göschenen. Sie überwindet rund 3.300 Höhenmeter, fährt durch 33 Tunnels und über 126 Brücken. Der tiefste Punkt ist Visp (625 m), der höchste liegt auf dem Oberalppass (2.033 m).
www.matterhorngotthardbahn.ch

Glacier Express
Die fast achtstündige Zugfahrt führt über 291 Brücken und durch 91 Tunnel von St. Moritz in Graubünden nach Zermatt im Wallis. Er passiert dabei den 2.033 m hohen Oberalppass.
www.glacierexpress.ch

Schiffsverkehr

Einige Wanderungen an oder oberhalb einer der grossen Schweizer Seen mit Linienverkehr ermöglichen die reizvolle Rückfahrt mit dem Schiff.

Schweizerische Bodensee Schifffahrt
Die Flotte verkehrt entlang des Schweizer Bodenseeufers.
www.bodensee-schiffe.ch

Vierwaldstätterseee
5 nostalgische Dampfschiffe und 15 Motorschiffe verbinden die Uferorte.
www.lakelucerne.ch

Zürichsee Schifffahrtsgesellschaft ZSG
www.zsg.ch

Thunersee und Brienzersee:
BLS Schifffahrt
www.bls.ch

Bielersee-Schifffahrts-Gesellschaft AG:
Drei-Seen-Fahrt
Mit dem Schiff vom Bielersee durch den Zihlkanal in den Neuenburgersee und über den Broyekanal weiter in den Murtensee.
www.bielersee.ch

Neuenburger See: Société de Navigation sur les lacs de Neuchâtel et Morat S.A. (LNM)
www.lnm.ch

Genfersee-Schifffahrtsgesellschaft (CGN)
Linienfahrten entlang des Nordostufers, unter anderem Fahrten von Lausanne nach Évian und Thonon sowie Fahrten ab Genf entlang des Nordwestufers bis Nyon.
www.cgn.ch/de

IMPRESSUM

© Hallwag Kümmerly+Frey AG, Grubenstrasse 109, CH-3322 Schönbühl,
www.swisstravelcenter.ch, info@swisstravelcenter.ch
EU: MAIRDUMONT GmbH & Co. KG, Marco-Polo-Straße 1, D-73760 Ostfildern, info@mairdumont.com
ISBN 978-3-259-03766-9
3. Auflage 2026

Umschlaggestaltung: Hallwag Kümmerly+Frey AG
Titelbild: © Johannes Netzer – stock.adobe.com
Text und Fotos:
Wolfgang Heitzmann und Renate Gabriel: Touren 10, 33–35, 37–84
Iris Kürschner: Touren 24–30, 94–97
Peter Mertz: Touren 85–93, 98–100
Raphaela Moczynski: Touren 6–9, 31, 32
Franz Wille: Touren 1–5, 11–23, 36

Mit Ausnahme der folgenden Fotos:
S. 2–3, 10, 248–249, 250–251: Wolfgang Heitzmann und Renate Gabriel; S. 16: Raphaela Moczynski; S. 34: Kevin Schmid/Pixabay; S. 80: Adege/Pixabay; S. 83: Sonia Barbosa/Pixabay; S. 240, 241: AdobeStock; S. 11, 247: Iris Kürschner.

Grafische Herstellung: © KOMPASS-Karten GmbH
Wanderkartenausschnitte: © Hallwag Kümmerly+Frey AG
Quelle: Bundesamt für Landestopografie swisstopo
© KOMPASS-Karten GmbH
Kartengrundlage für Gebietsübersichtskarte S. 14-15:
© MairDumont, D-73751 Ostfildern 4

Alle Angaben und Routenbeschreibungen wurden nach bestem Wissen gemäss unserer derzeitigen Informationslage gemacht. Die Wanderungen wurden sehr sorgfältig ausgewählt und beschrieben, Schwierigkeiten werden im Text kurz angegeben. Es können jedoch Änderungen an Wegen und im aktuellen Naturzustand eintreten. Wanderer und alle Kartenbenützer müssen darauf achten, dass aufgrund ständiger Veränderungen die Wegzustände bezüglich Begehbarkeit sich nicht mit den Angaben in der Karte decken müssen. Bei der grossen Fülle des bearbeiteten Materials sind daher vereinzelte Fehler und Unstimmigkeiten nicht vermeidbar. Die Verwendung dieses Führers erfolgt ausschliesslich auf eigenes Risiko und auf eigene Gefahr, somit eigenverantwortlich. Eine Haftung für etwaige Unfälle oder Schäden jeder Art wird daher nicht übernommen. Für Berichtigungen und Verbesserungsvorschläge ist die Redaktion stets dankbar.

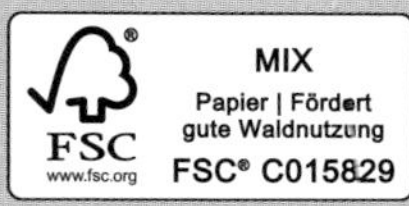